Preface

This book is a two-year course designed to cover all aspects of advanced German language studies. In preparing it we analysed the standard German grammars, in particular the excellent *German Grammar and Usage* by A. E. Hammer (Edward Arnold 1971) and excluded on the one hand basic 'O' level matter which was covered in all the elementary courses we consulted, and on the other hand points of such subtlety and rarity as to concern only professional 'Germanisten'. The remainder was graded into six levels of difficulty, roughly equal in amount. A wide range of modern prose was then examined, including newspapers, magazines, periodicals and literature, and a variety of short texts selected, grouped around topics of interest, exemplifying the grammar points of each level in turn and corresponding in difficulty to the appropriate level. Each text was then provided with a vocabulary of more uncommon words, giving their meaning in this particular context, and an explanation of the grammar points exemplified in it, with further examples. This was followed by 'Fragen zum Text', to test comprehension, 'Fragen zur Diskussion', for further oral exploitation, written exercises in the earlier part of the book, and essay material offering a title, questions for oral discussion and an essay plan.

Translation into German is approached by offering an outline of discrete phrases in English, corresponding closely to the structures in the text; the student is then asked to write in German an expanded version of this outline. Later in the book passages of continuous English are given for translation into German, these passages having the same subject matter as the topic they accompany. Some of these are translations of German passages to be found on the tape and in the teacher's booklet, and are intended for use as retranslations, the student hearing the tape version first.

In addition to these passages, which may be used for comprehension as well as for retranslation, the tape contains for each of the eighteen topics a dialogue for comprehension and subsequent rôle play, structural drills, 'Nacherzählungen' in the earlier part of the book, material for instantaneous translation from and into German, and in addition some passages for listening comprehension, for which the multiple-choice questions and answers are printed in every twelfth unit of the student's book. These twelfth units are intended for reinforcement and contain a substantial number of exercises but no new grammatical points.

The material thus described has been tested in eight schools and colleges of different types in London, Hampshire, Oxfordshire, Cheshire, Manchester and Lancashire. As a result of this testing operation and in response to the helpful suggestions of the teachers, the book has been extensively rewritten. In particular the grammar has been supplemented by some rehearsal of a few basic 'O' level points on adjective declension and word order, with exercises provided to test these, as most of the teachers felt that students beginning an advanced course still needed this. The teachers were asked to indicate anything they would like to see added, altered or omitted, and their comments have in virtually every case been acted upon – indeed a number of units were discarded entirely and new ones substituted and tested. Fuller indications of how the taped material may be used are to be found in the preface to the teacher's booklet.

We hope that we have produced a course which meets the need for a wide range of interesting texts and ample material for oral work together with a thorough and systematic treatment of grammar and usage. Care has been taken to maximise the repetition of new vocabulary and to reinforce the occurrence of new structures. While the majority of texts present the student with a variety of perhaps unfamiliar styles and registers in the fields of, for example, news reporting, advertising, sociological description and comment, topography and technology, twelve of the seventy-two texts are firmly in the literary register, which still has great importance, not least in the minds of examiners, and will benefit the literary aspect of the student's syllabus. They are taken from twentieth century classical writers such as Hofmannsthal, Kafka and Thomas Mann, as well as more recent writers such as Alfred Andersch, Peter Bichsel, Heinrich Böll and Wolfgang Hildesheimer.

The order of presentation of the grammatical points is naturally determined to some extent by the texts themselves, and cannot be as orderly as in the more artificial arrangement of a grammar book. We hope nevertheless to have provided in the very detailed index to grammatical points, with its cross-references, a means of facilitating revision and demonstrating the completeness of the coverage. The chief aim of the course remains to present and explain German usage across as wide a range of topics as possible, to enable the student to activate, practise and master this while acquiring a comprehensive knowledge and understanding of the features of life in the German-speaking countries.

N.P.
B.A.B.

Zielpunkt Deutsch

A Complete Course for Advanced Students

N Paxton
Head of the Department of Modern Language Studies
Huddersfield Polytechnic

B A Brentnall

HODDER AND STOUGHTON
LONDON SYDNEY AUCKLAND TORONTO

for Isobel and Jane

Acknowledgements

It is a pleasure to record our indebtedness to the countless sources of help
we have been able to draw upon in the preparation of this book: firstly to
the Head Teachers and Principals who allowed us to test the units in their
institutions, and to the teachers and students who carried out the testing
and reported so helpfully on it – Mr G. M. Austin of Queen Mary's
Sixth Form College, Basingstoke; Mrs Jane Brentnall of Lymm Grammar School; Mrs Jean Coan of Eccles Sixth Form College; Mr A. Man-
ship of Moston Brook Comprehensive School; Mr D. G. Matthews of
Manchester Grammar School; Mr M. Sargent of Banbury Comprehensive School; Mrs Constance Tennant of Didsbury College of Education;
and Mr C. C. B. Wightwick of Westminster School. We have had expert
advice on particular problems from Mr Peter Downes, Mrs Amy Hen-
shaw, Mrs Marion Pearson, our chief native German adviser, Mr Wolfgang Kessel and Mr Johann-Friedrich Lüdtke, and must also thank
German friends too numerous to mention individually for their patience
in submitting to our questions and their assiduity in providing the
answers.

Thanks are due to the following for kind permission to reprint original
extracts:

Frankfurter Allgemeine Zeitung for Units 4, 26, 27, 29, 36, 55, 59, 61, 64,
65; Alka Seltzer for Unit 5; Kléber for Unit 7; British Rail for Unit 8;
R. Oldenbourg Verlag, München for Unit 10; *Bunte* for Units 11, 18, 58;
Carl Hanser Verlag for 'Der Urlaub' from *Das Eugen Roth Buch* in Unit
12; Frank Baumgärtel for Unit 13; Walter Bärsch for Unit 14; *Brigitte*
for Units 15, 37, 49; *Stern* for Units 16, 17, 38, 40, 41, 42, 45, 47, 56; *Der
Spiegel* for Unit 20; Walter Bauer for Unit 21; H. W. Richter for extracts
from *Weltreise auf deutsche Art* by Alfred Andersch in Unit 22; R. Piper
Verlag for *Der Mann, der nicht alt werden wollte* by Walter Jens in
Unit 23; Heilwig Ahlers for Units 25, 28; *DDR Revue* for Unit 30;
'Mit PS in Österreich' for Unit 31; Walter Baer for Unit 32; *Die Welt*
for Units 33, 54, 63; *Neue Zürcher Zeitung* for Unit 36; Frau Freese for
Unit 43; Heinz D. Stuckman for Unit 44; *Quick* for Unit 46; extract
from *Erzählungen und kleine Prosa* by Franz Kafka in Unit 50 copy-
right © 1946, 1963 by Schocken Books Inc.; *Westfalenpost* for Unit 51;
Gertraud Middlehauve Verlag, Köln 1972 for extract from *1947 bis 1951
Wo warst du Adam? und Erzählungen* by Heinrich Böll in Unit 52; Gerd
Terlinden for Unit 57; Stalling Druck Verlaghaus for Unit 60; 'Eine

Grössere Anschaffung' by Wolfgang Hildesheimer in Unit 62 from *Lieblose Legenden* copyright 1962 by Suhrkamp Verlag, Frankfurt am Main, all rights reserved; *Süddeutsche Zeitung* for Units 66, 68; Verlag Moritz Diesterweg for extract from *Das Kartenspiel* by Peter Bichsel in Unit 69; extract from *Andreas in Venedig* in Unit 70 copyright by Bermann-Fischer Verlag, Stockholm 1945, by permission of S. Fischer Verlag, Frankfurt am Main; extract from *Felix Krull* in Unit 71 copyright by Thomas Mann 1954, by permission of S. Fischer Verlag, Frankfurt am Main; Gertraud Middelhauve Verlag for extract from *Deutsche Erzähler der Gegenwart* by Heinrich Böll in Unit 72.

Thanks are also due for kind permission to reproduce the following photographs and cartoons:

ADN (Zentralbild) (pp. 125, 127(2)); J. Allan Cash (pp. 120, 122, 267); Austrian National Tourist Office (p. 133); Gerhard Brinkman (p. 48); British Rail (p. 28); Bundesbildstelle, Bonn (pp. 5, 9, 10, 33, 199); Camera Press (pp. 32, 50, 95, 142, 150, 161, 174, 202, 205, 206, 209, 210); Catrinus (p. 220); DBP/Isenhuth (pp. 13, 221); DPA (pp. 49, 53, 85, 91, 160, 183, 185, 230, 240, 258, 299, 307); Epoque Ltd (p. 74); Rudi Facke (pp. 17, 268, 257 (3)); Finnish Tourist Board (p. 40); S. Fischer Verlag (p. 317); Fox Photos (p. 286); German Embassy (p. 253 (2)); Peter Grosskreuz (pp. 1(2), 59, 239); Pit Grove (p. 198); Peter Hagenauer (pp. 62, 65, 76(2), 78, 141, 204, 208(2), 225, 303); Keystone Press Agency (pp. 18, 25, 36, 56, 60, 101, 114, 119, 124, 165, 170, 188, 192, 193, 201, 231, 242, 245, 263, 309, 312); Lufthansa (p. 179); The Mansell Collection (p. 316); Mercedes (p. 70); Newsweek (Milan J. Kubic) (p. 41); Österreiche Nationalbibliothek (pp. 131, 132, 226, 320); Peugeot (p. 66); Popperfoto (pp. 110, 113); Punch (p. 81); Quelle (p. 291); Rolls Royce (p. 79); RSH Pressedienst (pp. 162, 283, 294); Stern (pp. 84, 100, 159, 178, 277, 324); Swiss National Tourist Office (pp. 6, 37, 106, 136, 137, 140, 251).

Contents

I Ende der Schulzeit

„Wir haben unsere Eltern mitgebracht, sie machen bei unseren Hausaufgaben immer so viele Fehler!"

„Ab der dritten Klasse gibt es dann bestimmt keine Stehplätze mehr, Kinderchen!"

1 Warum sind Sie eigentlich hier?

Zu dieser Jahreszeit sind viele Jugendliche dabei, ihr Studium in der Oberstufe anzufangen. Andere sind im Begriff, einen Beruf zu ergreifen. Wer falsch gewählt hat, wird das erst später feststellen. Aber wie man zur Wahl gekommen ist, läßt sich schon jetzt diskutieren.

die Oberstufe: upper school, sixth form
ergreifen: to take up
feststellen: to ascertain

Seien Sie ganz ehrlich! Warum wollen Sie weiterstudieren? Etwa, weil Sie keine Ahnung haben, was Sie einmal werden wollen? Oder haben Sie gar Angst vor einem endgültigen Entschluß? Vielleicht haben Sie ein bestimmtes berufliches Ziel, wofür Sie das Abitur brauchen, oder interessieren Sie sich einfach für Ihre Fächer, ohne irgendwelche beruflichen oder materiellen Hintergedanken zu haben? Haben Sie sich in positivem Sinne für das Weiterstudium entschlossen? Oder sind Sie dazu beeinflußt worden, von den Eltern, durch die Erwartungen der Lehrer und der Gesellschaft oder durch das ewige Verlangen aller Arbeitgeber nach Qualifikationen, Zeugnissen und ähnlichen Papieren?

endgültig: final
beruflich: professional
das Fach: (school) subject

das Verlangen: requirement
das Zeugnis: report

Trösten Sie sich, Kameraden und Mitleidende! In Deutschland geht es uns genau wie Ihnen. Viele junge Leute finden sich auf einmal in der Unterprima, ohne sich erklären zu können, wie sie dahingekommen sind. Andere glauben das zu wissen, obwohl ihre Argumente nicht besonders überzeugend wirken. Wieder andere sind einfach froh, daß das Hin- und Herüberlegen vorübergehend ein Ende gefunden hat.

der Mitleidende: fellow-sufferer

die Unterprima: lower sixth

überzeugend: convincing
vorübergehend: temporarily

Eines finden wir aber etwas unangenehm. In der Oberstufe werden wir weder als Studenten noch als Schüler angesehen. In vielen Dingen werden wir wie Kinder behandelt, z.B. bekommen wir kein Stipendium, wir sitzen noch in Schulbänken, es wird erwartet, daß wir keine Unterrichtsstunden versäumen usw. Andererseits „dürfen" wir uns an Ordnungs- und Aufsichtsaufgaben beteiligen. Wir dürfen sogar an manchen Lehrerkonferenzen teilnehmen und die Meinung der Schüler vertreten (es gibt bei uns die sogenannte SMV – die Schülermitverwaltung) – nur haben wir kein Stimmrecht. Wir meinen, daß mehr Verantwortung und Freiheit uns besser für das spätere Leben vorbereiten würden – und vielleicht würden einige, die jetzt so bald wie möglich die Schule verlassen, um es nur später zu bereuen, doch in die Oberstufe eintreten, wenn sie anstatt als Kinder als verantwortungsvolle Studenten behandelt würden.

das Stipendium: grant, scholarship

versäumen: to miss
sich beteiligen: to participate
vertreten: to represent

das Stimmrecht: right to vote
die Verantwortung: responsibility

bereuen: to regret
verantwortungsvoll: responsible

Grammar

I. ADJECTIVES

The endings on adjectives following the definite article will be referred to as the weak declension:

Der junge Mann sprach mit **dem** weißhaarigen Lehrer.

The weak declension also follows: dieser, jener, welcher, aller, jeder, mancher, sämtlicher, beide (*pl.*)

Jeder junge Mensch möchte **diese** wunderbaren Gelegenheiten haben.

Welche berühmten Bilder haben Sie in **jenem** alten Haus gefunden?

The endings on adjectives following the indefinite article will be referred to as the mixed declension:

Ein kluger Hund frißt **keine** alten Knochen.

The mixed declension also follows: mein, dein, ihr, unser *etc.*

Unser französischer Gast hat **keine** warmen Kleider mit.

Unser schönes Haus hat **keinen** großen Garten.

The endings on adjectives standing alone before nouns will be referred to as the strong declension:

Fettes Fleisch schmeckt mir nicht, aber starken Tee trinke ich gern.

The strong declension also follows: viel, wenig, einige (*pl.*)

Viele junge Leute trinken deutsches Bier gern.

Einige dumme Kinder haben arme Tiere gequält.

2. ORTHOGRAPHY

In abbreviations a full stop is used if the actual words are spoken: z.B. („zum Beispiel"), usw., d.h.

If the letters are spoken and not the words, there is no full stop: SMV, LKW, PKW

If the abbreviation forms a new word, there is no full stop: NATO

There is no full stop after:

C (Celsius), cm (Zentimeter), DM (Deutsche Mark), g (Gramm), l (Liter), s (Sekunde), SW, NO (Südwest, Nordost).

3. VERBS

The English continuous present can normally be rendered by the simple present in German:

He is reading: Er liest.

Where the continuity of an action is to be stressed, the following constructions may be used:

a) im Begriff sein *or* begriffen sein in,

Andere **sind im Begriff**, einen Beruf **zu** ergreifen.

Der Dieb **war im** Weggehen **begriffen**, als der Polizist ins Zimmer trat.

b) dabei sein zu + *infinitive*,

Viele Jugendliche **sind** gerade **dabei**, ihr Studium anzufangen.

Ich **bin dabei**, den Brief **zu** schreiben.

c) eben *or* gerade, *often in conjunction with* a) *and* b),

Er telefoniert **eben** mit seiner Mutter.

Er kommt **gerade** von der Arbeit.

Ich bin **eben** dabei, das Essen zuzubereiten.

d) beim *or colloquially* am,

Sie ist **beim** Kochen (**am** Nähen).

3

Fragen zum Text

1. Kann man den Stoff der Oberstufe als „Studium" bezeichnen?
2. Wollen die meisten Jugendlichen einen Beruf ergreifen oder irgendeinen Job annehmen?
3. Wann entdeckt man, daß man falsch gewählt hat?
4. Für welche Berufe braucht man das Abitur und für welche eine Universitätsausbildung?
5. Wie viele Oberschüler sind wirklich an ihren Fächern interessiert?
6. Wie verstehen Sie den Ausdruck „sich in positivem Sinne entscheiden"?
7. Wie alt sind die meisten Oberschüler in Deutschland?
8. Inwiefern werden die Schüler als Kinder behandelt?
9. Was verstehen Sie unter Schülermitverwaltung?
10. Warum wollen die Schüler mehr Verantwortung und Freiheit?

Fragen zur Diskussion

1. Warum sind Sie in die Oberstufe eingetreten?
2. Sollten Schüler der Oberstufe als Studenten behandelt werden?
3. Wie können Schüler am besten an der Organisation der Schule teilnehmen?

Write in German an expanded version of the following outline, using as far as possible the structures exemplified in the text:

Dieter starting sixth form – had wanted to get job – father had insisted he stay at school – influenced by teachers – all friends wanted to go to university – so Dieter was back at school – no positive decision – no real interest in subjects – boring – same pupils, teachers, classrooms – he was 17 – treated like a child – not allowed to miss lessons – wished he had courage to stand up and leave.

Exercises

1. ERGÄNZEN SIE:

1. Einig– weiß– Wolken standen am blau– Himmel.
2. Zwei dick– Frauen saßen auf der hölzern– Bank.
3. Viel– Reich– langweilen sich an den sonnig– Küsten Spaniens.
4. Nach anderthalb spannend– Stunden schoß der Mittelstürmer ein fabelhaft– Tor.
5. Unser alt– Auto braucht zwei neu– Reifen.
6. Eines schön– Tages wirst du wegen wiederholt– Fehlens entlassen werden.
7. Er hat kein– Lust, sich die Meinungen eines jed– anzuhören.
8. Von dieser fein– Wurst kann man nicht genug bekommen.
9. Trotz ungünstig– Wetter– haben wir ein– angenehm– Spaziergang machen können.
10. Bei schön– Wetter schmeckt heiß– Kaffee nicht. Man muß kalt– Wasser oder frisch– Milch trinken.

2. SETZEN SIE DIE PASSENDEN ADJEKTIVE EIN:

1. Er hat ein – Geschenk für seine – Freundin gekauft.
2. Das Auto ist – .
3. Von den vielen – Büchern, die ich gelesen habe, ist dies das – .
4. Ich habe den – Film schon gesehen.
5. Während der – Tage muß sie ihre – Oma besuchen.
6. Er hat – Brot nicht gern.
7. Auf – Zeltplätzen kann man – Ferien verbringen.
8. Er ist dem – Fremden gefolgt.

3. TRANSLATE:

1. I'm just doing my homework.
2. He's coming through the gate now.
3. He's always at his reading.
4. He's just about to wash his car.
5. The goalkeeper is looking for his glasses.
6. She's washing her hair at the moment.
7. They are just about to leave the house.
8. The water is just coming to the boil.

2 Die Planung einer Klassenfahrt

Jugendherberge

In den meisten deutschen Schulen haben wir nur morgens Unterricht. der Unterricht: *tuition*
Wir haben sechs Stunden, dazwischen ein paar kurze Pausen und deshalb
nur wenig Gelegenheit etwas zu unternehmen, wobei wir Klassenkameraden uns als Menschen besser kennenlernen können. In einer
Ganztagsschule hat man die große Mittagspause, oder man bleibt noch
eine Stunde nach Schulschluß da, um ein Theaterstück einzuüben oder einüben: *to rehearse*
im Schulorchester zu spielen. Bei uns gibt es so etwas verhältnismäßig sel- verhältnismäßig: *relatively*
ten. Um so wichtiger ist also die jährliche Klassenfahrt, um das Gemein- die Gemeinschaft: *community*
schaftsgefühl einer Klasse zu erhöhen. Die kleineren Kinder besuchen
einen Zoo oder machen eine Waldwanderung. Die älteren dürfen weiter

5

weg fahren – manchmal sogar ins Ausland – müssen aber dafür an der Organisation der Fahrt mitwirken.

mitwirken: *to assist*

Jede Klasse möchte, daß ihre Klassenfahrt schön wird und ohne Zwischenfälle verläuft. Deshalb muß man schon die Einzelheiten vorher beraten und planen. Es ist wichtig festzulegen, welche Begleitpersonen mitfahren. In der Klasse wird beratschlagt, wer dafür in Frage kommt. Der Klassenlehrer fährt in jedem Fall mit. Sind sich die Schüler einig geworden, wen sie noch gerne mitnehmen möchten, sollte die betreffende Lehrperson persönlich eingeladen werden. Wenn in der Schule nicht genügend Lehrkräfte vorhanden sind, wenden sich die Schüler an die Eltern der Klasse mit der Bitte, daß jemand von ihnen mitfahre.

der Zwischenfall: *incident*
die Einzelheit: *detail*
beraten: *to consider*
festlegen: *to determine, establish*
beratschlagen: *to discuss*
betreffend: *affected, in question*

die Lehrkräfte: *the staff*
sich wenden: *to turn to*

Bus- oder Bahnfahrt? Beides muß gründlich überlegt und durchgerechnet werden. Die Klasse schreibt an Bus- und Bahnunternehmen, läßt sich Reiserouten vorschlagen und erkundigt sich nach den genauen Preisen.

sich erkundigen: *to inquire*

Als nächstes muß für Unterkunft und Verpflegung gesorgt werden. Der Klassenlehrer schreibt im Namen der Klasse an die Stadtverwaltung des Ortes, an dem sie ihre „Ferien" verbringen möchte. Die Klasse erkundigt sich weiterhin nach der Lage der Jugendherberge oder des Landschulheimes, nach dem Essen und läßt sich einen Kostenvoranschlag machen. Außerdem muß sie sich über die Ausflugsmöglichkeiten informieren.

die Unterkunft: *accommodation*
die Verpflegung: *board*
die Stadtverwaltung: *town council*

weiterhin: *furthermore*
der Kostenvoranschlag: *estimate*

SCHÜLERAUFSATZ

Grammar

I. ORTHOGRAPHY *The 'scharfes s', ß, is used to denote the voiceless 's':*
a) *at the end of words and syllables:*
blaß, groß, großartig, preußisch, mißlingen, Maßnahme
b) *at the end of a word when followed by a consonant, usually 't':*
läßt, fließt, mißt, küßt
c) *between vowels if the preceding one is long (a diphthong counts as long):*
die Füße, beißen, büßen, Maße
d) *The 'ss' is used between vowels when the first vowel is short:*
lasse, Klasse, Gasse, Bisse, Genosse, Flüsse, die Küsse

2. PREPOSITIONS *Asking 'about' is often rendered by verb + nach:*
Die Klasse erkundigt sich **nach** der Lage der Jugendherberge.
Er hat **nach** deinen Eltern gefragt.
Fragen Sie mal bitte **nach** der Hausnummer!

3. PRONOUNS beides *is used to refer to two different things. It is followed by the 3rd person singular:*
Bus- oder Bahnfahrt? **Beides** muß gründlich überlegt werden.
Beides ist richtig.
Ich kenne **beides**.
beide *is used with reference to people:*
Sie haben zwei Söhne: **beide** sind Soldaten.
Wir **beide** dürfen nicht mitfahren.
But before a noun:
Wir **beiden** Freunde fahren zusammen.

4. VERBS *The modal verbs are* dürfen, können, mögen, müssen, sollen *and* wollen. *They are followed by the infinitive without* zu:
Die älteren **dürfen** weiter weg fahren.
Deshalb **muß** man schon beraten und planen.
Although not strictly speaking a modal verb, lassen *is often treated as one. It is used to express 'having something done':*
Die Klasse **läßt** sich Reiserouten vorschlagen.
Die Klasse **läßt** sich einen Kostenvoranschlag machen.
Er **läßt** sich die Haare schneiden.
It can also denote that 'something can be (easily) done':
Es **läßt** sich schon jetzt diskutieren, daß......
Das Wort **läßt** sich nicht übersetzen.
Ob ich Ihren Sohn abholen kann? Das **läßt** sich schon machen.
Whereas English normally uses an infinitive construction after verbs of wishing, German uses a daß *clause:*
Jede Klasse **möchte, daß** ihre Klassenfahrt schön wird.
Der Lehrer **will, daß** du deine Hausaufgabe berichtigst.
Ich **wünschte, daß** mein Bruder kommen könnte.

Fragen zum Text

1. Welche Vorteile hat der kurze Schultag in Deutschland?
2. Welche Vorteile bringt das englische System mit sich?
3. Warum ist eine Klassenfahrt für deutsche Kinder besonders wichtig?
4. Welche Art von Ausflug ist besonders gut für die kleinen Kinder geeignet?
5. Warum muß eine Klasse ihre Klassenfahrt vorher gut planen?
6. Wer bestimmt, welche Begleitpersonen mitfahren?
7. Wenn die gewählte Lehrperson nicht an der Fahrt teilnehmen kann, welche Möglichkeiten bleiben der Klasse übrig?
8. Was muß man alles überlegen, wenn man zwischen Bus und Bahn entscheidet?
9. Wer ist für die Organisation der Klassenfahrt verantwortlich?
10. Welche Informationen muß die Klasse haben, bevor eine Entscheidung getroffen werden kann?

Fragen zur Diskussion

1. Ist es eine gute Idee, daß die Schüler die Begleitpersonen wählen?
2. Warum steht das Wort „Ferien" in Anführungszeichen? Soll eine Klassenfahrt mehr als Ferien sein?
3. Welche Argumente gibt es gegen Klassenfahrten?

Aufsatz: Die Planung einer Klassenfahrt

1. Welche Reiseziele kämen in Frage, wenn Sie eine Klassenfahrt machen könnten?
2. Wie lange würden Sie bleiben wollen?
3. Was sind die Vor- und Nachteile einer Tour?
4. Wie könnten Sie die Organisationsaufgaben am besten einteilen?
5. Wieviele Schüler müßten daran mitwirken?
6. Wäre es besser, in einer Jugendherberge zu übernachten oder in einem Jugendheim, wo Sie sich selbst versorgen müßten?
7. Wieviel Freizeit würden Sie pro Tag haben wollen?
8. Würden Sie Ausflüge, Wanderungen Theaterbesuche usw. für alle Teilnehmer organisieren?

Aufsatzplan

1. Abschnitt: Reiseziel, Bahn/Bus, Dauer des Aufenthalts – alles mit Gründen.
2. Abschnitt: Einteilung der Planung.
3. Abschnitt: Organisation des Aufenthalts/der Tour.
4. Abschnitt: Was Sie von der Fahrt erwarten.

Exercises

1. ERGÄNZEN SIE MIT DER RICHTIGEN FORM VON ‚BEIDE':
   1. Wir saßen – im Wohnzimmer und sahen fern.
   2. Man kann sowohl „gelegentlich" als auch „ab und zu" sagen: – ist richtig.
   3. Nach dem Spiel gingen Paul und Dieter gleich ins Bett: – waren müde.
   4. Tennisspielen und Reisen: – gehört zum guten Ton.
   5. Die – Jungen schrieben an die Stadtverwaltung, um Auskünfte über das Jugendheim zu bekommen.

2. ‚SS' ODER ‚ß'?
Gro–stadt, schie–en, Schlo–, Flö–e, Fu–, bi–chen, gebi–en, blo–, Wa–er, Fü–e, Imbi–, sa–en, Genu–, Geno–e, Imbi–e, mü–en, mü–t, Ki–en, Ku–.

3. TRANSLATE:
   1. We must have the car repaired.
   2. We want the class outing to be a success.
   3. We had to ask about board and lodging.
   4. I want you to write to the youth hostel.
   5. The teacher asked after Dieter's brother.
   6. I wish she were here.

3 Meine Berufswahl

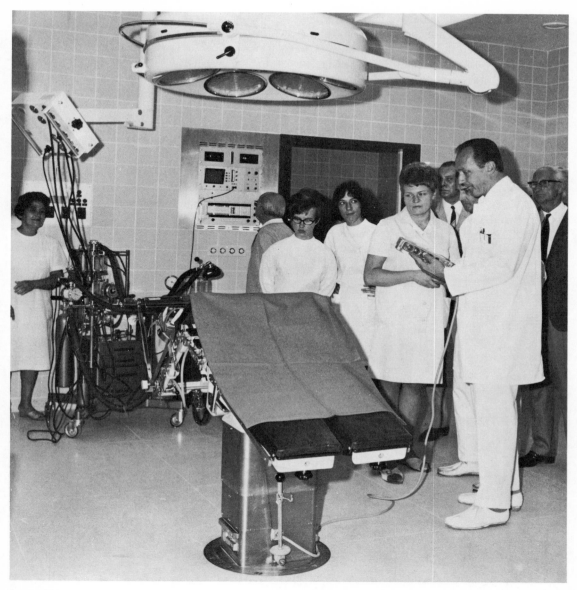

Im Krankenhaus

Den richtigen Beruf für das ganze Leben zu finden, welcher einen ausfüllt und befriedigt, ist gar nicht so einfach. Um den Menschen bei der richtigen Wahl zu helfen, werden in vielen Städten Berufsberatungen eingerichtet. An drei aufeinanderfolgenden Tagen werden Interessenten über die verschiedensten Berufsrichtungen, Verdienstmöglichkeiten und Aufstiegschancen durch Vorträge informiert. Daran anschließend hat jeder Gelegenheit, sich von einem Berufsberater auf seine Fähigkeiten hin testen zu lassen.

ausfüllen: *to fulfil*

die Berufsberatung: *careers advisory meeting*
einrichten: *to arrange*
die Verdienstmöglichkeiten: *prospective earnings*
die Aufstiegschance: *chance of promotion*

Aufgrund einer solchen Beratung habe ich mich entschieden, den Beruf einer medizinisch-technischen Assistentin (MTA) zu wählen. Ausschlaggebend waren für mich die folgenden Überlegungen:

1. Schon seit langem hat mir die Arbeit mit physikalischen Geräten und chemischen Substanzen Spaß gemacht. Als MTA könnte ich meine schon vorhandenen Kenntnisse gut gebrauchen und sie ständig erweitern.

2. Der Aufgabenbereich einer MTA ist sehr vielfältig und verlangt ein hohes Maß an Verantwortung. So kann das Leben eines Patienten von der Sorgfalt meiner Arbeit abhängen.

3. Falls mir dieser Beruf nicht zusagen sollte, besteht seit kurzem für MTA's die Möglichkeit, ein weiterführendes Studium an einer Hochschule zu absolvieren und dann z.B. im Bereich der medizinischen Forschung interessante Aufgaben zu übernehmen.

So sind meine Vorstellungen von meinem zukünftigen Beruf durch die eingehenden Beratungen bestätigt worden.

SCHÜLERAUFSATZ

eine medizinisch-technische Assistentin: *medical laboratory technician*
ausschlaggebend: *decisive*
das physikalische Gerät: *scientific instrument*
ständig: *constantly*
der Bereich: *area, field*
das Maß: *degree*
die Sorgfalt: *carefulness*
zusagen: *to suit*

absolvieren: *to complete (a course of study)*
die Forschung: *research*
die Vorstellung: *preconception*
eingehend: *detailed*
bestätigen: *to confirm*

Im Labor

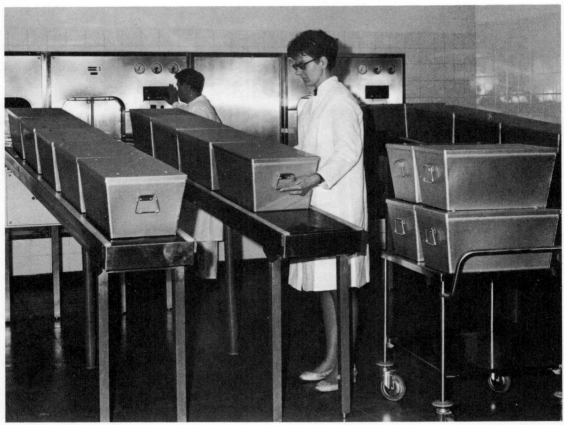

10

Grammar

1. ADJECTIVES

solcher *normally takes the strong declension:*
Ich habe **solchen** Hunger.
Solches Benehmen ist unerhört.
But after ein *it takes the mixed declension:*
Ein **solcher** Regenschirm kostet 16,— DM.
Aufgrund einer **solchen** Beratung . . . .

2. PREPOSITIONS

a) *In passive sentences when something is done by a person, translate 'by' with* von.
When something is caused by a thing, use durch:
Man hat die Gelegenheit, sich **von** einem Berufsberater testen zu lassen.
Er wurde **vom** Weltmeister geschlagen.
Interessenten werden **durch** Vorträge informiert.
Die Weinernte wurde **durch** das Unwetter zerstört.
But durch *is used for both persons and things when they are merely the means or the agent through whom or which an action is performed:*
Durch wiederholtes Fehlen hat er seine Karriere gefährdet.
Ich ließ Anna **durch** meinen Bruder sagen, daß ich nicht kommen konnte.

b) *It is sometimes difficult to know which preposition to use with* Schule, Hochschule, Universität *and* Gymnasium. An *is normally used to indicate being a student or teacher at a school or institution of higher education:*
Die Möglichkeit besteht, ein Studium **an** der Hochschule zu absolvieren.
Er geht nächstes Jahr **an** die Universität Berlin.
Er lehrt **am** Gymnasium.
Er unterrichtet **an** dieser Schule (Universität).
in *tends to stress physical presence at school:*
Er geht noch nicht **in** die (zur) Schule. (*He does not yet attend.*)
Er ist noch **in** der Schule. (*He is not home yet, or still attends.*)
The preposition auf *is best avoided, except in the expressions:*
Er geht nicht in die Handelsschule, er geht **aufs** Gymnasium.
Er ist **auf** der Universität (Hochschule).

3. PRONOUNS

man *has the accusative* einen *and the dative* einem:
Den Beruf zu finden, welcher **einen** befriedigt, ist nicht einfach.
Man hat keine Freude am Wandern, wenn es **einem** kalt ist.

4. VERBS

Many foreign verbs in German have the suffix -ieren:
informieren, absolvieren, kontrollieren, phantasieren, motorisieren.
A few -ieren *verbs with German stems exist:* buchstabieren, halbieren.
Some -ieren *verbs do not mean what they appear to:* sich blamieren *is to disgrace oneself,* sich revanchieren *to reciprocate,* kontrollieren *to inspect. Verbs in* -ieren *have no* ge- *in the past participle:*
Ich habe mich blamiert/informiert/revanchiert.

5. WORD ORDER

An infinitive always stands at the end of a phrase:
Um den Menschen **zu helfen**, werden Berufsberatungen eingerichtet.
Den richtigen Beruf für das ganze Leben **zu finden**, ist nicht einfach.
Viele Jugendliche sind dabei, ihr Studium **anzufangen**.

Fragen zum Text

1. Was erwartet dieses Mädchen von ihrem Beruf?
2. Wo kann man Rat bekommen?
3. Reichen Vorträge als Information aus?
4. Welche Probleme werden besprochen?
5. Mit wem kann man über diese Probleme diskutieren?
6. Was für einen Beruf hat dieses Mädchen gewählt?
7. Warum hält sie den Beruf einer MTA für wichtig?
8. Ist es wirklich so wichtig, daß ihr die Physik- und Chemiestunden in der Schule Spaß gemacht haben?
9. Was hat sie über Weiterbildung erfahren?
10. Was verstehen Sie unter „Forschung"?

Fragen zur Diskussion

1. Was erwarten Sie von Ihrem Beruf?
2. Halten Sie die für das Mädchen ausschlaggebenden Überlegungen für ausreichend?
3. Glauben Sie, daß diese Art der Beratung für Schüler, die keinen Einblick in die Berufspraxis haben, genügt?

Write in German an expanded version of the following outline, using as far as possible the structures exemplified in the text:

I went to careers information session – listened to lectures – interesting – not sufficient source of information – had interview with advisor – he asked a lot of questions – which subjects I like best – what hobbies I enjoy – finally tested my abilities – technical work should suit me – perhaps find interesting work in medical research – should satisfy – give sense of fulfilment.

Exercises

1. TRANSLATE:

1. Do you teach at this school?
2. Are you at university or still at school?
3. He is still at school and won't be home until 5 o'clock.
4. I go to school at eight o'clock every morning.
5. My son still goes to the grammar school but in November he will be going to the University of Cologne.
6. This letter was not written by my father.
7. She was killed by a blow from a hammer.
8. She nearly died as a result of the doctor's mistake.
9. He sent the message by his secretary.
10. The book was corrected by the teacher.

2. ERGÄNZEN SIE MIT ‚MAN', ‚EINEN', ‚EINEM' ODER DEN RICHTIGEN ENDUNGEN:

1. Er ist nie zu Hause, wenn – von ihm Geld haben will.
2. Man soll – in die Augen sehen, wenn – – begrüßt.
3. Bei solch– Herbstwetter wird es – zu kalt draußen.
4. Ein solch– Auto kann ich mir nicht leisten.
5. Für solch– Fleisch muß man viel Geld zahlen.
6. Er hat die Bratwurst mit ein– solch– Vergnügen gegessen!

4 Berufswerbung

Schalterdienst

Abiturienten!

Die Ausbildung zum Industriekaufmann dauert für Abiturienten in unserer Firma nur zwei Jahre. In dieser Zeit wird Ihnen praxisgerechtes Wissen in allen wichtigen kaufmännischen Bereichen vermittelt. Die erforderlichen theoretischen Kenntnisse erhalten Sie neben der Berufsschule durch intensiven werksinternen Unterricht.

der Abiturient: holder of Abitur
praxisgerecht: suited to (industrial) practice
vermitteln: to impart
erforderlich: necessary

Sie entscheiden durch Ihre Leistung, in welchem Bereich des Unternehmens Sie nach der zweijährigen Ausbildung tätig sein werden. Dann können Sie verantwortungsvolle Aufgaben in der Praxis übernehmen. Wir bieten aber auch eine intensive Weiterbildung zum Pharma- oder Chemiekaufmann oder zum Programmierer.

die Leistung: performance
tätig, active, working

Während Sie sich die notwendigen Spezialkenntnisse aneignen, zahlen wir Ihnen bereits das volle Gehalt. Selbstverständlich gehören zu unserem Weiterbildungsprogramm auch Fremdsprachenkurse. Als weltweit tätiges Unternehmen finden Sie bei uns im In- und Ausland gute berufliche Möglichkeiten. Zu einem Informationsgespräch sind wir gern bereit.

sich aneignen: to acquire
das Gehalt: salary

Ihre Bewerbung mit der Abschrift des letzten Schulzeugnisses und Lebenslauf richten Sie bitte an

die Bewerbung: *application*
die Abschrift: *copy*
der Lebenslauf: *curriculum vitae*

MERCK

E. Merck
Ausbildungsabteilung
61 Darmstadt 2
Postfach 4119

FRANKFURTER ALLGEMEINE ZEITUNG

Berufs-Information Post ...

Zweitens gibt die Post Ihren Kindern Sicherheit

Wer heute bei der Post einsteigt, ist von vornherein ein paar Sorgen los. Der braucht nicht um seinen Arbeitsplatz zu zittern, wenn die Konjunktur mal schlapp macht. Der braucht keine Angst zu haben, daß man ihn mit fünfundvierzig abschiebt. Der weiß, daß man sich um ihn kümmert, wenn ihn persönliches Mißgeschick trifft. Der hat im Alter keine Sorgen.

von vornherein: *from the start*
die Konjunktur: *trade cycle*
schlapp: *slack, limp*

das Mißgeschick: *misfortune*

Und trotzdem steht das alles bei der Post erst an zweiter Stelle. Denn was bedeutet einem jungen Menschen schon Sicherheit, wenn davor nicht die Chance steht, Karriere zu machen?

Die Post läßt jeden hochkommen. Jeden, der will. Und die notwendige Portion Ehrgeiz mitbringt. Ganz gleich, ob Ihr Sohn oder Ihre Tochter als Hauptschüler bei uns anfängt. Als Realschüler, Handelsschüler, Abiturient. Die Post gibt jedem seine Chance. Und tut noch eine Menge dafür, diese Chance zu vergrößern. Durch gezielte Berufsförderung. Durch Fortbildungskurse. Durch die Möglichkeit, auf Postkosten zu studieren. Auf einer der posteigenen Fachhochschulen.

der Ehrgeiz: *ambition*
die Hauptschule: *lower secondary school*
die Realschule: *secondary school*
die Handelsschule: *commercial school*
gezielt: *planned*
die Förderung: *advancement, promotion*
die Fachhochschule: *technical college*
demnächst: *soon, shortly*

Lassen Sie sich mal unsere Informations-Broschüre kommen. Damit Sie gut vorbereitet sind, um demnächst mit Sohn oder Tochter Thema Zukunft zu diskutieren. Wenn wir Ihnen dazu 'nen kleinen Tip geben dürfen: Sprechen Sie zuerst über die Post-Aufstiegs-Chancen. Und erst zweitens über Sicherheit.

BUNTE

Grammar

<table>
<tr><td>1. NOUNS</td><td>

Some masculine nouns of both German and foreign origin are inflected with '(e)n' in all cases except the nominative singular:

The following common nouns are inflected with 'en':

der Abiturient, der Mensch, der Kamerad, der Polizist, der Elefant, der Christ, der Katholik, der Diamant, der Student, der Philosoph.

Denn was bedeutet einem jungen **Menschen** schon Sicherheit?

Hast du diesen **Diamanten** gefunden?

Ich bin dem **Studenten** gestern begegnet.

Die **Philosophen** unterrichteten an der Universität.

The following common nouns are inflected with 'n':

der Experte, der Sklave, der Psychologe, der Biologe, der Junge.

Du mußt deine Frage an den **Experten** stellen.

Der Abiturient wird zum **Psychologen** ausgebildet.

Wir diskutieren mit dem **Biologen**.

Er hat einen **Sklaven** gekauft.

The noun Herr takes 'n' in the accusative, genitive and dative singular, but 'en' in the plural:

Ich schreibe einen Brief an **Herrn** Braun.

Die **Herren** spielten Karten.
</td></tr>
</table>

2. ORTHOGRAPHY

When two or more compound nouns, adjectives, adverbs or verbs are joined by und or oder and have a common final element, repetition is avoided by using a hyphen:

Pharma- oder Chemiekaufmann   In- und Ausland

ein- und ausgehen   hörens- und sehenswert

Bus- oder Bahnfahrt   Bus- und Bahnunternehmen

3. PREPOSITIONS

a) *In figurative expressions and verbal constructions* über *generally takes the accusative:*

Sprechen Sie zuerst **über die** „Post-Aufstiegs-Chancen."

Er amüsierte sich **über den** Jungen.

Wir freuen uns **über** deinen Besuch.

Das geht **über das** Maß des Erlaubten.

b) zu *is often used in the sense of achieving a position:*

Die Ausbildung **zum** Industriekaufmann dauert nur zwei Jahre.

Herr Lehmann wurde **zum** Vorsitzenden gewählt.

Oberst Adler ist **zum** General befördert worden.

4. PRONOUNS

a) jeder *is used as a pronoun:*

Jeder darf mitkommen.

Die Post läßt **jeden** hochkommen. **Jeden**, der will.

Die Post gibt **jedem** seine Chance.

There is no genitive form. This is overcome by using eines jeden:

Als Politiker muß man die Ansichten **eines jeden** ernst nehmen.

b) *When used as a pronoun* ein *takes the strong declension:*

Auf **einer** der posteigenen Fachhochschulen.

Eines dieser Bilder; **einer** meiner Freunde; mit **einem** dieser Messer.

Fragen zum Text

1. Was lernt man in den zwei Ausbildungsjahren?
2. Wo erhalten die Abiturienten die Ausbildung?
3. Gibt es weitere Ausbildungsmöglichkeiten nach den ersten zwei Jahren?
4. Warum bietet die Firma auch Fremdsprachenkurse an?
5. Welche Dokumente muß man an die Firma senden?
6. Welche Wirkung kann die Konjunktur auf den Arbeitsplatz haben?
7. Warum wird betont, daß man nicht mit 45 abgeschoben wird?
8. Was bedeutet einem jungen Menschen Sicherheit?
9. Welche Qualifikationen muß man haben, um eine Stelle bei der Post zu bekommen?
10. Was hat die Post einem jungen Menschen anzubieten?

Fragen zur Diskussion

1. Meinen Sie, daß eine praxisgerechte industrielle Ausbildung nützlicher ist als die akademische Ausbildung, die man auf der Universität erhält?
2. Was sind die rein finanziellen Vorteile einer solchen industriellen Ausbildung dem Universitätsstudium gegenüber?
3. Glauben Sie, daß die Firma Merck mit diesem Inserat Erfolg haben wird?
4. Warum ist die Werbung der Post an die Eltern gerichtet?
5. Was sind die Vor- und Nachteile einer Stelle bei einer solchen Organisation, wie die Post es ist?

Aufsatz: Ein Lebenslauf

1. Warum verlangt eine Firma einen Lebenslauf?
2. Was für Informationen soll man in einem Lebenslauf geben?
3. Welche Informationen, außer den bloßen Fakten, kann ein Personalchef einem Lebenslauf entnehmen?
4. Kann man den gleichen Lebenslauf für verschiedene Bewerbungen gebrauchen?
5. Würden Sie einen Lebenslauf mit der Maschine schreiben?
6. Wie lang sollte ein Lebenslauf sein?
7. Könnten Sie es moralisch verantworten, wenn ein Erwachsener den Lebenslauf für Sie schriebe? Wieviel soll man sich helfen lassen?

Aufsatzplan

Geben Sie an, um welche Stelle Sie sich bewerben wollen.

1. Abschnitt: Wo und wann geboren, Berufe der Eltern.
2. Abschnitt: Kindheit, Einschulung usw.
3. Abschnitt: Schullaufbahn.
4. Abschnitt: Interessen, Hobbies usw.
5. Abschnitt: Warum bewerben Sie sich um diese Stelle?

Exercises

1. ERGÄNZEN SIE:

1. Mit dem Student– habe ich schon gesprochen.
2. Du sollst sofort zum Psychologe–.
3. Der Abiturient– muß entscheiden, was er werden will.
4. Die Experte– waren sich darüber einig, daß das Bild echt ist.
5. Die Sklave– wollten mit ihrem Herr– sprechen.
6. Ich habe ein– dein– Brüder gesehen.
7. Ein– mein– Bücher ist sehr wertvoll.
8. In ein– sein– Häuser wohnt meine Schwester.
9. Er spricht mit jed–.
10. Mein Hund folgt jed– nach Hause.

2. TRANSLATE:

1. He is always laughing about my poems.
2. She complained about his behaviour.
3. The lamp is hanging over the table.
4. He is being trained as a doctor.
5. Were you speaking about the famous philosopher?

II Werbung

„. . . und wenn Sie diese Hautcreme benutzen, werden Sie so schön und lieblich
wie ich!“

5 Alka-Seltzer

Angenommen, Sie wollen abends ausgehen. Sie haben sich sehr sorgfältig zurechtgemacht. Lidstrich. Make-up. Lippenstift. Alles stimmt. Stimmt wirklich alles? Schließlich waren Sie den ganzen Tag auf den Beinen. Sie haben gearbeitet. 10 Stunden. 12 Stunden. Schauen Sie Ihrem Spiegelbild in die Augen. Sieht man es Ihnen nicht doch ein bißchen an? Unser Make-up-Tip: Ein Glas Wasser – zwei Alka-Seltzer. Und nach ein paar Augenblicken schauen Sie dann wieder in den Spiegel. Es hat sich einiges geändert: Ihre Augen strahlen um eine Kleinigkeit strahlender. Ihre Lippen sind um eine Winzigkeit verlockender. Ihre Haut ist um ein paar Nuancen samtener. Wir können fast garantieren, daß der Abend schöner wird. Denn Sie fühlen sich besser. Und man sieht es Ihnen an. Alka-Seltzer. Make-up zum Trinken. Wenn Sie ganz sicher gehen wollen. Alka-Seltzer sprudelt – sprudelt Unbehagen fort. Alka-Seltzer beseitigt Kopfschmerzen, Magenverstimmung und Katergefühl. Die Folgen von Magenüberlastung, Überanstrengung, Nikotin und Alkohol. Jeder Apotheker hält Alka-Seltzer für Sie bereit. Kleine Packung: DM 3,20: große Packung: DM 5,95. – Für unterwegs in Folie: DM 1,95.

ALKA-SELTZER

angenommen: *suppose*
der Lidstrich: *eye make-up*

das Spiegelbild: *reflection*

strahlen: *to shine*
die Winzigkeit: *tiny bit*
verlockend: *attractive*
die Nuance: *shade*
samten: *silky, velvety*

sprudeln: *to bubble*
das Unbehagen: *discomfort*
das Katergefühl: *hangover*
die Überanstrengung:
over-exertion

die Folie: *foil*

Grammar

I. ADJECTIVES

a) *The following 19 adjectives modify in the comparative form:*
alt, arg, arm, dumm, grob, groß, hart, jung, kalt, klug, krank, kurz, lang, oft, scharf, schwach, schwarz, stark, warm.
The following fluctuate, the modified form often being preferred in conversation:
fromm, gesund, glatt, naß, rot, schmal.

b) *Comparatives used predicatively, that is, after a verb, are not inflected:*
Wir können fast garantieren, daß der Abend **schöner** wird.
Denn Sie fühlen sich **besser**.
Dieser Wagen ist viel **schneller**.
When used attributively, that is, before a noun, they are inflected:
Ich habe einen **besseren** Wagen.
Die **ältere** Schwester lebt noch.

c) ein bißchen, ein paar, ein wenig, etwas, *and* mehr *are indeclinable:*
Und nach **ein paar** Augenblicken schauen Sie wieder in den Spiegel.
Sieht man es Ihnen doch nicht **ein bißchen** an?
Mit **mehr** Geld könnten wir das Haus ganz schön umbauen.
Mit **etwas mehr** Salz schmeckte die Suppe ein bißchen besser.
When followed by an adjective they govern the strong declension:
Ein bißchen schwarz**er** Pfeffer; Mit etwas Gut**em**; ein paar lie**be** Zeilen.

2. ARTICLES

The definite article is omitted in enumeration:
Alka-Seltzer beseitigt Kopfschmerzen, Magenverstimmung und Katergefühl.
Die Folgen von Magenüberlastung, Überanstrengung, Nikotin und Alkohol.
Ich brauche Salz, Pfeffer, Milch und Mehl.

3. VOCABULARY

Note the verbal construction jemandem etwas ansehen
= *to tell something by looking at someone*
Sieht man es Ihnen doch nicht ein bißchen an?
Denn Sie fühlen sich besser. Und man sieht es Ihnen an.
There are parallel constructions with hören *and* merken:
Er ist Franzose. Man hört es ihm an.
Man hört es dir an, daß du zu viel getrunken hast.
Ich merke es ihm an, daß er übermüdet ist.

4. WORD ORDER

Normal word order is retained after words such as angenommen + *comma, as* angenommen *is really an abbreviated clause* (nehmen wir an) *and as such has no place in the main clause:*
Angenommen, Sie wollen abends ausgehen.
Offen gesagt, ich gehe nicht gern.
After some introductory words, such as erstens, zweitens, immerhin, natürlich, übrigens, allerdings *or* zum Beispiel, *inversion is necessary where no comma is used:*
Inversion is more usual.
Natürlich will ich dir helfen.
Natürlich, ich gehe nicht allein hin.
Zweitens gibt die Post Ihren Kindern Sicherheit.

Fragen zum Text

1. Wie macht sich eine Frau zurecht, wenn sie abends ausgehen will?
2. Wie kommt es, daß nicht alles stimmt?
3. In welchen Berufen müssen Frauen 8 bis 10 Stunden am Tag arbeiten?
4. Wie sieht man aus, wenn man lange gearbeitet hat?
5. Was ändert sich, nachdem man Alka-Seltzer genommen hat?
6. Warum wird der Abend schöner?
7. Warum sollte man Alka-Seltzer nehmen?
8. Welche Folgen haben Überanstrengung, Magenüberlastung und Alkohol?
9. Wo kann man Alka-Seltzer kaufen?
10. Warum wird Alka-Seltzer unterschiedlich verpackt?

Fragen zur Diskussion

1. Können wir in diesem Text Unwahrheiten feststellen?
2. Was halten Sie von den obenerwähnten Preisen für Alka-Seltzer?
3. Wer würde Alka-Seltzer nie brauchen?
4. Was empfiehlt dieses Inserat?

Write in German an expanded version of the following outline, using as far as possible the structures exemplified in the text:

Evening – Helga was going out – had been at work – looked tired – decided to take a nap – woke up – headache – tablets – soon felt a little better – made up carefully – looked in mirror – everything all right – eyes, lips, skin – left house – something wrong – dark – 2 a.m. – had slept for six hours.

Exercises

1. ERGÄNZEN SIE:
   1. Nach (einige) Minuten kam der erste Blitz.
   2. Nach (ein paar) Stunden wirst du sehr müde sein.
   3. Das schmeckt besser mit (ein bißchen) Salz.
   4. Das schmeckt besser mit (ein Stück) Zucker.
   5. Diese Krankheit tritt heute bei (mehr) Leuten auf als vor zehn Jahren.
   6. Diese Krankheit tritt bei (manche) Leuten zuerst als eine leichte Erkältung auf.
   7. Diese Pille sollen Sie mit (ein Schluck) Wasser nehmen.
   8. Dieses Medikament sollen Sie mit (ein wenig) Wasser nehmen.
   9. Er hat von etwas (neu) gehört.
   10. Ein wenig (schwarz) Kaffee wäre am besten.

2. TRANSLATE:
   1. Today cars are generally bigger and stronger than they were ten years ago.
   2. We have arranged the time, the place and the day for our meeting.
   3. Before setting off one should check tyre pressure, petrol and water.
   4. My girl friend is five centimetres taller than I.
   5. Heinz used to be a policeman, and one can tell by looking at him.
   6. The carpets, the furniture, the crockery and the books were all packed.
   7. His manner became a few shades friendlier when he understood the situation.
   8. He discussed the problem with his younger brother.
   9. One can get information about the departure time, the length of the journey and the price of the ticket from the travel agency.
   10. After a few cold nights we decided to have central heating.
   11. You can tell by listening to him that he is not English.
   12. I can tell by looking at you that you are ill.

6 Lebensversicherung

Es gibt Lücken, die man leicht übersieht: Versorgungslücken. Gegen Versorgungslücken gibt es die Lebensversicherung.

die Lücke: *gap*

Sie entscheiden, welches Auto Sie kaufen. Sie entscheiden, wohin die Urlaubsreise gehen soll. Sie entscheiden, welche Schule Ihre Kinder besuchen. Wollen Sie ausgerechnet die finanzielle Sicherheit Ihrer Familie und die Vorsorge für Ihr Alter allein dem Staat überlassen?

ausgerechnet: *of all things*

Wenn Sie Ihr Leben lang Beiträge zur gesetzlichen Rentenversicherung bezahlen, können Sie damit rechnen, knapp die Hälfte Ihres letzten Einkommens als Rente zu erhalten. Genügt Ihnen das? Selbst wenn eine betriebliche Altersversorgung hinzukommt, ist das ganze nicht mehr als eine Grundversorgung. Eine Grundversorgung, die in erster Linie für Ihren Lebensabend gedacht ist – Ihrer Familie aber für heute und morgen nur einen unzureichenden finanziellen Schutz gibt. Hier klafft eine Versorgungslücke, die eine Lebensversicherung schließt. Ein Beispiel: Sie sind 30 Jahre alt und schließen eine Lebensversicherung über 20.000 Mark ab, die Sie an Ihrem 65. Geburtstag erhalten. Der Monatsbeitrag: 45 Mark. Diese 20.000 Mark sichern vom ersten Tag an den Lebensstandard Ihrer Familie, die Zukunft Ihrer Kinder.

der Beitrag: *contribution*
knapp: *barely*
die Rente: *pension*
die Versorgung: *provision*

unzureichend: *inadequate*
klaffen: *to gape*

Im Laufe der Jahre bilden Sie darüber hinaus ein Kapital, das beträchtlich wächst – durch die Versicherten-Dividende. Denn die Lebensversicherungs-Unternehmen sind gesetzlich verpflichtet, ihre Gewinne an die Versicherten – also an Sie – weiterzugeben. Nach den heutigen Erfahrungen können Sie damit rechnen, daß sich dadurch der Wert Ihrer Lebensversicherung etwa verdoppelt. Sie sehen, eine Lebensversicherung lohnt sich. In jedem Lebensalter. Vom ersten Tag an. Nirgendwo finden Sie solch kompakte Vorteile – sofortigen Schutz, eine grundsolide Kapitalbildung, hohe Versicherten-Dividende und Steuerersparnis.

beträchtlich: *considerably*

verpflichten: *to bind*
die Gewinne: *profits*

die Steuerersparnis: *tax saving*

Wenn Sie mehr über die Vorteile einer Lebensversicherung wissen möchten, sprechen Sie mit einem Versicherungs-Fachmann.

der Fachmann: *specialist*

SICHERHEIT MIT DIVIDENDE – LEBENSVERSICHERUNG

DER SPIEGEL

Grammar

1. ADJECTIVES
The strong declension is used after manch, solch, welch, viel *and* wenig *when these are not inflected:*
Ich habe **manch** schöne Zeiten erlebt.
Nirgendwo finden Sie **solch** kompakte Vorteile.
Welch schönes **Bier**!
In den letzten Jahren habe ich **viel** Schönes gesehen.
Ich kam mit **wenig** deutschem Geld an.
The weak declension follows mancher, solcher *and* welcher *:*
Ich habe nie **solche** schönen Bilder gesehen.
In **welcher** deutschen Stadt wohnt dein Vetter?
Wir haben **manche** interessanten Stunden bei dir verbracht.

2. ADVERBS
Numbers are often qualified by knapp, rund, über *and* ungefähr *:*
knapp die Hälfte; rund tausend Mark; über 20.000 Mark; ungefähr 2 Liter.

3. NOUNS
The gender of nouns is frequently deducible from their form. Thus the following are normally feminine:
a) *Nouns ending in* -e *:* Hälfte, Lücke, Reise, Rente, Schule, Sorge.
b) *Nouns ending in* heit, -keit, -ung *and* -schaft *:* Sicherheit, Kleinigkeit, Freund-schaft, Versicherung.

4. VERBS
In German as in English there are 3 conditional tense sequences:
a) *In an 'open condition' the condition is likely to be fulfilled:*
If I go shopping, I will miss the film.
The sequence of tenses in German is:
Wenn Sie mehr wissen **möchten, sprechen** Sie mit einem Fachmann.
Wenn Sie Beiträge **bezahlen, können** Sie damit rechnen . . . .
Selbst wenn eine betriebliche Altersversorgung **hinzukommt, ist** . . . .
b) *In an 'improbable condition' fulfilment of the condition is unlikely:*
If I went shopping, I would miss the film.
Wenn man mehr Geld **hätte, bekäme** man auch mehr Rente.
or **würde** man auch mehr Rente **bekommen.**
Wenn ich mit einem Fachmann sprechen **wollte, könnte** ich ihn anrufen.
c) *In a 'rejected condition' the condition cannot be fulfilled:*
If I had gone shopping, I would have missed the film.
Wenn ich Beiträge **bezahlt hätte, hätte** ich mehr Rente **bekommen.**
or **würde** ich mehr Rente **bekommen haben.**
Wenn wir gestern **gefahren wären, hätten** wir ihn **getroffen.**

5. WORD ORDER
When the subject of a subordinate clause is a noun, it follows a reflexive pronoun:
Sie können damit rechnen, daß **sich der Wert** verdoppelt.
Als **sich meine Mutter** hinlegte, klingelte das Telefon.
But a pronoun subject precedes a reflexive pronoun:
Der weiß, daß **man sich** um ihn kümmert.
Als **sie sich** hinlegte, klingelte das Telefon.

Fragen zum Text

1. Welche anderen Versorgungslücken könnte man leicht übersehen?
2. Wie kann man am besten für die finanzielle Sicherheit seiner Familie vorsorgen?
3. Wie groß ist eine Rente im Vergleich mit einem normalen Einkommen?
4. Welche Entscheidungen trifft man im alltäglichen Leben?
5. Wie kommt es, daß das Kapital einer Lebensversicherung wächst?
6. Welches sind die besonderen Vorteile einer Lebensversicherung?
7. Warum geben die Lebensversicherungs-Unternehmen dem Kunden ihre Gewinne?
8. Erklären Sie folgende Ausdrücke: gesetzliche Rentenversicherung; eine betriebliche Altersversorgung; Lebensstandard einer Familie; Versicherten-Dividende.
9. Was entscheidet, ob der Monatsbeitrag im Verhältnis zur versicherten Summe groß oder gering ist?
10. Was ist ein Versicherungsfachmann? Welche Gefahr besteht, wenn man sich von ihm beraten läßt?

Fragen zur Diskussion

1. Sollte man sich um die Zukunft seiner Kinder kümmern? Warum?
2. Braucht man wirklich im Ruhestand weniger Geld als während der Arbeitstätigkeit? Warum?
3. Haben Sie vor, eine Lebensversicherung abzuschließen, während Sie noch jung sind?

Aufsatz: Lebensversicherung und Werbung

1. Was ist im allgemeinen der Zweck der Werbung?
2. Erkennen Sie einen Unterschied zwischen Versicherungs- und Zahnpastawerbung?
3. Lohnt es sich wirklich, eine Lebensversicherung abzuschließen?
4. Ist jede Werbung ehrlich?
5. Leisten die Lebensversicherungsgesellschaften ihren Kunden einen wertvollen Dienst?
6. Warum müssen sie Inserate in Zeitungen setzen?
7. Wozu existieren die Lebensversicherungs-Unternehmen?
8. Können Sie vom moralischen Standpunkt aus die Versicherungsinserate mit denen für Alka-Seltzer vergleichen?

Aufsatzplan

1. Abschnitt: Verschiedene Inserate, beispielsweise Alka-Seltzer, sind wahrscheinlich nicht an dieselben Leser gerichtet; ob man das sofort spürt?
2. Abschnitt: Versicherungsbedürfnis als soziales Phänomen.
3. Abschnitt: Ein Wettlauf um die Aufmerksamkeit des Lesers. Wer gewinnt?
4. Abschnitt: Bei wem bleibt die letzte Verantwortlichkeit – der Presse? dem Leser?

Exercises

1. ERGÄNZEN SIE:
   1. Manche dumm– Leute glauben, der Krieg sei schon verloren.
   2. Solch treu– Freunde sind rar.
   3. Wenige Prospekte machen solch preiswert– Angebote.
   4. Welch großartig– Erlebnisse wir dabei hatten!
   5. Manch gut– Soldat ist in dieser Schlacht gefallen.
   6. Welcher freundlich– Engel hat das erdacht?
   7. Solches unruhig– Benehmen verdient eine Strafe.
   8. Mancher brav– Kerl ist in diese peinliche Lage geraten.
   9. Welches groß– Ziel haben Sie damit erreicht?
   10. Mit solchen verdächtig– Mitteln habe ich nichts zu tun.

2. OPEN CONDITION OR IMPROBABLE CONDITION?
   1. Wenn er Geld hat, (können) er sehr großzügig sein.
   2. Wenn Sie Glück hätten, (bekommen) Sie noch den Zug.
   3. Wenn wir hinfahren wollen, (müssen) wir sofort los.
   4. Wenn das wahr (sein), hätten wir schon längst Nachricht.
   5. Falls er hierherkommt, (kaufen) ich etwas Zusätzliches ein.
   6. Ich weiß nicht, was aus ihm (werden), wenn er die Prüfung nicht besteht.
   7. Wenn sie Zeit (haben), würden wir den Wagen reparieren.
   8. Wenn ihr zu Fuß (gehen), kommt ihr erst abends an.
   9. Wenn er nicht bald (kommen), müssen wir alleine abfahren.
   10. Sie muß jetzt schlafen, wenn sie morgen ausgehen (wollen).

3. ERGÄNZEN SIE:

1. Ich hätte dich besucht, wenn ......
2. Wenn das Wetter schön gewesen wäre, ...
3. Wenn du nicht gekommen wärst, ...
4. Er hätte nicht ins Kino gehen können, wenn ......
5. Wenn ich Lust gehabt hätte, ...

4. BEISPIEL:

Mir scheint, daß sich die grauen Wolken verdichten:
Mir scheint, daß sie sich verdichten. *or* Ich glaube, daß
er sich darauf vorbereitet hat: Ich glaube, daß sich der
bösartige Spieler darauf vorbereitet hat.

1. Es war klar, daß sich die bayrische Mannschaft am
   meisten amüsierte.
2. Ich fragte mich, ob sie es sich wirklich vorgestellt
   hätte, was sie mit dem Geld tun könnte.
3. Er wollte wissen, ob sich der blödsinnige Kellner
   daran erinnerte, daß er es eilig hatte.
4. Wir stellten fest, daß sich die meisten Leute darauf
   freuten.
5. Wir beobachteten, wie er sich danach sehnte.

7 Wir denken an Ihre Sicherheit

Wer vor einer Kuppe überholt, muß es sehr eilig haben, in den Himmel zu kommen.

Ein Auto ist ein Fortbewegungsmittel. Daß es auch ein Mittel ist, sich und andere umzubringen, ist eine tieftraurige Tatsache: 1971 starb in unserem Land alle fünf Stunden ein Mensch an den Folgen eines Straßenverkehrsunfalles. Für 26 wurde eine Kuppe zum Grabhügel.

Daß wir in diesem Jahr weniger Chancen hätten, in Situationen zu geraten, die auf verhängnisvollen Fehlleistungen beruhen, ist reines Wunschdenken.

Wir rufen darum alle Automobilisten auf, gerade beim Überholen äußerste Vorsicht walten zu lassen. Allen, denen einmal ein Wagen frontal entgegenkommt, raten wir, so weit rechts wie möglich auszuweichen. Und lieber vorsichtig die Bremse zu betätigen. Statt panikartig die Lichthupe. Mit etwas Glück ist dann vielleicht nur die Fahrt zu Ende. Und nicht das Leben.

Im heutigen Verkehr kann es nicht darum gehen, wer von allen der schnellste ist. Heute geht es in allererster Linie um die Sicherheit von uns allen.

Was wir, als einer der großen Reifenhersteller, für die Sicherheit im Verkehr tun konnten, haben wir getan. Der Spezialgürtelreifen Kléber v 10 ist wahrscheinlich der sicherste Reifen, den Sie heute kaufen können. Sein Bremsweg ist extrem kurz. Er hält eisern die Spur in Kurven. Er haftet sehr gut bei Regen. Sichere Reifen sind wichtig. Aber das Wichtigste müssen Sie selber dazutun: Vernunft, Vorsicht, Können.

Pneus Kléber
v 10/v 10s Sicherheits-Gürtelreifen.

---

die Kuppe: *brow of a hill*
überholen: *to overtake*

das Fortbewegungsmittel: *means of locomotion*
umbringen: *to kill*

der Grabhügel: *grave*

geraten: *to get into*
verhängnisvoll: *fateful*
die Fehlleistung: *mistake, error*

walten lassen: *to bring to bear*
ausweichen: *to give way*
betätigen: *to operate*
die Lichthupe: *headlamp-flasher*

der Reifenhersteller: *tyre manufacturer*
der Gürtelreifen: *radial tyre*

der Bremsweg: *stopping distance*
die Spur: (*here*) *road*

die Vernunft: *reason, common sense*

Grammar

Some superlative adjectives may be further strengthened by adding aller-:

Heute geht es in **allererster** Linie um die Sicherheit.

Er ist nicht nur gut, er ist der **allerbeste** Torwart in der Welt.

Sie ist das **allerschönste** Mädchen, das man je gesehen hat.

Mein **allerliebstes** Kind!

2. NOUNS

Nouns can be formed from verbs in German by writing the infinitive with a capital. These verbal nouns are all neuter.

Es ist reines **Wunschdenken**.

Wir rufen alle auf, beim **Überholen** Vorsicht walten zu lassen.

Das Wichtigste müssen Sie selber dazu tun: Vernunft, Vorsicht, **Können**.

Die Gesellschaft wurde zum **Essen** gerufen.

Vom **Träumen** wird man nicht reich.

3. PREPOSITIONS

When used figuratively or in verbal constructions an *generally governs the dative:*

Ein Mensch starb **an den** Folgen eines Straßenverkehrsunfalles.

Es gefällt mir **an ihm**, daß er so bescheiden ist.

Es fehlt mir **am** nötigen Geld.

But where an *introduces the object of some mental process, the accusative follows:*

Wir denken **an Ihre** Sicherheit.

Ich erinnere mich **an ihn**.

Die Christen glaubten nicht **an die** römischen Götter.

Der Glaube **an** boshafte Hexen herrschte im Mittelalter.

4. PRONOUNS

aller *can be used as a pronoun:*

Es geht nicht darum, wer von **allen** der schnellste ist.

Heute geht es um die Sicherheit von uns **allen**.

Alle müssen am Spiel teilnehmen.

Allen, denen ein Wagen frontal entgegenkommt, raten wir, so weit rechts wie möglich auszuweichen.

Note the use of alle *in* alle fünf Stunden, alle drei Jahre, *where the English would use 'every'.*

5. VOCABULARY

a) Es *is used in a number of common set expressions:*

Er muß **es** sehr eilig haben, in den Himmel zu kommen.

Helmut ist wirklich begabt. Er wird **es** weit bringen.

Ich habe **es** mir in der neuen Wohnung bequem gemacht.

Jetzt hast du **es** mit dem Chef zu tun.

b) geraten *is used in connection with states and situations:*

Daß wir weniger Chancen hätten, in Situationen zu geraten, . . .

Er ist in Schulden/Schwierigkeiten geraten.

Man gerät in Not/Verlegenheit/Zorn/Wut.

Das Auto geriet in Bewegung/in Brand.

Sie gerieten in Streit.

Fragen zum Text

1. Warum ist es gefährlich, vor einer Kuppe zu überholen?
2. Was ist ein Fortbewegungsmittel?
3. Erläutern Sie „... für 26 wurde eine Kuppe zum Grabhügel"!
4. Beschreiben Sie eine verhängnisvolle Fehlleistung!
5. Warum soll der Automobilist beim Überholen besonders vorsichtig sein?
6. Wann muß man sonst äußerste Vorsicht walten lassen?
7. Wie sollte ein Fahrer reagieren, wenn ihm ein Wagen frontal entgegenkommt?
8. Was hat die Firma Kléber für die Sicherheit im Verkehr getan?
9. Warum steht geschrieben, daß der Kléber V10 nur „wahrscheinlich" der sicherste Reifen ist?
10. Welche Eigenschaften und Fähigkeiten sind für einen Automobilisten wichtig?

Fragen zur Diskussion

1. Was halten Sie von dieser Reklame? Leistet die Firma Kléber der Gesellschaft wirklich solch einen guten Dienst?
2. Welche psychologischen Wirkungen kann es auf einen Menschen haben, wenn er sich hinter das Lenkrad setzt?
3. Welche Maßnahmen sollte man ergreifen, um unsere Straßen sicherer zu machen?

Write in German an expanded version of the following outline, using as far as possible the structures exemplified in the text:

Driving no fun today – so much traffic – everyone wants to be fastest – although cars good – tyres improve – still many accidents – overtaking dangerous – especially at night, in rain or snow – on hills or curves – skill more important than radials – answer to take one's time – remember safety more important than speed.

Exercises

1. SETZEN SIE DIE PASSENDEN ENDUNGEN EIN:
   1. All– wollen wissen, wer er ist.
   2. Wir sind mit all– ander– in die Stadt gefahren.
   3. Er gehört zu d– allerbest– Opersängern d– Welt.
   4. Man kann ihm all– sagen.
   5. Wir haben all– Bekannt– wiedergesehen.

2. BILDEN SIE MIT DEN FOLGENDEN WÖRTERN JE EINEN SATZ:
   allerletzt– allerwenigst– allernächst– allerhöchst– allerneust–

3. TRANSLATE:
   1. She died of a fever.
   2. We were thinking of his mother.
   3. It is a question of road safety.
   4. Eating is fun.
   5. She was embarrassed when she dropped the cup.
   6. He will go a long way in his new job.
   7. The very thought of fish makes me ill.
   8. As he was swimming to the shore, he got into difficulties.
   9. He had an accident while overtaking on the top of a hill.
   10. He lacks ability.

8 Sealink: Ihre Autobahn nach England

Mehr als eine Million Autofahrer sind im letzten Jahr vom europäischen Festland nach Großbritannien hinübergefahren. Und jedes Jahr werden es mehr.

Britannien bietet jedem etwas – ob Sie eine Camping- oder Wohnwagen-Tour machen, ob Sie Großstädte erleben oder die Landschaft und Küste entdecken wollen. Es gibt genügend Gründe für Sie, sich zu entschließen, mit Ihrem Wagen über den Kanal zu fahren, ein anderes Land zu besuchen, sich zu sagen „ja einmal Urlaub woanders!". Weil es interessant ist, Land und Leute kennenzulernen. Reisen Sie unabhängig – reisen Sie mit Ihrem eigenen Wagen.

Ihr Urlaub beginnt in dem Augenblick, in dem Sie an Bord der Sealink-Autofähre gehen. Sie parken Ihren Wagen im geräumigen Autodeck wie in einer großen Garage. Und dann gehen Sie einfach hoch und genießen die Überfahrt. Auf einem Schiff gibt es viel zu sehen. Und so viel zu tun. geräumig: *spacious*

Speisen Sie in dem modernen internationalen Restaurant oder nehmen Sie einen kleinen Imbiß in unserer Cafeteria. Entspannen Sie sich in Ihrer Kabine oder faulenzen Sie auf dem Sonnendeck. Sollten Sie noch Devisen brauchen, so finden Sie an Bord eine Wechselstube. der Imbiß: *snack*
die Devisen: *foreign currency*

Sealink gibt sich Mühe, Ihre Fahrt angenehm und sorglos zu gestalten. gestalten: *to form, make*

Sealink bietet Ihnen eine Auswahl von 10 Autofährstrecken nach Großbritannien. Mit über 100 Abfahrten pro Tag während der Hauptverkehrszeiten im Sommer.

Sie können von Hoek van Holland, Ostende, Dünkirchen, Calais, Boulogne oder Dieppe mit einer Sealink-Autofähre nach Harwich, Dover, Folkestone oder Newhaven fahren. Diese englischen Häfen liegen alle sehr günstig, wenn Sie weiter nach London möchten.

günstig: *favourable*

In Großbritannien fahren Sie links, aber schon nach einigen Kilometern ist das für Sie selbstverständlich geworden. Es wird Ihnen auch nicht schwerfallen, sich mit den englischen Maßeinheiten abzufinden, denn 1 Gallon Benzin entspricht ca. 5 Liter und 1 Meile ca. 1,6 km.

Auto-Brit-Tours

Um dem Besucher Großbritanniens etwas Besonderes bieten zu können, wurden in Zusammenarbeit des Sealinksautofährdienstes und den BTH (British Transport Hotels) 5 Autotouren ausgearbeitet, die sich Auto-Brit-Tours nennen.

Ihr Reisebüro oder das zuständige British Rail Büro wird Sie hierüber gerne informieren.

zuständig: *competent, responsible*

Diese Tours sind so arrangiert, daß sie dem Autofahrer, der Qualität, Komfort und einen guten Service erwartet, einen faszinierenden Urlaub garantieren.

Die Unterbringung erfolgt in den BTH Hotels, die zu den schönsten Europas gehören und mit 3-5 Sternen ausgezeichnet sind.

Die BTH Hotels sind für ihre hervorragende Küche, erstklassigen Weine und zuvorkommende Bedienung bekannt.

Auto-Brit-Tours sind äußerst komfortabel. Der Pauschal-Preis enthält die Hin- und Rückfahrt über den Kanal per Sealink Autofähre oder dem Seaspeed-Luftkissenboot und die Übernachtung in den BTH Hotels.

die Unterbringung: *accommodation*
ausgezeichnet: *distinguished*
hervorragend: *superior, outstanding*
zuvorkommend: *obliging*
der Pauschal-Preis: *all-in price*

Spezielle Minitour-Tickets

Sparen Sie Geld! Ihr Auto wird kostenlos mitgenommen, vorausgesetzt, daß 4 Erwachsene vollbezahlt reisen und Hin- und Rückfahrt innerhalb 4 Tagen erfolgen (5 Tage bei Reisebeginn an einem Donnerstag).

vorausgesetzt: *provided that*

BRITISH RAIL

Grammar

I. ORTHOGRAPHY *In general, commas must separate all clauses in German:*
Ihr Urlaub beginnt in dem Augenblick, in dem Sie an Bord gehen.
Diese Häfen liegen sehr günstig, wenn Sie weiter nach London möchten.
In Großbritannien fahren Sie links, aber schon nach einigen Kilometern ist das
für Sie selbstverständlich geworden.
Three exceptions to this rule are:
a) *Before the 2nd of two clauses linked by* und, oder, aber *or* sondern, *when the
subject word is not repeated:*
Dann gehen Sie hoch und genießen die Fahrt.
Er setzte sich und schrieb.
b) *Where the subject word is repeated, but as part of an imperative:*
Speisen Sie in dem modernen Restaurant oder nehmen Sie einen Imbiß.
Entspannen Sie sich in Ihrer Kabine oder faulenzen Sie auf dem Deck.
c) *After the first of 2 subordinate clauses joined by* und *or* oder:
Vorausgesetzt, daß 4 Erwachsene vollbezahlt reisen und Hin- und
Rückfahrt innerhalb 4 Tagen erfolgen.
Es gibt Menschen, die kein Geld haben und doch zufrieden sind.

2. PREPOSITIONS a) *There are 9 common prepositions governing the dative:*
aus, außer, bei, gegenüber, mit, nach, seit, von, zu.
Reisen Sie **mit** Ihrem eigenen Wagen.
Schon **nach** einigen Kilometern.
b) *There are 13 common prepositions governing the genitive:*
während, wegen, statt, trotz, diesseits, jenseits, beiderseits, innerhalb, außerhalb, oberhalb, unterhalb, um . . . willen, halber.
Während **der** Hauptverkehrszeiten. Trotz **des** Wetters.

3. VERBS a) *Verbs of motion are often omitted after the modals. This occurs most often after
the present and simple past tense, with* mögen *only after the past subjunctive:*
Alle diese Häfen sind günstig, wenn Sie nach London **möchten**.
Ich **muß/mußte** nach Hause.
b) *The past tense of* sollen *can be used to replace* wenn *in conditional clauses:*
Sollten Sie Devisen brauchen, so finden Sie an Bord eine Wechselstube.
Sollte ich Zeit haben, so komme ich heute nachmittag.

4. VOCABULARY a) sich entschließen *implies determination, making up one's mind:*
Es gibt genügend Gründe, **sich zu entschließen**, dieses Land zu besuchen.
Bis heute abend mußt du **dich entschlossen** haben.
b) beschließen *is the normal word for 'decide', involving no strong act of will. It also
conveys decisions made by those in authority:*
Ich habe **beschlossen**, zu Hause zu bleiben.
Die Regierung hat **beschlossen**, neue Wahlen zu halten.
c) entscheiden *generally implies a choice between alternatives:*
Sie **entscheiden**, welches Auto Sie kaufen.
Hast du **dich** für das Schnitzel **entschieden**?

Fragen zum Text

1. Wieso „Ihre Autobahn nach England"?
2. Wo verbringen die Deutschen am liebsten ihre Ferien?
3. Welche Vorteile hat die Autofähre für Reisende?
4. Welche Nachteile kann die Autofähre doch haben?
5. Liegen die erwähnten Häfen ‚alle sehr günstig', wenn man weiter nach London will?
6. Ist es wirklich so leicht, mit den englischen Maßeinheiten umzugehen?
7. Sind die BTH Hotels für ihre hervorragende Küche in England bekannt?
8. Was bedeuten die Sterne, mit denen Hotels ausgezeichnet werden?
9. Wie stellen Sie sich eine Auto-Brit-Tour vor?
10. Erklären Sie mit einfachen Worten, wie ein Luftkissenboot funktioniert!

Fragen zur Diskussion

1. Welche Vorteile und Nachteile hat es, wenn man unabhängig reist und den Wagen mitnimmt?
2. Was bietet England dem Touristen?
3. Planen Sie eine zweiwöchige Tour für einen Deutschen, der England zum erstenmal besucht!
4. Angenommen, man wohnt in Frankfurt. Lohnt es sich, eine 4-tägige Minitour zu machen?

Aufsatz: Beschreiben Sie eine Reise von Nürnberg nach London mit Auto und Autofähre!

1. Welche Strecke fahren Sie?
2. Machen Sie eine Pause, um etwas Sehenswertes in Deutschland anzusehen?
3. Übernachten Sie auf dem Festland?
4. Was macht man, wenn das Auto eine Panne hat?
5. Nehmen Sie junge Menschen mit, die per Anhalter fahren wollen?
6. Wie ist häufig das Wetter während der Überfahrt?
7. Was machen Sie an Bord?
8. Welches sind Ihre ersten Eindrücke von England?
9. Haben Sie etwas zu verzollen?
10. Welche Schwierigkeiten hat man, ein Hotel in London zu finden?

Aufsatzplan

1. Abschnitt: Planung der Fahrt. Route und Übernachtungen.
2. Abschnitt: Von Nürnberg bis zur Fähre.
3. Abschnitt: Die Überfahrt.
4. Abschnitt: Von der Fähre nach London.

Exercises

1. ERGÄNZEN SIE MIT EINER PASSENDEN PRÄPOSITION:

1. – ungünstigen Wetters gehen wir schwimmen.
2. Ich habe – keinem – meinem alten Onkel so gut diskutieren können.
3. – des Vortrages schlief ich ein.
4. – dem Essen durfte er seiner Gesundheit – nicht rauchen.
5. Er verbringt die Ferien – Hause, weil er – uns das Essen nicht ausstehen kann.
6. Ich fragte ihn – dem Zug.
7. Von meinem Fenster – kann ich die Hütte – der Mauer sehen.
8. – Weihnachten warte ich auf einen Brief. Ich werde – ihm langsam böse.
9. Er sitzt deinem Vetter –; ungefähr zwei Meter – der Wand entfernt.
10. Ich führe das Kind spazieren – dem Hund.

2. ADD A COMMA WHERE NECESSARY:

1. Wenn ich Glück habe gibt mir der Chef morgen frei.
2. Frau Lange wollte die Hausaufgabe sehen aber ich hatte sie nicht mitgebracht.
3. Onkel Rainer saß den ganzen Abend und sprach kein Wort.
4. Er fragte ob sie Lust habe mit ihm tanzen zu gehen.
5. Wenn Sie den Füller nehmen und ich den Bleistift hole können wir beide weiterarbeiten.

3. TRANSLATE:

1. He has finally decided to see a doctor.
2. We will have to decide soon where we are going to spend the holidays.
3. The princess decided to marry the frog.
4. The Chancellor has decided to hold new elections.
5. He decided to become a computer programmer many years ago.

III Urlaub

9 Liebe Martina!

Frauen in der Fabrik

Ich komme gerade aus der Fabrik, und da ich noch etwas Zeit bis zum Tennistraining habe, will ich schnell Deinen Brief beantworten. Zunächst freue ich mich, daß es Dir an der Ostsee so gut gefällt. Letztes Jahr war ich mit meiner Klasse in Lübeck, und daher kann ich es mir gut vorstellen, daß Dir Dein Aufenthalt so viel Spaß macht.

zunächst: to begin with

Du möchtest sicher wissen, wie mir mein „Urlaub" in einer Fabrik bekommt. Es versteht sich, daß Arbeiten nicht mit Ferien an der See verglichen werden kann, aber da es mir an Geld fehlt, muß ich in den sauren Apfel beißen.

bekommen: to suit
vergleichen: to compare

Jeden Morgen verlasse ich um halb sechs schweren Herzens das Bett. Schnell wird gefrühstückt, und ab geht es zur Bushaltestelle. Pünktlich um sechs Uhr fährt der Bus ab. Arbeitsbeginn ist um halb sieben. Erst muß ich meine Karte stempeln lassen. Dann beginnt der Ernst des Tages. Meine tägliche Arbeit ist das Prüfen von Wasserhähnen und Schrauben, die ich anschließend einpacken muß. Jeden Tag warte ich sehnsüchtig auf die Pausen. Sie sind das Schönste an der ganzen Fabrikarbeit. Nachdem ich meine acht Stunden hinter mich gebracht habe, fahre ich um halb sechs mit dem Bus zurück nach Hause. Ich bin jedesmal froh, wenn wieder ein Tag meiner dreiwöchigen Tätigkeit in der Fabrik vorbei ist. Ich bin richtig neidisch auf Dich und Deine herrlichen Ferien an der Ostsee.

ab geht es: off we go

stempeln: to stamp
der Wasserhahn: tap
die Schraube: screw
sehnsüchtig: longingly

neidisch: envious

Es grüßt Dich herzlich
  Deine Freundin,
   Ute.

P.S. Übrigens, ich bin Mitglied unserer Pokalmannschaft geworden. Hoffentlich gelingt es mir am nächsten Samstag, mein Einzel zu gewinnen. Drück mir die Daumen!

die Pokalmannschaft: cup team

SCHÜLERAUFSATZ

33

Grammar

I. ADJECTIVES
etwas *can be used to mean 'some', 'any' or 'a little':*
Da ich noch **etwas** Zeit habe, will ich Deinen Brief beantworten.
Für dieses Rezept brauchst du **etwas** Mehl.

2. ADVERBS
Definite time is generally rendered by an accusative:
Letztes Jahr war ich mit meiner Klasse in Lübeck.
Jeden Tag warte ich sehnsüchtig auf die Pausen.
This is sometimes not the case when words like nächst-, folgend- *or* kommend- *are being used:*
Hoffentlich gelingt es mir **am nächsten (folgenden) Samstag** zu gewinnen.
Am nächsten Morgen stand er spät auf.
In den kommenden (nächsten) Tagen erwarte ich einen Brief aus Bonn.

3. ARTICLES
No article is used before professions and other broad classes after sein, werden *or* bleiben *unless an adjective is used:*
Ich bin Mitglied unserer Pokalmannschaft geworden.
Er ist Soldat/Katholik/Engländer.
Nach dem Krieg blieb er Offizier.
Er ist ein guter Arzt.
Er wird ein internationaler Schwimmer werden.
Mein Vater ist ein bekannter Rechtsanwalt.

4. ORTHOGRAPHY
In a letter the second person singular and plural personal pronoun, possessive adjectives and pronouns are written with a capital letter:
Zunächst freue ich mich, daß es **Dir** an der Ostsee so gut gefällt.
Ich kann es mir gut vorstellen, daß **Dir Dein** Aufenthalt Spaß macht.
Ich habe **Ihretwegen** nichts gesagt, aber machen **Sie** es nicht wieder!
Ich habe **Euch** lange nicht geschrieben.

5. PREPOSITIONS
In figurative expressions and verbal constructions auf *predominantly takes the accusative:*
Jeden Tag warte ich **auf die** Pausen
Ich bin neidisch **auf Dich** und **Deine** Ferien.
Ich freue mich **auf deinen** Besuch.
Du mußt **auf das Kind** aufpassen.
Du mußt **auf deine** Mutter hören.
auf diese Weise; **auf seinen** Rat; **auf seinen** Wunsch; **auf Ihre** Bitte; **auf lange** Zeit; **auf diese** Art; **auf dein** Wohl.

6. VERBS
In German there are many impersonal verbal constructions. The 'es' is not dropped in inversion. The word which corresponds to the English subject is rendered by the dative in German:
Ich freue mich, daß **es Dir** an der Ostsee so gut gefällt.
Da **es mir** an Geld fehlt, muß ich in den sauren Apfel beißen.
Hoffentlich gelingt **es mir**, mein Einzel zu gewinnen.
Da **es ihm** jetzt wieder gut geht, brauchen wir keine Blumen zu kaufen.

Fragen zum Text

1. Welche deutschen Städte liegen an der Ostsee?
2. Woher kennt Ute Lübeck?
3. Hat es Ute in Lübeck gut gefallen?
4. Was macht Ute in ihren Ferien?
5. Erklären Sie den Ausdruck „in den sauren Apfel beißen"!
6. Hat Ute ihre Arbeit gern?
7. Warum muß sie eine Karte stempeln lassen?
8. Wie lange arbeitet sie in der Fabrik?
9. Hat Ute nach der Arbeit genügend Energie, um etwas anderes zu unternehmen?
10. Warum schreibt Ute: „Drück mir die Daumen!"?

Fragen zur Diskussion

1. Können Eltern, die selber wenig verdienen, erwarten, daß ihre Kinder in den Ferien arbeiten?
2. Wäre es nicht eine gute Idee, wenn alle Oberstufenschüler in den Ferien Erfahrungen in Betrieben und Fabriken sammelten?
3. Wird Ute bei ihrer Ferienarbeit etwas Neues hinzulernen, oder wird sie nur ausgebeutet werden?

Write in German an expanded version of the following outline, using as far as possible the structures exemplified in the text:

Factory work boring – nothing like a holiday at the seaside – one must get up so early – no time to enjoy breakfast – clocking in at 07.00 – then repetition of same task – only the breaks to look forward to – and the end of the 8 hours – one has to put up with it – when short of money holidays out of the question.

Exercises

I ERGÄNZEN SIE MIT DEN IN KLAMMERN STEHENDEN ADVERBIEN DIE FOLGENDEN SÄTZE:

1. (Last Wednesday) (tomorrow)
   – fing die Schule um neun Uhr an, aber – brauchen wir erst um halb zehn da zu sein.
2. (in the coming weeks) (next Tuesday)
   – muß ich mich entscheiden, welchen Beruf ich ergreife. Deshalb fahre ich – zu einer Berufsberatung.
3. (Last Thursday) (next Friday)
   – spielten wir gegen den Hamburger Tennis-Klub.
   – spielen wir in Aachen.
4. (The day after tomorrow)
   – erwarten wir Besuch aus Kiel.
5. (Tomorrow morning) (at 10 o'clock) (in the afternoon)
   – fahren wir – los und kommen – in Köln an.

2. GEBRAUCHEN SIE IN DEN FOLGENDEN SÄTZEN EIN UNPERSÖNLICHES VERB:

1. Peter kann mit seiner Klasse nicht mitfahren, denn er hat kein Geld.
2. Hoffentlich wird unsere Tennismannschaft erfolgreich sein und den Pokal gewinnen.
3. Es ist selbstverständlich, daß wir Ihre Frau auch einladen.
4. Das russische Lied habe ich sehr gern.
5. Jemand klopft an die Tür.

3. TRANSLATE:

1. I am looking forward to the holidays.
2. On her advice I went to the doctor's.
3. Let us drink his health.
4. He is still waiting for a reply to his letter.
5. You should not be jealous of his friend. You can lose all your friends that way.

10 Urlaub im Gebirge

Im Gebirge

Reisen gehört heute zum guten Ton. Der Wohlstandsbürger in der Bundesrepublik zählt zu den reiselustigsten Menschen der Welt. Kein Land, keine Sehenswürdigkeit ist mehr vor ihm sicher. Viele Deutsche verbringen ihren Urlaub aber nach wie vor in den Bergen, sei es in den deutschen, in den österreichischen oder Schweizer Alpen.

    Die Gebirge bieten Gelegenheit für die Ausübung der verschiedensten Sportarten. Der begeisterte Schwimmer kann sich in einem der vielen Seen in Oberbayern, im Salzkammergut oder in Kärnten vergnügen. Segeln und Wasserskilaufen haben ihren besonderen Reiz im Anblick der majestätischen Berge. Wer dagegen mehr das Wandern und Bergsteigen liebt, der findet viele Möglichkeiten, um seinem Lieblingssport zu frönen. Die Urlauber lassen sich von der Sonne bräunen, suchen Erfrischung im kühlen Wasser der Bergseen und erfreuen sich an der schönen Landschaft.

    In den vergangenen Jahrzehnten hat der Wintersport einen ungeheuren Aufschwung genommen. Tausende von Skifahrern bevölkern heute während der Wintermonate die Hänge. Neben dem Skifahren lassen sich aber auch noch andere Wintersportarten ausüben, etwa Rodeln, Eislauf und Eisstockschießen.

der gute Ton: *good form*
der Wohlstandsbürger: *prosperous citizen*

die Ausübung: *practice*
begeistert: *enthusiastic*

das Segeln: *sailing*
der Reiz: *charm*

frönen: *to indulge*

ungeheuer: *immense*

der Hang: *slope*

das Rodeln: *tobogganing*
das Eisstockschießen: *curling*

Eisstockschießen

Was der abgehetzte Großstädter aber in erster Linie in den Bergen suchen und finden wird, ist Ruhe. Ein ganzes Jahr lang hat er Tag für Tag in der Fabrik gearbeitet, hinter der Schreibmaschine gesessen oder den Haushalt versorgt. Jetzt ist es wirklich Zeit, sich für ein paar Wochen auszuspannen und „in die Einsamkeit zu fliehen".

abgehetzt: *harassed*

sich ausspannen: *to relax*
die Einsamkeit: *solitude*

SCHÜLERAUFSATZ

37

Grammar

The following declension of viel *and* wenig *accords most closely with common usage:*

Singular

	masc. & neuter	feminine
Nom. & Acc.	viel, wenig	viel, wenig
Gen.	vielen, von wenig	vieler, weniger
Dat.	viel, wenig (*after a preposition*)	vieler, weniger
	vielem, wenigem (*without preposition*)	

Plural

Nom. & Acc.	viele, wenige, wenig
Gen.	vieler, weniger
Dat.	vielen, wenigen

Er hat heute **viel** (wenig) Zeit.
Viel Geld bringt Sorgen mit sich.
Der Zweck **vielen** Lesens liegt darin, daß man sich selbst bildet.
Die Hoffnungen **vieler** Menschen hängen davon ab.
Ein Mensch mit **viel** Zeit hat es gut.
Er ist mit **wenig** Geld hier angekommen.
Ich habe mit **vielen** Interessierten gesprochen.
Der Gefangene mußte **vielem** Zwang widerstehen.
Die Produktion von so **wenig** Bier lohnt sich nicht.
vielen Dank! *is an exception to the masculine singular accusative. The inflected form of* wenig *is used in time phrases:*
Der Urlaub dauerte nur **wenige** Wochen.
When viel *follows the definite article it takes the weak declension:*
Der begeisterte Schwimmer kann sich in einem der **vielen** Seen vergnügen.
Die **vielen** Blumen sind wunderschön.

a) hundert *and* tausend *are written with a small letter and are not inflected when used as adjectives:*
Die Firma hat heute **tausend** Hemden gekauft.
Ich brauche **hundert** Mark.
They have capitals when used as nouns:
das Hundert(e), das Tausend(e).
Bei gutem Wetter bevölkern **Tausende** von Skifahrern die Hänge.
Die Menschen waren zu **Hunderten** und **Tausenden** auf den Hängen.
b) *Particles like* aber *and* jedoch *need no commas, unlike the English 'however':*
Viele Deutsche verbringen ihren Urlaub **aber** nach wie vor in den Bergen.
. . . lassen sich **aber** auch noch andere Wintersportarten ausüben.
Es ist **jedoch** zu spät, um einen Winterurlaub zu buchen.

Some verbs in German take the dative:
Er folgt meinem Rat.
Er findet viele Möglichkeiten, seinem Lieblingssport zu frönen.
Ich entnehme Ihrem Brief, daß Sie in Bayern waren.
Fettes Fleisch bekommt mir nicht.

Fragen zum Text

1. Warum sollte gerade der Wohlstandsbürger reiselustig sein?
2. Wie verstehen Sie den Ausdruck: „Keine Sehenswürdigkeit ist mehr vor ihm sicher"?
3. Welche Vorteile bieten die Berge dem Urlauber?
4. Suchen Sie Oberbayern, das Salzkammergut und Kärnten auf einer Landkarte! Wie hoch sind die Berge dort?
5. In welchen hier nicht erwähnten europäischen Gebirgen kann man auch noch Urlaub machen?
6. Warum hat der Wintersport einen so großen Aufschwung genommen?
7. Welche Vorteile hat ein Wintersporturlaub einem Sommeraufenthalt gegenüber?
8. Wie spielt man Eisstockschießen?
9. Hat ein Großstädter mehr von einem Urlaub in den Bergen als ein Landbewohner?
10. Glauben Sie, daß die meisten Urlauber in den Bergen die Einsamkeit suchen?

Fragen zur Diskussion

1. Überlegen Sie die verschiedenen Urlaubsmöglichkeiten und zählen Sie die Vorteile und Nachteile auf.
2. Heute haben immer mehr Menschen die Möglichkeit, ins Ausland zu fahren. Sollte man aber nicht das Heimatland zuerst kennenlernen? Was für Vorteile hat ein Urlaub im Ausland?
3. Wieviel Ferien braucht der Mensch heutzutage? Wäre es besser, weniger Stunden zu arbeiten, aber dafür kürzere Ferien zu bekommen?

Aufsatz: Planung eines Sommerurlaubs im Gebirge

1. Entscheiden Sie zwischen Aufenthalt und Tour!
2. Nehmen Sie eine Landkarte und suchen Sie Ihren idealen Ferienort im Gebirge!
3. Wie kommt man am besten hin?
4. Wo kann man übernachten?
5. Welche Sportarten würden Sie treiben, wenn überhaupt?
6. Welche Bekleidung braucht man für einen solchen Urlaub?
7. Welche Gefahren sind mit den Bergen verbunden?
8. Wieviel Taschengeld braucht man, um einen Urlaub genießen zu können? Oder ist Geld überhaupt wichtig?

Aufsatzplan

1. Abschnitt: Wohin und warum. Wie Sie fahren wollen.
2. Abschnitt: Unterkunft und Verpflegung.
3. Abschnitt: Was unternehmen Sie?
4. Abschnitt: Welche Vorteile hat ein Urlaub im Gebirge?

Exercises

1. SETZEN SIE DIE PASSENDEN ENDUNGEN EIN:

1. Sie hat heute nur wenig– Zeit.
2. Das freundliche Wetter dauerte viel– Wochen.
3. Nach viel – Überlegen, entschloß er sich nach Paris zu fahren.
4. Er leidet an den Folgen viel– Arbeit.
5. Welches von den viel– Bildern gefällt Ihnen am besten?
6. In den Schweizer Alpen haben wir viel– Deutsch– kennengelernt.
7. Wir begegneten viel– Mädchen auf dem Schiff.
8. Mit viel– Mühe erreicht er den Gipfel des Berges.
9. Ehrlichkeit ist viel– wichtiger als Geschicklichkeit.
10. Trotz des viel– Regens haben wir nur wenig– Rosen im Garten.

2. TRANSLATE USING VERBS TAKING THE DATIVE:

1. He thanks you for the flowers.
2. He followed the stranger to the hotel.
3. May I help you to carry those cases to the car?
4. I take it from his letter that the house belongs to him.
5. He says he is ill but I don't believe him.
6. I don't like the taste of beans and they don't suit me.

3. SCHREIBEN SIE DIE ZIFFERN ALS WÖRTER AUS:

1. Er hat eben 200 Quadratmeter Bauland gekauft.
2. Im vorigen Jahr hat der Baumeister 1000s von Häusern gebaut.
3. Die Menschen sind zu 100s and 1000s an der Pest gestorben.
4. Mit 300 DM kann man kein Auto kaufen.
5. In meinem Leben habe ich viele 1000s Bratwürste gegessen.

11 Goldrausch macht den Urlaub spannend

Im Norden Finnlands

Wie schon in den vergangenen Jahren, erwartet man im Norden Finnlands jenseits des Polarkreises auch diesen Sommer wieder eine Goldgräber-Invasion. Diese Touristen aller Altersklassen versprechen sich von ihrer Suche nach Gold keinerlei größeren finanziellen Gewinn, obwohl diese Möglichkeit durchaus vorhanden ist.

Es ist seit vielen Jahrhunderten bekannt, daß im Norden Gold vorkommt, das nicht nur in Gruben zusammen mit Silber und Eisenerz gebrochen wird. Es kommt auch in Bächen und Flüssen vor, die sich in einer Länge von rund 200 Kilometer und einer Breite von 30 bis 50 Kilometer über Nordfinnland und Nordnorwegen hinziehen. Da hier bereits lange vor dem Alaska-Goldfieber dieses Edelmetall gewaschen wurde, gab es sowohl in Finnland als auch in Norwegen Goldgräber-Familien, die mit leeren Händen anfingen und schwerreich wurden.

Es gibt auch heute in Nordfinnland noch Unentwegte, die der Zivilisation den Rücken kehren, die Mückenplage Lapplands hinnehmen und Woche für Woche, Monat für Monat nach den kleinen Goldkörnern suchen, die sie auch tatsächlich finden und die ihnen ein erträgliches Leben ermöglichen.

Die von diesen Professionellen verlassenen Fundplätze werden dann

die Grube: *mine*
brechen: *to quarry*

hinziehen: *to extend*
das Edelmetall: *precious metal*
waschen: *to pan for*
schwerreich: *very rich*
der Unentwegte: *diehard*
die Mückenplage: *plague of mosquitoes*

erträglich: *tolerable*

zu Tummelplätzen von Amateuren, die in den Ferien ihr Glück versuchen. Offensichtlich arbeiten sie gründlich und geduldig, denn fast keiner kehrt ohne Goldkörnchen aus dem Urlaub zurück. Da ein verhältnismäßig gut ausgebautes Wegenetz vorhanden ist, können in den allermeisten Fällen auch entlegene Schürfplätze mit dem Auto erreicht werden.

Ist man dann endlich an Ort und Stelle, heißt es graben, graben und nochmals graben! Gold ist dort anzutreffen, wo das Wasser einmal derartig stark strömte, daß es wie eine natürliche Waschrinne wirkte.

der Tummelplatz: *playground*

entlegen: *remote*
der Schürfplatz: *digging ground, excavation*

antreffen: *to come across*
die Rinne: *channel, gulley*

Die Grobwäsche

Und weil das Metall acht- bis zehnmal schwerer ist als Sand und Geröll, findet man es am sichersten am Grund heutiger oder früherer Wasserläufe sowie in Lehmablagerungen der Wasserlaufbetten.

Begonnen wird die Grobwäsche in einer in den Bachboden gezogenen Rinne, die mit Sand, Geröll und Schlamm gefüllt wird. Das fließende Wasser erledigt dann die erste Wäsche. Was danach in der Rinne zurückgeblieben ist, wird mit der klassischen Goldwäscherpfanne einer Feinwäsche unterzogen. Und wenn man Glück hat, ist man Besitzer eines oder mehrerer Goldkörner.

Wie gesagt, reich werden kann man nicht. Aber es macht Spaß, und der Urlaub bekommt einen Hauch von Abenteuer.

das Geröll: *gravel*
der Wasserlauf: *water course*
die Lehmablagerung: *clay deposit*

die Grobwäsche: *coarse wash*

unterziehen: *to subject to*

der Hauch: *breath*

BUNTE

41

Grammar

I. ARTICLES

a) *The definite article is used with parts of the body and articles of clothing:*
Es gibt Unentwegte, die der Zivilisation **den Rücken** kehren.
Ich muß mir **die Hände** waschen.
Er stand mit **dem Hut** in **der Hand.**

b) *The definite article is used before* meist *and* allermeist*:*
Die Schürfplätze können in **den allermeisten** Fällen erreicht werden.
Die meisten Menschen lieben Geld.

2. NOUNS

a) *Points of the compass, seasons, months and days are masculine:*
der Norden, der Sommer, der Mai, der Samstag.

b) *Masculine and neuter nouns denoting measurement do not inflect after numbers:*
In einer Länge von rund 200 Kilometer und einer Breite von 30 Kilometer.
3 Glas Bier; 2 Paar Strümpfe; 14 Kilo Kartoffeln; 4 Pfund Eisen.
But when no number is used, they do: nach einigen Kilometern.
Feminine nouns with the exception of die Mark *inflect in the plural:*
2 Tassen Kaffee; 3 Flaschen Wein; 4 Meilen lang.
But Es kostet 6 Mark.

3. ORTHOGRAPHY

No comma is needed with sowohl . . . als auch, entweder . . . oder, weder . . . noch
or sowie . . . auch *(unless they link clauses):*
Es gab sowohl in Finnland als auch in Norwegen Goldgräber-Familien.
Weder deine Eltern noch meine kommen.
Entweder du gehst alleine, oder du bleibst zu Hause.

4. PREPOSITIONS

Seven common prepositions govern the accusative:
bis, durch, entlang, für, gegen, ohne, um.
Of these ohne *is generally used without an article:*
Fast keiner kehrt **ohne** Goldkörnchen aus dem Urlaub zurück.
Er saß **ohne** Hemd in der Sonne.
But **Ohne ein** Wort.

5. VERBS

a) *The passive stresses the action itself:*
Begonnen wird die Grobwäsche in einer in den Bachboden gezogenen Rinne,
die mit Sand, Geröll und Schlamm **gefüllt wird.**
Da hier vor dem Alaska-Goldfieber dieses Edelmetall **gewaschen wurde** . . .
sein + *past participle stresses the (resultant) state:*
Die Wurst **ist** schon **gebraten.**
Die Rinne **ist** schon mit Sand, Geröll und Schlamm **gefüllt.**
Das gut ausgebaute Wegenetz **ist vorhanden.**
But: Das Wegenetz **wird** zur Zeit **ausgebaut.**

b) *The passive may be avoided by using* man*:*
Man erwartet auch diesen Sommer eine Goldgräber-Invasion.
So etwas tut **man** nicht.
Man sagt, seine Frau sitzt im Gefängnis.

Fragen zum Text

1. Glauben diese Touristen, daß sie reich werden?
2. Wo kommt Gold in Nordeuropa vor?
3. Wie lange hat man davon gewußt?
4. Gibt es noch professionelle Goldgräber in Finnland?
5. Wie kommt man zu den Schürfplätzen?
6. Welche Unbequemlichkeiten muß man auf sich nehmen, wenn man einen solchen Urlaub macht?
7. Was verleitet einen Menschen dazu, Goldgräber im Norden Finnlands zu werden?
8. Warum versuchen Amateure ihr Glück nur an den von den Professionellen verlassenen Fundplätzen?
9. Wo ist das Gold zu finden?
10. Arbeitet man sofort mit der Goldwäscherpfanne?

Fragen zur Diskussion

1. Welche Vor- und Nachteile haben solche ungewöhnlichen Ferienziele?
2. Der Zweck eines Urlaubs ist sich auszuruhen. – Oder?
3. Ist es ein Symptom kapitalistischer Dekadenz, daß man auch in den Ferien finanziellen Gewinn sucht?

Write in German an expanded version of the following outline, using as far as possible the structures exemplified in the text:

Ten years ago – Smith family – no money – no holiday – newspaper – advertisement – gold in Finland – borrowed fare-money – car-ferry – drove 2000 Kilometers – camping – mosquitoes – panned and dug – found nothing till last week – enough for petrol to ferry – could have no holiday for 5 years – paying back debts.

Exercises

1. TRANSLATE:

1. I have cut my finger.
2. He has turned his back on society.
3. The Foreign Secretary will be visiting the north of the island next Saturday.
4. Most girls like diamonds very much.
5. He took off his pullover and put on his jacket.

2. ERGÄNZEN SIE:

1. Nach d– erst– zwei Meil– war ich müde.
2. Vier Glas– Bier kosten zwei Mark– zwanzig.
3. Mit zwei Paar– Socken komme ich nicht aus.
4. Wir haben vier oder fünf Flasch– Wein getrunken.
5. Nach mehrer– Kilometer– sah ich die Stadt.

3. WERDEN ODER SEIN?

1. Die Betten – erst jetzt gemacht.
2. Meine Großeltern – schon lange tot.
3. Die Tür – geschlossen.
4. Das Geschirr – von den Kindern gespült.
5. Die Stadt – morgen umzingelt.

4. TRANSLATE:

1. This motorway was opened by the queen.
2. It is often said that the Germans eat too much sausage.
3. The television has been repaired, so now we can watch the film.
4. The stadium was filled with excited spectators.
5. While the prisoner slept his cup was filled with dirty water.

12 Der Urlaub

Ein Mensch, vorm Urlaub, wahrt sein Haus,
Dreht überall die Lichter aus,
In Zimmern, Küche, Bad, Abort –
Dann sperrt er ab, fährt heiter fort.
Doch jäh, zu hinterst in Tirol,
Denkt er voll Schrecken: „Hab ich wohl?"
Und steigert wild sich in den Wahn,
Er habe dieses nicht getan.
Der Mensch sieht, schaudervoll, im Geiste,
Wie man gestohlen schon das meiste,
Sieht Türen offen, angelweit.
Das Licht entflammt die ganze Zeit!
Zu klären solchen Sinnentrug,
Fährt heim er mit dem nächsten Zug
Und ist schon dankbar, bloß zu sehn:
Das Haus blieb wenigstens noch stehn!
Wie er hinauf die Treppen keucht:
Kommt aus der Wohnung kein Geleucht?
Und plötzlich ists dem armen Manne,
Es plätschre aus der Badewanne!
Die Ängste werden unermessen:
Hat er nicht auch das Gas vergessen?
Doch nein! Er schnuppert, horcht und äugt
Und ist mit Freuden überzeugt,
Daß er – hat ers nicht gleich gedacht? –
Zu Unrecht Sorgen sich gemacht.
Er fährt zurück und ist nicht bang. –
Jetzt brennt das Licht vier Wochen lang.

EUGEN ROTH

wahren: *to take care of*

der Abort: *lavatory*
heiter: *cheerfully*
jäh: *abruptly*

der Wahn: *madness*

schaudervoll: *horror-struck*

angelweit: *wide open*
entflammen: *to burn*
der Sinnentrug: *illusions, fantasies*
bloß: *just*

keuchen: *to gasp*
das Geleucht: *light*

plätschern: *to splash*
unermessen: *unbounded*

schnuppern: *to sniff*
äugen: *to look around*

bang: *worried*

Fragen zum Text

1. Was soll man alles machen, um das Haus zu wahren, wenn man im Winter verreist?
2. Welche bekannten Städte und Berge befinden sich in Tirol?
3. Warum ist der Mann sofort nach Hause gefahren?
4. Ist er sofort beruhigt, wenn er sieht, daß das Haus noch steht?
5. Erzählen Sie diese Geschichte in gewöhnlichem Deutsch!

Fragen zur Diskussion

1. Welche Wörter, Sätze und Strukturen in dem Gedicht würde man im Alltagsdeutsch nicht hören?
2. Würde die Geschichte so komisch wirken, wenn sie in Prosa geschrieben wäre?
3. Ist die Geschichte lebenswahr?
4. Ist es Ihnen jemals passiert, daß Sie etwas vergessen haben oder auf einmal unsicher geworden sind, als es zu spät war, etwas dagegen zu unternehmen? Erzählen Sie!

Exercises

1a. ERGÄNZEN SIE:

1. Wir sahen ein paar schön– Bilder in der Galerie.
2. Welch– Baum soll ich abschneiden? Den alt–?
3. Von naturrein– Wein kriegt man kein– schlimm– Kater.
4. Er begegnete viel– unerwartet– Schwierigkeiten.
5. Der unbekannt– Dieb hat die Häuser acht reich– Fabrikant– beraubt.
6. Mit diesem Krank– ist nichts zu machen.
7. Unser– blau– Sessel sind schmutzig geworden.
8. Sie haben all– ihr– neu– Bücher verloren.
9. Der Arbeitslos– hat den unfreundlich– Beamt— ermordet.
10. Ein Reich– hat immer viel– arm– Verwandt–.
11. Den wunderbar– Geschmack frisch– gemahlen– Kaffees vermißt man im Gefängnis.
12. Er half acht arm– Nonnen die Straße zu über– queren.
13. Manch– alt– Lehrer hat kein– besonder- Freude an d– heutig– Schülern.
14. Alt– Brot schmeckt vornehm– Leuten nicht.
15. Als Gefangen– können sie mit zäh– oder fett– Fleisch rechnen.
16. Solch– interessant– Filme sieht man nur selten.
17. Ein zweit– Mann nahm d– Angeklagt– gefangen.
18. Trotz stundenlang– Besprechungen hat sich nichts Neu– ergeben.
19. Nach mehrer– Stunden hatte ich ein– solch– groß– Hunger, daß ich sogar saur– Äpfel hätte essen können.
20. All– Anwesend– wollten an der Tour teilnehmen aber wenig– Stunden später sagten all– ab.

b. FORM THE COMPARATIVE OF THE ADJECTIVE INDICATED. ADD AN ENDING IF NECESSARY:

1. Der Himmel ist in Spanien (blau) als in England.
2. Darf ich den (hart) Apfel haben?
3. Fritz wird immer (dumm).
4. Die Alpen – ich kenne nichts (schön).
5. Das (groß) von den zwei Büchern kostet 20 Mark.
6. Wenn man allein ist, ist die Nacht viel (schwarz) als sonst.
7. Das Wohnzimmer ist noch (warm) als die Küche.
8. Wenn du den Kuchen schneiden willst, mußt du es mit etwas (scharf) versuchen.
9. Bauernleberwurst ist bei weitem (grob) als Leberpastete.
10. Fritz ist (klug) als sein (jung) Bruder.

2. TRANSLATE:

1. As a soldier I must always be prepared to move abroad.
2. I have forgotten to cut my fingernails.
3. He is a good footballer despite his size.
4. She remembered to mend his shirt.
5. Heiner is both a Catholic and a convinced Communist.
6. All beautiful pictures should be bought by the state.
7. The many money problems made life unbearable.
8. She wants to marry someone with a lot of money and few relatives.
9. This economic crisis is the result of many separate problems.
10. I have never seen such weather in my life.

3. ERGÄNZEN SIE MIT EINER PASSENDEN PRÄPOSITION:

1. Man darf – Hut nicht in die Kirche.
2. – 30 Minuten Verlängerung verlor Bayern München – dem Spiel – Borussia Dortmund.

45

3. – der Schule dürfen Sie machen, was Sie wollen.
   – der Schule müssen Sie gehorchen.
4. – den Alpen ist der Apennin klein.
5. Er war – sich – Wut – der Verspätung.
6. – Mittag kreist das Flugzeug – der Stadt.
7. Er kam zusammen – seiner Frau – Abend an.
8. Gehst du meinet- jetzt – Hause?
9. –zweihundert Mark verkaufe ich das Auto nicht!
10. Er kennt die Bibel – A–Z.
11. – meinen Rat hin ging er – seiner Frau zurück.
12. – allem darf man – der Fahrt nicht rauchen.
13. Ich fragte – dem Preis.
14. Herr Finke ist – unserem Vorsitzenden gewählt worden.
15. Mein Bruder war – dem Gymnasium aber jetzt geht er – die Universität.
16. – meinem Beruf als Kaufmann arbeite ich abends – einem Gasthaus.
17. – acht Uhr stehe ich – .
18. Er lehnte das Fahrrad – die Mauer und verschwand – das offene Fenster.
19. – Gottes – ! Wo bist du geblieben?
20. Meiner Ansicht – soll man – Krankheit nie fehlen.

4. OPEN, IMPROBABLE OR CLOSED CONDITIONS? WRITE YOUR OWN CLAUSES USING THE APPROPRIATE TENSE:
1. Wenn es morgen warm bleibt, ...
2. Wenn ich das gewußt hätte, ...
3. ......, wenn du mitfahren könntest.
4. Sollte ich morgen Zeit haben, ...
5. ......, falls ein Polizist kommt.
6. Wir wären nie weggefahren, wenn ......
7. Ich gehe einkaufen, wenn ......
8. Sie würden es sicher sehen können, wenn ......
9. ......, sollte ich nicht mithelfen können.
10. ......, wenn ihr es mir gesagt hättet.

5. ADD COMMAS WHERE NECESSARY:
1. Er kennt weder Respekt noch Ehre.
2. Das Fleisch ist jedoch erster Qualität.
3. Er trinkt keinen Wein und er ißt keine Kartoffeln.
4. Wir haben nie Gelegenheit Kaffee zu trinken.
5. Ich weiß daß er kein Geld hat und die Arbeit nicht leiden kann.
6. Geh einkaufen oder hilf im Garten!
7. Meine Tante kann gut stricken und nähen.
8. Wenn wir essen wollen melden wir uns.

9. Das tut mir leid aber ich kann nichts dafür.
10. Sie können fernsehen aber wir haben nur erstes Programm.

Multiple-Choice Comprehension

1. Warum wachte die Frau auf?
   a) Jemand hatte die Küchentür aufgemacht.
   b) Sie hatte etwas im Schlafzimmer gehört.
   c) Jemand hatte in der Küche gegen einen Stuhl getreten.
   d) Jemand hatte draußen Lärm gemacht.

2. Warum kam es der Frau im Schlafzimmer ungewöhnlich still vor?
   a) Es war nicht windig.
   b) Es war halb drei nachts.
   c) Sie hörte ihren Mann nicht schnarchen.
   d) Sie hörte ihren Mann nicht atmen.

3. Was pflegte die Frau jeden Abend zu tun, bevor sie zu Bett ging?
   a) Sie legte schon Messer und Teller auf den Frühstückstisch.
   b) Sie säuberte das Tischtuch von allen Speiseresten.
   c) Sie machte die Fliesen sauber.
   d) Sie schaute nach, ob alles in Ordnung sei.

4. Woher kam die Kälte im Zimmer?
   a) Vom Fenster?
   b) Vom Korridor?
   c) Vom Fußboden?
   d) Vom Kamin?

5. Warum sah der Mann in der Küche umher?
   a) Er versuchte seiner Frau zu verbergen, warum er in der Küche war.
   b) Er glaubte, ein Einbrecher sei ins Haus gedrungen.
   c) Er wollte feststellen, ob das Brot noch da war.
   d) Er konnte das Messer nicht finden.

6. Warum sah sie ihn nicht an?
   a) Er sah in seinem Nachthemd lächerlich aus.
   b) Sie konnte es nicht vertragen, daß er ihr gegenüber nicht ehrlich war.
   c) Sie konnte seinen strengen Blick nicht aushalten.
   d) Sie genierte sich, weil auch sie ein Nachthemd trug.

7. Was hörte die Frau, als sie wieder im Bett lag?
   a) Sie hörte, wie der Wind draußen tobte.
   b) Sie hörte, wie ihr Mann das Brot aß.
   c) Sie hörte, wie die Dachrinne gegen die Wand schlug.
   d) Sie hörte, wie ihr Mann tief und regelmäßig atmete.

8. Warum hatte er sonst nur drei Scheiben essen können?
   a) Er konnte das Brot nicht vertragen.
   b) Er hatte abends keinen Appetit.
   c) Sie hatten nur drei Scheiben.
   d) Sie hatten nur sechs Scheiben.

IV Erziehungsprobleme

„Du solltest dich freuen, daß du schon schlafen darfst und diesen langweiligen
Fernsehfilm nicht mehr sehen mußt!"

13 Angst nach dem Fernsehen

Kinder beim Fernsehen

(Hier beantworten Fachleute Fragen von Eltern über Probleme bei der Erziehung von Kindern und Jugendlichen)

„Mein fünfjähriger Sohn wacht nachts oft schreiend auf, nachdem er tagsüber einen Western oder Krimi im Fernsehen gesehen hat. Einfach verbieten möchte ich ihm solche Filme nicht, ich fürchte, daß er dann nur um so gieriger jede Gelegenheit wahrnimmt, bei seinen Freunden oder Verwandten fernzusehen. Außerdem erziehe ich ihn freiheitlich, so daß es inkonsequent wäre, ihm nun plötzlich etwas rigoros zu verbieten. Wie kann ich verhindern, daß er allzu sehr von brutalen oder grausamen Szenen beeindruckt wird? Ich habe schon daran gedacht, ihm klarzumachen, daß ja alles nur ein „Spiel" ist, daß der Gangster oder der Polizist ja nicht gequält oder getötet wird, sondern nach der Filmaufnahme fröhlich wieder aufsteht. Aber ich bin mir nicht sicher, ob das die richtige Methode ist. Wissen Sie eine bessere?"

Frank Baumgärtel, Diplom-Psychologe, Kindertherapeut am Psychologischen Institut der Universität Hamburg, antwortet: Sie haben ganz richtig erkannt, daß ein rigoroses allgemeines Fernsehverbot falsch wäre und das Bedürfnis nach Fernsehen eher noch steigern könnte. Ihr Junge ist in einem Alter, wo er Abenteuer und Spannung sucht, und

gierig: *greedily*
wahrnehmen: *to make use of*

inkonsequent: *inconsistent*
grausam: *cruel, gruesome*
beeindrucken: *to impress*

gequält: *tortured*

das Bedürfnis: *need*
steigern: *to increase*

49

Kinder auf der Straße

dafür bieten unsere Wohnungen und ihre Umgebung wenig Möglichkeiten. Also suchen sie die Spannung im Fernsehen. Die Westernfilme
sind aber häufig nicht für das Verständnis von Kindern gemacht, so daß
die Kinder dabei leicht verstandes- und gefühlsmäßig überfordert
werden. Auch zwingt das Fernsehen zur Passivität, die Kindern nicht
entspricht. Ängste und andere Gefühle stauen sich bei ihnen auf, weil
sie nicht abreagieren können. Sie helfen Ihrem Kind, die Spannung zu
bewältigen, indem Sie dafür sorgen, daß es sich nach dem Film möglichst
draußen austobt, und indem Sie den Film mit ihm zusammen ansehen
und auch besprechen. Dabei hat es nicht viel Sinn, zu erklären, daß ja
alles nur gespielt wird. Damit überfordert man die kindliche Vorstellungskraft. Besser, man versucht überhaupt herauszufinden, was das
Kind von der Filmhandlung verstanden hat, und erklärt, was unver-
standen ist – möglichst, indem man die Handlung ins Alltagsleben
überträgt. Vielleicht gelingt es Ihnen aber außerdem, Ihren Sohn mehr
vom Fernsehen abzulenken, indem Sie ihm spannende Bücher vorlesen
und dafür sorgen, daß er Spielkameraden hat. (Daß das Abendprogramm
für Fünfjährige nicht in Frage kommt, brauche ich wohl nicht extra zu
betonen.)

die Spannung: *excitement*

gefühlsmäßig: *emotionally*
überfordert: *overtaxed*

sich aufstauen: *to accumulate*
abreagieren: *to find outlet*
bewältigen: *to overcome*
sich austoben: *to let off steam*

die Vorstellungskraft:
imagination

ablenken: *to divert*

betonen: *to stress*

BRIGITTE

Grammar

I. ADVERBS

sehr can be used after so, wie, zu, allzu:
Wie kann ich verhindern, daß er **allzu sehr** von brutalen Szenen beeindruckt wird?
Wie sehr ich das verstehe!
Nicht **so sehr**.
Sie hat ihn **zu sehr** geliebt.

2. PARTICLES

The word ja, *when used as a particle, means 'of course', or adds energetic emphasis:*
daß **ja** alles nur ein „Spiel" ist.
daß der Gangster oder der Polizist **ja** nicht gequält oder getötet wird.
daß **ja** alles nur gespielt wird.
Du weißt **ja**, daß er sehr empfindlich ist.
Ich komme **ja** schon.

3. PRONOUNS

When a preposition is required with the relative pronoun, usually in expressions of time or place, wo *may be used, particularly in speech, instead of* in dem, in der *etc.:*
Ihr Junge ist in einem Alter, **wo** er Abenteuer und Spannung sucht.
Die Stadt, **wo** er geboren wurde, liegt nicht weit von hier.
Wir kamen in ein Dorf, **wo** die Pest ausgebrochen war.
Die Zeit, **wo** es nichts zu kaufen gab.

4. VERBS

Whereas the indicative expresses fact, certainty and agreement, the subjunctive expresses supposition, doubt and disagreement:
Es **wäre** inkonsequent, ihm nun plötzlich etwas rigoros zu verbieten.
Ein rigoroses Fernsehverbot **wäre** falsch.
Was immer geschehen **möge**, wir bleiben hier.
Er hat seine Hausaufgaben nicht gemacht, weil er, wie er sagte, Kopfschmerzen gehabt **habe**.

5. VOCABULARY

entsprechen, *to correspond, comply with, has a wider range of usage than any single English counterpart:*
Auch zwingt das Fernsehen zur Passivität, die Kindern nicht **entspricht**. (*suit*)
Er hat meinen Forderungen nicht **entsprochen**. (*meet*)
Sein Bericht **entspricht** nicht den Tatsachen. (*agree with*)
Verhalten, das seiner Natur nicht **entspricht**. (*accord with*)

6. WORD ORDER

Almost any element in a sentence may be given special emphasis by being displaced from its normal position and put at the beginning:
Einfach verbieten möchte ich ihm solche Filme nicht.
Die erforderlichen theoretischen Kenntnisse erhalten Sie neben der Berufsschule durch intensiven werksinternen Unterricht.
or even at the end:
Das Leben ist lang genug, etwas aus sich zu machen, wenn einer Zutrauen hat und starken Willen.

Fragen zum Text

1. Nach welchen Programmen wacht das Kind nachts schreiend auf?
2. Warum möchte ihm der Vater solche Filme nicht verbieten?
3. Warum wäre es inkonsequent, ihm etwas rigoros zu verbieten?
4. Was meint der Vater damit, daß alles nur ein „Spiel" sei?
5. Was fragt er den Experten?
6. Was sucht ein fünfjähriges Kind?
7. Warum ist es schwer zu finden?
8. Warum sind Westernfilme nicht dazu geeignet, das Bedürfnis des Kindes zu erfüllen?
9. Wie soll der Vater dem Kind helfen, die Spannung zu bewältigen?
10. Warum hat es nicht viel Sinn, zu sagen, alles sei ein Spiel?
11. Wie könnte der Vater das Kind vom Fernsehen ablenken?
12. Welchen ursprünglichen Fehler hat der Vater vielleicht gemacht?

Fragen zur Diskussion

1. Was halten Sie von der Meinung des Psychologen?
2. Hat das Fernsehen ganz andere Folgen für Kinder und für Erwachsene?
3. Werden die meisten Fernseher allzu sehr von brutalen oder grausamen Szenen beeindruckt?

Aufsatz: Die Rolle des Fernsehens

1. Was für verschiedene Programme bietet das Fernsehen an?
2. Welche Programme ziehen die meisten Fernseher vor?
3. Welche Programme sind vom kulturellen Standpunkt wertvoll?
4. Gibt es unangenehme Szenen in vielen Programmen? Zum Beispiel?
5. Nach welchen Gesichtspunkten sollte man Kinderprogramme beurteilen?
6. Wieviel Zeit verbringt die durchschnittliche Familie beim Fernsehen?
7. Sehen die meisten Kinder zu oft fern?
8. Wie soll man das Fernsehen vernünftig benutzen?
9. Spielt das Fernsehen in der Schule eine wichtige Rolle?
10. Wie hat das Fernsehen unsere Lebensweise geändert?

Aufsatzplan

1. Abschnitt: Was das Fernsehen uns bietet.
2. Abschnitt: Beurteilung der verschiedenen Programme.
3. Abschnitt: Vor- und Nachteile des Fernsehens, wie es tatsächlich benutzt wird.

Exercises

1. INDICATIVE OR SUBJUNCTIVE?
   1. Meine Mutter glaubt, ich (sein) krank, aber es (sein) nicht wahr.
   2. Es (sein) zwecklos, ihm das Geld wegzunehmen.
   3. Der Polizist (bestätigen), daß ich den gestrigen Abend bei ihm (verbringen).
   4. (Sehen) du, wie der Affe dich (angucken)?
   5. Was ich auch immer sagen (mögen), der Lehrer (glauben) mir nicht.
   6. Ich (sein) überzeugt, daß sie unschuldig (sein).
   7. Der Kerl (behaupten), er (haben) die Tasche auf der Straße gefunden.
   8. Eine Gefängnisstrafe (werden) der Sache nicht dienlich sein.
   9. Wir alle (übereinstimmen) darin, daß die Sache so am besten erledigt (werden).
   10. Ute (mitkommen) nicht, weil sie, wie sie (sagen), zu viel Arbeit (haben).

2. COMPLETE WITH 'JA,' 'SEHR' OR 'WO':
   1. Solche Probleme sind – immer schwierig.
   2. Ich kenne keinen Ort, – ich lieber wohnen möchte.
   3. Sie wissen nicht, wie – sie sich danach sehnt.
   4. Es gefällt uns nicht so – .
   5. Am Tag, – er abreiste, bekam er die traurige Nachricht.
   6. Es ist – so, wie – wir es auch bedauern mögen.
   7. Es geschah im Augenblick, – das Gewitter plötzlich aufhörte.
   8. Für Sie besteht – keine Schwierigkeit.

3. ADD EMPHASIS TO THE ITALICISED ELEMENT:
   1. Ich habe kein Verständnis *für Geldsachen*.
   2. Er hat nichts dagegen, *soweit ich weiß*.
   3. Gestern hat er *meine Schwester* nach Hause begleitet.
   4. Du sollst *mit diesem Jungen* nichts zu tun haben.
   5. Das muß *eine Riesensumme* gekostet haben.

14 Meine Kinder haben im Warenhaus geklaut

Meine Kinder (eine Tochter von 12, zwei Söhne von 13 und 16 Jahren) bummeln mit ihren Freunden gern durch große Kaufhäuser. Ich habe nichts dagegen, daß sie sich dort umsehen, Preisvergleiche anstellen und sich hie und da von ihrem Taschengeld etwas kaufen. Aber leider mußte ich durch Zufall erfahren, daß mein Ältester eine Hose „englisch eingekauft" hat (das ist unter Heranwachsenden der Fachausdruck für Einkaufen ohne zu bezahlen), daß auch der 13-jährige ein Hemd heimlich mitgehen ließ und daß meine Tochter dabei war, als ihre Freundin einen Lippenstift klaute. Ich habe den Schrecken über das Verhalten meiner Kinder (ihre Entschuldigung: „Ach, das ist ja nur so ein Sport. Das tun viele aus der Klasse") immer noch nicht ganz überwunden. Wie verhält man sich als Eltern in solchen Fällen? Nach den ersten heftigen Vorwürfen haben wir uns darauf geeinigt, daß die Kinder den Preis für die von ihnen entwendeten Sachen von ihrem Taschengeld in Raten an mich abzahlen müssen. Das Geld geht dann an eine wohltätige Organisation. Den Zweck dürfen die Kinder bestimmen. Ist das richtig?

Es wird Sie wenig trösten, wenn ich Ihnen sage, daß Diebstähle in Warenhäusern und in Selbstbedienungsläden von immer mehr Jugendlichen als „Sport" angesehen werden. Ein Jugendrichter meinte sogar, die Jugendlichen, die so etwas nicht machten, seien die Ausnahmen.

bummeln: to stroll
anstellen: to draw

eine Hose: a pair of trousers
die Heranwachsenden (pl.):
rising generation

klauen: to pilfer

der Vorwurf: reproach
sich einigen: to agree
entwenden: to purloin
die Rate: instalment
abzahlen: to pay off
wohltätig: charitable

der Diebstahl: theft

Warenhaus in Frankfurt

Ihre Kinder scheinen von diesem Trend mitgezogen worden zu sein. Sie gehören sicher nicht zu denen, die aus einem inneren Zwang heraus oder als Folge einer Verwahrlosung klauen, sondern sie sind Opfer einer „sozialen Infektion". Und weil viele dasselbe tun, wird ihr Rechtsempfinden dabei nicht beunruhigt. An diesem Punkt müssen Sie ansetzen. Ihre Kinder sind alt genug, daß man mit ihnen die Problematik besprechen kann. Sie müssen erkennen, daß sie sich von der Gruppe haben „manipulieren" lassen. Sie müssen lernen, daß man zwar durch eine Gruppe beeinflußt werden kann, daß aber jeder selbständige Mensch immer wieder kritisch prüfen muß, wie weit er sich mit der Gruppe solidarisieren kann. Und noch etwas anderes muß den Kindern bewußt werden: Ein gelungener Diebstahl wird von ihnen als „Erfolg" erlebt. Das ist im höchsten Maße gefährlich. Denn es ist geradezu ein Gesetz, daß man ein Verhalten, das zum Erfolg führt, wiederholen will. Ihren Kindern muß klarwerden, daß sie mit jedem gelungenen Diebstahl dieses Verhalten trainieren. Die Kinder werden zwar einwenden, sie könnten es jederzeit wieder lassen. Aber das ist ein Irrtum. Denn es geschieht mehr und mehr automatisch und gerät damit außer Kontrolle. Je sachlicher Sie das mit Ihren Kindern besprechen, desto eher werden sie diese Zusammenhänge einsehen. Machen Sie also kein moralisches Problem aus der Sache. Diskutieren Sie sie auch im größeren Kreis, mit Ihren Kindern und deren Freunden, um den negativen Einfluß von dieser Seite abzubauen. Eine Sühne (den Preis zurückbezahlen) ist gut, genügt aber nicht, um Kindern das Problem wirklich durchschaubar zu machen. Noch ein Rat zum Schluß: Vertrauen Sie Ihren Kindern weiterhin. Sie verdienen das, und sie haben es nötig!

die Verwahrlosung: *neglect*
das Opfer: *victim*
das Rechtsempfinden: *sense of justice*
beunruhigen: *to disturb*
ansetzen: *to begin*

einwenden: *to object*

abbauen: *to reduce*
die Sühne: *atonement*

BRIGITTE

Grammar

I. ADVERBS

immer *qualifying an adverb has the sense of 'continually', 'ever more', or repeated action:*

Diebstähle werden von **immer mehr** Jugendlichen als „Sport" angesehen.
Jeder selbständige Mensch muß **immer wieder** kritisch prüfen.
Ich habe den Schrecken **immer noch** nicht ganz überwunden.
Die einen werden **immer reicher** und die anderen **immer ärmer**.

2. ORTHOGRAPHY

A colon in German is normally followed by a capital letter:

Etwas anderes muß den Kindern bewußt werden: Ein gelungener Diebstahl . . .
Noch ein Rat zum Schluß: Vertrauen Sie Ihren Kindern weiterhin.
Es hat sich einiges geändert: Ihre Augen strahlen.

3. PRONOUNS

The relative pronoun is identical with the definite article except in the genitive singular and plural and the dative plural:

Sie gehören sicher nicht zu **denen**, die aus einem inneren Zwang klauen.
Ich sah einen Mann, **dessen** Namen ich nicht kannte.
Die Dame, **deren** Handschuh ich gefunden hatte, dankte mir höflich.
Ereignisse, von **deren** historischem Rang wir nichts ahnten.

4. VERBS

a) geworden *becomes* worden *when there is another past participle in the verb form; the example in the text is a particularly complex perfect passive infinitive:*

Ihre Kinder scheinen von diesem Trend **mitgezogen worden** zu sein.
Er ist **entlassen worden**.
Der Hund ist **gestohlen worden**.

b) *The modal verb in the following usage would not be translated in English;* mußte *puts stress on to* Zufall *as against the alternative form* Leider erfuhr ich*:*

Leider **mußte** ich durch Zufall erfahren, daß . . .

5. WORD ORDER

a) *Infinitive phrases with* um . . . zu, ohne . . . zu, anstatt . . . zu *are not normally enclosed in a sentence or clause, but go to the end:*

Er ist in die Stadt gefahren, um seinen Freund zu holen.
Das ist unter Heranwachsenden der Fachausdruck für Einkaufen ohne zu bezahlen.
Wir sind zu Hause geblieben, anstatt in Urlaub zu fahren.

b) *Where two infinitives occur in a subordinate clause the auxiliary precedes them; this most commonly occurs where a modal verb is concerned, its infinitive form taking the place of a past participle, but it can also occur with* lassen, sehen *and* hören*:*

Sie müssen erkennen, daß sie sich von der Gruppe **haben manipulieren lassen**.
Er sagte, daß er das **hätte machen können**.
Als ich ihn **habe kommen sehen**, bin ich sofort zu Mutti gelaufen.
Ich weiß nicht, ob ich den Brief **werde schreiben müssen**.
Obgleich er gestern **hätte kommen sollen**, haben wir ihn nicht gesehen.
Wenn ich ihn **hätte sprechen hören**, wäre ich nicht so unhöflich gewesen.

Fragen zum Text

1. Was glaubte die Mutter, daß ihre Kinder im Kaufhaus machten?
2. Welche Nachricht hat sie erschreckt?
3. Welche Artikel waren „geklaut" worden?
4. Wie entschuldigten die Kinder ihr Verhalten?
5. Worauf haben sich Mutter und Kinder geeinigt?
6. Sind Diebstähle in Warenhäusern nur seltene Vorfälle?
7. Welche Folge hat es, wenn viele dasselbe tun?
8. Sollte man sich von einer Gruppe beeinflussen lassen?
9. Warum ist es gefährlich, einen Diebstahl als Erfolg zu betrachten?
10. Welche Auffassung vom Diebstahl haben die Kinder?
11. Warum sollte man den Vorfall eher sachlich als moralisch diskutieren?
12. Welcher Rat wird zum Schluß gegeben?

Fragen zur Diskussion

1. Warum betrachten Jugendliche Kaufhausdiebstähle als Sport?
2. Was halten Sie von dem Ausdruck „englisch einkaufen"?
3. Unterscheidet sich das Rechtsempfinden der heutigen Heranwachsenden von demjenigen früherer Generationen?
4. Wie beurteilen Sie die Beratung in diesem Stück?

Translate into German

The problems of bringing up children today can be exceedingly disturbing. The average child in seeking excitement everywhere takes every opportunity of watching television, and this frequently overtaxes its imagination and leads to an unhealthy accumulation of anxieties which the child cannot cope with. Even children who have been liberally brought up can cause social problems: an extroverted child with no suppressed aggressions often shows a striking lack of any sense of justice. Such children will treat shoplifting as a game, and having been used to having their every wish fulfilled, will pilfer those articles which they cannot otherwise procure. This occurs not because of any inner compulsion but as an attempt to create adventure in an otherwise dull town environment, and we shall be less frightened by it if we understand it in this way.

15 Antiautoritäre Erziehung

A

Ich habe ein antiautoritär erzogenes Kind, fast 15 Jahre alt. Als ich damals auf die Idee kam, mein Kind wie einen Menschen zu behandeln, war das ein Skandal. Noch vor zehn Jahren war ein „nicht erzogenes" Kind undenkbar! Das Ergebnis gab mir weitgehend recht: ein geistig sehr interessiertes, aufgeschlossenes Kind, glücklich, komplexfrei, kein Tyrann, keine unterdrückten Aggressionen, absolut zuverlässig.

Der Haken wird später offensichtlich: ein eklatanter Mangel an Disziplin und eine Art charmanter Egoismus! Beides ist meiner Ansicht nach darin begründet, daß man von klein auf gewohnt war, daß die eigenen Bedürfnisse erfüllt wurden. Aufgrund meiner sehr subjektiven Erfahrungen habe ich die Erkenntnis gewonnen, daß ein gewisses Maß an Zwang in der Erziehung sowohl im Interesse des Kindes, als auch im Interesse der Eltern liegt.

weitgehend: *to a large extent*
aufgeschlossen: *open-minded, extroverted*
unterdrückt: *repressed*
zuverlässig: *reliable*
der Haken: *snag*
eklatant: *striking*
der Mangel: *lack*
die Ansicht: *view*

der Zwang: *compulsion*

B

In der „Substanz" dieser Erziehungsmethode scheint mir einiges unlogisch. So wird zum Beispiel einerseits die Kaufwut angeprangert, andererseits aber empfohlen, auf alle Wünsche des Kindes einzugehen. Wie reimt sich denn das zusammen? Und wie sieht es aus, wenn diesen Wünschen, die sich der Natur der Sache nach steigern werden, einmal Grenzen gesetzt sind, entweder aus materiellen Gründen oder weil keine Eltern mehr da sind, die nach einem „Ausweg" suchen? Ist es übrigens wirklich so schrecklich und absurd, wenn Eltern ganz einfach kraft ihres „Erwachsenseins" eine natürliche Autorität zum geistigen und körperlichen Wohl des Kindes ausüben? Daß Autorität immer und überall etwas Negatives ist, muß erst noch bewiesen werden.

die Kaufwut: *buying craze*
angeprangert: *denounced*
eingehen: *to accede to*

ausüben: *to exercise*

BRIGITTE

Grammar

1. ADJECTIVES *When an adjective is used as a noun it will have a strong form if the previous word is* etwas, viel, soviel, wenig, nichts *or* allerlei, *but a weak form if the previous word is* alles, vieles, folgendes *or* weniges:

Autorität ist etwas Negatives.

nichts Neues

allerlei Dummes

Alles Gute

folgendes Neue

die Erwähnung vieles Überflüssigen

N.B. in the dative: nichts Sichtbarem, allem Sichtbaren

2. ADVERBS a) *The following set phrases are worth noting:*

von klein auf ('from childhood on')

von dem Tage an ('from that day onwards')

von Anfang an ('from the beginning')

von dort aus ('from there')

b) *The correlative forms* einerseits, andererseits *are false genitive forms,* Seite *being feminine; they are paralleled by* meinerseits, deinerseits *etc. (for my part, for your part etc.):*

So wird zum Beispiel einerseits die Kaufwut angeprangert, andererseits aber empfohlen, auf alle Wünsche des Kindes einzugehen.

3. NOUNS a) eine Art *is followed by a noun in apposition,* eine Sorte *by a genitive:*

eine Art charmanter Egoismus

eine Sorte grüner Trauben

b) *The following nouns may be followed by* an *with the dative:*

der Mangel an ('lack of')

der Geschmack an ('taste for')

der Anteil an ('share in')

die Freude, das Vergnügen an ('pleasure in')

Similarly with other nouns and verbs denoting being interested in, taking part or pleasure in, an *takes the dative:*

Die Mitwirkung der Schüler **am** Schulleben.

Sie nehmen **an der** Konferenz teil.

Ich verliere allmählich mein Interesse **am** Fußball.

4. PREPOSITIONS *Among the fifty less common prepositions governing the genitive, two may be noted in this text:*

Aufgrund meiner sehr subjektiven Erfahrungen habe ich die Erkenntnis gewonnen.

Wenn Eltern ganz einfach **kraft** ihres Erwachsenseins eine natürliche Autorität ausüben.

5. VOCABULARY *Note the expression* jemandem recht geben, *to prove someone right:*

Das Ergebnis gab mir weitgehend recht.

Fragen zum Text

1. Was dachten andere Leute über den Entschluß der Eltern, ihr Kind freiheitlich zu erziehen?
2. Welche guten Eigenschaften hat das Kind bei dieser Erziehung gewonnen?
3. Welcher Nachteil hat sich später gezeigt?
4. Warum ist das Kind egoistisch geworden?
5. Welche Erkenntnis hat die Mutter gewonnen?
6. Was findet der Briefschreiber unlogisch?
7. Welche Schwierigkeit sieht er voraus?
8. Woher sollen Eltern eine natürliche Autorität haben?
9. Wozu üben sie diese Autorität aus?
10. Ist es offensichtlich, daß Autorität etwas Negatives ist?

Fragen zur Diskussion

1. Was verstehen Sie unter „antiautoritärer Erziehung"?
2. Was sollen angeblich die Nachteile der autoritären Erziehung sein?
3. Halten Sie diese beiden Elternpaare für intelligent oder nicht? Warum?
4. Sind Erziehungsmethoden eine Modesache, oder werden sie immer vernünftiger?

Aufsatz: Vor- und Nachteile der liberalen Erziehung

1. Halten Sie „antiautoritäre Erziehung" für etwas Positives?
2. Werden Kinder sonst nicht als Menschen behandelt?
3. Wie reagiert ein Kind auf Lob und Tadel?
4. Was sind die materiellen und geistigen Bedürfnisse eines Kindes?
5. Wie könnte ein Kind zu einem Tyrannen werden?
6. Wie kann man ein gewisses Maß an Zwang rechtfertigen?
7. Warum soll man den Wünschen des Kindes Grenzen setzen?
8. Kann man den Eltern zutrauen, die Interessen des Kindes wahrzunehmen?

Aufsatzplan

1. Abschnitt: Verschiedene Erziehungsmethoden.
2. Abschnitt: Die Bedürfnisse und Reaktionen des Kindes.
3. Abschnitt: Worauf muß man Rücksicht nehmen?

„Da kommen ein paar Versuchsballons!"

59

16 Dürfen Schüler zurückschlagen?

In der Schule

Fragesteller: Ich möchte gern wissen, ob Schüler das Recht haben, zurückzuschlagen, wenn sie vom Lehrer geprügelt werden. Ich habe selbst erlebt, wie eine geschlagene Mitschülerin reagierte: Sie war sehr kräftig, warf den Lehrer auf den Boden und vertrimmte ihn nach Strich und Faden zum Gaudium der ganzen Klasse. Der Schülerin ist nichts passiert, der Lehrer wurde versetzt. Er hätte sich an unserer Schule auch nicht mehr sehen lassen können.

geprügelt: *caned*

nach Strich und Faden vertrimmen: *to thrash thoroughly*
das Gaudium: *rejoicing*
versetzt: *transferred*

Rechtsanwalt: Wenn der Schüler nicht rechtmäßig geschlagen wurde, kann das Zurückschlagen als Notwehr gerechtfertigt sein.

der Rechtsanwalt: *lawyer*
die Notwehr: *self-defence*

F. Und wann wird ein Schüler rechtmäßig geschlagen?

R. Nach dem Gesetz ist zwar grundsätzlich jede körperliche Züchtigung eine Körperverletzung, aber es gibt leider immer noch Ausnahmen, denn Eltern und Lehrer dürfen ihre Kinder „maßvoll" schlagen.

die Züchtigung: *punishment*

F. Was ist maßvolles Schlagen?

R. Unter Pädagogen und Juristen ist dieser Begriff sehr umstritten. Ende des zweiten Weltkrieges wurde versucht, die von den Nazis wiedereingeführte Prügelstrafe aus den Schulen zu verbannen.

F. Ist das Verbot der Prügelstrafe durch Gerichte bestätigt worden?

R. Zunächst ja. Ein Urteil des Bundesgerichtshofes aus dem Jahre 1954 sprach sich klar gegen die Prügelstrafe aus. Dort heißt es unter anderem: Dem Senat ist zweifelhaft, ob die Erziehung in der Schule überhaupt jemals die körperliche Züchtigung eines Schülers notwendig macht. Ferner: Da das Züchtigungsrecht nur der Erziehung dienen darf, ist die Aufrechterhaltung der schulischen Zucht für sich allein niemals ein Grund, ein Kind zu züchtigen. Der Bundesgerichtshof gab 1957 die obenerwähnte fortschrittliche Haltung auf und sprach dem Volksschullehrer kraft Gewohnheitsrechts die Befugnis zu, seine Schüler aus begründetem Anlaß zu Erziehungszwecken maßvoll zu züchtigen. Er begründete seine Haltung damit, daß unter der deutschen Bevölkerung die körperliche Züchtigung von Kindern durch den Lehrer allgemein gebilligt werde. Und da dies immer so gewesen sei, glaubte der Bundesgerichtshof, ein Gewohnheitsrecht erkennen zu können. Dieses Gewohnheitsrecht kann nur durch Gesetz oder ein ihm entgegenwirkendes Gewohnheitsrecht geändert werden. Ich fürchte aber, daß die lange Tradition der Prügelstrafe in Deutschland ein dem Gewohnheitsrecht entgegenstehendes Gesetz über das generelle Verbot der Prügelstrafe noch lange hinauszögert. Der Gesetzgeber jedenfalls schweigt beharrlich.

F. In sieben von zehn Bundesländern und in Westberlin haben die Schulverwaltungen den Lehrern aber bereits durch Erlasse verboten, Kinder weiterhin zu schlagen.

R. Die Verwaltungsanordnungen haben in erster Linie disziplinarische Bedeutung. Jeder Lehrer, der einen Schüler schlägt, riskiert den ihm bekannten Katalog von Disziplinarmaßnahmen, wie zum Beispiel Verweis, Versetzung, ja sogar Gehaltskürzungen. Hier sind die Schulverwaltungen weiter als der Gesetzgeber. Vielleicht deshalb, weil in den Parlamenten Eltern sitzen, deren Kinder von Lehrern kaum geschlagen werden. Bekanntlich werden Kinder der Unterschicht häufiger geschlagen als andere.

F. Verstößt nach Ihrer Auffassung das Schlagen gegen das Grundgesetz?

R. Ja, uneingeschränkt ja. Züchtigungshandlungen beeinträchtigen die körperliche Unversehrtheit, die durch Artikel 2, Absatz 2, des Grundgesetzes ausdrücklich als unantastbar geschützt ist.

F. Was kann einem Schüler passieren, der zurückschlägt?

R. Mir ist kein Fall bekannt, daß ein solches Zurückschlagen ernsthafte Folgen für den Schüler gehabt hat. Wegen der disziplinarrechtlichen Lage verzichtet die Schule im allgemeinen darauf, die Angelegenheit weiterzuverfolgen, oder sie leitet eine Untersuchung gegen den Lehrer

---

umstritten: *disputed*

der Bundesgerichtshof: *federal court*

die Aufrechterhaltung: *maintenance*
die Zucht: *discipline*
fortschrittlich: *progressive*
das Gewohnheitsrecht: *common law*
die Befugnis: *authority*
der Anlaß: *occasion*

gebilligt: *sanctioned*

hinauszögern: *to delay, defer*
beharrlich: *persistently*

die Schulverwaltung: *school administration*
der Erlaß: *decree, instruction*
die Verwaltungsanordnung: *administrative regulation*

der Verweis: *reprimand*

die Unterschicht: *lower class*

verstoßen: *to violate*
die Auffassung: *conception*
das Grundgesetz: *Constitution*
beeinträchtigen: *to encroach upon*
die Unversehrtheit: *inviolability*
unantastbar: *inalienable, sacrosanct*

ein. Kinder unter 14 Jahren sind strafunmündig, die Kinder über 14 Jahren werden von den Lehrern aus Angst vor Disziplinarmaßnahmen kaum mehr geschlagen.

strafunmündig: *too young for trial*

F. Wenn größere Schüler dabeistehen, wenn ein kleinerer vom Lehrer geschlagen wird, müssen sie ihm dann zu Hilfe kommen?

R. Nein, das ist nicht immer zumutbar. Aber sie sollten in jedem Fall den Direktor oder erforderlichenfalls die Polizei benachrichtigen.

zumutbar: *reasonable to expect*

STERN

„ICH MÖCHTE DOCH WIRKLICH WISSEN, WAS ES DA STÄNDIG ZUM LACHEN GIBT..."

Grammar

I. ADJECTIVES   *The adjective* bekannt *governs the dative:*
Er riskiert den **ihm bekannten** Katalog von Disziplinarmaßnahmen.
Mir ist kein Fall **bekannt**.
Other common adjectives governing the dative include dankbar *and* fremd *:*
Ich bin **Ihnen** sehr **dankbar**.
Das ist **mir** völlig **fremd**.

2. NOUNS   *Foreign nouns ending in -ment* and *-ium are neuter:*
das Parlament, das Regiment; das Gaudium, das Podium
as are most other parts of speech when used as nouns:
das Schlagen, das Zurückschlagen; das Ob und Wie; ein grelles Weiß; das Jenseits
and most nouns with the prefix Ge-, *often used to form collective nouns, where possible with an Umlaut added:*

das Gericht	das Gesetz	das Gebäude	das Gebirge
das Gelächter	das Gebüsch	das Gepäck	das Gebäck

3. PRONOUNS   a) selber *and* selbst *are interchangeable, are always stressed, and follow the noun or pronoun to which they refer.* Selber *is the more colloquial of the two:*
Ich habe **selbst** erlebt, wie eine geschlagene Mitschülerin reagierte.
Selbst *can also mean 'even'; in this meaning it precedes the noun:*
Selbst der König muß sterben.
So was hat man **selbst** in London nie gesehen.
b) *Remember that the accusative and dative of reflexive pronouns differ only in the first and second persons singular:*
ich setze **mich**, ich erlaube **mir**; du setzt **dich**, du erlaubst **dir**;
but er setzt **sich**, er erlaubt **sich**,
and likewise with wir, Sie *and* sie *:*
Die Aufrechterhaltung der schulischen Zucht für **sich** allein.
Er rief den Kellner zu **sich**.

4. VERBS   *Tenses: a non-logical mixture of perfect and simple past is common in colloquial German:*
Der Schülerin **ist** nichts **passiert**, der Lehrer **wurde versetzt**.
Ich **bin** gestern Abend früh ins Bett **gegangen**, aber ich **konnte** nicht sofort einschlafen.
Gestern **haben** wir Vaters Geburtstag **gefeiert**: Die ganze Familie **wurde eingeladen**.

5. WORD ORDER   *An adverbial element in a sentence with normal word order stands between two noun objects:*
Der Bundesgerichtshof sprach dem Volksschullehrer **kraft Gewohnheitsrechts** die Befugnis zu, seine Schüler zu züchtigen.
Ich habe meinem Bruder **manchmal** diese unangenehme Wahrheit sagen müssen.
Sie hat dem Onkel **schnell** einen Kuß gegeben.

Fragen zum Text

1. Wie reagierte die Klasse, als eine Schülerin den Lehrer zu Boden warf?
2. Wann ist das Zurückschlagen als Notwehr gerechtfertigt?
3. Inwieweit erlaubt das Gesetz dem Lehrer, Schüler zu schlagen?
4. Wie hat der Bundesgerichtshof seine Meinung geändert?
5. Was ist eigentlich Gewohnheitsrecht?
6. Wie haben die verschiedenen Bundesländer körperliche Züchtigung verboten?
7. Was kann einem Lehrer passieren, der einen Schüler schlägt?
8. Welche Kinder werden häufiger geschlagen als andere?
9. Wenn ein Schüler zurückschlägt, wird das für ihn schlimme Folgen haben?
10. Was sollen ältere Schüler machen, wenn ein jüngerer geschlagen wird?

Fragen zur Diskussion

1. Sieht die Lage in Großbritannien ebenso wie in der Bundesrepublik aus?
2. Glauben Sie, daß körperliche Züchtigung unter gewissen Umständen berechtigt sein kann?
3. Was würde einem englischen Schüler passieren, der zurückzuschlagen wagte?

Exercises

1. INSERT THE BRACKETED PHRASE OR WORD:

1. Der Arbeitgeber zahlt den Verkäuferinnen einen guten Lohn. (am Ende der Woche)
2. Dieser Lehrer gibt den meisten Schülern gute Noten. (gewöhnlich)
3. Ich habe meiner Freundin einen schönen Abend versprochen. (für heute)
4. Wir schenken unseren Eltern eine Reise nach Mallorca. (zu Weihnachten)
5. Der LKW hat den Jungen nur am Arm verletzt. (glücklicherweise)

2. TRANSLATE INTO GERMAN:

1. I don't know the why and wherefore of the matter.
2. I did the washing-up myself.
3. Even a dog deserves a hot meal in such weather.
4. 'Come to me,' she cried, when she finally came to.
5. Although you seemed strange to me at first, I am grateful to you now.
6. He went to the cinema yesterday, but he couldn't get in.

Write in German an expanded version of the following outline, using as far as possible the structures exemplified in the text:

Federal Court pronounced against corporal punishment – one 'Land' reintroduced caning – pupils protested to school authorities – claimed that striking a pupil violated the constitution – legislators persistently refused to reply – one teacher struck a girl – whole class beat him up thoroughly – teacher received reprimand – subsequently transferred to another school – parliament reaffirmed right to punishment in moderation based on common law – schoolchildren went on strike – parents forced Land parliament to change its mind.

V Autos

DIESE DREI STUNDEN? — DAS IST DIE "ARBEITSZEIT FÜR DAS ADDIEREN DER RECHNUNG ...."

17 Ein neuer Mini aus Frankreich

Jahrelang vertraute die französische Autofabrik Peugeot darauf, daß „nur die Bank von Frankreich besser bewacht wird als unser Testzentrum in Sochaux". Jetzt mußte der Peugeot-Sicherheitsdienst einsehen, wie machtlos er trotz dreifachem Absperrkordon ist. Das führende Fachblatt „L'Auto-Journal" brachte die ersten Fotos vom neuen Peugeot-Kleinwagen 104, aufgenommen im Werkszentrum Sochaux, nahe Belfort an der deutsch-schweizerischen Grenze.

Die Redaktion des „L'Auto-Journal" wußte das geheimnisumwitterte Modell, das im Oktober auf dem Pariser Autosalon zu besichtigen sein wird, auch gleich einzuordnen. Nie zuvor, urteilte das Blatt, sei ein Kleinwagen mit so vielen guten Eigenschaften gebaut worden. Ungewöhnlich sind vor allem die Ausmaße. Der Peugeot 104 ist nur 3,65 m lang (der vw-Käfer mißt 4,07 m), hat aber wie ein großes Auto vier Türen. Dieser Vorzug unterscheidet ihn auch von seinen schärfsten zukünftigen Konkurrenten, dem zum „stern-Auto des Jahres" gewählten Fiat 127 und dem in Frankreich bereits in großen Stückzahlen verkauften, bei uns aber erst gegen Jahresende lieferbaren Renault 5. Der Fiat ist 3,60 m lang, hat aber nur zwei Türen und kann gegen Aufpreis mit einer Hecktür geliefert werden. Der Renault, nur 3,50 m lang, wird nur mit drei Türen hergestellt. Allen drei gemeinsam ist die fortschrittliche Technik mit Vorderradantrieb und das große Raumangebot für vier Personen mitsamt Gepäck. Die Bezeichnung Kleinwagen trifft eigentlich nur noch für die der Verkehrsmisere angepaßten geringen Außenmaße zu. Hinsichtlich Komfort, Fahrleistung und Platz bieten die drei Revolutionäre mehr als manches große Mittelklasseauto vor zehn Jahren.

Für den Peugeot 104 schuf der Turiner Blechkünstler Pininfarina eine

bewachen: *to guard*

der Absperrkordon: *protective cordon*
das Fachblatt: *technical journal*

geheimnisumwittert: *shrouded in secrecy*

einordnen: *to classify*
die Eigenschaft: *quality*
die Ausmaße (pl.): *dimensions*
der Käfer: *beetle*
der Vorzug: *advantage*
der Konkurrent: *competitor*

lieferbar: *available*
der Aufpreis: *extra cost*
die Hecktür: *tail-gate*

der Vorderradantrieb: *front-wheel drive*

die Verkehrsmisere: *wretched traffic conditions*
hinsichtlich: *in respect of*

66

ebenso gefällige wie zweckmäßige Karosserie: kurze Schnauze mit dem typischen Peugeotgesicht und fast quadratischen Scheinwerfern, große Glasflächen, schräges Heck mit etwas eingezogener Heckscheibe und bis auf die Stoßstange reichendem Kofferraumdeckel.

Der Vierzylindermotor (950 ccm, 42 PS, Spitze 138 km/st) ist vorn quer eingebaut. Wie bei Peugeot üblich, wird sich auch der 104 recht komfortabel fahren, die Federung soll sogar besser sein als beim 204. Der Kleine hat vorn Scheiben- und hinten Trommelbremsen. Der Preis wird um 7000 Mark liegen. Im nächsten Jahr ist ein dreitüriges 104-Coupé zu erwarten, das mit einem verkürzten Radstand nur 3,35 m lang sein wird.

Für das 104-Wägelchen rechnet sich Peugeot besonders in der Bundesrepublik gute Absatzchancen aus, wo Fiat und Renault heute den Kleinwagenmarkt beherrschen. Und da der Trend eindeutig zum billigen Kompaktwagen geht, der nicht nur auf verstopften Stadtstraßen und Parkplätzen im Vorteil ist, sondern auch auf Mittelstrecken, beim Wochenendausflug und als Zweitwagen völlig ausreicht, verwundert es, wie großzügig deutsche Automobilbauer der ausländischen Konkurrenz diesen Markt überlassen. Das einzige deutsche Auto unter 1000 ccm, der NSU-Prinz, wird dazu über kurz oder lang der gestrafften VW-Modellpolitik zum Opfer fallen.

Inzwischen ist der Marktanteil der ausländischen Autofabriken in der Bundesrepublik auf 26 Prozent angestiegen. Er wird noch rapide zunehmen, wenn im nächsten Jahr der Renault 5, Peugeot 104, der neue Alfasud und der im STERN bereits abgebildete Fiat 126 in unseren Schaufenstern stehen.

Viel zu spät hat der für die Produktion eines modernen, kompakten Autos prädestinierte Volkswagenkonzern auf den neuen Trend reagiert. Während VW-Chef Lotz mit der Behauptung „Kleinwagen sind kein Geschäft" noch alle Diskussionen über dieses Thema abbrach, hat sein Nachfolger Rudolf Leiding für 1974 einen Kleinwagen von 800 bis 1000 ccm angekündigt (STERN 51/1970). Selbst wenn er mit Hilfe des Audi-Konstrukteurs Dipl.-Ing. Ludwig Kraus so schnell eine überzeugende Lösung findet, ist zu befürchten, daß der VW-Mini hinter der Konkurrenz herfährt.

STERN

die Karosserie: *bodywork*
die Schnauze: *nose*
der Scheinwerfer: *headlamp*
die Glasfläche: *glass surface*
schräg: *slanting, diagonal*
das Heck: *rear, stern*
die Stoßstange: *bumper*
der Kofferraumdeckel: *boot lid*
quer eingebaut: *transversely mounted*
die Federung: *suspension*
Scheiben- und Trommelbremsen: *disc and drum brakes*
der Radstand: *wheelbase*
die Absatzchancen (pl.): *sales prospects*

verstopft: *jammed*

gestrafft: *restricted*

ankündigen: *to announce*

die Lösung: *solution*

Grammar

<table>
<tr><td>1. ADJECTIVES</td><td>In German a long adjectival phrase may be used between an article and a noun, where English would require a whole clause. The phrase will usually end with a present or past participle declined adjectivally:</td></tr>
</table>

1. ADJECTIVES   *In German a long adjectival phrase may be used between an article and a noun, where English would require a whole clause. The phrase will usually end with a present or past participle declined adjectivally:*

der **für die Produktion eines modernen, kompakten Autos prädestinierte** Volkswagenkonzern.

der **im** STERN **bereits abgebildete** Fiat 126.

Als MTA könnte ich meine **schon vorhandenen** Kenntnisse gut gebrauchen.

Another adjective may follow:

Die Bezeichnung Kleinwagen trifft eigentlich nur noch für die **der Verkehrsmisere angepaßten** *geringen* Außenmaße zu.

Dieser Vorzug unterscheidet ihn auch von seinen schärfsten zukünftigen Konkurrenten, dem **zum „**STERN **-Auto des Jahres" gewählten** Fiat 127 und dem **in Frankreich bereits in großen Stückzahlen verkauften,** *bei uns aber erst gegen Jahresende lieferbaren* Renault 5.

2. NOUNS   a) *Apposition: the last quoted sentence exemplifies also the rule that nouns in apposition will be in the same case as the noun with which they are in apposition:* dem Fiat 127 *and* dem Renault 5 *are dative because they are in apposition to* von seinen . . . Konkurrenten.

b) *The brand names of cars are always masculine:*

der Peugeot, der Fiat, der VW, der Renault, der Audi, der Opel, der Ford.

3. PREPOSITIONS   a) bis *is often followed by another preposition:*

mit eingezogener Heckscheibe und **bis auf** die Stoßstange reichendem Kofferraumdeckel.

Er komponierte **bis zu** seinem Tode.

Ich fahre **bis nach** Koblenz.

b) während, wegen, statt *and* trotz *are often used with the dative in everyday German, especially where this will avoid the genitive of a personal pronoun:*

wegen dir

anstatt mir

trotz dreifachem Absperrkordon

4. VERBS   *The future tense is little used in German. Where an adverbial phrase of time or the context shows that the future tense is being referred to, a present is preferred:*

Im nächsten Jahr ist ein dreitüriges 104-Coupé zu erwarten.

Es ist zu befürchten, daß der VW-Mini hinter der Konkurrenz herfährt.

The future tense is used to express a contrast between present and future:

Die Redaktion des „L'Auto-Journal" wußte das geheimnisumwitterte Modell, das im Oktober auf dem Pariser Autosalon zu besichtigen **sein wird**, auch gleich einzuordnen.

Das nächste Mal **wird** es anders **ausfallen**.

or a supposition or probability:

Wie bei Peugeot üblich, **wird sich** auch der 104 recht komfortabel **fahren**.

Wo ist er? Er **wird** beim Kaffeetrinken **sein**.

Fragen zum Text

1. Warum war es schwierig, die Fotos vom neuen Peugeot zu bekommen?
2. Wie beurteilte das Fachblatt den neuen Kleinwagen?
3. Welcher Vorzug unterscheidet den 104 von seinen Konkurrenten?
4. In welcher Hinsicht trifft die Bezeichnung Kleinwagen auf den 104 eigentlich nicht zu?
5. Wer hat die Karosserie entworfen?
6. Was für einen Motor und was für Bremsen hat dieses Auto?
7. Wozu sind Kompaktwagen besonders geeignet?
8. Warum steigt der Marktanteil der ausländischen Autofabriken in der Bundesrepublik?
9. Was für Pläne hat der Volkswagenkonzern, um konkurrenzfähig zu bleiben?
10. Wie schätzen Sie die Chancen ein?

Fragen zur Diskussion

1. Was sind im allgemeinen die Nachteile von Kleinwagen?
2. Finden Sie die für den 104 erhobenen Ansprüche übertrieben?
3. Vergleichen Sie britische Kleinwagen mit dem Peugeot!

Aufsatz: Aufgrund welcher Kriterien entscheidet man sich für einen Kleinwagen?

1. Wozu braucht man das Auto: hauptsächlich für Ausflüge, Straßenverkehr oder als Zweitwagen?
2. Wieviele Personen werden darin fahren?
3. Was ist wichtiger – das Raumangebot oder die Fahrleistung?
4. Ist der Preis entscheidend?

5. Welche Unterschiede bestehen zwischen dem Peugeot 104, dem Fiat 127 und dem Renault 5?
6. Welche anderen Konkurrenten würden Sie in Betracht ziehen?
7. Welche Firmen haben Ihrer Meinung nach einen Ruf für Zuverlässigkeit?
8. Welche Punkte sind für Sie ausschlaggebend, und welches Auto wählen Sie?

Aufsatzplan

1. Abschnitt: Die Frage der Zweckmäßigkeit.
2. Abschnitt: Was die verschiedenen Autofabriken anbieten.
3. Abschnitt: Der Entschluß und seine Gründe.

Exercise

TRANSLATE INTO GERMAN:

1. The various Christmas presents on display in our shop windows will please everyone.
2. By chance I met Mr. Weber yesterday, the headmaster of the village school.
3. The new Mercedes and the old BMW are both good cars.
4. We shall expect a lot of surprises in the coming year.
5. He is up to his neck in debts.
6. The noise of the trains rushing all night past the house kept him awake.
7. We shall go swimming tomorrow.
8. The sight of bedclothes hanging out of the windows always reminds me of Germany.
9. Tomorrow I shall speak to Mr. Faber, the manager of the factory.
10. I'll travel with you to the ends of the earth.

Der Mercedes-Stern hat frischen Glanz bekommen. Daimler-Benz bringt neue „Zugpferde" auf den Markt: die Typen 280 S, 280 SE und 350 SE. Verschwinden mußte dafür der bisherige Typ 280 SE. Er wurde vom Fließband genommen und gehört der Vergangenheit an.

das Fließband: *production line*

Nun ist es nicht so, daß sich Daimler-Benz von seiner Tradition gelöst und das Äußere des Wagens so grundlegend geändert hätte, daß er nicht mehr zu erkennen wäre. Mercedes bleibt Mercedes! Auch mit den neuen Typen! Die Basis ist geblieben, nur das Kleid ist schöner geworden, eleganter.

grundlegend: *fundamentally*

Diese Autos sind aber nicht nur modisch in ihrem Äußeren, flacher, gestreckter. Das Werk ist nicht nur mit der Zeit gegangen; es ist in vielen Dingen der Zeit sogar voraus. In der Schönheit wurde auch die Zweckmäßigkeit beachtet und viel verbessert, was Fahrverhalten und Leistung betrifft.

gestreckter: *sleeker*

Vielleicht guckte ich etwas ungläubig, als ich auf der Einfahrbahn in Untertürkheim vor den neuen Modellen stand und ein Bekannter aus der Versuchsabteilung zu mir sagte: „Du mußt es erst gefahren haben, um zu erkennen, daß hier etwas Außergewöhnliches geschaffen wurde". Ich bin Vorschußlorbeeren gegenüber immer skeptisch. Jeder, der an einem Auto mitbaut, lobt seinen Wagen über den grünen Klee.

„Du kannst auf der Rüttelstrecke das Lenkrad loslassen, und der Wagen läuft trotzdem geradeaus", sagte der andere. „Dann komm herein, steig zu", sagte ich. Er nahm neben mir Platz.

Ich brauste los. Von 0 auf 100 km/h in 9,5 Sekunden, hielt auf die Rüttelstrecke zu, ließ das Lenkrad los. Erst vorsichtig und griffbereit, sah zu dem Bekannten hinüber und dachte, ihn zu erschrecken. Aber das Auto fuhr geradeaus weiter. Es gab keine Lenkveränderungen. „Das macht die neue Vorderachse", meinte mein Bekannter.

Auch das ist ein Novum: Obwohl der Radstand um 115 mm und die Länge über alles um 60 mm vergrößert wurden, konnte der Wendekreisdurchmesser um 30 cm auf 11,44 cm verringert werden. Der Innenraum, der Kofferraum und auch der Tank (96 Liter) wurden größer. Alles an diesen Autos ist großzügig, imponierend. Die Kniefreiheit auf den hinteren Sitzen vergrößerte sich um 27 mm, und obwohl das Auto niedriger gehalten wurde, ist der Innenraum um 20 mm höher geworden. Wenn man fährt, meint man zu schweben. Welch immense Fortschritte hat man im Automobilbau doch in den wenigen Jahren gemacht. Wie wurde man noch vor zehn Jahren auf schlechten Straßen auch in teuren Autos durchgerüttelt.

Dann jagte ich durch die Steilwand und ließ wiederum den Lenker los. Das Auto lief, als würde es ferngesteuert: Satt, sicher und ohne jeden Versuch, auszuscheren, blieb es in der Bahn.

Ist dieser Fahrkomfort, dieses Schlucken übelster Schlaglöcher, dieses Dahinschweben auf der Fahrbahn überhaupt noch zu überbieten? Daimler-Benz ist bei den neuen Typen von der bisherigen Pendelachse abgegangen und hat eine Diagonal-Pendelachse eingebaut. Bald geht man sogar noch weiter, wenn im nächsten Jahr bei den 4,5 Liter-Typen die sogenannte Koppel-Achse zum Einbau kommt, die beim starken Beschleunigen hinten das „Einknicken" verhindert und bei allzustarkem Bremsen das Auto immer in waagerechter Lage hält. Diese Koppel-Achse gibt es nur bei Daimler-Benz.

Wer bequem fahren will, fährt vollautomatisch. Die neuen Sechszylinder-Typen von Daimler-Benz sind auch mit einer 4-Gang-Wandler-Automatik zu haben. Der Achtzylinder ist mit einer 3-Gang-Automatik bestückt.

Wie fährt es sich im Alltagsverkehr auf den Straßen? Wie auf der Autobahn? Wie kommt man durch winklige Gäßchen? Hohe Geschwindigkeiten empfindet man kaum, und man sollte sich bei Geschwindigkeitsbeschränkungen an den Tacho halten, nicht an das Gefühl. Sonst wird das Fahren mit diesem Wagen teuer. Die Wendigkeit ist zwar nicht die eines Kleinwagens, aber man schlängelt sich auch in engen Straßen durch. Die Höchstgeschwindigkeit des 350 SE beträgt 205 km/h mit Handschaltung, mit automatischem Getriebe 200 km/h.

BUNTE

die Vorschußlorbeeren: *premature laurels*
über den grünen Klee: *to the skies*
rütteln: *to shake, bump*
das Lenkrad: *steering wheel*
brausen: *to roar*

die Vorderachse: *front axle*

der Wendekreisdurchmesser: *turning circle*

die Steilwand: *banking*

ausscheren: *to leave the line*
das Schlagloch: *pothole*

die Pendelachse: *swing axle*

die Koppel-Achse: *coupled axle*
das Beschleunigen: *acceleration*
das Einknicken: *tail swing*

bestückt: *equipped*

der Tacho: *speedometer*
die Wendigkeit: *manoeuvrability*
sich schlängeln: *to wriggle*

die Handschaltung: *manual gear change*
das Getriebe: *drive*

Grammar

a) gegenüber *usually follows the word it governs, and always when the word is a pronoun:*

Sie stand **mir gegenüber.**

Sehen Sie den Mann, der **Ihnen gegenüber** sitzt?

and often follows a noun:

Ich bin **Vorschußlorbeeren gegenüber** immer skeptisch.

It may, however, in modern German precede the noun:

Gegenüber dem Finanzamt steht eine Villa.

Gegenüber diesen Tatsachen war ich machtlos.

b) *Referring to measurements of all kinds,* um *means 'by':*

Obwohl der Radstand **um** 115 mm und die Länge über alles **um** 60 mm vergrößert wurden,

Die Kniefreiheit auf den hinteren Sitzen vergrößerte sich **um** 27 mm

(cf. in Unit 5: **um** eine Kleinigkeit strahlender etc.)

c) *Among the uses of* zu *note the following:*

It is used before an indirect object if direct speech is being quoted:

Ein Bekannter sagte **zu** mir: „Du mußt es erst gefahren haben."

With an infinitive it offers an easy way of avoiding a passive:

Nun ist es nicht so, daß er nicht mehr **zu** erkennen wäre.

Ist dieser Fahrkomfort überhaupt noch **zu** überbieten?

This applies with sein, bleiben, scheinen *and* stehen; *with verbs of thinking the same construction can neatly replace a clause:*

Ich dachte, ihn **zu** erschrecken.

Wenn man fährt, meint man **zu** schweben.

Conjugated with haben *are:*

a) *All transitive verbs:*

Der Mercedes-Stern **hat** frischen Glanz **bekommen.**

Du mußt es erst **gefahren haben.**

Daimler-Benz **hat** eine Diagonal-Pendelachse **eingebaut.**

b) *All reflexive verbs except* sich gleichbleiben:

daß **sich** Daimler-Benz von seiner Tradition **gelöst hätte.**

c) *Intransitive verbs not denoting a change of state, and most impersonal verbs.*

Conjugated with sein *are:*

a) *Verbs denoting a change of place (and their compounds), including sports except for* paddeln, rudern, segeln *and* tanzen:

Das Werk **ist** nicht nur mit der Zeit **gegangen.**

Daimler-Benz **ist** von der bisherigen Pendelachse **abgegangen.**

b) *Verbs denoting a change of state (except* kochen, ab- *and* zunehmen):

Nur das Kleid **ist** schöner **geworden.**

Das Kind **ist** endlich **eingeschlafen.**

c) *The following thirteen verbs:* geschehen, passieren, vorgehen, vorkommen, zustoßen; begegnen, bleiben, fehlschlagen, gelingen, glücken, mißglücken, mißlingen, sein:

Die Basis **ist geblieben.**

Er **ist** in China **gewesen** und **ist** dort meiner Schwester **begegnet.**

Fragen zum Text

1. Wie hat man Platz auf dem Fließband für die neuen Typen geschaffen?
2. Sind die neuen Modelle grundverschieden?
3. Wie sieht die modische Linie aus?
4. Warum hört der Autor des Artikels seinem Bekannten etwas skeptisch zu?
5. Woher kommt es, daß das Auto geradeaus fährt, selbst wenn man das Lenkrad losläßt?
6. Was ist der Radstand?
7. Was wird bei den 4,5 Liter-Typen neu sein?
8. Was wird die Koppel-Achse verhindern?
9. Welchen Unterschied im automatischen Getriebe gibt es zwischen den Sechszylinder-Typen und dem Achtzylinder?
10. Warum soll man sich an den Tacho halten?

Fragen zur Diskussion

1. Welchen Einfluß hat die Tradition von Daimler-Benz auf ihren Ruf?
2. Sind diese Autos eher sportlich als vornehm?
3. Welchen Vorteil hat das automatische Getriebe gegenüber der Handschaltung? Hat es auch einen Nachteil?

Write in German an expanded version of the following outline, using as far as possible the structures exemplified in the text:

My father tried new Mercedes – salesman demonstrated its performance – astonishing acceleration – fantastic brakes – superb steering – sleek appearance – luxurious comfort – impressive automatic drive – endless technical perfections – father enquired after price – bought three Fords instead.

Exercises:

1. AUXILIARIES: COMPLETE WITH 'HABEN' OR 'SEIN' TO FORM THE PERFECT TENSE IN EACH CASE:

1. Er – vom Dach gesprungen und – sich schwer verletzt.
2. Ein neuer Staat – daraus entstanden und – die nötige Reform durchgeführt.
3. Wir – tüchtig gerudert und – dabei viel an Gewicht abgenommen.
4. Sie – sehr gealtert, seitdem sie nach Australien gefahren – .
5. Ich – mich heute zu schnell rasiert und – mir weh getan.
6. Sie – dort geblieben und – mir neulich geschrieben.
7. Ich – versucht, den Aufsatz zu schreiben, aber es – mir nicht gelungen.
8. Wir – viel getanzt und – auch mit den Kindern herumgelaufen.
9. Kein Unfall – passiert, obwohl es geregnet – .
10. Es – uns sehr gefreut, daß Sie sofort zu uns gekommen – .

2. PREPOSITIONS: COMPLETE WITH 'GEGENÜBER', 'UM' OR 'ZU':

1. „Was meinst du damit?" sagte ich – ihm.
2. – seinem Wissen ist deines größer.
3. Du bist – eine Stunde zu spät gekommen.
4. Das Brett war – einen Meter zu lang.
5. Seine Frechheit ist kaum – ertragen.
6. Ihr – ist er immer freundlich gewesen.

19 Sie brauchen kein größeres teureres Auto. Das hat man Ihnen nur eingeredet.

In den letzten Jahren haben auch die europäischen Automobilhersteller begonnen, ihre Autos größer, schwerer, stärker zu machen und damit teurer auf den Markt zu bringen.

der Hersteller: *manufacturer*

Dazu kommt noch, daß die amerikanischen Hersteller Europa mit Autos überfluteten, die noch größer, schwerer und teurer sind als die in Europa produzierten Modelle.

überfluten: *to flood*

Dies war möglich, weil die Produzenten Ihnen einredeten, Sie brauchten einen stärkeren Motor, um ausreichende Autobahngeschwindigkeiten fahren zu können; sie benötigten einen schwereren Wagen wegen der besseren Straßenlage; sie behaupteten, ein Wagen, der größere Außenabmessungen habe, würde auch innen mehr Komfort bieten. Was sie Ihnen nicht sagten, ist, daß mit zunehmender Größe des Autos auch die Probleme, die es verursacht, wachsen: steigende Luftverschmutzung, verstopfte Straßen, mehr Unfälle, wachsende Kosten. Wir aber sagen Ihnen: Sie brauchen überhaupt kein teures Auto. Sie können alles, was Sie brauchen, in Autos finden, die Sie und die Gesellschaft weniger teuer zu stehen kommen.

ausreichend: *adequate*

die Luftverschmutzung: *air pollution*

die Gesellschaft: *society*

Der gesunde Menschenverstand müßte eigentlich zu dem Schluß führen, daß ein Weg zu weniger Verkehrsstauungen und mehr Parkmöglichkeiten die Verkleinerung der Autos ganz allgemein wäre.

der Schluß: *conclusion*
die Verkehrsstauung: *traffic jam*

Genau das Gegenteil ist aber eingetreten. Die Automobilindustrie ging nämlich unverändert von der Auffassung aus, daß ein Auto außen vergrößert werden müßte, um zusätzlichen Innenraum zu gewinnen. Wir bei Fiat haben diese Vorstellung nie geteilt. Oder irgendeine andere dieser Art. Und schließlich fanden wir einen Weg, Autos innen zu vergrößern und sie trotzdem außen klein zu halten. Dies gelang uns, indem wir den Raum, den normalerweise Motor und Zubehör einnehmen, drastisch verkleinerten. Was hierbei gewonnen wurde, kam dann den Insassen zugute.

Bei den neuen Fiats 127 und 128 stehen 80% für Insassen und Gepäck und nur 20% dem Motor zur Verfügung. Das Ergebnis: Sie sind außen kürzer als die meisten Fahrzeuge ihrer Klasse. Aber innen sind sie geräumiger als absolut jeder Wagen ihrer Klasse. Es klingt unglaublich, aber sie sind sogar geräumiger als manch ein Amerikaner, der bis zu 1,2 m länger ist.

Der Fiat 124 oder der Fiat 125 sind größer als der 127 oder der 128. Aber auch bei ihnen wird eine optimale Raumausnutzung in gleicher Weise erreicht. Der Fiat 124 wie der Fiat 125 sind kompakter als fast jeder Wagen ihrer Klasse. Und doch sind beide innen geräumiger als viele europäische Luxuswagen und manch ein „ausgewachsener" Amerikaner.

Warum Sie keinen stärkeren Motor brauchen

Sie müssen beim Kauf eines stärkeren Motors mehr Geld ausgeben. Und der Unterhalt is teurer. Dabei ist es eine Tatsache, daß man einen starken Motor höchst selten voll ausnützt. Und wenn man ihn nicht benützt, braucht man ihn auch nicht. Was Sie brauchen, ist ein Motor, mit dem Sie temperamentvoll beschleunigen und ausreichende Autobahngeschwindigkeiten fahren können.

Wir bei Fiat können Ihnen das bieten. Mit Motoren, die man keinesfalls als groß bezeichnen kann.

Der Fiat 128 zum Beispiel ist schneller als fast jeder Wagen seiner Klasse. Ja, er beschleunigt sogar sportlicher als viele Autos, die noch ein paar hundert Kubikzentimeter mehr Hubraum haben. Er erreicht eine Spitzengeschwindigkeit von 140 km/h, eine ständige Reisegeschwindigkeit von 120 oder 125 km/h macht ihm nichts aus. Trotz dieser eindrucksvollen Leistungen hat der Motor nur 1116 cm³ Hubraum.

Warum Sie keinen schwereren Wagen brauchen

Je schwerer ein Auto, desto mehr Kraftstoff verbraucht es. Je mehr Benzin es braucht, desto mehr Geld kostet es Sie. Schlimmer noch, je mehr Treibstoff es verbrennt, umso mehr Auspuffgase gibt es ab. Und das kommt uns alle teuer zu stehen.

Außerdem, je schwerer ein Wagen, desto schwieriger ist er zu lenken und zu beherrschen.

Das einzige, was für ein schweres Auto spricht, ist das meist angenehme, ruhige Fahren.

Wir bei Fiat haben andere Wege gefunden, damit unsere Autos ruhig und sicher Autobahngeschwindigkeiten fahren. Aber zu einem weit

zusätzlich: *additional*

der Zubehör: *accessories*

die Insassen (pl.): *passengers*

der Unterhalt: *maintenance*

der Hubraum: *cubic capacity*

der Kraftstoff: *fuel*

die Auspuffgase (pl.): *exhaust fumes*

lenken: *to steer*

geringeren Preis für Sie und die Allgemeinheit.

Beide Wagen haben Dutzende anderer Vorzüge, die wir hier gar nicht aufzählen wollen. Es genügt zu sagen, daß diese Dinge unseren Fahrzeugen besondere Stabilität und hervorragendes Fahrverhalten geben, die man nicht so schnell wieder findet, selbst bei weitaus schwereren Wagen.

Als die europäischen Autoexperten den 128 fuhren, wählten sie ihn sechs Mal zum „Auto des Jahres" und verliehen ihm den „Automobil-Oscar". Offensichtlich ein gutes Auto.

verleihen: *to award*

Warum Sie kein teureres Auto brauchen

Als Faustregel könnte man sagen, daß Sie beim Kauf eines Fiats ein Auto bekommen, das Ihnen ein besseres Fahrverhalten, sportlichere Beschleunigung und eine Menge mehr Platz bietet, als Autos, die weitaus mehr kosten.

die Faustregel: *rule of thumb*

Das ist ziemlich eindeutig.

Wenn Sie also auf ein übergroßes, überschweres Auto mit einer zu starken Maschine verzichten, dann brauchen Sie auch keinen astronomischen Preis zu bezahlen.

verzichten: *to forgo*

NEUE ZÜRCHER ZEITUNG

„WARUM HABEN SIE DIE LINKE HAND HERAUSGE-HALTEN UND SIND DANN RECHTS EINGEBOGEN?–ICH BIN DOCH LINKSHÄNDER, HERR RICHTER ..."

„HALLO LIEBLING ! DU KANNST DIR JETZT DEN NERZMANTEL KAUFEN ..."

Grammar

1. ADJECTIVES *Comparative adjectives are often qualified by adverbs of degree, e.g.* noch, viel:
Autos, die **noch größer, schwerer und teurer** sind
Aber zu einem **weit geringeren** Preis
selbst bei **weitaus schwereren** Wagen
Das wäre **viel besser.**

2. ADVERBS höchst *is not used before monosyllabic adjectives and adverbs, nor with many others,*
e.g. billig, traurig, hungrig, durstig. *It can be used with, e.g.* anständig, bemerkens-
wert, erstaunt, leichtsinnig, notwendig, sonderbar, unangenehm, ungesund:
Tatsache ist, daß man einen starken Motor **höchst selten** voll ausnützt.
Note: höchstwahrscheinlich *and* höchstpersönlich *are single words.*

3. IDIOM *Note the expression* jemandem (oder jemanden) teuer zu stehen kommen, '*to cost*
someone dear':
Sie können alles, was Sie brauchen, in Autos finden, die Sie und die Gesellschaft
weniger teuer zu stehen kommen.
umso mehr Auspuffgase gibt es ab. Und das kommt uns alle teuer zu stehen.
Das soll ihm teuer zu stehen kommen.

4. NOUNS *Foreign nouns ending in* -or *are masculine:* der Motor, der Autor
Foreign nouns ending in -tät *are feminine:* die Stabilität, die Autorität
Most nouns ending in -nis *or* -tum *are neuter:* das Ergebnis, das Erlebnis, das
Verständnis, das Christentum, das Herzogtum; BUT die Erlaubnis, der Irrtum.

5. VERBS *The tense of the subjunctive in reported speech is determined by the tense of the original*
direct speech as follows, subject to the proviso that a distinctive form of the subjunctive
should be used wherever possible:

Original Statement	Indirect Statement (colloquial)	(literary)
Present	past subjunctive	present subjunctive
Past tenses	pluperfect subjunctive	perfect subjunctive
Future	conditional	future subjunctive

weil die Produzenten Ihnen **einredeten,** sie **brauchten** einen stärkeren Motor.
sie **behaupteten,** ein Auto, das größere Außenabmessungen **habe,** würde innen
mehr Komfort bieten.
Er **sagte,** Hans **spiele** Tennis.
Er **sagte,** sie **hätten** nichts vergessen.
Er **sagte,** er **werde** einen Brief schreiben.
Sie **sagten,** sie **würden** nie heimkehren.

Fragen zum Text

1. Welche Veränderung der letzten Jahre kann mann bei den meisten Autos feststellen?
2. Wie begründen die Hersteller das Bedürfnis nach stärkeren Motoren und schwereren Wagen?
3. Welche offensichtlichen Vorzüge würde eine allgemeine Verkleinerung der Autos bieten?
4. Wie ist es Fiat gelungen, mehr Innenraum bei kleineren Autos zu schaffen?
5. Was ist der Hauptunterschied zwischen den Fiats 127 und 128 und den 124 und 125?
6. Warum sollte man auf einen stärkeren Motor verzichten?
7. Was sind die größten Nachteile eines schweren Autos?
8. Wie hat man bei Fiat ein ruhigeres Fahren ohne mehr Gewicht ermöglicht?
9. Welche Auszeichnungen hat der Fiat 128 gewonnen?
10. Was bietet ein Fiat im Vergleich zu anderen Wagen an?

Fragen zur Diskussion

1. Brauchen Sie wirklich ein Auto? Warum?
2. Was für einen Ruf hat Fiat im Vergleich zu Peugeot und Mercedes?
3. Was halten Sie von diesem Inserat?

Translate into German:

I spoke yesterday to one of the workers at the experimental unit about the new Ford. He was convinced that it would gain a large share of the market for baby cars. I was sceptical: 'With British Leyland, Renault and Fiat having a five year lead,' I said, 'You're way behind your competitors.' 'But look at what we're offering,' he replied. 'No other small car has discs all round, four doors plus a tail-gate and a performance to compare with cars costing £200 more.' 'I'd like to drive it – any chance?' I asked. 'Get in,' he said, and got in beside me. I found the interior roomy and comfortable. The transverse-mounted four-cylinder engine allows more room for the passengers without increasing the wheel-base, and the independent suspension on all four wheels gives astonishing stability in cornering. Accelerating to eighty I felt a slight tail-wag, but at top speed on the motorway I let go of the steering wheel and the car continued straight with no tendency to swerve.

'Impressive!' I shouted. 'Next year we're offering it with automatic drive as an optional extra,' he shouted back. When we returned to the test centre I praised the road-holding in particular. 'When we put it on view at the Paris motor show it'll be the car of the year, I promise you,' he said. He could be right.

Exercises:

1. SUBJUNCTIVE. PUT INTO INDIRECT SPEECH BEGINNING WITH 'ER SAGTE':

1. „Ich muß bald nach Hause fahren."
2. „Wir hatten keine Ahnung davon."
3. „Und Sie haben versucht, uns zu betrügen."
4. „Du wirst später die Bestätigung bekommen."
5. „Sie ist vor einer Stunde angekommen."
6. „Ich war nur eine Woche in der Stadt gewesen."
7. „Sie haben ihre Bücher vergessen."
8. „Sie sind vermutlich bei Ihren Verwandten gewesen."
9. „Du kannst mit meinem Bruder hinfahren."
10. „Wir werden nichts mehr von ihm hören."

2. TRANSLATE INTO GERMAN:

1. That will cost you dear.
2. He was extremely astonished about it.
3. Houses have recently become much more expensive.
4. He is a highly respectable gentleman.
5. The work gets more and more difficult.
6. Your mistake has cost us all dear.

„Bekommen Sie einen oder zwei Tropfen ……"

Ein sanftes Klick ertönt. Ein Elektromotor liftet mein Gesäß auf fahrgerechte Höhe. Klick – der unsichtbare Helfer schiebt es in die rechte Distanz zum Lenkrad. Klick – eine kleine Neigung nach hinten – der Klubsessel steht gut. Klick – summend senkt sich ein Fenster. Klick – ein Elektromotor stellt die Automatik auf Vorwärtsfahrt. Klick – nichts geschieht. Die Antenne bleibt im Rumpf des über zwei Tonnen schweren Wagens stecken. Ich erstarre. Ein nicht funktionierendes System im Rolls-Royce? Doch der Klicker war nur in die falsche Richtung gestellt. Noch ein Klicken, und die Antenne wuchs empor. Die Welt war wieder in Ordnung.

    Drei Jahre oder 80 000 Kilometer beträgt die Garantiespanne. Ich schluckte hohl, als ich das in den Begleitpapieren las. Niemand in Crewe in der englischen Grafschaft Cheshire, Geburtsstadt des Silver Shadow, hatte darüber gesprochen. Doch wozu auch? Es wirkt so selbstverständlich. Das Gaspedal senkt sich. 6,2 Liter Hubraum atmen tief ein und ziehen den Silber-Schatten flüsternd davon. Unter den breiten Reifen zerknirschen ein paar Sandkörnchen. Das Leder knistert. Sonst Stille. „Geräusch", so hatte Firmenvater Henry Royce schon 1906 analysiert, „ist in letzter Hinsicht Überbeanspruchung und fehlerhafte Konstruktion." Vom Dach bis zu den Felgen angefüllt mit feinster Mechanik, hält er sich mit sanft schaltender Getriebe-Automatik bereit (ein

das Gesäß: *bottom, seat*

der Klubsessel: *upholstered armchair*
summen: *to hum*
die Antenne: *aerial*
erstarren: *to be stupefied*

die Spanne: *duration*
hohl schlucken: *to gulp*
die Grafschaft: *county*

zerknirschen: *to crunch*
knistern: *to crackle*

die Überbeanspruchung: *overstrain*
die Felge: *wheel rim*

Elektromotor erleichtert sogar das Einstellen des Vorwählhebels), mit Vergaser-Startautomatik, mit Servo-Lenkung (für kontinentale Begriffe jedoch zu leichtgängig und gewöhnungsbedürftig) und mit einer Servo-Bremsanlage, die zeigt, wie wenig manche Servo-Anlagen aus anderen Häusern diesen Namen verdienen. Hohes Niveau bleibt im Rolls-Royce garantiert erhalten. Von welchem Gewicht Passagiere und Stückgut auch sein mögen – eine automatische Regelung sorgt für gleichbleibende Wagenhöhe. Eine Hydraulik macht alles, scharfsinnig erdacht wie die sophistische Technik eines von Steuerzahlern finanzierten Düsenjägers. Dafür wurden nicht weniger als 32 Meter hydraulische Leitungen verlegt. Zu den vier Scheibenbremsen führen zwei unabhängig voneinander operierende Leitungskreise, doch als dritte Sicherheit hält sich in stiller Fürsorge ein weiterer Bremskreis in Reserve. Aber in diesem Rolls-Royce fährt man nicht. Man verbringt darin einige Stunden. Fahren fällt sozusagen nebenbei an.

Gewiß, auch der Silber-Schatten läßt sich jagen, er ist nicht blutarm. Denn nicht nur schieres Gewicht, sondern auch ein fortschrittliches Fahrwerk mit vier unabhängig aufgehängten Rädern drücken ihn satt auf die Straße, und das auch in schnellen Biegen. Und auch an Leistung gebricht es nicht. Wieviel Pferde hat er? „Genug", sagt der Firmenvertreter. PS-Angaben verschweigt Rolls-Royce aus Tradition, sie fallen offenbar unter die Staatsgeheimnisse des britischen Reiches. Ich tippe auf 230 PS. Die Stille an Bord (draußen nur schmatzendes Reifenabrollen, kaum Luftgeräusche) und der Federungskomfort wie aus einem Schlaraffenland der Technik lassen den Abstand zur übrigen autofahrenden Welt größer werden. Fast keiner wagt, einen Rolls-Royce herauszufordern, und das will in Deutschland etwas heißen. Neugier überwiegt, der Wagen liegt zu fern für Vergleiche. Freiheit von Geräuschen ging Rolls-Royce von jeher über alles. Und für dieses Firmen-Kredo ist dem Unternehmen auch heute offenbar kein Preis zu hoch. Was immer sich im Silver Shadow dreht, haben die Ingenieure aus Crewe so sorgfältig ausgewuchtet, als solle es für zehn normale Auto-Leben halten – und es hält wohl länger. Die schweren Hilfsrahmen vorn und hinten – wie von einer Lokomotive stammend – verbanden sie nicht etwa durch ordinäre Gummipolster mit der selbsttragenden Karosserie (Gummi altert, wird hart), sondern durch nimmermüde Dämpf-Lager von rostfreier Stahlwolle.

Die Techniker von Crewe konnten zwar nicht verhindern, daß Benzin bei der Verbrennung im Zylinder knallt. Doch mit einer technischen Orgie aus rostfreien Edelstahl-Schalldämpfern, Aluminiumblech und Asbest machten sie solche Naturerscheinungen vergessen. Aber Benzin, dieser unerfreuliche Saft, kann auch plätschern, und wem würde das nicht verdrießen? Im 109-Liter-Tank des Silber-Schattens freilich wird es durch ein kunstvolles Schwallblech zur Ruhe gebracht. Der Ruhe wegen durfte selbst die beste englische Präzisionsuhr nicht in den Rolls-Royce eingebaut werden – sie tickte zu laut. So kam die große Stunde für einen deutschen Leiseticker. Nun sitzt eine Kienzle im Rolls-Armaturenbrett. Dieses Idyll ist freilich immer noch lauter vernehmbar als der im

der Vorwählhebel: (*gear*) *preselector*
der Vergaser: *carburettor*
leichtgängig: *light to handle*

scharfsinnig: *ingeniously*
der Düsenjäger: *jet fighter*
die Leitung: *pipe, cable*

der Kreis: *circuit*
die Fürsorge: *precaution*

schier: *sheer*

schmatzen: *to smack*

das Schlaraffenland: *dream world*
herausfordern: *to challenge*

auswuchten: *to balance*
der Hilfsrahmen: *chassis support*

das Gummipolster: *rubber cushioning*
der Dämpf-Lager: *padding*

knallen: *to explode*
der Schalldämpfer: *silencer*

das Schwallblech: *floating cover, baffle*

das Armaturenbrett: *instrument panel*

Leerlauf drehende Acht-Zylinder-Motor. Klubatmosphäre herrscht auch bei der Spitzengeschwindigkeit von 185 km/h. Mit einem aerodynamischen Kunstgriff unterdrückte Rolls-Royce lästige Luftgeräusche: Die Regenrinnen, sonst notorische Pfeifer bei Großserien-Produkten, sind wie metallene Gräben in das Dach eingelassen.

Defekt im Stromkreis für die vier Scheinwerfer? Ein zweiter Kreis schaltet sich automatisch ein. Insgesamt schlängeln sich 35 abgesicherte Stromkreise und 700 Meter Kabel – man mußte eben nicht mit dem Zehntelpence knausern. Und fast jeden Tag entdeckte ich einen neuen hilfreichen Elektromotor. Die letzte Addition ergab deren 15. Rolls-Royce hat kein Fließband wie in Großserienschmieden, keine mitturnenden Akkordarbeiter – das erklärt wohl zum Teil die lange Garantiezeit. Jeder Motor läuft nach der Montage drei Stunden mit Stadtgas. Es verbrennt rückstandfrei und vermittelt für die wichtigen ersten Lebensminuten das feinere Einlaufen. Danach folgt ein 24-Stunden-Testlauf, diesmal mit Benzin. Jeder 50. Motor wird zur Kontrolle wieder zerlegt. Vor der endgültigen Lackierung des Shadow – zehn bis zwölf Schichten mit Grundierung – verbringt jeder Wagen eine Woche im Straßentest, wo er 20 bis 24 Liter Superbenzin auf 100 Kilometer verfeuert – es gibt kleinere mit ähnlich großem Durst. Fertigungs-Fachleute halten den Wagen angesichts allen Aufwands für billig. Das Stilleben aus England kostet 95 000 Mark. So teuer kann billig sein. Er ist der Teuerste unter allen teuren Autos dieser Welt, freilich noch nicht der teuerste Rolls-Royce. Dieser, ein siebenplätziger Phantom VI mit leichter Patina, steht mit 170 Tausend in der Liste. „Hat Rolls-Royce", so erkundigte ich mich, „jemals daran gedacht, auch preiswertere Autos zu produzieren?" „Gewiß", lautete die Antwort, „aber unsere Absicht ist es, ein möglichst perfektes, sicheres und langlebiges Auto zu schaffen. Das ist nach unserer Erfahrung unter dem Preis unseres billigsten Modells nicht möglich".

im Leerlauf drehend: *ticking over*

der Kunstgriff: *device*

Großserien-: *mass produced*

abgesichert: *insulated*

knausern: *to be stingy*

mitturnend: *rival*

der Akkordarbeiter: *piece worker*

rückstandfrei: *without residue*

zerlegen: *to dismantle*

die Schicht: *layer, coat*

der Aufwand: *expense*

DER SPIEGEL

„Sie haben meinen Wagen nicht kommen hören? Natürlich haben Sie meinen Wagen nicht kommen hören! Diesen Wagen hört man nicht kommen!"

Grammar

aller, alle, alles, all:
The uninflected form all *is rare; when used as an adjective* aller *is declined like* solcher; *as a singular pronoun it is always neuter:*
angesichts allen Aufwands
trotz allen Unsinns
Alle guten Dinge sind drei.
Eine Hydraulik macht alles.
Freiheit von Geräuschen ging Rolls-Royce über alles.

2. NOUNS

a) *most nouns formed from strong verb stems to which nothing has been added are masculine:*

der Leerlauf	der Testlauf	der Kunstgriff	der Ölstand
der Verschluß	der Fall	der Gebrauch	der Begriff
der Fluch BUT	die Flucht	der Biß BUT	das Gebiß

b) *all nouns ending in* -tion *are feminine:*
die Addition   die Funktion   die Konstruktion   die Tradition

c) *diminutives in* -chen, -el, -erl, -le, -lein, -li *are neuter:*

das Sandkörnchen	das Glühwürmchen	das Knöpfchen
das Röslein	das Männlein	das Schwesterlein
das Rössel	das Stübli	das Städtle

apart from -chen *and* -lein *these forms are southern dialectal ones.*

d) *Foreign nouns ending in* -a *or* -ur *are feminine:*
die Patina   die Firma   die Klaviatur   die Partitur   BUT   das Abitur

3. PREPOSITIONS

About 50 uncommon prepositions govern the genitive; one occurs here:
angesichts allen Aufwands

4. VERBS

a) *The subjunctive is rare in main clauses, where its occurrence is virtually confined to two types of statement, that expressing a wish:*
Gott **sei** Dank!
Es **lebe** die Königin!
and the third person prescriptive imperative, cf. English 'let':
Aus der Klaviatur der Knöpfe **sei** dieser hervorgehoben.
Man **nehme** die Tabletten dreimal täglich in Wasser.

b) *The subjunctive is used in 'as if' clauses:*
als **solle** es für zehn normale Auto-Leben halten.
Er sieht aus, als ob er die Nacht nicht geschlafen **hätte**.

5. VOCABULARY

A note on 'horse power': the abbreviation 'PS' stands for 'Pferdestärke' and should be translated as 'horse power'; it is, however, neither equivalent to the British h.p., which is 550 foot-pounds per second, nor to the British b.h.p. (brake horse-power), which is calculated from engine dimensions. The German PS is 75 kilo-grams per second.

Fragen zum Text

1. Warum geschieht nichts beim sechsten Klick?
2. Wie lange gilt die Garantie für einen Rolls-Royce?
3. Was hört der Verfasser, als der Silver Shadow losfährt?
4. Wie könnte man mit anderen Worten das Wort „gewöhnungsbedürftig" erklären?
5. Was macht die Bremsanlage besonders zuverlässig?
6. Wofür wäre dem Rolls-Royce-Unternehmen kein Preis zu hoch?
7. Warum benützt Rolls-Royce kein Gummipolster?
8. Was geschieht, wenn ein Defekt im Stromkreis für die Scheinwerfer vorkommt?
9. Wie wird nach der Montage der Motor getestet?
10. Warum produziert Rolls-Royce keine billigeren Autos?

Fragen zur Diskussion

1. Möchten Sie selbst einen Rolls-Royce besitzen?
2. Welche Kritik gegen Akkordarbeiter wird angedeutet? Ist sie berechtigt?
3. Wie würden Sie den Ruf der Firma Rolls-Royce kennzeichnen?

Aufsatz: Man braucht doch einen guten Wagen

Versuchen Sie, die Argumente des 19. Textes zu widerlegen:

1. Was ist sicherer, Autobahngeschwindigkeiten mit einem leichten oder mit einem schwereren Wagen zu fahren?
2. Ist das Raumangebot eines Wagens wichtiger als seine Sicherheit?
3. Lohnt es sich, mehr zu bezahlen, um weniger Gefahr zu laufen?
4. Wenn man einen starken Motor höchst selten voll ausnützt, heißt das, daß man ihn überhaupt nicht braucht? Warum?

5. „Je mehr Treibstoff es verbrennt, umso mehr Auspuffgase gibt es ab." Ist das wahr?
6. Der gesunde Menschenverstand müßte eigentlich zu dem Schluß führen, daß ein schwerer Wagen bessere Straßenhaftung hat als ein leichter Wagen, oder?
7. Wird ein billiges Auto ebenso langlebig wie ein teures sein?
8. Was scheint Ihnen am allerwichtigsten bei einem Auto?

Aufsatzplan

1. Abschnitt: Wie man die Werbung objektiv beurteilen kann.
2. Abschnitt: Wie man Preis, Raumangebot, Fahrleistung, Zuverlässigkeit usw. der Reihe nach erwägen soll.
3. Abschnitt: Was kennzeichnet einen guten Wagen?

Exercise: Using the rules for determining gender which have been given in this and previous units, but without referring to the text, add a definite article to:

Anlage Antenne Anzeige Atmosphäre
Automatik Bremse Distanz Einlaufen Elektromotor Erfahrung Erscheinung Fürsorge
Geheimnis Geräusch Gesäß Geschwindigkeit
Gewicht Grafschaft Grundierung Höhe
Hydraulik Karosserie Kette Klappe Kontrolle
Lackierung Leistung Leitung Lokomotive
Männlichkeit Minute Montage Neigung
Ordnung Orgie Pferdestärke Regelung
Reifenabrollen Reserve Richtung Rolls-Royce
Ruhe Sicherheit Spanne Stahlwolle Stille
Technik Überbeanspruchung Verbrennung Woche

VI Zeitgenössische Literatur

„Ich weiß, es ist historisch falsch, aber wie sollen wir denn sonst ein Musical daraus machen?"

21 Der Nachtarbeiter

München bei Nacht

Da er von der Nachtschicht immer erst gegen neun Uhr morgens nach Hause kam, hatte er bis zum frühen Nachmittag geschlafen. Dann stand er auf, duschte sich im Bad, trank eine Tasse Kaffee, die er sich auf dem kleinen Herd in seinem Zimmer gemacht hatte, aß etwas und las dabei die Zeitung. Danach wußte er nicht, was er tun sollte. In mancher Hinsicht war es nicht schlecht, nachts zu arbeiten, obgleich es ermüdender war. Wenn er morgens das Haus betrat, war es angenehm still; alle, die in dem rooming-house wohnten, waren zur Arbeit gegangen, und er brauchte das Radio aus dem Zimmer nebenan nicht zu hören. Aber dann, wenn man nachmittags aus dumpfem Schlaf erwachte, wußte man nicht, wie man die Zeit bis elf Uhr abends hinbringen sollte, der Tag bestand nur noch aus einem leeren Stück Zeit. Wenn man Nachtschicht hatte, war man, wenn man allein lebte, am Tag noch verlassener und gehörte zu nichts und niemandem, und zur Zeit war er allein; mit dem Mädchen, das er zuletzt kennenlernte, hatte er nicht viel anfangen können, nach vierzehn Tagen hatte sie schon vom Heiraten gesprochen.

Stumm, vom Schlafe noch wie verklebt, zog er sich an, ging aus dem Haus, um mit der Untergrundbahn stadtwärts zu fahren, und verließ eine Station im Innern der Stadt. Es war ein schöner Tag, Oktober, ein Hauch von Sommerwärme war zurückgekommen, in dem sich alle Leute wohlfühlten, die Gesichter waren hell im Licht, alles schien heller und freudiger, und langsam ging er ohne Ziel in der milden Sonne nach Süden. Plötzlich, als er nach der anderen Seite der Straße blickte, sah er sie.

die Nachtschicht: *night-shift*

sich duschen: *to have a shower*
der Herd: *cooker*

dumpf: *heavy, muzzy*

verklebt: *gummed up, sticky*

WALTER BAUER
Die am schnellsten wachsende Stadt der Welt

Grammar

I. ADVERBS

a) *An 's' can be added to nouns referring to the time of day and to the days of the week, giving the meaning 'in the', 'every', 'on'; in the former group the noun thus used adverbially will have a small letter, but with days of the week the capital letter is retained:*

Wenn er **morgens** das Haus betrat, war es angenehm still.

In mancher Hinsicht war es nicht schlecht, **nachts** zu arbeiten.

Wenn man **nachmittags** aus dumpfem Schlaf erwachte, wußte man nicht, wie man die Zeit bis elf Uhr **abends** hinbringen sollte.

Mein fünfjähriger Sohn wacht **nachts** oft schreiend auf.

Sonntags gehen wir spazieren, aber **Montags** gehen wir in die Schule.

b) erst *is used as an adverb to mean 'only', 'not until':*

Da er von der Nachtschicht immer **erst** gegen neun Uhr morgens nach Hause kam

Wenn ich **erst** an der See bin, werde ich mich entspannen.

Erst wenn du eine Eins in Deutsch schreibst, kriegst du eine Uhr.

2. IDIOM

mit jemandem etwas/nichts anfangen *may be rendered 'to get somewhere with someone', 'to manage/contrive to do something':*

Mit dem Mädchen, das er zuletzt kennenlernte, hatte er nicht viel anfangen können.

Mit ihm kann ich gar nichts anfangen.

Mit ihm ist nichts anzufangen.

3. PRONOUNS

das Mädchen *is often referred to as* sie, *especially when* das Mädchen *is not a little girl, or when the pronoun is at some distance from the word* Mädchen; *also when a fresh speaker replies to a question:*

Mit dem Mädchen, das er zuletzt kennenlernte, hatte er nicht viel anfangen können, nach vierzehn Tagen hatte sie schon vom Heiraten gesprochen.

„Was macht das Mädchen?" „Sie macht ihre Hausaufgabe."

das Fräulein *is always treated as feminine, except at the beginning of a letter:*

Liebes Fräulein!

or when preceded by an article:

Das Fräulein, das wir gestern ausgeschimpft haben, ist entlassen worden.

4. WORD ORDER

nicht *is placed immediately before the word which it negates:*

Danach wußte er **nicht**, was er tun sollte.

In mancher Hinsicht war es **nicht** schlecht, nachts zu arbeiten.

Er brauchte das Radio aus dem Zimmer nebenan **nicht** zu hören.

where nicht *applies to the statement as a whole it comes last, except for an infinitive, a past participle, a predicative noun or adjective, or a separable prefix:*

Das ist **nicht** richtig – es ist **nicht** dein Buch, siehst du das **nicht**?

nicht *may also be placed before an adverb of manner or place:*

Er hat **nicht** fleißig gearbeitet und ist heute **nicht** in der Schule.

Fragen zum Text

1. Warum kam der Arbeiter erst um neun Uhr morgens nach Hause?
2. Was machte er, nachdem er sich geduscht hatte?
3. Welche Vorteile hatte es für ihn, nachts zu arbeiten?
4. Wie denkt er über die Nachmittage?
5. Warum war er zur Zeit allein?
6. Wohin ist er gefahren?
7. Wie war das Wetter an diesem Tag?
8. Was geschieht am Ende des Textes?

Fragen zur Diskussion

1. Würde das Leben des Nachtarbeiters anders sein, wenn er eine Familie hätte?
2. Wäre es möglich, die Nachtschicht abzuschaffen?
3. Wird in diesem Text das typische Arbeiterleben in der Großstadt beschrieben?

Write in German an expanded version of the following outline, using as far as possible the structures exemplified in the text:

About 7 a.m. – night-shift leaves factory – take the tube to Kreuzberg – quiet morning air – Heinz gets to his room – makes coffee – has a bath – goes to bed – wakes in the afternoon – still sleepy – nothing to do – goes out on to the street – heads aimlessly westwards – just passing time till evening.

Exercises

INSERT 'NICHT' IN THE CORRECT POSITION

1. Das ist gut.
2. Ich kann sehen.
3. Ich glaube ihm.
4. Du hast Geld genug.
5. Alle dicken Männer schnarchen.
6. Das Geschenk ist für mich.
7. Sie arbeitet immer fleißig.
8. Wir essen jeden Tag Fisch.

22 Militärleben um 1900

Aber er hatte Glück, denn schon nach acht Wochen erschien eines Tages die Erlösung in Gestalt eines Militärarztes, der die Rekruten an Bord der „Loreley" auf ihre Tropenfähigkeit untersuchte. Nach beendeter Musterung – auch Johann Benedikt war natürlich als brauchbar für den Dienst unter tropischen Breitengraden erkannt worden – verließ die Jacht den Hafen von Konstantinopel und steuerte durch die Straße von Gallipoli gen Süden. Ein Gerücht nach dem anderen ging unter der Mannschaft von Mund zu Mund, aber eines Morgens erblickten sie hinter einem zarten Schleier von Frühdunst die Umrisse der Küste Griechenlands. Im Piräus wartete bereits eine Flottille von Truppentransportern, die von Soldaten und Matrosen in Scharen bevölkert waren und alsbald in See stachen. Der lustige Betrieb an Bord, das aufgeregte Treiben von tausend Männern, die nicht wußten, wie ihnen geschah, erstarb in der feuchten Hitze des Suezkanals und des Roten Meeres. Langsam schoben sich die Schiffe an den flachen Rändern der Wüste und an den weißgrauen, wie von einer Pest gefleckten Häuserwürfeln von Ismailia und Aden vorbei, bis endlich der Indische Ozean dem flüssigen Blei eines träge unter der Hitze brodelnden Meeres ein wenig leichteres Blau beimischte, eine Brise aus Palmen und Vanille. Nun gab es keinen Zweifel mehr: der chinesische Krieg war es, der die Zehntausend-Tonnen-Frachter mit ihren von Soldaten besetzten Laderäumen magnetisch an sich zog. Johann Benedikt wunderte sich manchmal, daß er auf der ganzen Fahrt seine Augen meist auf den östlichen Horizont geheftet hielt, an dem eines Tages Singapore auftauchte, oder die Küste von Sumatra, während er nur selten den Blick rückwärts wandte, in jene Gegend, in der, wie er wußte, das seit hundert Jahren fast völlig friedliche Europa lag, das er hatte verlassen müssen, um an den Gestaden eines durch und durch dschungelhaften, gefährlichen und kriegerischen Erdteils ausgesetzt zu werden. An einem düsteren Februarabend des Jahres 1900 fuhren sie in die Bucht von Kiautschou ein, in der das ostasiatische Kreuzgeschwader bereits vor Anker lag, in schneeweißer Bemalung mit gelben Aufbauten geradezu finster strahlend.

die Erlösung: *salvation*
die Gestalt: *form*

die Musterung: *inspection*
der Breitengrad: *latitude*

das Gerücht: *rumour*

der Schleier: *veil*
der Umriß: *outline*

die Schar: *swarm*

in See stechen: *to put to sea*
der Betrieb: *activity, bustle*

feucht: *damp*
die Wüste: *desert*
die Pest: *plague*
der Würfel: *cube, dice*
das Blei: *lead*
brodeln: *to bubble*

der Frachter: *freighter*
der Laderaum: *hold*

heften: *to fix, fasten*

das Gestade: *shore*
dschungelhaft: *jungle-like*
düster: *dusky, dismal*
die Bucht: *bay*
das Kreuzgeschwader: *naval cruising squadron*

ALFRED ANDERSCH
Weltreise auf deutsche Art

88

Grammar

I. ARTICLES *The article is used with geographical names when these are preceded by an adjective:*
das seit hundert Jahren fast völlig friedliche Europa
das schöne Deutschland
das geteilte Berlin
der Indische Ozean

2. NOUNS a) *Most continents, countries and towns are neuter, e.g.*
Europa, Griechenland, Konstantinopel
b) *The genitive case is used for expressions of indefinite time:*
Eines Tages erschien die Erlösung in Gestalt eines Militärarztes.
Eines Morgens erblickten sie die Küste Griechenlands.

3. PREPOSITIONS a) *Of the prepositions taking accusative **or** dative,* an, in, unter, vor *and* zwischen
(*unlike* auf *and* über) *generally take the dative in figurative expressions or where
neither motion nor rest is clearly indicated:*
der östliche Horizont, **an dem** eines Tages Singapore auftauchte.
Er verließ das friedliche Europa, um **an den Gestaden** eines kriegerischen
Erdteils ausgesetzt zu werden.
Das Kreuzgeschwader lag **in schneeweißer Bemalung** vor Anker.
Der lustige Betrieb erstarb **in der feuchten Hitze** des Suezkanals.
Er war als brauchbar für den Dienst **unter tropischen Breitengraden**
erkannt worden.
Ein Gerücht ging **unter der Mannschaft** von Mund zu Mund.
Vor einem Jahr kam es zu einem tiefen Bruch **zwischen den Freunden**.
b) aus *is used to translate 'made of', 'consisting of':*
eine Brise **aus Palmen und Vanille**.
Das Haus ist **aus Stein**, aber das Gartenhäuschen ist **aus Holz**.

4. VERBS *Note that the predominant tense of this literary passage is the simple past, whereas
the perfect tense is the predominant past tense of German conversation and letter-
writing.*

5. VOCABULARY *A number of archaic expressions are used in this passage to give it a period flavour.
They include* gen (*from* gegen), alsbald (*from* also und bald) *and the rather old-
fashioned* in See stechen:
Die Jacht steuerte durch die Straße von Gallipoli **gen** Süden.
eine Flottille von Truppentransportern, die **alsbald in See stachen**.
Das aufgeregte Treiben von tausend Männern, die nicht wußten, **wie ihnen
geschah**.

Fragen zum Text

1. Worauf untersuchte der Militärarzt die Rekruten?
2. Wo hatte Johann Benedikt acht Wochen lang gewartet?
3. Wohin steuerte die Jacht zunächst?
4. Warum gab es nicht nur Matrosen sondern auch Soldaten in der Flottille?
5. Warum erstarb der lustige Betrieb im Roten Meer?
6. Womit werden die Häuser von Ismailia verglichen?
7. Welchem Krieg fuhren sie entgegen?
8. Was tauchte am östlichen Horizont auf?
9. Wie wird Ostasien im Text bezeichnet?
10. Wie sah das Kreuzgeschwader in Kiautschou aus?

Fragen zur Diskussion

1. Wie interpretieren Sie das Wort „natürlich" im zweiten Satz?
2. Welche Wörter im Text vermitteln den Eindruck von Lebhaftigkeit an Bord?
3. Woher wissen Sie schon vor dem letzten Satz, daß es sich nicht um eine Armee unserer Zeit handelt?

Translate into German

A mere three weeks later an official appeared, who examined our papers and gave permission for us to continue our journey. A doctor pronounced us fit for service in northern latitudes, and our ship left the harbour of Hakodate and steered towards the Bering Straits. One morning we glimpsed through the mist the outline of the coast of Siberia, and excitement spread rapidly among the crew. The ship pushed slowly past the grey-white edges of the Soviet mainland, until at last the chill breath of the Arctic Ocean struck our faces with unimaginable cold, and the North Pole drew us inexorably on into the unknown.

Exercise

ERGÄNZEN SIE:

1. Auf dies– Weise
2. An ein– warmen Sommertag
3. Unter dies– Bedingungen
4. Auf jed– Fall
5. Er sprach über d– Politik seines Vorgängers
6. Vor vier Jahr–
7. Über d– modern– Literatur
8. Bist du böse auf mi–?
9. Die Reihe ist an ih–
10. In d– Augenblick

23 Der Mann mit der Aktentasche

In diesem Augenblick, da ich, Friedrich Jacobs, zwei Jahre nach meiner Emeritierung dieses Buch beginne, endlich frei für Aufgaben, die zu lösen mich bisher mein Lehramt hinderte – in diesem für mich so bedeutsamen Augenblick kommt mir ein merkwürdiger Gedanke. Ich sehe mein Buch im Schaufenster einer Buchhandlung in einer Kleinstadt liegen. Es steht ziemlich weit hinten, neben anderen Büchern, auf einem kleinen Podest, unauffällig, aber deutlich sichtbar. Links von meinem Buch steht die Römische Geschichte Mommsens, rechts ein zeitgenössischer Roman, der Titel heißt: „Frühe Begegnung". Hinter meinem Buch, vorsichtig auf einer schmalen Leiste aufgebaut, liegt eine Reihe bunter Taschenbücher, wahllos, scheint es mir, zusammengestellt.

Es ist ein nebliger Oktobermorgen, gleich weit entfernt von den Sommerferien und von Weihnachten. Die Scheibe des Schaufensters ist beschlagen. Ein paar Schulkinder gehen lärmend vorbei, ein Auto hupt, irgendwo wird ein Fenster zugeschlagen. In diesem Augenblick biegt ein älterer Herr um die Ecke. Er geht langsam, beinahe bedächtig, die Aktentasche unter dem Arm, den Hut tief und gerade ins Gesicht gezogen.

Ich habe diesen Mann nie gesehen, und doch kenne ich ihn ganz genau. Er geht gedankenlos an einem Juwelierladen vorbei, biegt den Kisten aus, die vor einer Gemüsehandlung aufgeschichtet sind, Kisten mit

die Emeritierung: *retirement*

der Podest: *platform*
zeitgenössisch: *contemporary*

die Leiste: *ledge*

beschlagen: *steamed up*
hupen: *to sound the horn*
zuschlagen: *to slam*
bedächtig: *cautiously*

ausbiegen: *to avoid*
aufgeschichtet: *piled in layers*

Apfelsinen und Spinat, und bleibt jetzt vor der Buchhandlung stehen. Er überfliegt die Titel, gleichmütig, beinahe ein wenig gelangweilt. Aber nun stutzt er. Er hat mein Buch gesehen, den schmalen grauen Band mit der großen römischen Schrift in Weiß. Er schüttelt den Kopf und lächelt ein wenig verwirrt. Gleich wird er hineingehen und sich das Buch betrachten. Ich brauche ihn nicht weiter zu verfolgen, ich weiß, was er denkt.

gleichmütig: *indifferently*
stutzen: *to stop short*
schmal: *slim*

verwirrt: *disconcerted*

Tatsächlich jetzt geht er hinein. Die Ladentür öffnet sich schleifend. Ich kann ihn nicht mehr erkennen. Ich warte noch einen Augenblick, aber niemand nimmt das Buch aus dem Fenster. Vielleicht haben sie drinnen noch ein zweites Exemplar – es sollte mich wundern, denn ich bin an kleine Auflagen gewöhnt –, vielleicht will er sich auch nur vergewissern, ob das Buch im Fenster wirklich von mir ist. Es ist von mir. Ich kann ihm nicht helfen. Eine Sekunde lang tut er mir leid. Ich lege den Federhalter nieder und denke darüber nach, wie viele Menschen ich mit diesem Buch genau so enttäuschen werde wie den alten Mann mit der Aktentasche: einen Studienrat vielleicht, der gerade eine Freistunde hat und ein wenig spazierengeht, um die Homerverse, die er gleich in der Prima behandeln wird, noch einmal zu memorieren. Er kennt mich schon lange, dieser Mann mit der Aktentasche, obgleich er noch nie mit mir gesprochen, mich vielleicht noch nie gesehen hat – es sei denn bei einem Vortrag, den ich zufällig einmal in einer Stadt, an der Volkshochschule oder vor dem Gymnasialverein, gehalten habe. Ich weiß, er hat meine Wielandbiographie gelesen, die nun schon bald ein Menschenalter zurückliegt, er kennt mein Buch über den deutschen Roman im neunzehnten Jahrhundert, meine Arbeit über Wilhelm Raabe als Erzähler, vielleicht auch meine Aufsätze über den oberrheinischen Humanismus und das vielumstrittene Buch „Von Goethe zu Geibel. Untersuchungen zum Problem der literarischen Dekadenz", das mir seinerzeit, es ist schon fünfzehn Jahre her, so viele Feinde gemacht hat.

schleifen: *to slide, glide*

die Auflage: *edition*
sich vergewissern: *to assure oneself*

zufällig: *by chance*

vielumstritten: *controversial*

Was muß er denken, der alte Studienrat in der Provinzstadt, der meinen Weg so lange und getreulich verfolgt hat, wenn er plötzlich dieses Buch im Schaufenster sieht?

getreulich: *loyally*

WALTER JENS
Der Mann, der nicht alt werden wollte

Grammar

1. ADVERBS   *Equality may be indicated by* gleich, so . . . wie, ebenso . . . wie *:*
ein Oktobermorgen, **gleich** weit entfernt von den Sommerferien und von Weihnachten.
wie viele Menschen ich mit diesem Buch genau **so** enttäuschen werde **wie** den alten Mann.
Sie ist **ebenso** müde **wie** ich.
Note : genau so *may be written as one word* genauso *; the latter is the commoner usage.*

2. NOUNS   a) *Most instruments and agents ending in* -er *or* -el *are masculine:*
der Computer, der Federhalter, der Erzähler, der Hebel, der Titel
as are all words ending in -ismus *:* der Humanismus, der Tourismus.
b) *The accusative case is used in adverbial constructions translating the English 'with . . .' :*
Er geht langsam, **die Aktentasche unter dem Arm, den Hut tief ins Gesicht gezogen.**
Der Dieb lag auf der Straße, **den gestohlenen Beutel in der Hand.**

3. PREPOSITIONS   *Certain prepositions have corresponding special adverbial forms:*
Hinter meinem Buch liegt eine Reihe bunter Taschenbücher.
Es steht ziemlich weit **hinten.**
Er kennt meine Aufsätze **über** den oberrheinischen Humanismus.
Sie liegen **oben** auf dem Schrank (unten im Keller).
Er bleibt **vor** der Buchhandlung stehen.
Vorne gibt es eine Reihe Neuerscheinungen.

4. VOCABULARY   a) Er geht langsam, **beinahe** bedächtig.
Er überfliegt die Titel, gleichmütig, **beinahe** ein wenig gelangweilt.
beinahe *is more widely used in southern Germany,* fast *in the north.*
b) *Note* biegen *to bend, turn and* ausbiegen *to turn aside, avoid :*
In diesem Augenblick **biegt** ein älterer Herr um die Ecke.
Er **biegt** den Kisten **aus,** die vor einer Gemüsehandlung aufgeschichtet sind.
c) *Note the expression* es sei denn, *'unless it be', 'except that' :*
es sei denn bei einem Vortrag, den ich . . . gehalten habe.

5. WORD ORDER   *Except where inversion occurs, an adverbial element follows pronoun objects:*
Ich brauche ihn **nicht weiter** zu verfolgen.
Ich kann ihn **nicht mehr** erkennen.
but precedes noun objects:
da ich **zwei Jahre nach meiner Emeritierung** dieses Buch beginne
and prepositional pronoun objects and noun objects:
obgleich er **noch nie** mit mir gesprochen hat
Die Klasse erkundigt sich **weiterhin** nach der Lage der Jugendherberge.
Der Klassenlehrer schreibt **im Namen der Klasse** an die Stadtverwaltung.

Fragen zum Text

1. Was für einen Beruf hatte der Erzähler?
2. Wie alt ist er ungefähr?
3. Sieht er sein Buch an einem Ehrenplatz im Schaufenster?
4. Welche anderen Bücher stehen im Schaufenster?
5. Welche Geräusche hört er?
6. Welche anderen Geschäfte befinden sich in der Nähe der Buchhandlung?
7. Warum glaubt der Erzähler, daß der Mann mit der Aktentasche sein Buch nicht kauft?
8. Unter welchen Umständen hätte der Mann den Erzähler sehen können?
9. Welche anderen Schriften des Erzählers werden im Text erwähnt?
10. Wieviele verschiedene Tätigkeiten des Erzählers werden im Text erwähnt?

Fragen zur Diskussion

1. Wie versucht der Erzähler, in seiner Schilderung einen Eindruck von Wirklichkeit zu erwecken?
2. Dürfen wir annehmen, daß der Erzähler ein berühmter und erfolgreicher Schriftsteller ist?
3. Was können wir über das neue Buch erraten?
4. Wie stellen Sie sich den Erzähler vor?

Write in German an expanded version of the following outline, using as far as possible the structures exemplified in the text:

Foggy November evening – bookshop windows lit up – I notice at the back a controversial novel – leaving behind sounds of cars and children I enter – customer in front of me buys it – no second copy – I recognise him – he gave a lecture at my school – had been a university professor, now retired – I have in my briefcase his book on Hofmannsthal as a storyteller – he signs it – I glance at titles in shop – go out without buying anything.

Die Dächer sind voller Gedanken

KURZ VOR DEM REGEN

Gleich wird es regnen, nimm die Wäsche herein!
Auf der Leine die Klammern schwanken.
Ein Wolkenschatten verdunkelt den Stein.
Die Dächer sind voller Gedanken.

Sie sind gedacht in Ziegel und Schiefer,
gekalkten Kaminen und beizendem Rauch.
Mein Auge horcht den bestürzenden Worten, –
oh lautloser Spruch aus dem feurigen Strauch!

Ein Schluchzen beginnt in mir aufzusteigen.
Die wandernden Schatten ändern den Stein.
Ein Windstoß zerrt an den flatternden Hemden.
Gleich regnet es. Hol die Wäsche herein!

die Klammer: clothes peg

der Schiefer: slate
gekalkt: whitewashed
bestürzend: startling
der Strauch: bush

das Schluchzen: sob

zerren: to tug

ENDE EINES SOMMERS

Wer möchte leben ohne den Trost der Bäume!

Wie gut, daß sie am Sterben teilhaben.
Die Pfirsiche sind geerntet und die Pflaumen färben sich,
während unter dem Brückenbogen die Zeit rauscht.

Dem Vogelzug vertraue ich meine Verzweiflung an.
Er mißt seinen Teil von Ewigkeit gelassen ab.
Seine Strecken
werden sichtbar im Blattwerk als dunkler Zwang,
die Bewegung der Flügel färbt die Früchte.

Es heißt Geduld haben.
Bald wird die Vogelschrift entsiegelt,
unter der Zunge ist der Pfennig zu schmecken.

der Trost: comfort

der Brückenbogen: arch of a bridge
der Vogelzug: birds migrating
gelassen: calmly

das Blattwerk: foliage

entsiegelt: unsealed, revealed

DER MANN IN DER BLAUEN JACKE

Der Mann in der blauen Jacke,
der heimgeht, die Hacke geschultert, –
ich sehe ihn hinter dem Gartenzaun.

So gingen sie abends in Kanaan,
so gehen sie heim aus den Reisfeldern von Burma,
den Kartoffeläckern von Mecklenburg,
heim aus Weinbergen Burgunds und kalifornischen Gärten.

Wenn die Lampe hinter beschlagenen Scheiben aufscheint,
neide ich ihnen ihr Glück, das ich nicht teilen muß,
den patriarchalischen Abend
mit Herdrauch, Kinderwäsche, Bescheidenheit.

Der Mann in der blauen Jacke geht heimwärts;
seine Hacke, die er geschultert hat,
gleicht in der sinkenden Dämmerung einem Gewehr.

die Hacke: hoe
der Gartenzaun: garden fence

der Weinberg: vineyard

AUGENBLICK IM JUNI

Wenn das Fenster geöffnet ist,
Vergänglichkeit mit dem Winde hereinweht,
mit letzten Blütenblättern der roten Kastanie
und dem Walzer „Faszination"
von neunzehnhundertundvier,
wenn das Fenster geöffnet ist,
und den Blick freigibt auf Floßhafen und Stapelholz,
das immer bewegte Blattgewirk der Akazie, –
wie ein Todesurteil ist der Gedanke an dich,
Wer wird deine Brust küssen
und deine geflüsterten Worte kennen?

Wenn das Fenster geöffnet ist
und das Grauen der Erde hereinweht –

Das Kind mit zwei Köpfen,
– während der eine schläft, schreit der andere –
es schreit über die Welt hin
und erfüllt die Ohren meiner Liebe mit Entsetzen.
(Man sagt, die Mißgeburten nähmen seit Hiroshima zu.)

Wenn das Fenster geöffnet ist, gedenke ich derer,
die sich liebten im Jahre neunzehnhundertundvier
und der Menschen des Jahres dreitausend,
zahnlos, haarlos.

Wem gibst du den zerrinnenden Blick, der einst mein war?
Unser Leben, es fähret schnell dahin als flögen wir davon
und in den Abgründen wohnt verborgen das Glück.

die Kastanie: *chestnut tree*

das Stapelholz: *stacked wood*

das Grauen: *horror*

das Entsetzen: *terror*

zerrinnend: *melting*

der Abgrund: *chasm, precipice*

Fragen zum Text

KURZ VOR DEM REGEN

1. Welcher Augenblick wird in diesem Gedicht geschildert?
2. Was hatte Moses in der Bibel aus einem feurigen Busch vernommen?
3. Was soll „Hol die Wäsche herein!" bedeuten?
4. Wie erreicht der Dichter den Effekt sich steigernder Spannung?

ENDE EINES SOMMERS

1. Wieso haben die Bäume teil am Sterben?
2. Auf welche Weise mißt der Vogelzug einen Teil der Ewigkeit ab?
3. Welche Gefühle weckt der Vogelzug im Dichter?
4. Was beabsichtigt der Dichter, wenn er den altgriechischen Brauch anführt, eine Münze unter die Zunge eines Toten zu legen?

DER MANN IN DER BLAUEN JACKE

1. Wo ist der „Mann in der blauen Jacke" anzutreffen?
2. Welche Vergleiche stellt der Dichter an, und was bewirken sie?
3. Worum beneidet der Dichter jene Männer?
4. Wie wirkt der Vergleich der Hacke mit einem Gewehr?

AUGENBLICK IM JUNI

1. Welche Zeichen der Vergänglichkeit wehen durch das Fenster herein?
2. Woran können wir sehen, daß der Dichter nicht zu Hause bei seiner Geliebten ist?
3. Welche Bedeutung hat das Kind mit zwei Köpfen?
4. Wie sieht der Dichter die Zukunft?

Exercises

1. PRONOUNS. COMPLETE WITH A RELATIVE PRONOUN:

1. In dem Augenblick, – ich mein Bier in die Hand nahm, hielt der Zug plötzlich.
2. Die alten Leute, – wir helfen wollen, sind sehr arm.
3. Das Fräulein, – Vater auf mich wartete, ließ mich grüßen.
4. Die Königin veranstaltete einen Hofball zu einer Zeit, – ihr ganzes Volk hungerte.
5. Die Damen, mit – Sie sprachen, sind mit uns befreundet.
6. Die Mädchen, – Namen der Polizist nicht kannte, liefen schnell davon.

2. INFLEXIONS. COMPLETE:

1. D– hungrig– Kinder dies– freundlich– Leute essen dick– Butterbrote mit frisch– Obst.
2. Auf d– Dampfer war groß– Aufregung, weil einig– d– Matrosen böse waren.
3. D– Berg, auf d– Gipfel d– herrlich– Schloß steht, kenne ich wohl.
4. D– alt– Herr geht in ei– klein– Zigarrenhandlung und kauft mehrer– gut– Dinge.
5. D– Deutsch–, – Lieder so schön sind, lieben gut– Musik.
6. Gut– Menschen lieben das Gut– und das Schön–.
7. Unse– Lehrerin sprach mit d– Eltern ei– fleißig arbeitend– Schülerin.
8. –über freust du dich? Kennst du d– Held– dies– spannend– Geschichte?
9. Nur wenig– gut– Apfelsinen kommen aus tropisch– Länd–.
10. Die fromm– Bürger versuchten alles Möglich–, um die alt– Kirche zu retten.

3. PREPOSITIONS. THE FOLLOWING PREPOSITIONS GOVERN THE GENITIVE. MAKE UP A SENTENCE FOR EACH ONE, SHOWING THAT YOU KNOW HOW TO USE IT CORRECTLY:

1. angesichts (*in view of*)
2. anhand (*with the aid of*)
3. aufgrund (*on the basis of*)
4. einschließlich (*including*)
5. halber (*for the sake of*)
6. infolge (*as a result of*)
7. kraft (*by virtue of*)
8. laut (*according to*)
9. seitens (*on the part of*)
10. ungeachtet (*in spite of*)
11. zugunsten (*in favour of*)
12. zwecks (*for the purpose of*)

4. NOUNS. ADD THE CORRECT DEFINITE ARTICLE TO THE FOLLOWING NOUNS:

Vögelchen; Schlüssel; Prima; alte Frankreich; Porsche; Lehrer; Lektion; Ereignis; bunte Köln; Professor; Partitur; Judentum; Schlaf; geheimnisvolle Asien; Nervosität.

1. Die Regierung hat uns betrogen, und die
   Gewerkschaften müssen Widerstand leisten.

2. Die Lage war früher unmöglich, aber jetzt sieht sie
   viel günstiger aus.

3. Ich bin heute der Meinung, daß unser Einkommen
   beträchtlich wachsen wird.

4. Ich kann euch versichern, daß ihr keine bessere
   Gelegenheit finden werdet.

5. Sie hatten es 1948 vergeblich versucht, 1953 begann
   die große Reform, und heute geht alles prima.

6. Kein Arbeiter darf aus der Fabrik gehen:
   Botschaften sollen durch die Angestellten
   ausgerichtet werden.

Multiple-Choice Comprehension

1. Was verstehen Sie unter „legalem Warenerwerb"?
   a) Man bezahlt die Waren, die man erwerben will.
   b) Man läßt Sachen aus dem Warenhaus
      „mitgehen".
   c) Man läßt sich von einem Rechtsanwalt beraten.
   d) Das Warenhaus, in dem man einkauft, läßt keine
      illegalen Geschäfte zu.

2. Was kauft Peter im Warenhaus?
   a) Eine Schallplatte?
   b) Ein Taschenmesser?
   c) Eine Schallplatte und ein Taschenmesser?
   d) Nichts?

3. Wie dreht sich Peter um?
   a) Er dreht sich langsam und vorsichtig um.
   b) Er dreht sich um, als ob nichts Besonderes
      geschehen sei.
   c) Er dreht sich so schnell wie möglich um.
   d) Er dreht sich erschrocken um.

4. Was machen die Schüler im Zug?
   a) Sie schreiben ihre Namen an die Wände.
   b) Sie sehen sich die Landschaft an.
   c) Sie spielen mit Schraubenziehern und Messern.
   d) Sie stehlen Hinweisschilder.

5. Wie verstehen Sie in diesem Zusammenhang den
   Ausdruck: „Etwas wechselt den Besitzer"?
   a) Etwas wird an einen anderen verkauft.
   b) Etwas wird von jemandem gestohlen.
   c) Zwei Menschen wechseln den Sitzplatz.
   d) Etwas geht verloren.

6. Warum sind diese Beispiele keine Einzelfälle?
   a) Weil die Schüler immer zu zweit „klaufen"
      gehen.
   b) Weil Ladendiebstähle sehr oft vorkommen.
   c) Weil mehr als ein Beispiel angegeben ist.
   d) Weil Ladendiebstahl oft von jungen Menschen
      verübt wird.

7. Was haben Wissenschaftler feststellen können?
   a) Die Schüler, die „klaufen", kommen meistens
      aus armen Familien.
   b) Die Schüler, die „klaufen", kommen nicht aus
      armen Familien.
   c) Die Schüler, die „klaufen", gefallen sich in der
      Rolle des Diebes.
   d) Die Schüler „klaufen", weil sie Millionäre
      werden wollen.

8. Aus welchem Grund stehlen Schüler?
   a) Sie sind kriminell veranlagt.
   b) Sie alle wollen Biergläser sammeln.
   c) Sie wollen ihren Freunden zeigen, daß sie nicht
      feige sind.
   d) Sie werden von verschiedenen Fernsehsendungen
      negativ beeinflußt.

9. Was haben die Mädchen eines rheinischen
   Gymnasiums gemacht?
   a) Sie haben Lederjacken gestohlen.
   b) Sie haben in ihrem Gymnasium eine Modeschau
      veranstaltet.
   c) Sie haben Lederjacken gekauft.
   d) Sie haben Lederjacken verkauft.

10. Was verlangen die Besitzer der Warenhäuser?
    a) Sie wollen 750 Millionen Mark von den
       Versicherungen.
    b) Sie wollen, daß Ladendiebstahl von jedem als
       kriminelles Delikt angesehen wird.
    c) Sie wollen nichts mehr von den Problemen der
       Gesellschaft wissen.
    d) Sie wollen schwere Strafen für Jugendliche, die
       stehlen.

VII Freizeitbeschäftigungen

„Tja, Frau Müller – Sie haben Ihre Rosen, und ich habe meine Plastiken!"

25 Sieht der nicht genauso aus wie Dr Schweitzer?

Straßencafé in München

Es gibt Vergnügungen und Zerstreuungen von hohem Wert wie beispielsweise: ins Konzert gehen, die neue Faustinszenierung ansehen, im
Museum vor den Schätzen des Mittelalters verharren, wertvolle Bücher
lesen, die Schönheiten des Schwarzwaldes wandernd erschließen oder
das Meer bei Sonnenuntergang mit Wasserfarben malen. Daneben gibt
es aber auch noch welche von der weniger edlen Art: Sachertorte essen
gehen, Skat spielen, Witze erzählen, Läden anschauen, Schuhe kaufen,
über andere Leute klatschen oder sich vom Fernsehen einen Krimi
servieren lassen. Unbestreitbar in die zweite Kategorie gehört es auch,
Leute zu begucken. Da sitzt man also mit einem geeigneten Mitmenschen
– denn allein macht Leutebegucken überhaupt keinen Spaß – in der
Hotelhalle, an der Kurpromenade, im Straßencafé, an der Tanzfläche
oder an einem geeigneten Platz des Ortes, in dem sich gerade vorzugsweise die große Welt aufhält, und tauscht Beobachtungen aus. Dort ist
eine wunderschöne junge Dame, die sichtlich mit ihrem viel weniger
wunderschönen und jungen Partner Streit hat, da eine Familie, deren
Kopfbedeckungen offenbar von ein und derselben Hand gehäkelt wurden. Ein Freundinnenpaar weckt in den Betrachtern die eine alte Frage
auf, wo eigentlich kurzbeinige Frauen immer noch zu kurze lange Hosen

die Zerstreuung: *diversion*
die Inszenierung: *stage
production*
verharren: *to linger*
erschließen: *to discover*

die Sachertorte: *chocolate cake*
der Skat: *a card game*
klatschen: *to gossip*

geeignet: *suitable*

vorzugsweise: *by preference*

häkeln: *to crochet*

finden, und zwei Freunde provozieren die andere, ob sie wohl unter die gutaussehenden Männer zu rechnen sind oder ob ein himmelblaues Wildlederhemd und eine gestickte Hose affig sind. Die Dame auf der Tanzfläche hat sicher, seitdem sie dieses Kleid zum letztenmal trug, ein paar Pfund zugenommen, und der dunkle Herr, der seine Wange so zärtlich an die seiner Partnerin legt, blinzelt an ihr vorbei immer einer anderen zu. Und am Treffpunkt der großen Welt kann man nicht nur die große Welt in ihrer herrlichen Kleidung bewundern – die eigentlich genau die gleiche ist, die andere gut gekleidete Leute tragen, nur eben besser sitzend und teurer aussehend –, sondern auch jene Welt, die mal eben einen Ausflug hierher gemacht hat: Mutter im allerbesten Hosenanzug mit Brokateffekt, Vater mit Kapitänsmütze und sichtlicher Verbitterung über die Bier- und Speiseeispreise und ein grenzenlos gelangweilter und knatschiger Sprößling. Manchmal ist es gut, daß die Leute fleißig auf und ab wandern oder mehrmals vorbeitanzen – nur so hat der Begleiter beim Leutebegucken die Möglichkeit, die Inschrift auf dem sehr strammen Pullover endgültig zu entziffern, und nur dabei kann die Frage einwandfrei geklärt werden, ob die vorbeiwandelnden Hosen gepreßter Samt oder Breitschwanz sind. Auch kann man besser feststellen, ob der eigenartige Gang und die gequälten Züge seelisches Leid oder drückende Schuhe zur Ursache haben. Erst recht kann ein einwandfreies Urteil darüber, ob hier eben ein todschickes Mädchen oder ein fabelhaft aussehender Mann vorbeigegangen ist, höchstens beim zweiten Durchgang gefällt werden. Gerade hierbei gibt es schwerste Bedenken.

Außerdem muß man natürlich seiner Begleitung noch einmal den Mann zeigen, der genauso aussieht wie Herr Timm. Aber Herr Timm, der einst unser Hausmeister war und ständig Kinder vom Rasen jagte, scheint tatsächlich in etwas verjüngter Form in altrosa Kordjeans mit passendem Pullover hier wiederaufgetaucht zu sein. Und der Pennbruder, der mit dem Hute in der Hand sich die Straße entlangbettelt, erinnert auf wahrhaft umwerfende Art an Albert Schweitzer. Es ist überhaupt erstaunlich, wie viele Leute aussehen wie andere Leute. Und oft ist es ein vernichtendes Urteil, wenn man auf die Bemerkung, da oder dort ginge eine wirklich gut aussehende Persönlichkeit vorbei, nur den Hinweis bekommt: „Der (oder die) sieht aber doch genauso aus wie . . .“ Man kann sich dagegen nur wehren, indem man die nächste Attraktion mit noch schlimmeren Vergleichen bedenkt. Oft ist man sich aber auch restlos einig, und das erhöht den Genuß des Leutebeguckens sehr. Aber auch umgekehrt kann man die Gefühle des anderen treffen: Ruft man etwa angesichts einer alles andere als sympathisch wirkenden Persönlichkeit: „Guck mal da! Haargenau wie dein Karl-Heinz!“, so ist dies einer gezielten Beleidigung gleichzusetzen.

Nebenbei bemerkt trifft man nie Menschen – auch im allerdichtesten und zusammengewürfeltesten Gedränge nicht – die so aussehen wie man selbst. Und es ist einem auch gar nicht recht, wenn man erzählt bekommt, daß andere Leute jemanden getroffen haben, der so aussieht. Das wäre jawohl noch schöner!

HEILWIG VON DER MEHDEN, in BRIGITTE

provozieren: *to provoke*

gestickt: *embroidered*
affig: *silly*

blinzeln: *to peer, squint*

knatschig: *petulant*
der Sprößling: *offspring*

stramm: *tight*
einwandfrei: *incontestably*
der Samt: *velvet*
der Breitschwanz: *astrakhan*
einwandfrei: *incontestable*

der Hausmeister: *caretaker*

der Pennbruder: *tramp*

vernichtend: *crushing*

sich wehren: *to defend oneself*

umgekehrt: *conversely*

die Beleidigung: *insult*

zusammengewürfelt: *jumbled up*

Grammar

1. ADJECTIVES

a) *Adjectives of colour which are of foreign origin are described in most dictionaries and grammars as indeclinable. In practice, however, only* lila *and* rosa *are truly so;* beige *is often used in inflected form,* creme *occurs only predicatively, and with* oliv *and* orange *it is advisable to add* -farbene *and inflect normally:*

Herr Timm scheint in etwas verjüngter Form in **altrosa** Kordjeans.

Sie trägt sehr oft ein **beiges** Kleid oder einen **beigen** Anzug.

Sie trägt eine **cremefarbene** Bluse und einen **olivenfarbenen** Rock.

Der Umschlag ist **orange** und das Buch ist **creme**.

Sie hat ein **orangenes** (besser: **orangefarbenes**) Kostüm.

b) ein *is not declined in certain expressions:*

deren Kopfbedeckungen offenbar **von ein und derselben Hand** gehäkelt wurden.

Ich kaufte **ein oder zwei Dosen** Frankfurter.

Das Kind ist ihr **ein und alles.**

2. ADVERBS

sehr *can be used for 'very much', 'greatly':*

Das erhöht den Genuß des Leutebeguckens **sehr.**

Er liebt sie **sehr.**

3. NOUNS

Nouns ending in -ling, -ig, -ich *are masculine:*

der Sprößling	der Flüchtling	der Frühling
der Honig	der Käfig	der König
der Teppich	der Rettich	der Estrich

4. PRONOUNS

a) welcher *can be used as a pronoun:*

Daneben gibt es aber auch noch **welche** von der weniger edlen Art.

Ich habe die Schallplatten vergessen. Hast du **welche**?

Note that the plural of irgendein *is* irgendwelche:

Er hat **irgendwelche** Bilder gekauft.

b) *In general,* es gibt *is used to denote existence as such, without reference to a particular place:*

Es gibt Vergnügungen und Zerstreuungen von hohem Wert.

Gerade hierbei **gibt es** schwerste Bedenken.

Damals **gab es** nichts zu essen.

c) *A relative pronoun plus preposition is often used where a thing is referred to:*

An einem geeigneten Platz des Ortes, **in dem** sich die große Welt aufhält.

Der Zug, **mit dem** ich gefahren bin, hatte Verspätung.

5. VERBS

Among alternative constructions to the passive should be noted the use of bekommen *and* erhalten *with a past participle:*

Es ist einem auch gar nicht recht, wenn man **erzählt bekommt**, daß jemand so aussieht.

Er hat die Stereoanlage **geschenkt bekommen.**

Wir **bekommen** das Sommerhäuschen **geliehen.**

Ich **erhalte** das Päckchen ins Haus **geschickt.**

Fragen zum Text

1. Werden im Text mehr Beispiele von wertvollen oder von weniger „edlen" Vergnügungen gegeben?
2. Welche Plätze sind für das Leutebegucken besonders geeignet?
3. Was für Leute erwecken die Aufmerksamkeit des Erzählers?
4. Wozu ist es gut, daß dieselben Leute zwei- oder dreimal vorbeigehen?
5. In welchen Fällen wird die Bekleidung erwähnt?
6. Was kann einen eigenartigen Gang und gequälte Züge verursachen?
7. Warum macht Leutebegucken, wenn man allein ist, überhaupt keinen Spaß?
8. Wie kann man die Gefühle des anderen verletzen?

Fragen zur Diskussion

1. Woran erkennt man, daß es sich hier um einen unterhaltenden Text handelt, der nicht allzu ernst zu nehmen ist?
2. Welche Vorteile hat es, seine Mitmenschen zu beobachten, anstatt sich nur mit seinen privaten Gedanken zu beschäftigen?
3. Welche Kritik könnte man an den beiden „Leutebeguckern" üben?
4. Welche Typen würde man in Großbritannien am häufigsten bemerken?

Aufsatz
Die Bekleidung als Ausdruck der Persönlichkeit

1. Was fällt eher auf: Kleidung, Gesicht oder Figur?
2. Was fällt einem bei der Bekleidung zuerst auf: Farbe, Stoff oder Form?
3. Was halten Sie von einem himmelblauen Wildlederhemd mit einer gestickten Hose?
4. Macht es Ihnen etwas aus, wenn Ihre Kleider nicht gut sitzen und nicht teuer aussehen?
5. Würden Sie altrosa Kordjeans und einen „strammen" Pullover als modisch bezeichnen?
6. Zu welchen Gelegenheiten würde eine Dame einen Hosenanzug mit Brokateffekt tragen?
7. Was für Kleidungsstücke und Zubehör können gehäkelt werden?
8. Tragen in Großbritannien viele Männer Kapitänsmützen?

Aufsatzplan

1. Abschnitt: Heutzutage ist die Bekleidung farbiger als in früheren Jahren.
2. Abschnitt: Der Geschmack hat sich geändert.
3. Abschnitt: Kann man die verschiedenen sozialen Schichten an ihrer Kleidung erkennen?
4. Abschnitt: Kann man bedeutende Unterschiede zwischen der BRD und Großbritannien auf diesem Gebiet feststellen?

26 An Fallschirm und Angel

Freier Fall

Jeder Mensch hat heutzutage ein Hobby. Wer wirklich noch keines haben sollte, wird spätestens bei seiner Urlaubsplanung dazu ermahnt, sich eines zuzulegen. Nun ist das Hobby freilich auch eine Sache des persönlichen Temperaments. Und es gibt ausgesprochen ausgefallene Hobbys. Zum Beispiel Geologie, Fallschirmspringen oder Yogatraining.

Doch auch das ist kein Problem. Die Schweiz hat sich für 1973 den Stempel aufgedrückt: „Reserviert für Hobby-Ferien". Unter diesem Motto hat sie mit ihren neuesten Offerten auch Yogafreunden (im Yogazentrum Caslano/Tessin und in Grächen/Wallis) etwas zu bieten. Alpine Amateur-Geologen werden Gefallen finden am „1. Geologischen Wanderweg," der am Hohen Kasten bei Appenzell angelegt wurde; die

ermahnen: *to admonish*

sich zulegen: *to acquire*

ausgefallen: *extraordinary*

der Fallschirm: *parachute*

der Stempel: *stamp*

anlegen: *to set up*

105

„Einübung der verschiedenen Lagen im Freifall" gehört zum Kursprogramm der Fallschirmspringschule in Locarno im Tessin (der vollständige Ausbildungskurs mit 17 Absprüngen kostet 580 Franken).

vollständig: *complete*
der Absprung: *jump*

Man sieht: vom Bodensee bis zum Lago Maggiore ist die Schweiz in diesem Jahr auf Hobby eingestellt, wobei natürlich die „gängigeren" Freizeitbeschäftigungen im Vordergrund stehen. Es beginnt mit Angeln. Beste Auskunft darüber gibt der offizielle Schweizer Fischerkalender. Immer mehr Urlauber, die Bergsteigen wollen, sei es als Anfänger oder Fortgeschrittene, besuchen eine der 13 Schweizer Bergsteigerschulen, die vielseitige Programme zu Pauschalpreisen ausgeschrieben haben. Wer nach diesem dürftigen Winter endlich eislaufen will: sieben Kunsteisbahnen haben auch im Sommer Saison. Den Golfschläger kann man in 14 Schweizer Kur- und Ferienorten schwingen, sei es in Lugano in 290 Meter Höhe oder in Arosa, das 1800 Meter hoch liegt. Auch für Golfer gibt es Pauschalarrangements, ebenso für Pferde-Fans Ferien im Sattel, ob auf Ponys oder Springpferden, offerieren 100 Orte. Auch der Mondscheinritt steht im Programm.

eingestellt: *focused*
gängig: *in great demand*

fortgeschritten: *advanced*

dürftig: *wretched*
eislaufen: *to skate*
die Kunsteisbahn: *skating rink*
der Golfschläger: *golf-club*

Auch beim Wassersport gibt es genug Möglichkeiten. Die „Erste Schweizer Segelschule Thunersee" zum Beispiel, bereits 40 Jahre alt, veranstaltet Wochenkurse von 180 Franken an. Sieben Kurorte haben Wasserskischulen, 43 Orte geheizte öffentliche Freischwimmbäder, in sieben Kurorten gibt es Thermalschwimmbäder und in Bad Vals ein Wellenbad. In 35 Orten kann man bei schlechtem Wetter zumindest ins Hallenbad.

veranstalten: *to organise*
das Freischwimmbad: *open-air swimming pool*

Sommer-Skifahren ist ein Schweizer Ferienhobby, das immer mehr Anhänger findet. Elf Schweizer Wintersportorte bieten im Sommer spezielle Ski-Arrangements an. Pontresina, St. Moritz Engelberg, Les Diablerets, Crans/Montana, Saas Fee, Zermatt – überall gibt es Skipässe, Skilehrer, Skilifte und eine Menge Skifahrer.

der Anhänger: *supporter*

Etwa 130 Schweizer Hotels besitzen eigene Tennisplätze; auch für diesen Sport gibt es neuerdings Pauschalarrangements, die von Lank im Berner Oberland angeboten werden (eine Woche Tennisunterricht mit Vollpension von 334 Franken an). Sprachlernen kann auch ein Hobby sein – auf alle Fälle gibt es dazu Ferienkurse. Ein eher die Muskeln forderndes Hobby ist das Wandern, für das markierte Routen das ganze Land durchkreuzen. Eine Broschüre dient als theoretischer Wegweiser.

der Wegweiser: *guide*

FRANKFURTER ALLGEMEINE ZEITUNG

Wandern zu Pferd in der Schweiz

Grammar

1. ADVERBS

a) *There are many useful adverbial superlatives in* -ens*:*
Wer wirklich noch keines haben sollte, wird **spätestens** bei seiner Urlaubsplanung dazu ermahnt, sich eines zuzulegen.
Similarly:
erstens, letztens, frühestens, höchstens, meistens, wenigstens, strengstens, nächstens, bestens, mindestens.
Note also zumindest*:*
In 35 Orten kann man bei schlechtem Wetter **zumindest** ins Hallenbad.

b) *Some past participles may be used as adverbs of degree:*
Und es gibt **ausgesprochen** ausgefallene Hobbys.
Er ist **unerhört** dumm.
Es ist **unbedingt** notwendig.

c) bereits *is normally a synonym of* schon *meaning 'already'; the example in our text, however, may reflect its Swiss and South German dialect meaning of 'almost', as in* bereits neu, *'practically new':*
Die „Erste Schweizer Segelschule Thunersee" zum Beispiel, **bereits 40 Jahre alt**, veranstaltet Wochenkurse von 180 Franken an.

2. VERBS

sei es *for 'be it' or 'whether' is an elegant alternative to* ob*:*
sei es in Lugano in 290 Meter Höhe oder in Arosa, das 1800 Meter hoch liegt.
Viele Deutsche verbringen ihren Urlaub in den Bergen, **sei es** in den deutschen, den österreichischen oder Schweizer Alpen.
für Pferde-Fans Ferien im Sattel, **ob** auf Ponys oder Springpferden.
Immer mehr Urlauber, die Bergsteigen wollen, **sei es** als Anfänger oder Fortgeschrittene, besuchen eine Bergsteigerschule.

3. VOCABULARY

Gehören *with the dative denotes possession;* angehören *is to be a unit in a group;* gehören *with* zu *likewise means to be a part of, but as an integral part of the whole:*
„Einübung der verschiedenen Lagen im Freifall" **gehört zum Kursprogramm.**
Dieser Schlauch **gehört zum Staubsauger.**
Das Haus **gehört meiner Frau.**
Wem gehören diese Handschuhe?
Sie **gehörten keiner Partei an.**
Die Postkutsche **gehört der Vergangenheit an.**

4. WORD ORDER

genug *whether employed as an adjective or as an adverb used almost invariably to follow the word it qualified; in modern German it may equally well come before or after:*
Auch beim Wassersport gibt es **genug Möglichkeiten.**
Es ist **genug Wein (Wein genug)** im Keller.
Ihre Dankbarkeit ist **Lohn genug** für mich.
Haben Sie **genug Brot** gekauft?

Fragen zum Text

1. Was treiben die meisten Menschen heutzutage in ihrer Freizeit?
2. Welche Beispiele von ungewöhnlichen Hobbys fallen Ihnen ein?
3. Was kennzeichnete das Ferienangebot der Schweiz im Jahre 1973?
4. Welches sind die beliebtesten Hobby-Ferien?
5. Was ist ein Pauschalpreis?
6. Welche Wassersportarten werden im Text erwähnt?
7. Was braucht man in einem Sommerskiferienort?
8. Welche Eigenschaft haben die erwähnten Ferien gemeinsam?

Fragen zur Diskussion

1. Welche Unterschiede zwischen dem Schweizer Tourismus und dem britischen können Sie feststellen?
2. Welche Vorteile hat die Schweiz als Ferienland?
3. Welche Nachteile haben die meisten Freizeitbeschäftigungen?
4. Wie möchten Sie am liebsten Ihren Urlaub verbringen?

Translate into German

Anyone who hasn't yet acquired a colour television should get himself one immediately. The BBC is going to offer a series in colour on holiday resorts all over Europe, which will help us enormously in planning our holiday for next year. It will give information about package tours, including holidays for such widely differing pursuits as parachute jumping, water skiing and mountaineering. We shall be able to choose between different resorts offering similar facilities after seeing them in colour. The open air swimming pools look quite different in colour, whereas black-and-white makes them look all alike, and one will be able to see whether the snow is clean or dirty.

27 Zum zweitenmal Abschied

Bobby Charlton mit Matt Busby

Vor 16 Jahren machte in England eine Fußballmannschaft Furore, deren Spieler man nach ihrem Trainer und wegen ihrer Jugend die „Busby-Babes" nannte. Der Klub hieß Manchester United und gewann 1957 die englische Meisterschaft. 1958 wollte man nach der wertvollsten Trophäe greifen, die der europäische Fußball zu vergeben hat, dem Europapokal der Landesmeister. Eine Flugzeugkatastrophe in München-Riem machte diesen Traum jäh zunichte. Fast alle Spieler der hoffnungsvollen Mannschaft kamen ums Leben. Matt Busby, der Trainer und Manager, rang monatelang mit dem Tode. Ein Spieler, jedoch, den er als das größte Talent des englischen Fußballs bezeichnet hatte, blieb wie durch ein Wunder unverletzt: Robert (Bobby) Charlton.

Mit Ende der laufenden Saison will sich Bobby Charlton nun vom aktiven Sport zurückziehen. Die Prophezeiung seines ersten Trainers hat er längst bestätigt: er galt jahrelang als einer der besten Fußballspieler der Welt. Am vergangenen Samstag spielte der inzwischen 35jährige beim 2:2 in Stoke zum 600. Mal für Manchester United. Im Anschluß daran erklärte er „Mein Entschluß, mit dem Fußball aufzuhören, ist

die Meisterschaft: *championship*

der Europapokal: *European Cup*

ringen: *to struggle*

laufend: *current*

gelten: *to be considered*

im Anschluß daran: *afterwards*

endgültig, denn wir befinden uns nicht mehr in Abstiegsgefahr. Wäre Manchester abgestiegen, hätte ich noch ein Jahr in der zweiten Division weitergespielt."

Schon einmal wollte sich der Mann mit dem schütteren Haar von der Bühne des Sports zurückziehen. 1971 kamen über 60 000 Zuschauer zum Old Trafford nach Manchester, um ihn in einem Abschiedsspiel gegen Celtic Glasgow (0:0) zu sehen, aber als die United gegen den Abstieg kämpfen mußte, sprang er sofort wieder ein. Manchester ist gerettet, Bobby Charlton kann drei Jahre nach seinem 100. Länderspiel (21. April 1970 in London) die Fußballschuhe endlich an den Nagel hängen. Als Trainer wird er dem Fußball-Sport treu bleiben.

Bobby Charlton ist auf der Insel in seiner Popularität nur mit Stan Matthews zu vergleichen. Er hat in seiner Laufbahn die höchsten sportlichen Ziele erreicht. Mit Manchester United wurde er viermal englischer Meister, einmal (1963) Pokalsieger und – als Krönung der Arbeit von Matt Busby – 1968 Europapokalsieger im Wettbewerb der Landesmeister. Höhepunkt der einzigartigen Karriere war aber 1966 der Gewinn der Weltmeisterschaft durch einen 4:2-Endspielsieg über Deutschland. Unvergessen das faire Duell, das er sich mit dem jungen Franz Beckenbauer lieferte.

„Bobby Charlton, der Gentleman am Ball," so feierte ihn die internationale Presse nach dem denkwürdigen Finale und wählte ihn in England und Europa zum Fußballspieler des Jahres. In der Rangliste der englischen Nationalspieler steht Charlton an erster Stelle. In 106 Länderspielen schoß er 49 Tore und stellte damit einen Rekord auf, der in England so bald nicht zu überbieten sein dürfte.

FRANKFURTER ALLGEMEINE ZEITUNG

der Abstieg: *relegation*

schütter: *sparse*

das Länderspiel: *international*

der Pokalsieger: *cupwinner*
der Wettbewerb: *competition*

die Rangliste: *ranking*

Grammar

<table>
<tr><td>1. ADJECTIVES</td><td>To the adjectives taking the dative mentioned in Unit 16 may be added treu:
Als Trainer wird er dem Fußball-Sport treu bleiben.
Der Diener war ihm treu ergeben.</td></tr>
<tr><td>2. ADVERBS</td><td>lang added to plural nouns denotes 'for . . . on end':
Matt Busby rang monatelang mit dem Tode.
Es hat jahrelang gedauert, bis der Betrug entdeckt wurde.
Die Katze zögerte sekundenlang.</td></tr>
<tr><td>3. ARTICLES</td><td>The article is omitted in a number of set phrases:
Mit Ende der laufenden Saison will sich Bobby Charlton zurückziehen.
In der Rangliste der englischen Nationalspieler steht Charlton an erster Stelle.
Zu Anfang des Jahrhunderts
Zu Beginn der Sendung
Nach Verlauf von fünf Tagen</td></tr>
<tr><td>4. IDIOMS</td><td>a) ums Leben kommen means 'to lose one's life' (cf. ums Leben bringen, 'to kill someone'):
Fast alle Spieler der hoffnungsvollen Mannschaft kamen ums Leben.
b) mit dem Tode ringen is 'to be at death's door':
Matt Busby, der Trainer und Manager, rang monatelang mit dem Tode.</td></tr>
<tr><td>5. PREPOSITIONS</td><td>wegen usually precedes, but may follow, the word that it governs. It forms compounds in the same way as -halber and -willen, e.g. meinetwegen, 'for all I care':
deren Spieler man nach ihrem Trainer und wegen ihrer Jugend die „Busby-Babes" nannte.
der Kürze wegen
von Amts wegen</td></tr>
<tr><td>6. VERBS</td><td>Note the simple past where English would require a pluperfect:
Schon einmal wollte sich Charlton von der Bühne des Sports zurückziehen.</td></tr>
<tr><td>7. VOCABULARY</td><td>Note the several meanings of vergeben; 'to forgive', 'to bestow' and 'to misdeal at cards':
Die wertvollste Trophäe, die der europäische Fußball zu vergeben hat.
Das kann ich meinem Lehrer nicht vergeben, daß er meinen Aufsatz zerrissen hat.
Sie hatte die Karten vergeben, und wir mußten wieder anfangen.</td></tr>
<tr><td>8. WORD ORDER</td><td>Note the order of so bald nicht, where English would expect 'not so soon':
Ein Rekord, der in England so bald nicht zu überbieten sein dürfte.</td></tr>
</table>

Fragen zum Text

1. Warum nannte man eine Mannschaft die „Busby Babes"?
2. Welche Katastrophe machte ihre Hoffnungen, den Europapokal zu gewinnen, zunichte?
3. Wer hat den Unfall überlebt?
4. Wie ist Bobby Charlton bezeichnet worden?
5. Wie oft spielte er für Manchester United und wie oft für England?
6. Warum zog er seinen Entschluß zurück, mit dem Fußball aufzuhören?
7. Wie endete das Weltmeisterschaftsendspiel 1966?
8. Welche sportlichen Ziele hat Charlton erreicht?
9. Wie feierte ihn die internationale Presse?
10. Welchen Rekord hat er aufgestellt?

Fragen zur Diskussion

1. Ist es hauptsächlich die Katastrophe von 1958, die zum Ruf Manchester Uniteds beigetragen hat?
2. Warum ist Charlton so populär?
3. Was zieht mehr Zuschauer an, ein Länderspiel oder ein Pokalendspiel?
4. Welchen Einfluß hat das Fernsehen auf den Fußball ausgeübt?

Aufsatz: Sport Heute

1. Ist die Zuschauerzahl bei Sportveranstaltungen größer als vor fünfzig Jahren?
2. Spielen mehr Leute Fußball als jedes andere Spiel?
3. Wer sind die berühmtesten Fußballspieler heute?
4. Wer ist heute englischer Meister? Und wie heißt der deutsche Meister?
5. Welche anderen Sportarten sind bei Millionen von Leuten beliebt?
6. Was ist in Australien, der Sowjetunion, den USA Nationalsport?
7. Wer gewinnt die meisten Medaillen bei den Olympischen Spielen?
8. Ist Nationalgefühl schädlich für echten Sport?
9. Was verstehen Sie unter dem Motto „Trimm Dich!"?
10. Existiert Sport mehr für den Zuschauer als für den Teilnehmer?

Aufsatzplan

1. Abschnitt: Die Rolle des Fußballs im Leben des Durchschnittsbürgers.
2. Abschnitt: Sport überall in der Welt.
3. Abschnitt: Die Olympischen Spiele.
4. Abschnitt: Warum wir alle vielleicht ein bißchen Sport treiben sollten.

Der Held

Jedem sein eigenes Schirmchen

Der normale Hund gebärdet sich fast verrückt vor Freude, wenn er, kraft seiner Intelligenz, an gewissen Vorbereitungen erkennt, daß spazierengegangen werden soll: Er springt durchs Haus, windet sich vor Wonne, sucht nach seiner Leine und erfüllt die Atmosphäre mit entnervendem Gebell, das einen daran hindert, intensiv zu überlegen, wo denn Portemonnaie und Wildlederhandschuhe zu suchen sind.

    Leider stehen die normalen Hunde auf diesem Gebiet, eben dem des Spazierengehens, ziemlich einzig da. Der normale Mensch hingegen kann zumeist seine Begeisterung für die gesunde und schöne Betätigung des Spazierengehens in Grenzen halten. Die meisten Kinder hassen es

sich gebärden: *to behave*

sich winden: *to writhe*
die Leine: *lead*
das Gebell: *barking*

die Betätigung: *activity*

geradezu, da es wirklich nur ein Minimum an Unterhaltung verspricht, sobald sie aus dem Kinderwagenalter heraus sind und vorübergleitende Bäume, Häuser und Hunde sie nicht mehr zu fesseln vermögen. Ich erinnere mich mit Schaudern an Promenaden mit meinem sonst sehr geliebten Großvater, der auch noch die Angewohnheit hatte, unterwegs vor Buchläden stehenzubleiben oder Bekannte zu treffen, mit denen er längere Zeit, gleichfalls im Stehen, zu diskutieren pflegte. Er mochte es auch gar nicht gern, wenn schließlich meine Schwester und ich um ihn und seine Bekannten herum Fangen spielten, und den Spielplatz mit Rutsche, den wir als Ziel gern angestrebt hätten, verabscheute er zutiefst. Auch heute noch müssen Kinder, die einesteils zu groß und andernteils zu klein sind, um die Freuden eines schönen Spazierganges (ohne ein irgendwie lohnendes Ziel) zu genießen, neben ihren Eltern oder Verwandten einhertraben – besonders am Sonntagvormittag. Aber das ist gar nichts gegen die Leiden all der jungen Stadtmütter, die Tag für Tag wegen der notwendigen frischen Luft mit ihren Kleinen im Schneckentempo durch irgendeine ein bißchen grüne Straße oder in einem Park wandeln. Die Stunde, die man sich gesetzt hat, geht und geht nicht um, das liebe Kind hat eine Vorliebe für alles, was unappetitlich aussieht, und die wechselnden Möglichkeiten von hinaus und hinein in die Sportkarre, selbst schieben oder ziehen, Teddy solo im Wagen, unter der Decke auf dem Schoß oder auf die Straße werfen sind nahezu unerschöpflich.

Später denkt man an die eigene Gesundheit, etwa indem man am Sonntagabend, nachdem man den ganzen Sonntag in der Wohnung zugebracht hat, beschließt: Am nächsten Wochenende machen wir aber einen großen Spaziergang! Viele Leute haben eine echte Begeisterung für große Spaziergänge, die nicht gleich, sondern erst in einer Woche stattfinden sollen. Manchmal finden sie auch statt, vor allem, wenn man sie nicht gleich vom Sonnabend auf den letzten Termin am Sonntagnachmittag verschiebt, und dann geschieht es jedesmal, daß man von ganzem Herzen beschließt, dies in Zukunft öfter zu tun. Es ließe sich natürlich auch noch einiges verbessern: Man wird das nächstemal einen noch größeren Bogen machen, andere Schuhe anziehen, die und die netten Leute mitnehmen und vielleicht noch irgendetwas arrangieren, damit man auf dem Rückweg des großen Spazierganges ein lohnendes Ziel in Gestalt eines gedeckten Kaffeetisches oder eines Lokals ansteuern kann. Finden Sie es nicht auch ungerecht, daß nach großen Marschleistungen die Männer, zufrieden mit sich, alle viere von sich strecken, während die Frauen zur Verpflegung der Wanderer in die Küche eilen müssen?

Für Leute, die solche Spaziergänge über längere Strecken durch Wald und Feld lieben, sind natürlich jene anderen Unternehmungen, in deren Verlauf man sonntags morgens, fein angetan mit gleichfalls auf Hochglanz gebrachten Kindern, im Kurpark oder auf der Promenade lustwandelt, ein echter Greuel. Aber auch hier gibt es überzeugte Genießer, wie das feiertägliche Gewimmel an neuen Hüten und Kostümen, Kinderwagen und Hunden, Jungen mit Mützen und Mädchen mit Haarschleifen beweist. Sehr oft begegnet man auch hier leicht gelangweilten Vätern mit kleinen Kindern. Man kann sich richtig vorstellen, wie die

fesseln: *to captivate*
der Schauder: *shudder*
die Angewohnheit: *habit*

das Fangen: *game of catch*
die Rutsche: *slide*
verabscheuen: *to abhor*

einhertraben: *to trot along*

das Schneckentempo: *snail's pace*

die Sportkarre: *push-chair*

der Schoß: *lap*

verschieben: *to postpone*

ansteuern: *to make for*

angetan: *attired*

der Greuel: *abomination*
das Gewimmel: *throng*
die Haarschleife: *hair-ribbon*

Mutter daheim die Ablösung auskostet und unter dem Vorwand, inzwischen das Sonntagsessen zu kochen, zunächst einmal ein wenig die wundervolle und ungewohnte Ruhe genießt. Zu den großen, aber seltenen Freuden älterer Eltern gehört es übrigens, auf der Sonntagspromenade, wo man natürlich immer Bekannte trifft, von erwachsenen Kindern begleitet zu werden. Erstens können dann andere Leute ruhig mal merken, was für einen guten Sohn (oder eine gute Tochter) man hat, und zweitens kann es auch nichts schaden, wenn sie sehen, wie er (oder sie) sich herausgemacht hat. Nicht ganz so gut, aber auch sehr eindrucksvoll sind übrigens wohlgeratene Enkelkinder, sofern die nicht die geruhsame Kurpromenade für die Großeltern zu einem Auftritt als Raubtierdompteure umfunktionieren. Zahlreich bleiben dennoch jene Spaziergänge, die nicht stattfinden, und es trägt nicht immer das Wetter daran die Schuld: Manchmal kommt eben etwas dazwischen – und sei es auch nur, daß man bei den gleichfalls fest entschlossenen Freunden beim Abholen hängenbleibt, obwohl man doch nur schnell einen Schluck zur Stärkung einnehmen wollte. Aber am nächsten Wochenende dann ganz bestimmt!

HEILWIG VON DER MEHDEN, in BRIGITTE

die Ablösung: *relief*
auskosten: *to savour*

schaden: *to do harm*

die Enkelkinder: *grandchildren*
geruhsam: *leisurely*
der Raubtierdompteur: *lion-tamer*

Grammar

1. ADJECTIVES
The rare uninflected form of all *occurs in this text :*
Die Leiden **all der jungen Stadtmütter**, die . . . in einem Park wandeln.

2. ADVERBS
a) *Note the absolute superlative forms* zumeist *and* zutiefst, *resembling the more familiar* zuerst *and* zunächst *:*
Der normale Mensch kann **zumeist** seine Begeisterung in Grenzen halten.
Den Spielplatz mit Rutsche verabscheute er **zutiefst**.

b) *Note the expressions* auf allen vieren, alle viere von sich strecken *:*
daß die Männer, zufrieden mit sich, **alle viere von sich strecken**.
Er kam **auf allen vieren** angekrochen.
Er hatte **alle viere von sich gestreckt**.

3. PREPOSITIONS
um *is often strengthened by* rings *or* herum *:*
Meine Schwester und ich spielten Fangen **um** ihn und seine Bekannten **herum**.
Das Flugzeug kreist **um** die Stadt **herum**.
Die Kinder spielten **rings um** das Haus.

4. PRONOUNS
a) was für *does not affect the case of the following noun; where the indefinite article follows, it takes the case it would have were* was für *not there; where there is an adjective with no indefinite article it takes the strong declension. After a preposition* was für *is invariable, e.g.* mit was für einer Tasche *:*
In **was für** einem Geschäft hast du das gekauft?
Was für albernen Blödsinn treibst du jetzt?
Andere Leute können dann ruhig mal sehen, **was für** einen guten Sohn man hat.

b) *Note the expression* die und die netten Leute (*cf. English 'such and such'*).

5. VERBS
The prime meaning of mögen *is 'to like' and* soll *means 'is to' :*
Er **mochte** es auch gar nicht gern, wenn wir Fangen spielten.
Er **mag** Lise gern.
Ich **mag** es nicht.
Wenn er erkennt, daß spazierengegangen werden **soll**, wird er verrückt.
Viele Leute haben eine echte Begeisterung für große Spaziergänge, die nicht gleich, sondern erst in einer Woche stattfinden **sollen**.

6. WORD ORDER
For the order of adverbs and adverbial phrases, time, reason, manner, place, remains a useful guide :
Wir sind gestern wegen des Regens schnell nach Hause zurückgekommen.
Mütter, die Tag für Tag wegen der notwendigen frischen Luft mit ihren Kleinen im Schneckentempo durch irgendeine ein bißchen grüne Straße oder in einem Park wandeln.
but it may not apply to adverbial phrases with a close link with the verb :
Franz Beckenbauer hat in Mexiko gut gespielt.

Fragen zum Text

1. Wie gebärdet sich ein Hund, wenn er erkennt, daß spazierengegangen werden soll?
2. Warum hassen die meisten Kinder das Spazierengehen?
3. Welche großelterlichen Gewohnheiten verderben einem Kind den Spaziergang?
4. Woran leiden die jungen Stadtmütter, die ihre Kleinen in den Park führen müssen?
5. Aus welchen Motiven schlagen Erwachsene einen langen Spaziergang vor?
6. Was für ein lohnendes Ziel könnte man auf dem Rückweg ansteuern?
7. Wie sieht der Sonntagvormittagsspaziergang im Kurpark oder auf der Promenade aus?
8. Was genießen ältere Eltern insbesondere?
9. Wenn nicht am Wetter, woran denn liegt es, daß jene geplanten Spaziergänge dann doch nicht stattfinden?

Fragen zur Diskussion

1. Welche anderen Wochenendbeschäftigungen außer Spazierengehen werden häufig bevorzugt?
2. Warum ist es heutzutage wichtiger als vor fünfzig Jahren, daß man sich von Zeit zu Zeit zu einem Spaziergang entschließt?
3. Wie stellen Sie sich einen besonders schönen Spaziergang vor?

Translate into German

Heidi was getting mildly bored. As she lay in her pram and watched trees, houses and street lamps gliding by, she became aware that her mother had stopped and was talking to an elderly gentleman. Heidi pulled Teddy from under the blanket and threw him on to the street. Mummy didn't stop talking, and Teddy landed on Heidi's lap. The pram moved on again, and soon they were approaching the park, where two dogs played 'catch' around the pram and Mummy lifted Heidi up to show her some bigger children who were playing on a slide. There was a throng of people in the park, all enjoying the fresh air, and when Mummy laid Heidi down again she fell fast asleep and didn't wake up until they reached home.

VIII Tourismus

29 In Bayern Reisen

Holzgeschnitzt

Bayern ist eigentlich sehr schön, muß man sagen. Es ist blitzblank, wie man so sagt. Es ist unendlich sauber, aufgeräumt und gastfreundlich. Es wirkt alles so neu wie aus dem Ei gepellt. Das Gras in Bayern ist noch richtig grasgrün. Die Wiesen sehen wie Kunststoffwiesen aus, so perfekt. Es liegen braune Kühe darauf, glücklich kauend, wie wir Städter sie nur von den Verpackungen der Schokoladentafeln kennen. Und wenn es nicht regnet, ist der Himmel gleich blitzblank, wie man es als Urlauber eben erwarten darf von der Schokoladenseite des Lebens. Die Häuser mit ihren breit hingestreckten Dächern, ihren kunstvoll geschnitzten Holzfassaden, ihren fromm bemalten Hauswänden sehen haargenau aus, wie man es kennt und erwartet. Überall grüßt ein Brunnen, ein Kapellchen, ein Kruzifix, ein strahlender Gipfel. Was will der Mensch mehr im Urlaub als das perfekte Idyll?

Das Idyll hat Schönheitsfehler. Das ist einzuräumen. Wie überall in Deutschland leidet es unter Wachstumskrisen. Die bayerischen Glanzpunkte platzen aus allen Nähten. Es ist ein etwas zwiespältiges Vergnügen, in der Hauptsaison durch Bayern mit dem Auto zu fahren. Einerseits, wie gesagt, diese frische, knusprige, leckere Schokoladen-

blitzblank: *sparkling*
aufgeräumt: *tidy*
gastfreundlich: *hospitable*
wie aus dem Ei gepellt: *spick and span*

geschnitzt; *carved*
fromm: *pious*

einräumen: *to concede*
platzen: *to burst*
die Naht: *seam*
zwiespältig: *dubious*

knusprig: *crisp*

landschaft, die man durch das Fenster sieht, andererseits die Leiden des motorisierten Tourismus: verstopfte Straßen, überfüllte Parkplätze, Verkehrsampel im grünen Idyll. Die Einfahrt in Berchtesgaden wurde mir ungewollt gleich wieder zur Ausfahrt. Der Autostrom schob einen sanft, aber unerbittlich durch den Ort und dann wieder hinaus: kein Parkloch zu finden. Grotesker Höhepunkt dieser Schönheitsfehler: der Königsee, die Perle am Watzmann, wie man sagt. Es grüßten tatsächlich die Berge, die Almen, die Gipfel, nur von den Wiesen war wenig zu sehen. Die Bauern hatten sie überall zu Parkplätzen umfunktioniert. Zehntausende von Wagen standen da eng gedrängt wie Vieh auf der Weide. Sie strahlten, sie blinkten, sie wirkten auch glücklich wie Kühe, obwohl sie manchmal im weichen Weideland steckenblieben.

Man wird mich doch nicht für einen Spottvogel halten, einen etwas frivolen Lästerer, wenn ich sage: Oberammergau ist für den Fremden schon sehenswert. Es ist ein starker Kontrast zu Frankfurt. Und Kontraste suchen wir doch, reisend. Ich sah auf der Straße nicht den Christusdarsteller, auch nicht die bärtigen Jünger. Der Bart ist ab am Ort. Erst 1980 wird wieder gespielt. Die Stadt der Passionsspiele ist genau, wie man erwartet: würdig und emsig. Sie ist bienenemsig im Fremdengeschäft. Die Welt – holzgeschnitzt. Man kann nicht nur die Leiden Christi, sondern auch Schlachtszenen aus den Napoleonischen Kriegen mitnehmen aus Oberammergau, holzgeschnitzt. Man kann sich sogar selber in Holz porträtieren lassen. Ich sah eine Amerikanerin, nicht mehr ganz jungen Alters, die sich modellieren ließ. Ich dachte: In Denver oder Oklahoma City wird sie diese Statue noch ihren Enkeln empfehlen. Irgendwie sieht man ja holzgeschnitzt immer etwas edler und vergeistigter aus: Souvenir aus Oberammergau.

Was weiter? Ich meine, der Chiemsee ist rühmenswert. Als ich die Touristenmassen an der Anlegestelle von Herrenchiemsee dichtgedrängt stehen und warten sah, genügte mir ein Blick. Danke, nein, dachte ich, vielleicht später einmal. Man darf auch ein Prunkstück einmal überschlagen! Fahr lieber weiter zur Fraueninsel, ja? Es hat sich gelohnt. Es waren die schönsten Stunden der Reise. Natürlich steigen auch hier Touristen ans Land, aber es sind weniger. Sie verteilen sich schnell auf die Gartenwirtschaften. Es wird wunderbar still, wenn man nur hundert Meter hineingeht in die Insel. Bauernhäuser, Fischerhäuser, die man wohl verträumt nennen sollte? Sie dämmern vor sich hin. Utopie aller Inselliebhaber: Ruhe, Frieden, Abgeschiedenheit, kein Streit der Welt, kein Autoverkehr. Niedrige und eingesunkene Häuser, an denen sich Blumen hochranken. Blühende Gärten, in denen Touristen sitzen, mit nichts als Kaffee und Kuchen befaßt. Wäsche im Wind, Boote, ans Land gezogen, einige Männer, die angeln, also richtige Ferienentspannung. Und natürlich: Das uralte Münster mit seinen romanischen Fresken ist zu besichtigen. Geschichte schlägt einem kühl ins Gesicht, wenn man durch das berühmte, eisenbeschlagene Portal ins Innere tritt. Schließlich, selbst Garmisch ist buchenswert, finde ich nach der Reise. Man sollte es kennen, sehen, vor allem des Nachts im festlichen Licht. Als ich dort einfuhr zum erstenmal, wußte ich nicht, daß Garmisch-Partenkirchen

verstopft: *congested*
die Verkehrsampel: *traffic light*

die Alm: *Alpine pasture*

die Weide: *pasture*

der Lästerer: *blasphemer*

der Jünger: *disciple*

emsig: *busy*

die Anlegestelle: *landing stage*

das Prunkstück: *showpiece*
überschlagen: *to omit, skip*

die Abgeschiedenheit: *seclusion*

hochranken: *to climb up*

eisenbeschlagen: *iron-covered*

Garmisch-Partenkirchen

zwei sehr verschiedene Orte sind. Als Tourist sollte man sie unterscheiden. Partenkirchen ist jung, neu, modern. In seiner rechtwinkligen
Straßenstruktur erinnert es fast an Amerika, von Block zu Block. Unser
Ferienidyll, unsere Bayern-Postkarte ist in Garmisch bewahrt, weniger
rustikal, weniger deftig als anderswo. Garmisch ist Badeort, also elegant.

    Also noch einmal die Frage: Sind alle Irrtümer und Vorurteile aus-
geräumt? Wirst du nun auch öfters nach Bayern reisen? Ich sage: Ja
schon, ja sicher, vielleicht. Ich habe viel zugelernt. Ein winziger Rest
allerdings bleibt, trotz allem. Darf ich ihn sagen? Es ist vielleicht etwas
zu schön, zu puppenhaft-perfekt, unser Bayernland? Ich frage ja nur.
Ob man nun aus Gelsenkirchen oder Texas kommt – man wird nie
enttäuscht, immer nur bestätigt: Es ist haargenau wie vermutet, nicht
wahr?

    Das bringt auch eine Art Frustration mit sich. Es bleibt kein Rest des
Erstaunens, Entdeckens, Suchens. Bayern ist vollkommen identisch mit
unserem Erwartungsbild. Es fällt dem Urlauber fast mühelos in den
Ferienschoß. Man geht immer an den Almen, an Kruzifixen und Bier-
wirtschaften vorbei und sagt: Bitte, ist es nicht exakt, wie wir es hofften?
Dieses Land trügt nicht. Es ist grundsolide. Es erfüllt alle Erwartungen
komplett.

          HORST KRÜGER, in FRANKFURTER ALLGEMEINE ZEITUNG

rechtwinklig: *rectangular*

trügen: *to deceive*

122

Grammar

I. ADVERBS	*Some useful expressions of time:* des Nachts eines Nachts um ein Uhr nachts es ist Punkt neun Uhr er kommt gegen Mitternacht

2. PRONOUNS

a) *When a pronoun refers back to the subject of the sentence, it must be a reflexive pronoun in German, even after a preposition:*

Bauernhäuser, Fischerhäuser . . . Sie dämmern vor **sich** hin.

Sie hat keinen Schlüssel bei **sich**.

Er legte das Buch vor **sich** hin.

b) *In comparative clauses introduced by* wie, *the third person personal pronoun is added:*

In Norwegen gibt es Forellen, wie ich **sie** in Deutschland nie gesehen habe.

Es liegen braune Kühe darauf, glücklich kauend, wie wir Städter **sie** nur von den Verpackungen der Schokoladentafeln kennen.

c) *In comparative clauses introduced by 'as (good) as',* ein *or* kein *with the same function is inserted:*

Er war ein so guter Mensch, wie ich noch **keinen** kennengelernt hatte.

Sie hat einen so schönen Kuchen gebacken, wie ich noch nie **einen** gesehen habe.

3. VERBS

Es ist *is used:*

a) *To denote temporary presence in a large area:*

Es waren drei Stiere auf dem Felde.

Natürlich steigen auch hier Touristen ans Land, aber **es sind** weniger.

b) *To denote presence in a definite and limited space:*

Es ist etwas für dich auf dem Schrank.

Es sind zwei Spatzen im Garten.

c) *In recording events:*

Es ist schon wieder ein Streik in der Fabrik.

Es waren die schönsten Stunden der Reise.

d) *In referring to weather conditions:*

Es war ein kalter Winter.

Es ist ein schöner Tag.

N.B. 'there is' is more common in English than any single German equivalent; often German uses a completely different structure:

Hinter dir **steht** ein Stuhl.

Zeitungen **lagen** auf dem Tisch.

Bei Ford **wird** gestreikt.

4. VOCABULARY

Corresponding to rechtwinklig *is* ein rechter Winkel, *'a right angle'.*

Fragen zum Text

1. Womit wird die bayrische Landschaft verglichen?
2. Welche Schönheitsfehler sind gemeint?
3. Wodurch ist Oberammergau berühmt?
4. Warum hat der Autor Herrenchiemsee nicht besucht?
5. Wie hat ihm die Fraueninsel gefallen, und weshalb?
6. Was ist der Hauptunterschied zwischen Garmisch und Partenkirchen?
7. Wie finden die meisten Touristen Bayern?
8. Was findet man Unerwartetes in Bayern?

Fragen zur Diskussion

1. Hat der starke Autoverkehr negative Folgen für Bayern als Ferienland gehabt?
2. Woher kommt es überhaupt, daß wir alle ein ‚Erwartungsbild‘ von Bayern haben?
3. Finden Sie, daß die volkstümliche Holzschnitzerei an Ansehen verloren hat, seitdem sie hauptsächlich dem Tourismus dient?
4. Darf man erwarten, daß besonders schöne Orte nicht von Touristen wimmeln?

Aufsatz: Das ideale Ferienland

1. Was verlangt man an erster Stelle: Ruhe? Erholung? Sehenswürdigkeiten?
2. Wie wichtig ist eine schöne Landschaft?
3. Kann man Meer, Berge und schöne Städte eng zusammen finden?
4. Was für ein Klima braucht man – etwa warme Sonne *und* frische Luft?
5. Stört es, wenn auch viele andere Touristen da sind?
6. Welche Vorteile hat es, den Urlaub in einem fremden Land zu verbringen?
7. Sollten alle Ferien nach demselben Modell geplant werden?
8. Können alle Bedingungen gleichzeitig erfüllt werden?

Aufsatzplan

1.Abschnitt: Was man von den Ferien erwartet.
2.Abschnitt: Landschaft und Leute.
3.Abschnitt: Vor- und Nachteile des Auslands.
4.Abschnitt: Wie man zu einer Entscheidung kommt.

Almweide mit Reiteralpe

30 Im Urlaub auf Entdeckungsreise

Deutsches Nationaltheater, Weimar

Im internationalen Tourismus wird der Anteil der Reisenden, die ihren Urlaub zu einer Bildungstour verwenden, immer größer. Ganz spezifische Themen sind gefragt, die berufliches Interesse oder ein Hobby befriedigen.

verwenden: *to use, apply*

Diesen Wünschen kommen die Fremdenverkehrseinrichtungen der DDR bereits seit Jahren entgegen; denn gerade die DDR gehört zu den bevorzugten Reisezielen für solchen Bildungstourismus. Die Anhäufung von Sehenswürdigkeiten auf verschiedensten Gebieten – zum Beispiel in der Architektur, oder die Theaterkunst und ihre Geschichte, lösen immer wieder thematisch begrenzte Reisewünsche in vielen Ländern der Welt aus. So formte sich inzwischen beim Reisebüro der DDR ein beträchtliches Programm von Spezial- und Garantiereisen, die jedem Interessierten offenstehen: Theaterreisen, Touren für Architekten und Bauleute, Frauenreisen, Museumsreisen, Reisen für Landwirte, Kurreisen, Campingtouren und Studienreisen zu den Leipzigermessen. Solche Urlaubswünsche können in Form von Tages-, Mehrtags- und Mehrwochenaufenthalten befriedigt werden. Was sehen und erleben die Gäste bei solchen Spezialtouren?

Die Theaterreise zum Beispiel führt in solche bekannte Theaterstädte wie Berlin, Dresden, Leipzig, Potsdam, Weimar, Meiningen und Dessau. So sind Eindrücke sowohl in großen Theatern als auch von kleinen Bühnen, die sich eines hervorragenden Rufes erfreuen, gewährleistet. Die Gäste, die nach Weimar kommen, erleben nicht nur eine Aufführung im Nationaltheater, sie lernen auch die Goethe- und Schillergedenkstätten kennen und schließen Bekanntschaft mit der Geschichte der klassischen deutschen Literatur und ihren großen Vertretern. Diese 8-Tage-Tour vermittelt Kunstfreunden wie Touristen gleichermaßen vielfältige Eindrücke.

Architekten erleben bei ihrem 7-Tage-Trip die bekanntesten unter jenen Städten der Republik, die nach den verheerenden Zerstörungen im zweiten Weltkrieg in den vergangenen Jahren architektonisch sehenswerte neue Stadtzentren erhielten. Da ist Berlin mit dem Alexanderplatz und dem Fernsehturm, Dresden mit der neuen Prager Straße – einem Zentrum des Tourismus – und dem Altmarkt, Halle mit dem verkehrsmäßig neu erschlossenen Ernst-Thälmann-Platz und Leipzig mit dem anziehend gestalteten Karl-Marx-Platz. Aber auch in touristisch so bekannten Städten wie Meißen und Potsdam kommen die Gäste auf ihre Kosten; denn dort beobachten sie die Wechselwirkung zwischen neuer und überlieferter Architektur.

In einem Land, das in Gesetzgebung und praktischem Leben soviel für die volle Gleichberechtigung der Frauen und Mädchen getan hat, gibt es auf diesem speziellen Gebiet eine ganze Fülle an Sehens- und Wissenswertem. Einem oft geäußerten Wunsch entsprechend bietet das Reisebüro der DDR daher seit einiger Zeit Frauenprogramme an, die u.a. nach Berlin, Potsdam, Leipzig, Dresden, Altenburg und Erfurt führen. Exkursionen und Gespräche sind ganz auf die von Frauen am häufigsten gestellten Fragen abgestimmt. So werden der Besuch eines Modeateliers, Aussprachen mit Frauen, die Besichtigung von Sozialeinrichtungen und ähnliches mehr arrangiert.

Nicht nur für Musikfreunde ist die Tour „Auf den Spuren berühmter Komponisten" gedacht, auch allgemein interessierte Touristen kommen auf ihre Kosten. Sie erleben ein Konzert im Schlüterhof des Museums für Deutsche Geschichte in Berlin, einem historischen Gebäude in der Straße Unter den Linden. Sie besichtigen das Schloßtheater des neuen

bevorzugt: *preferred*
die Anhäufung: *accumulation*

der Landwirt: *farmer*

gewährleisten: *to guarantee*

die Gedenkstätte: *memorial place*

verheerend: *devastating*

anziehend: *attractive*

überliefert: *inherited*

abstimmen: *to gear, adjust*

Händel-Denkmal Halle

Goethe-Schiller-Denkmal, Weimar

Palais in Potsdam, den Dresdner Zwinger, das Bach-Archiv in Leipzig, sie speisen im historischen Restaurant „Kaffeebaum" der Messestadt, in dem Robert Schumann so gern saß, und sie besuchen die Händel-Stätten in Halle.

Immer wieder loben Teilnehmer solcher Reisen – auch jener, die hier nicht näher vorgestellt wurden –, daß sowohl speziellen thematischen Wünschen als auch dem Bedürfnis, bedeutende Sehenswürdigkeiten der DDR kennenzulernen, weitgehend entsprochen wird.

Im erweiterten, allgemeinen Sinn kann man auch die eingangs erwähnten Garantiereisen zu den Studien- und Hobbytouren rechnen. Sie werden mit einem allgemeinen touristischen Programm ab Berlin in drei verschiedenen Varianten angeboten und führen in Zentren des Tourismus, wie Berlin, Potsdam, Dresden, Leipzig und Thüringen.

Von der Beweglichkeit des Reisebüro-Angebots spricht auch die Tatsache, daß es selbst Tagesprogramme unter dem Motto „In kurzer Zeit viel erleben" gibt, die mit Berlin, Leipzig, Erfurt, Eisenach oder Weimar bekannt machen können.

die Beweglichkeit: *flexibility*

Das Programm der Hobbyreisen hat sich vielfach bewährt, wurde im Verlaufe der Jahre entsprechend mancher Anregung verfeinert und bietet die vielfältigsten Möglichkeiten, ein großes Stück vom interessanten Reiseland DDR kennenzulernen.

sich bewähren: *to prove a success*
die Anregung: *suggestion*
verfeinern: *to improve*

DDR–REVUE

Grammar

1. IDIOM auf die Kosten kommen, *as well as its literal meaning of 'to recover expenses', is used figuratively to mean 'to get one's money's worth', 'to receive satisfaction', 'to be satisfied':*
Nicht nur für Musikfreunde ist die Tour „Auf den Spuren berühmter Komponisten" gedacht, auch allgemein interessierte Touristen **kommen auf ihre Kosten.**
Aber auch in touristisch so bekannten Städten wie Meißen und Potsdam **kommen** die Gäste **auf ihre Kosten.**

2. NOUNS Teil *and many of its compounds are masculine in modern German:*
Der Anteil der Reisenden, die ihren Urlaub zu einer Bildungstour verwenden, wird immer größer.
BUT Abteil, Erbteil, Gegenteil, Hinterteil, Vorderteil *are neuter.*

3. ORTHOGRAPHY *Notice that in this text* zum Beispiel, Theaterstädte wie Berlin *and* sowohl . . . als auch *are written without commas; English students frequently insert commas needlessly:*
Die Theaterreise zum Beispiel führt in solche bekannte Theaterstädte wie Berlin, Dresden und Leipzig. So sind Eindrücke sowohl in großen Theatern als auch von kleinen Bühnen gewährleistet.

4. VOCABULARY a) vielfach *and* vielfältig; *the former is 'in many ways', the latter 'varied:*
Das Programm der Hobbyreisen hat sich **vielfach** bewährt.
Diese Tour vermittelt Kunstfreunden wie Touristen gleichermaßen **vielfältige** Eindrücke.
Das Programm bietet die **vielfältigsten** Möglichkeiten, die DDR kennenzulernen.
Seine Wirtschaftspolitik wird **vielfach** kritisiert.
einfältig *is 'guileless', even 'simple minded';* einfach *is 'simple' in every other sense, and is used also for 'single' as distinct from 'return' or 'double':*
Sie ist eine **einfältige** Seele. Der Junge ist etwas **einfältig.**
Eine **einfache** Karte. Eine **einfache** Nelke. Es ist **einfach** unmöglich.
b) *Of the German words for 'therefore'* (deswegen, deshalb, darum, daher, also), *the most objective and generally useful is* daher:
Das Reisebüro der DDR bietet **daher** seit einiger Zeit Frauenprogramme an.
Daher kommt es, daß Tausende ihren Urlaub in der DDR verbringen.
deswegen *and* deshalb *take a factor into account rather than representing strict cause and effect like* daher:
Diese Angabe ist ungenau und **deshalb** unbrauchbar.
Ich sage das **deswegen**, weil sonst niemand daran denkt.
darum *links an account of an action or attitude with a statement of the reasons for it:*
Er wollte sich Geld von uns leihen, **darum** kam er.
also *represents a much weaker link, like the English 'and so':*
Er hat nicht geantwortet, **also** wissen wir nicht, ob er kommt.

Fragen zum Text

1. Warum bietet die DDR immer mehr Bildungstouren?
2. Welche Beispiele von Spezialtouren werden im Text erwähnt?
3. Was besuchen die Touristen in Weimar?
4. Für welche Städte der DDR interessieren sich Architekten, und warum?
5. Warum bietet die DDR besondere Frauen-programme an?
6. Wohin fährt man „auf den Spuren berühmter Komponisten"?
7. Worauf ist das Angebot des Reisebüros der DDR abgestimmt?
8. Welche Zentren des Tourismus gibt es in der DDR?

Fragen zur Diskussion

1. Haben Sie den Eindruck, daß der Urlaub in der DDR viel gründlicher organisiert ist als in den westlichen Ländern?
2. Finden Sie die im Text beschriebenen Bildungs-touren abwechslungsreicher als ein typisch britischer Mallorcaurlaub?
3. Sind die Reisen in der DDR mehr auf die Vergangenheit oder auf die Gegenwart bezogen?
4. Was halten Sie von dem etwas ernsthaften Ton dieses Texts?

Translate into German

A cultural tour in the GDR may be recommended as a deeply satisfying experience. The variety of artistic places of interest is endless: music lovers can follow in the footsteps of famous composers such as Bach, Händel and Schumann, while students of literature can visit the memorial places of Goethe and Schiller in Weimar. But the GDR is above all a country of beautiful landscape and charming old towns: the Thuringian forest, the Saxon hills, Quedlinburg and Wernigerode are unforgettable. A particular feature of the GDR tourist service is the number of special tours catering for individual interests: thus there are tours for architects, for farmers and for women who want to see how much this country has done in the interest of equal rights for women. There are even holidays on the Baltic coast which are indistinguishable from Butlin's or Blackpool.

Die spanische Reitschule

Im Frühjahr ist Wien „auf Rosen gebettet" (über 800 Parkanlagen blühen um die Wette), es ist übermütig und sehr gesprächig. Kirchen, Paläste, Denkmäler und Brunnen erstrahlen in Festbeleuchtung. Am Abend locken die Wiener Staatsoper, Konzerte, schwungvolle Operetten und ein reichhaltiges Theaterprogramm. Von Mitte Mai bis Juni feiert Wien seine „Festwochen"; der elegante Concordiaball oder die „kulinarischen Festwochen" bieten weitere Höhepunkte. Der Sonntagvormittag bringt das Erlebnis einer Vorführung der Spanischen Reitschule: die anmutigen weißen Lipizzanerhengste tanzen im schönsten Reitsaal der Welt. Und die Wiener Sängerknaben konzertieren in der Burgkapelle. Und schließlich verlockt das schöne Wetter zu einem Spaziergang im romantischen Wienerwald.

Plötzlich ist der Sommer da, und Wien gibt sich nun ganz und gar international. Die gotischen und barocken Kirchen, die herrlichen Paläste, die romantischen Gäßchen, die eleganten Geschäftsstraßen werden viel bewundert, man konzertiert im Freien (Palais-, Arkadenhof- und Parkkonzerte, Sommeroperette) und verschreibt sich der leichten Muse. Man genießt allerlei Sport und zugleich die herrliche Natur: einen Spaziergang im Stadtpark oder im Volksgarten, einen Morgenritt

übermütig: *high-spirited*
das Denkmal: *monument*
schwungvoll: *animated*

anmutig: *graceful*
der Hengst: *stallion*

verlocken: *to tempt*

sich verschreiben: *to pledge oneself*

Opernball in Wien   Wiener Sängerknaben

im Prater, ein paar Stunden Segeln auf der Alten Donau, einen Bäder-
besuch, eine Partie Golf oder eine Wanderung im wildromantischen,
schier endlosen Lainzer Tiergarten.

Ein schöner Herbst steht Wien besonders gut. Die milde Sonne lockt
in die Weingärten am Rande der Stadt, zu biedermeierlich besinnlichen
Stunden beim echten Wiener Heurigen – Kenner kommen schon am
Nachmittag, und bleiben oft auch für den Abend. Mit neuem Schwung
setzt die Opern- und Theatersaison im September ein, die Konzert-
saison folgt im Oktober.

Im Winter kommen die intimeren Freunde, die wissen, daß in Wien
nicht nur die Schneeflocken tanzen. Die langen, dunklen Nächte werden
beim Wiener Fasching zum strahlenden Vergnügen. Walzerklänge, Sekt
und Übermut locken selbst den hartnäckigsten Griesgram aus seinem
Bau. Nun ist auch die rechte Zeit, den Schätzen der Museen die ge-
bührende Ehre zu erweisen, in Galerien und Antiquitätenläden zu
stöbern – und zwischendurch zu schlemmen. Wien sorgt als gute Gastgeberin bestens für das leibliche Wohl seiner Gäste und weiß den
Kochlöffel ebenso routiniert zu handhaben wie den Taktstock. Es
schmeckt im gemütlichen Beisel ebenso gut wie im Luxusrestaurant.
Eine Kaloriensünde wert sind auch die vielen guten Wiener Mehlspeisen:
Sachertorte, gezogener Apfelstrudel, Marillenknödel, Kaiserschmarren
usw. Ein Tag in Wien ohne Kaffeehaus, das ist wie die Philharmoniker
ohne Geigen – nur ein halber Genuß. Man setze sich in Ruhe zu einem
„kleinen Braunen“, einer „Melange“ oder einem „Einspänner“ (Mokka
mit Schlagobers, im Glasgefäß serviert), widme sich den Stößen von

biedermeierlich: *bourgeois*
besinnlich: *meditative*
der Heurige: *new wine, tavern*

der Sekt: *champagne*
der Griesgram: *grouser*
gebührend: *due, proper*

stöbern: *to hunt about, rummage*
schlemmen: *to guzzle*

routiniert: *experienced*
handhaben: *to manipulate,*
der Taktstock: *baton*
das Beisel: *snack bar*
gezogen: *rolled thin*
der Marillenknödel: *apricot
dumpling*

das Schlagobers: *whipped cream*

132

Zeitungen und Zeitschriften oder lasse einfach die Umgebung auf sich wirken. So kommt man der Wiener Seele ein gutes Stück näher . . .

Wien ist die Hauptstadt und zugleich eines der neun Bundesländer der neutralen Republik Österreich. Es hat 1,7 Millionen Einwohner, seine 23 Bezirke erstrecken sich über 414 Quadratkilometer. Wien ist Sitz des Bundespräsidenten, der Bundesregierung, der Ministerien und anderer Zentralstellen. Es beherbergt zahlreiche internationale Organisationen: die Atomenergie-Organisation, die Organisation für Industrielle Entwicklung und die Kommission für das Flüchtlingswesen – drei wichtige Organe der Vereinten Nationen. Auch die Organisation der erdöl-exportierenden Länder und das Internationale Musikzentrum sind hier beheimatet. Die Wiener Universität wurde 1365 gegründet; sie hat 12 Nobelpreisträger hervorgebracht. Heute beherbergt Wien 9 Hochschulen und Akademien und hat besonders auf den Gebieten Medizin, Psychologie und Technik internationalen Ruf. Auch das Konservatorium der Stadt Wien und die Hochschule für Musik und darstellende Kunst sind berühmt.

der Flüchtling: *refugee*

beheimatet: *resident*

darstellend: *interpretative*

MIT PS IN ÖSTERREICH

Im Wiener Prater

Grammar

1. ADJECTIVES

wert *used predicatively is usually associated with an accusative:*
Eine Kaloriensünde wert sind auch die Wiener Mehlspeisen.
Das wäre einen Versuch wert.
Berlin ist eine Reise wert.
In certain set expressions, however, it occurs with a genitive:
Es ist nicht der Rede wert.
Es ist nicht der Mühe wert.
Ich fand ihn meines Vertrauens nicht wert.

2. ARTICLES

a) *German usage differs from English in the following expressions:*
Von Mitte Mai bis Juni
Anfang Februar
Ende April
b) *Notice the omission of the definite article in:*
Wien ist Sitz des Bundespräsidenten.

3. IDIOMS

a) um die Wette – *in rivalry, in emulation, to vie with one another:*
Über 800 Parkanlagen blühen um die Wette.
Sie boten mir um die Wette ihre Dienste an.
Diese Mädchen schwimmen in Montreal um die Wette.
b) jemandem/etwas gut stehen – *to suit, become well, look well:*
Ein schöner Herbst steht Wien besonders gut.
Das Kleid steht ihr gut.
Diese Farbe steht dir nicht so gut wie die andere.

4. VERBS

The subjunctive with man *occurs in a main clause where the meaning is prescriptive, i.e. instructions are being given, as in cooking recipes or directions for use:*
Man nehme einen Eßlöffel Mehl.
Man setze sich in Ruhe zu einem „kleinen Braunen", widme sich den Stößen von Zeitungen oder lasse einfach die Umgebung auf sich wirken.
Im Notfall **wende man sich** an den Hausmeister!

5. VOCABULARY

a) Lipizzaner: *these grey and white thoroughbreds take their name from the Jugoslav village of Lipica where they were bred.*
b) *The nouns and adjectives derived from* Mut *present some problems of gender and spelling. The following are masculine:*
Edelmut, Freimut, Gleichmut, Hochmut, Kleinmut, Mißmut, Übermut, Unmut, Wankelmut,
but contrary to the rule determining the gender of compound nouns, the following are feminine:
Anmut, Demut, Großmut, Langmut, Sanftmut, Schwermut, Wehmut.
All of these form adjectives with vowel modification -mütig *except:*
anmutig,   mißmutig,   unmutig:
Wien ist **übermütig** und sehr gesprächig.
Die **anmutigen** weißen Lipizzanerhengste tanzen im schönsten Reitsaal der Welt.

Fragen zum Text

1. Warum behauptet man, daß Wien „auf Rosen gebettet" sei?
2. Was kann man abends in Wien besuchen?
3. Was findet in der spanischen Reitschule statt?
4. Wohin kann man spazierengehen?
5. Welche Sehenswürdigkeiten werden im Sommer viel bewundert?
6. Was ist der Wiener Heurige, und wann wird er getrunken?
7. Welche Wiener Speisen werden im Text erwähnt?
8. Wie groß ist Wien?
9. Welche internationalen Organisationen haben ihren Sitz in Wien?
10. Auf welchen akademischen Gebieten ist Wien berühmt?

Fragen zur Diskussion

1. In was für einem Ton ist dieser Text geschrieben?
2. Was für einen Ruf hat die Stadt Wien?
3. Kann man den Wiener Fasching mit dem Kölner Karneval oder dem Münchner Oktoberfest vergleichen?
4. Welchen Vergleich kann man zwischen dem Wien von 1900 und dem Wien von heute ziehen?

Aufsatz: Wien, Stadt der Träume

1. Von welchem Reich war Wien vor hundert Jahren die Hauptstadt?
2. Warum war Österreich damals wichtiger als heute?
3. Welche großen Dichter und Komponisten haben in Wien gelebt?
4. Wie sind die verschiedenen Jahreszeiten in Wien?
5. Wie kann man sich zu jeder Jahreszeit unterhalten?
6. Wofür ist Wien berühmt, abgesehen von seinen kulturellen Veranstaltungen?
7. Wie stellen Sie sich die Donau vor?
8. Wie ist die heutige politische Lage Österreichs?
9. Ist Wien eine Stadt, die von ihrer Vergangenheit lebt?
10. Was sind die Vor- und Nachteile des Lebens in Wien?

Aufsatzplan

1. Abschnitt: Wiens glänzende Vergangenheit.
2. Abschnitt: Höhepunkte des Wiener Jahres.
3. Abschnitt: Politische Tatsachen, mit denen man zu rechnen hat.
4. Abschnitt: Ob man in Wien wohnen möchte oder nicht.

Eine Luftseilbahn

Die Landschaft prägt ihre Menschen – in Wildhaus, im obersten Toggen-
burg, 1100 Meter hoch am Südfuß des Säntimassivs, den besonnenen, ja
fast verschlossenen Bergler, der sogar die Gemeinschaft eines Dorfes
meidet. Streusiedlungen sind typisch für dieses Fremdenverkehrsgebiet
in der Ostschweiz; daraus resultieren: Individualität, ruhige, gemütliche
Unterkunft in verstreut liegenden Hotels, Pensionen oder Privathäusern.

    Und noch ein Vorteil: Die fehlenden Luxus-Hotelpaläste, die feh-
lenden teuren Nachtlokals, die nicht – oder noch nicht – anreisende
Prominenz halten die Preise in Grenzen, lassen den Franken noch etwas
gelten.

    Die Höhenlage am Fuße des 2500 Meter hohen Alpsteins auf der einen
und der fast ebenso hohen Churfirsten auf der anderen Seite, machen
Wildhaus zu einem Gebiet mit intensiver Sonnenbestrahlung und
größter Schneesicherheit.

    Wildhaus im Voralpengebiet ist mit dem Auto und mit öffentlichen

prägen: *to stamp*
besonnen: *prudent*
verschlossen: *taciturn*
die Gemeinschaft: *community*

gelten: *to be worth*

öffentlich: *public*

Skilaufen im Jahre 1910

Verkehrsmitteln gut zu erreichen. Vom Bodensee (Bregenz-St. Mar-
grethen-Rorschach) führt eine Autobahn bis Buchs, dann weiter auf
einer gut ausgebauten Paßstraße nach Wildhaus. Aus dem Raum Basel
(Rheintalautobahn) ist die Route über Winterthur, Wil und dann das
Toggenburg hinauf die beste Zufahrt. Wildhaus hat keinen Bahnan-
schluß; Buchs und Nesslau sind Umsteigestationen, dann weiter mit
dem Postbus.

die Zufahrt: *approach*

Wildhaus wäre wohl bis heute in einer Art Dornröschenschlaf ver-
blieben (Zwingli wurde hier geboren, der Reformator, der mit seiner
Lehre vom „reinen Evangelium" einige Aufregung verursachte, auch
hier; aber das ist fast 500 Jahre her), wenn nicht zur Jahrhundertwende . . . Da reisten nämlich die ersten Gäste auf der Paßhöhe an, um
im „Hirschen" eine für Leib und Gemüt heilsame Molkenkur zu machen.
Schnell merkten die Gäste, daß Wildhaus nicht nur für solche Kuren gut
war, sondern auch als Ausgangspunkt für Wanderungen im Alpstein-
und im Churfirstengebiet. Die Bauern merkten – ebenso schnell –, daß
mit der Vermietung von Zimmern Geld zu verdienen war. So entstanden
die ersten Pensionen und immer mehr Pensionen, wobei die Gäste

Dornröschen: *Sleeping Beauty*

das Evangelium: *gospel*

die Molkenkur: *diet of whey*

meistens noch mit Laubsäcken als Schlafstätten vorliebnehmen mußten. Die Bauern von Wildhaus vermieten heute noch, jetzt ohne Laubsäcke.

Im Winter 1903/04 probierten unter dem Gespött der ganzen Talschaft einige Einheimische das Skilaufen, ein „Unsinn", an dem vor allem die Fremden ihren Spaß hatten. Und bald darauf versuchten sich die Schreiner des Tals mit dem Skischreinern. Die ersten Gäste kamen, die (im Winter; das hatte es hier zuvor nie gegeben!) übernachten wollten. Also mußte man die Zimmer heizen und fortan die Pensionen auch in der kalten Zeit offenhalten.

In den dreißiger Jahren gab es die ersten Skischulen. 1934 wurde die erste Bergbahn von Unterwasser auf den Iltios gebaut, 1937 folgte die Schlittenseilbahn Lisighaus-Oberdorf (sie ist seit 1950 Sesselbahn), 1939 der Skilift Iltios-Stöfeli, 1945 Oberdorf-Gamserrugg, in neuester Zeit sind zahlreiche Übungslifte dazugekommen. Heute stehen den Skifahrern in Wildhaus allein neun Sessel- und Skilifte zur Verfügung. Die so erschlossenen Abfahrten (alle Schwierigkeitsgrade) reichen zum Teil bis in die Skigebiete der etwas weiter talwärts liegenden Orte Unterwasser und Alt St. Johann.

Höhepunkt der Erschließung bisher war der 1966 in Betrieb genommene Skilift auf den Gamserrugg (2100 Meter), der auf der Sonnenterrasse dieses Churfirstengipfels das Skifahren bis weit in den Frühling hinein erlaubt. Mit einer Seilbahn auf den Chäserrugg, einen andern Churfirstengipfel, ist in den nächsten Jahren zu rechnen. Und in dieser Saison wird auf der Sonnenseite von Wildhaus ein aus einer Sesselbahn und zwei Skiliften bestehender „Skizirkus" dem Betrieb übergehen, der ein bisher unberührtes, landschaftlich einmaliges Gebiet erschließen wird.

Für Skiwanderer hat man in Höhenlagen zwischen 900 und 1400 Meter Loipen angelegt und einwandfrei präparierte Pisten. Wildhaus hatte die erste Skiwanderschule (Kursgeld 1971: 56 Franken). Im Unterschied zum Skilanglauf, eine Anforderungen stellende, harte Sportdisziplin, eignet sich das Skiwandern für alle, auch für den Noch-nicht-Skifahrer. Die Ausrüstung kann man sich im Ort leihen. Wildhaus ist kein Mode-Wintersportplatz (und wird kaum jemals einer werden). Das hat Vor- und Nachteile; ein Nachteil: Geld (das Geld der Gäste) fließt nicht gerade in Strömen, und dem Bergdorf wird es schwer, im Bau von Sportanlagen im Wettbewerb der Wintersportplätze mitzuhalten. So bleibt es im wesentlichen der Privatinitiative der Hoteliers überlassen, Attraktionen für die Gäste zu finanzieren: Das Hotel „Acker" (erstes Haus am Platze) hat eine Curlingbahn gebaut; das Hotel Hirschen hat in der vergangenen Wintersaison sein Hallenbad mit Sauna eröffnet. Es gibt Pläne für den Bau einer Kunsteisbahn. Sie ist gedacht als Teil eines großzügigen Sportzentrums, das auch Curlingbahnen, ein Hallenschwimmbad mit Restaurant und eine Autoabstellhalle haben wird.

Für alle Nicht-Skifahrer, Nicht-Curlingspieler, kurz: für alle, die nur frische Luft und Schnee und ein bißchen Bewegung suchen, werden Wanderwege rund um das Dorf freigehalten.

DIE ZEIT

vorliebnehmen: *to make do*

das Gespött: *mockery*
die Talschaft: *valley inhabitants*

der Schreiner: *joiner*

fortan: *thenceforth*

die Sesselbahn: *chair-lift*

die Abfahrt: run, slope

die Erschließung: *development*

die Seilbahn: *cable railway*

die Loipe: *ski-run*
die Piste: *ski-slope*

Anforderungen stellend: *demanding*

die Ausrüstung: *equipment*

Grammar

1. ADJECTIVES

Cardinal numbers have a form in -er used as follows:
In den **dreißiger** Jahren gab es die ersten Skischulen.
Er ist ein Mann in den **Sechzigern.**
Ich möchte eine **Zehner.** (*stamp*)
Ich brauche einen **Zehner.** (*coin or note*)

2. ADVERBS

'ago' may be vor *or* her*:*
Das ist fast 500 Jahre **her.**
Ich bin **vor** drei Wochen nach Berlin geflogen.
Wie lange ist es **her,** seitdem er hierhergekommen ist?

3. PRONOUNS

When was *is compounded with a preposition it most commonly forms a* 'wo-' *word:*
So entstanden die ersten Pensionen, **wobei** die Gäste mit Laubsäcken als Schlafstätten vorliebnehmen mußten.
Woran erkennst du das?
When wo *is compounded with* durch, nach, von *or* zu, *no motion is indicated:*
Wovon war die Rede?
Wozu brauchst du den Hebel?
Wodurch weißt du das alles?
But **Durch was** guckst du, das Fenster oder die Tür?
The alternative form of preposition plus pronoun is equally common in relative clauses:
ein „Unsinn", **an dem** vor allem die Fremden ihren Spaß hatten.

4. VERBS

a) *The problem of rendering* 'was born' *is best solved by using* ist geboren *of the living and* wurde geboren *of the dead:*
Zwingli **wurde** hier **geboren.**
Ich **bin** im Januar **geboren.**
Mozart **wurde** im 18. Jahrhundert **geboren.**
Die Königin **ist** in den zwanziger Jahren **geboren.**

b) *In informal writing the following verb omission is permissible, though not to be recommended:*
Buchs und Nesslau sind Umsteigestationen, **dann weiter mit dem Postbus.**

5. VOCABULARY

Some impression of the flavour of Swiss German may be gained from the proper names occurring in this text, for examples:
Höhepunkt war der Skilift auf den **Gamserrugg** (2100 Meter), der auf der Sonnenterrasse dieses **Churfirstengipfels** das Skifahren bis weit in den Frühling hinein erlaubt. Mit einer Seilbahn auf den **Chäserrugg,** einen andern **Churfirstengipfel,** ist in den nächsten Jahren zu rechnen.
The Churfirsten *was, of course, named after a* Kurfürst (*elector*), *while the* Gamserrugg *takes its name from the* Gemse (*chamois*); Rugg *is a mountain ridge* (*cognate with* Rücken) *and the* Chäser *is a cheesemaker.* Loipen *is a Swedish word cognate with* laufen.

Fragen zum Text

1. Welche Charaktereigenschaften haben die Einwohner von Wildhaus?
2. Was ist die Folge des Mangels an Luxus?
3. Was heißt Schneesicherheit, und warum wird sie gewünscht?
4. Gibt es eine Autobahn von Bregenz bis Wildhaus?
5. Hat Wildhaus einen Bahnhof?
6. Welches Ereignis um die Jahrhundertwende hat den Dornröschenschlaf von Wildhaus zerstört?
7. Was wurde 1903/4 in Wildhaus zum erstenmal probiert?
8. Wann sind die ersten Skischulen entstanden?
9. Wie unterscheidet sich das Skiwandern vom Skilanglauf?
10. Was für Attraktionen für die Touristen haben die Hoteliers finanziert?
11. Was wird jetzt geplant?
12. Ist Wildhaus einer der bekanntesten Wintersportplätze?

Fragen zur Diskussion

1. Welchen Eindruck haben die Texte über Bayern, die DDR, Wien und die Schweiz auf Sie gemacht?
2. Wie wichtig ist der Tourismus für die vier deutschsprachigen Länder?
3. Aus welchen Gründen ziehen viele Leute einen Wintersporturlaub vor?
4. Warum sehen so viele Menschen gern Skilaufen im Fernsehen?

Translate into German

Winter sports attract more and more followers every year. Whether for fresh air and sunshine or for strenuous exercise, many thousands of holidaymakers flock to the Swiss resorts in winter, and their money flows plentifully into the pockets of the hotel owners, who for their part invest a good deal of it in improving the amenities for the tourists. Whether in fashionable places like Arosa or St. Moritz or in modest villages like Wildhaus one finds alike ample provision of ski-lifts, cable railways and prepared tracks. Winter sports are a modern invention: when the first attempts were made earlier in this century they attracted only ridicule, but today they are Switzerland's most important industry.

Über den Schnee—Anno 1900

IX Die Presse

„. . . es ist aber morgen mit einem ausgedehnten Hoch zu
rechnen . . .“

33 Berichterstattung: Schwere Straßenschlacht im Frankfurter Westend

Straßenschlacht in Berlin

Vom unserem Korrespondenten   Nea. Frankfurt a.M., 28. März
Zu einer Straßenschlacht von mehreren Stunden Dauer kam es am
Mittwoch in Frankfurt zwischen starken Polizei-Einheiten und jungen
Linksextremisten. Anlaß war die von Linksgruppen erwartete Zwangs-
räumung des widerrechtlich besetzten Hauses Kettenhofweg 51 im
Westend. Die Bewohner des Hauses, Studenten, Gastarbeiter und
Berufslose, hatten im April 1972 in einem vor Gericht geschlossenen
Vergleich mit dem Hauseigentümer die freiwillige Räumung zugesagt.
Am festgesetzten Termin, dem 28. Februar 1973, weigerten sie sich
jedoch auszuziehen. Jetzt sollte der Gerichtsvollzieher gegen sie
vorgehen.

    Am Mittwochmorgen hatten sich vor dem Hause mehrere hundert
Jugendliche angesammelt. Um die für diesen Tag erwartete Zwangs-
räumung zu verhindern, verbarrikadierten sie die ganze Straße mit
Mülltonnen, Schrottautos und alten Möbelstücken.

Einsatz von Wasserwerfern

Die Polizei, die – wie Polizeipräsident Knut Müller versicherte – noch
gar keinen Befehl zur Räumung hatte, wartete zunächst ab. Ein Teil der
Demonstranten formierte sich zu einem Marsch zur Hauptwache und
blockierte dort und an der Hauptgeschäftsstraße, der Zeil, den Verkehr.

die Zwangsräumung: *forcible
evacuation, eviction*
widerrechtlich: *illegally*

der Vergleich: *agreement*
der Termin: *date*
der Gerichtsvollzieher: *bailiff*

die Mülltonne: *dustbin*

der Einsatz: *use*

die Hauptwache: *police head-
quarters*

Mit Wasserwerfern und Schlagstöcken gelang es der Polizei, die Demonstration aufzulösen.

der Schlagstock: *truncheon*

Als die Jugendlichen der Aufforderung, auch die Barrikaden am Kettenhofweg zu entfernen, nicht nachkamen, entbrannte dort zum zweitenmal eine Straßenschlacht. Die Extremisten gingen mit Eisenstangen, Steinen, Blechbüchsen und anderen Wurfgeschossen gegen die Polizisten vor. Teilweise wurden Ziegelsteine aus den Mauern anderer Häuser herausgerissen.

nachkommen: *to comply*

die Blechbüchse: *tin can*
das Wurfgeschoß: *missile*

Dem Frankfurter Polizeipräsidenten Knut Müller riefen die Demonstranten zu: „Dich Schweinehund erwischen wir noch." Der „Rat der besetzten Häuser Frankfurts" rief über Megaphon: „Wir müssen Steine werfen, weil wir keine andere Möglichkeit haben."

erwischen: *to catch*

15 Polizisten verletzt

Die Berufsfeuerwehr hatte ein Dutzend Krankenwagen zusammengezogen, der Rettungshubschrauber des ADAC transportierte Verletzte von einem Schulhof ab, auf dem er gelandet war. Etwa ein Dutzend Demonstranten wurde festgenommen und Wurfgeschosse von Steinen bis zu Bauklammern und ausgefrästen Stahlplatten sichergestellt.

der Rettungshubschrauber: *rescue helicopter*

die Bauklammer: *clamp*
ausgefräst: *milled*

Die Straße war mit Schutt und Nagelbrettern gegen eventuelle Polizeifahrzeuge übersät. Auch nach der erfolgreichen Räumung der Straße mußte der Verkehr umgeleitet werden. Die Polizei hatte 15 Verletzte, darunter mehrere Schwerverletzte. Die Demonstranten sprechen ihrerseits von 20 Verletzten.

übersät: *strewn*

Polizeipräsident Müller begründete den massiven Einsatz der Beamten damit, daß man bürgerkriegsähnliche Zustände in Frankfurt nicht dulden könne. Die Tatsache, daß die Polizisten teilweise an Leib und Leben gefährdet waren, habe möglicherweise in Einzelfällen zu besonders harter Reaktion geführt. Er billige das nicht, aber er könne es verstehen.

der Bürgerkrieg: *civil war*
dulden: *to tolerate*

billigen: *to approve*

Magistratsjurist Hartmut Vogt sprach gegenüber Journalisten davon, daß man in der Bundesrepublik ja wohl nicht eine „Dubliner Exklave" hinnehmen könne. Bis zum Nachmittag war das besetzte Haus, dessen Bewohner Türen und Fenster ebenfalls verbarrikadiert hatten, noch nicht geräumt.

DIE WELT

Grammar

I. ADJECTIVES

a) *When adjectives are used as nouns, care must be taken over their endings, depending on whether or not there is an article present:*

Am Mittwochmorgen hatten sich vor dem Hause **mehrere hundert Jugendliche** angesammelt.

Als **die Jugendlichen** der Aufforderung nicht nachkamen, . . .

Der Rettungshubschrauber transportierte **Verletzte** von einem Schulhof ab.

Die Polizei hatte **15 Verletzte**, darunter **mehrere Schwerverletzte**.

Die Demonstranten sprachen ihrerseits **von 20 Verletzten**.

Die Verletzten wurden ins Krankenhaus gebracht.

b) *Notice as a characteristic feature of newspaper reporting style the use of adjectival phrases:*

die **von Linksgruppen erwartete** Zwangsräumung des **widerrechtlich besetzten** Hauses.

Die Bewohner hatten in einem **vor Gericht geschlossenen** Vergleich die Räumung zugesagt.

Um die **für diesen Tag erwartete** Zwangsräumung zu verhindern

2. ADVERBS

Note that zunächst *means 'at first' and not 'next':*

Die Polizei wartete **zunächst** ab.

Er hatte mich **zunächst** gar nicht gesehen.

3. ARTICLES

The article is omitted in certain introductory clauses:

Anlaß war die von Linksgruppen erwartete Zwangsräumung eines Hauses.

Tatsache ist, daß die meisten Demonstranten Arbeitslose waren.

Hauptsache ist, daß das Haus noch nicht geräumt worden ist.

4. NOUNS

ein Dutzend *takes a singular verb, unlike the English usage:*

Ein Dutzend wurde festgenommen.

Ein Dutzend kostet dreißig Mark.

5. VERBS

Reported speech in the subjunctive may depend upon a variety of verbs other than the common verbs of utterance; subsequent sentences may retain the subjunctive without any further verb of saying:

Polizeipräsident Müller begründete den massiven Einsatz der Beamten damit, daß man bürgerkriegsähnliche Zustände in Frankfurt nicht dulden **könne**. Die Tatsache, daß die Polizisten teilweise an Leib und Leben gefährdet waren, **habe** möglicherweise in Einzelfällen zu besonders harter Reaktion geführt. Er **billige** das nicht, aber er **könne** es verstehen.

6. WORD ORDER

An adverbial element in sentences with normal word order precedes a predicative adjective; the reverse applies in English:

Die Straße war mit Schutt und Nagelbrettern gegen eventuelle Polizeifahrzeuge übersät.

Mein alter Onkel ist seit Weihnachten krank.

Du siehst mit dieser neuen Brille komisch aus.

Fragen zum Text

1. Zwischen welchen Gruppen hat die Straßenschlacht stattgefunden?
2. Warum hätte man am 28. Februar 1973 das Haus räumen sollen?
3. Was machten die Jugendlichen, um die Zwangsräumung zu verhindern?
4. Wo blockierte der Marsch den Verkehr?
5. Womit gingen die Extremisten gegen die Polizisten vor?
6. Wie hat der ADAC helfen können?
7. Warum wurde die Straße mit Nagelbrettern übersät?
8. Hat der Polizeipräsident die besonders harte Reaktion der Polizisten gebilligt?
9. Ist das Haus schließlich geräumt worden?

Fragen zur Diskussion

1. Was sind die wahren Ursachen einer solchen Straßenschlacht?
2. Kann man die Verbarrikadierung der Straßen billigen?
3. Kann man solche Zustände wirklich als bürgerkriegsähnlich bezeichnen?

Aufsatz
Ob die Presse unwichtige Vorfälle übertreibt.

1. Handelt es sich in diesem Text um eine Revolution?
2. Ist die ganze Stadt oder nur ein Stadtviertel in Unruhe geraten?
3. Wie hätte die britische Polizei in einem solchen Falle reagiert?
4. Finden Sie die Berichterstattung objektiv?
5. Haben nur die Jugendlichen oder auch die Polizisten unrecht gehabt?
6. Welches Ziel erreicht die Presse, indem sie solche Vorfälle schildert?
7. Was hätten die Feuerwehr und der ADAC gemacht, wenn dies nicht geschehen wäre?
8. Hat die Presse eine Pflicht, von allen solchen Begebenheiten zu berichten?

Aufsatzplan

1. Abschnitt: „Schwere Straßenschlacht"?
2. Abschnitt: Wasserwerfer und Schlagstöcke.
3. Abschnitt: Die Lage der Gastarbeiter und der Berufslosen.
4. Abschnitt: Die Sache von beiden Seiten sehen.

34 Leserbriefe

1. Vierzig Jahre habe ich in Südamerika verbracht. Ich habe gelernt, daß die Einheimischen dort täglich baden, im Sommer sogar zweimal. Als ich aber nach Deutschland zurückkam, war es für mich jedesmal eine Plage, Bus oder Straßenbahn zu fahren: Meine Landsleute stinken. Nach altem Schweiß und gebrauchter Wäsche. Kein Wunder, hier wird nur einmal in der Woche gebadet – wenn's hochkommt.

die Plage: torment

Als mein Sohn die Landesfachschule in Leonberg bei Stuttgart beziehen sollte, bekam er eine Hausordnung, in der es unter anderem hieß: „Der Schüler hat sich mindestens einmal pro Woche die Füße (!) zu waschen." Der Junge wollte sich, wie er es gewöhnt ist, jeden Abend nach Schulschluß duschen. Dies wurde ihm aber von der Heimleitung untersagt: „Sie verbrauchen zuviel Wasser." Erst nach einer bei der Freiburger Handwerkskammer eingebrachten Beschwerde wurde ihm die tägliche Dusche gestattet.

beziehen: to enter

untersagen: to forbid
die Handwerkskammer: chamber of trade, guild
die Beschwerde: complaint

2. Liebe Brigitte, aufschlußreich fand ich die in dieser Umfrage öfter vertretene Meinung, daß „korpulente Damen keine Hosen tragen sollten." Die Herren haben wohl völlig ihre eigenen korpulenten Geschlechtsgenossen vergessen, die – auch nicht gerade eine Augenweide sind. Oder sollten korpulente Herren in Zukunft ihre Fettpölsterchen nicht auch besser mit einem Rock vertuschen?

aufschlußreich: instructive
die Umfrage: enquiry

die Augenweide: welcome sight

vertuschen: to conceal

3. Weil ich mich als Arzthelferin zur medizinisch-technischen Assistentin weiterbilden lasse, soll ich während der Weiterbildung – mit zwei Kindern – von 156 Mark monatlich existieren, die mir das Landratsamt über das Berufsausbildungsförderungsgesetz bewilligt hat. So einfach und positiv, wie in Ihrem Artikel dargestellt, ist es in der Praxis also nicht. Das muß ganz deutlich gesagt werden, denn viele junge Leute holen in mühsamen Abendkursen ihre Schulbildung nach und stehen dann oft vor dem Nichts!

das Landratsamt: local authority
bewilligen: to grant

4. Sie zeigen die typische Doppelmoral in unserer ach so fortschrittlichen Gesellschaft. Es stinkt einfach, wie da mit zweierlei Maß gemessen wird. Der Mann, der eine schwarze Schönheit aus Kenia mitbringt, wird herzlich empfangen. Das ist ja ein toller Kerl, der eine Schwarze heiratet! Der Wirt rechnet mit einer Belebung des Fremdenverkehrs. Ob er das auch getan hätte, wenn eine deutsche Ärztin einen Schwarzen aus Kenia geheiratet und in denselben Ort gebracht hätte? Wie wäre man der Ärztin und dem Mann begegnet? Abgesehen davon: Hier wird die Frau zum Objekt gemacht.

die Belebung: revival

5. Da *Brigitte* eine Zeitschrift für die emanzipierte Frau ist, vernimmt sie vielleicht auch das Rufen eines emanzipierten Hausmannes, der das Ladenschlußgesetz ganz gut findet. Sie schreiben, daß 33 Prozent der berufstätigen Hausfrauen mit den Öffnungszeiten nicht zurechtkommen. Das heißt aber, daß 67 Prozent der berufstätigen Frauen zurechtkommen. Da aber nur etwa 10 Prozent aller Hausfrauen berufstätig sind, können 90 Prozent alles einkaufen, was sie wollen. Wenn man einmal beobachtet, woraus sich die zehn Prozent zusammensetzen, so wird man die Erfahrung machen, daß gerade alleinstehende Rentnerinnen und nichtarbeitende,

zurechtkommen: to manage

die Rentnerin: pensioner

kinderlose Junghausfrauen über den Ladenschluß stöhnen. Sie machen sich keinen Einkaufszettel, wissen nicht, was sie wollen, und rasen mit ihrem Einkaufswagen kreuz und quer durch den Laden. Personen, die ihr Leben durchorganisieren müssen (weil sie viele Kinder haben oder berufstätig sind), haben beim Einkauf keine Schwierigkeiten. (Herrn Führs Meinung finden wir interessant, aber seine Rechnung stimmt nicht ganz! Die Redaktion.)

der Einkaufszettel: *shopping list*
der Einkaufswagen: *trolley*

die Redaktion: *Editor*

6. Ihre Schilderung über die „Mikroben" hat mich richtig zum Lachen gebracht. Außerdem mußte ich dabei an eine Darstellung meines Bruders denken, der mir von zwei mit ihm befreundeten Ärzten berichtete. Der eine ließ seine Kinder draußen herumtoben, Kalk von den Wänden futtern und sich mit unreifem Obst die Backen vollstopfen. Der andere achtete darauf, daß seine Kinder nur gekochtes Obst aßen und so bakterienfrei wie möglich lebten. Der Erfolg: die Rangen des ersten machten ihre Kinderkrankheiten in der Jugend durch, als ihr Körper widerstandsfähig war: die anderen erkrankten im Alter von etwa 20 Jahren an Masern, Scharlach und Windpocken, die ihnen durch die verringerte Widerstandskraft so sehr zusetzten, daß es jedes Mal ein Kampf auf Leben und Tod war.

die Schilderung: *description*

futtern: *to tuck into*

die Masern: *measles*
der Scharlach: *scarlet fever*
die Windpocken: *chicken pox*
zusetzen: *to attack vigorously*

BRIGITTE, STERN & DIE ZEIT

Grammar

Note the invariable zweierlei (*cf.* einerlei, dreierlei) *followed by a singular noun:*
wie da mit **zweierlei Maß** gemessen wird
eine Klappstulle, die aus **zweierlei Brot** besteht
allerlei *on the other hand requires a plural noun:*
An der Wand sind **allerlei Bilder.**

Some special uses of es*:*
a) *As an anticipatory subject:*
  Als ich nach Deutschland zurückkam, war **es** für mich jedesmal eine Plage,
  Bus oder Straßenbahn zu fahren.
  so sehr, daß **es** jedesmal ein Kampf um Leben und Tod war.
  Es stinkt einfach, wie da mit zweierlei Maß gemessen wird.
b) *It corresponds to English 'to do' or 'so' replacing a known grammatical object:*
  Der Junge wollte sich, wie er **es** gewöhnt ist, jeden Abend duschen. (*as he is
  used to do*)
  Die Mutti hat**'s** gesagt. (*Mummy said so.*)
c) *It occurs in many set phrases with certain verbs:*
  Er meint **es** immer gut.
  Hier wird nur einmal in der Woche gebadet – wenn**'s** hochkommt.
  Sie haben **es** gut, aber ich bin **es** satt.
d) *As complement and demonstrative with* sein*:*
  Sind **es** deine Eltern? Ja, sie sind **es.**
  Ich war**'s,** der den Stein warf.
e) *To avoid repeating the complement of* sein*:*
  Meine Frau ist müde, und ich bin**'s** auch.
  Wir sind nie so klug, wie wir **es** zu sein glauben.

An infinitive with zu *is used after* brauchen, haben, sein, *and* wissen*:*
Das **brauchst** du gar nicht **zu verstehen.**
Der Schüler **hat** sich mindestens einmal pro Woche die Füße **zu waschen.**
Es **ist** sehr unfreundlich, so etwas **zu machen.**
Er **weiß** mit Kindern **umzugehen.**

a) *a* Landesfachschule *corresponds roughly to a local technical college – it gives a
  vocational technical training.*
b) *the* Berufsausbildungsförderungsgesetz *is a federal law authorising local
  authorities to give financial assistance to individuals undergoing further vocational training or re-training.*
c) *the* Ladenschlußgesetz *governs the permitted opening hours for shops.*

Fragen zum Text

1. Was wird von der deutschen Sauberkeit behauptet?
2. Warum durfte sich der Schüler nicht täglich duschen?
3. Wie könnten korpulente Herren ihre Fettpölsterchen „vertuschen"?
4. Welche Schwierigkeiten hat die Dame, die sich als MTA weiterbilden läßt?
5. Wie wird der Mann empfangen, der eine schwarze Braut aus Kenia mitbringt?
6. Warum stimmt die Rechnung des „emanzipierten Hausmannes" nicht?
7. Welche Kinderkrankheiten werden im letztzitierten Leserbrief erwähnt?
8. Was erlaubte der eine Arzt seinen Kindern?

Fragen zur Diskussion

1. Wie könnte man den Durchschnittsengländer mit dem Deutschen vergleichen, was Sauberkeit betrifft?
2. Trifft es zu, daß korpulente Damen schlimmer als korpulente Männer aussehen, wenn sie Hosen tragen? Warum?
3. Was ist mit „der typischen Doppelmoral" gemeint?
4. Was halten Sie vom Ladenschlußgesetz in unserem Land?

Translate into German

An enquiry into the state of health of the people of Baden-Württemberg produced the following instructive results: 55 per cent of the population were overweight, while only 3 per cent were assessed as undernourished. Although over 90 per cent pay great attention to ensuring that their food is as free from germs as possible, only 20 per cent consider that adequate personal cleanliness involves bathing more than once a week. The incidence of measles and chickenpox is slightly lower than ten years ago, while scarlet fever has virtually disappeared. The average age at which children contract these childhood ailments is about eight months younger than was the case at the time of the last enquiry held ten years ago; moreover these diseases do not attack so vigorously as they used to.

35 Heiratsanzeigen

Das glückliche Paar

Die Frankfurter Allgemeine Zeitung veröffentlichte im letzten Jahr viele Anzeigen. Es erschienen z.B. 31 794 Stellenanzeigen, 30 596 Immobilieninserate und neben einer Reihe anderer Rubriken waren Reiseanzeigen mit 16 898 Empfehlungen vertreten.

Wir sagen das, um einen merkwürdigen Vorgang zu illustrieren. Die Anzeigen kommen nicht ohne weiteres. Wie jede Zeitung müssen wir um die Anzeigen werben: durch Briefe, Prospekte und persönliche Gespräche. Aber es gibt eine Anzeigerubrik, auf deren Umfang wir keinen Einfluß haben: die EHEWUNSCH – ANZEIGEN.

Wir können nicht für sie werben. Trotzdem bringt die Frankfurter Allgemeine Zeitung Woche für Woche fast auf die Millimeterzeile genau eine Seite dieser Rubrik; eine nennenswerte Umfangdifferenz tritt im Laufe des Jahres – abgesehen von den Samstagen vor Ostern, Pfingsten und Weihnachten – nicht auf. Die Aufträge erhalten wir aus allen Teilen der Bundesrepublik, aus West-Berlin und aus dem Ausland. Wie kommt das? Wir wissen es nicht. Es gibt Dinge, die sich der Berechnung und der Vorausbestimmung marktforschender Gründlichkeit entziehen. Auch Fachleute haben keine Erklärung dafür.

In der Frankfurter Allgemeinen Zeitung erschienen 1971 5 051 Ehewunschanzeigen unter Chiffre: ein Zeichen dafür, daß die Heiratsanzeige „dieser gar nicht mehr ungewöhnliche Weg," wie es oft in den Texten noch heißt, eben so ungewöhnlich nicht ist.

1. Charmante Wienerin
sehr gepflegtes Äußeres, dunkel, im westdeutschen Raum lebend,

---

veröffentlichen: *to publish*
die Stellenanzeige: *job advertisement*
die Immobilien: *housing accommodation*
die Rubrik: *heading*

werben: *to advertise*
der Umfang: *extent*

der Auftrag: *commission*

die Berechnung: *calculation*
die Vorausbestimmung: *predetermination*

die Chiffre: *box number*

Anfang 40, in besten wirtschaftlichen Verhältnissen (u.a. schöner Bungalow) mit viel Herzenswärme und Anpassungsfähigkeit würde sich freuen, einen repräsentablen und menschlich wertvollen Partner aus nur gleichwertigen Kreisen in sicherer Position zwecks Heirat bei gegenseitiger Zuneigung kennenzulernen. Zuschriften nur mit neuerem Foto.

die Anpassungsfähigkeit: *adaptability*
gegenseitig: *reciprocal*
die Zuneigung: *inclination*

2. Langsam werde ich
Junggeselle wider Willen
anspruchsvoll und unentschlossen. Es sollte Ihnen also, wenn wir uns verstehen, nicht zu schwer fallen, mich vom besseren Gegenteil zu überzeugen. Sie sind jung und schlank, mit gutem Background (Herz und Köpfchen), haben Verständnis für einen akademischen Beruf (Arzt) und sind trotzdem noch ledig? Dann sollten wir uns kennenlernen, und ich freue mich auf einen Brief mit Bild von Ihnen (oder evtl. einem besorgten Verwandten).

anspruchsvoll: *demanding*

ledig: *single, unmarried*

3. Mathematiker
mit Elan und Humor, Humanist, ev., in Ulm, 185 cm lang, möchte frische, nette, lange, junge
Mathematikerin
heiraten.

4. Raum Hanau
Verkaufsmanager, 40 Jahre, 1,80 groß, schuldlos geschieden, vielseitig interessiert, Hobby: Naturwissenschaften, Archäologie, sucht eine seriöse Dame mit Niveau, die in etwa die gleichen Interessen mitbringt. Zunächst Kontaktaufnahme. Später Heirat möglich. Sie soll etwa 25–35 Jahre jung sein, dunkelhaarig, korpulente Erscheinung bevorzugt.

geschieden: *divorced*

bevorzugen: *to prefer*

5. Mein größter Wunsch:
Die zukünftige Lebenskameradin zu finden, die absolut charakterfest, aufgeschlossen, intelligent, warmherzig, wahrheitsliebend, treu und ehrlich ist. Ich bin Maschinenbauingenieur, 50/1,70 m, groß, gesund, stattlich, leicht grau meliert, anpassungsfähig, und von wünschenswerten Qualitäten. Achtzehn Jahre habe ich vollkommen sinnlos dem Ausland weggeworfen, Deutscher zu sein ist bewiesenermaßen eben immer noch ein „Geburtsfehler" in fremden Landen. So bin ich ungewollt bitterlich einsam geblieben. Unter Umständen würde ich gerne das vielgepriesene Amerika mit der deutschen Heimat eintauschen. Welche Dame darf ich bald als meine Frau verehren, achten und lieben dürfen, um endlich als Mensch funktionieren zu können? Auch Einheirat in Metallunternehmen willkommen. Wer schreibt mir und meint es ehrlich?

stattlich: *well-built*
grau meliert: *mixed with grey*

bewiesenermaßen: *demonstrably*

eintauschen: *to exchange*

die Einheirat: *business partnership by marriage*

6. Ein Brief, ein Rendez-vous . . .
wer weiß, vielleicht werden Sie unser beider Leben von Grund auf verändern – wenn wir ein wenig Glück haben. Damit wir uns gut verstehen und ergänzen, sollten Sie neben sportlichen Interessen (Skifahren, Wandern, Schwimmen) auch für geistige und kulturelle Anliegen

die Anliege: *concern*

etwas übrig haben: psychologische Probleme, Musik, Theater, bildende Künste. Und wenn Sie sich bei aller beruflichen Tüchtigkeit, auch noch etwas romantischen Sinn bewahrt haben, dann müßte es herrlich sein, mit Ihnen Pläne für eine gemeinsame Zukunft zu schmieden (Heirat).

schmieden: *to forge, weld*

Die Ihnen dies schreibt, ist 31/165, schlank, brünett, hübsch, eine sehr besinnliche Natur, in einem ausgesprochenem Frauenberuf tätig, schon weit gereist und mehrsprachig, aus harmonischer, gediegener Familie. Bildzuschriften von katholischen, ledigen Schweizer Herren, bis maximal 41 Jahre, beantworte ich prompt unter Chiffre xxx der Neuen Zürcher Zeitung.

gediegen: *solidly reliable*

7. Eine Direktionssekretärin

hat zwar mit vielen interessanten Menschen zu tun, doch im privaten Bereich ist sie oft einsam und unerfüllt. So ist es jedenfalls bei mir. Ich möchte so gern meine vielseitigen Talente in einer beglückenden Ehegemeinschaft einsetzen. Darum suche ich Sie!

Eine Persönlichkeit von Format, mit weitem Horizont (wenn möglich Auslanderfahrung), in verantwortlicher Stellung, von kultiviertem Geschmack (Literatur, Musik, Theater), mit Freude am Reisen, Skifahren, Wandern. Alter zwischen 50 und 60, Protestant.

Wer bin ich? In jeder Hinsicht eine echte Eva, feinfühlig, anpassungsfähig, lebhaft, fröhlich, geschickte Gastgeberin, mit der verständnisvollen Klugheit, die die Jahre verleihen, äußerlich noch sehr ansprechend, elastisch und unternehmungslustig.

Könnte so die Frau aussehen, die Ihnen vorschwebt? Dann freue ich mich sehr auf Ihre Bildzuschrift.

8. An den einsamen Witwer

Wenn Sie sich wiederum nach einer geeigneten, katholischen Lebensgefährtin sehnen, die in Ihr Heim wieder Sonne und Freude bringt, dann lade ich Sie zu einer baldigen, unverbindlichen Aussprache freundlich ein. Frühzeitige, telefonische Voranmeldung ist unerläßlich.
Büro Elizabet Fuchs 6000 Luzern Kauffmannweg 8 Tel. 22 52 37
Katholisch, staatlich konzessionierte, streng diskrete Ehevermittlung.

unverbindlich: *without obligation*
die Voranmeldung: *advance notice*
unerläßlich: *indispensable*

9. Schweizer,

in der freien Wirtschaft tätig, 178, ledig, schlank, 44 (jedoch jünger aussehend), mit Inland- und Auslanderfahrungen (Europa/USA), weltoffen, tolerant, korrekt, vertrauenswürdig, unkompliziert, charakterlich gereift, mit vielseitigen Interessen, wünscht
Bekanntschaft
zwecks Heirat mit junger, sympathischer Dame aus gehobenem Niveau mit ähnlichen Eigenschaften und Interessen, natur- und kinderliebend, mäßig Sport treibend (Witwe oder Geschiedene nicht ausgeschlossen); Partnerschaft, Einheirat oder Mithilfe in eigenem Geschäft evtl. möglich. Selbstinserent. Diskretion ist selbstverständlich.

der Selbstinserent: *personal advertiser*

FRANKFURTER ALLGEMEINE ZEITUNG & NEUE ZÜRCHER ZEITUNG

Grammar

1. ADJECTIVES   *Adjectives derived from town names end in* er *and are invariable:*
in der **Frankfurter** Allgemeinen Zeitung
unter Chiffre xxx der Neuen **Zürcher** Zeitung

2. ARTICLES   *A definite article is commonly used before days, months, seasons, meals:*
abgesehen von **den** Samstagen vor Ostern, Pfingsten und Weihnachten
am Montag; **im** April; **im** August; **im** Sommer; **im** Herbst; **beim** Frühstück
But Es war Mai; vor, seit, nach Juni

3. ORTHOGRAPHY   *Note the abbreviations* evtl., u.a., ev., *which stand for:*
eventuell, *in certain circumstances, if circumstances are favourable*
unter anderem, *among other things*
evangelisch, *protestant*

4. PREPOSITIONS   *Although a preposition plus an indefinite object pronoun normally combines to form,*
e.g., dafür, darum:
Auch Fachleute haben keine Erklärung **dafür.**
Darum suche ich Sie.
the pronoun may be retained separately, especially where it is more particular than
indefinite:
Wir können nicht **für sie** werben.

5. PRONOUNS   *Reciprocal pronouns may be rendered by a reflexive without* einander:
Damit wir **uns** gut verstehen und ergänzen.
Es sollte Ihnen also, wenn wir **uns** verstehen, nicht zu schwer fallen.
Wir lieben **uns** sehr.

6. VOCABULARY   a) *The following forms are poetical or archaic; the obsolescent preposition* wider
     occurs with very few nouns, chiefly Wunsch, Wille:
     in fremden Landen; unser beider Leben; wider Willen
   b) *The verb* verantworten *and its derivatives often cause problems.*
     i) verantworten, *while meaning 'to be responsible for', 'to account for', is often*
     used to mean 'to defend' or 'to vindicate':
     Das mußt du mir **verantworten.** (*answer for, take responsibility for*)
     Wie kannst du diese zynische Stellungnahme **verantworten**? (*defend*)
     ii) verantwortlich *means 'responsible' (for someone or something):*
     Eine Persönlichkeit in **verantwortlicher** Stellung
     Sie sind als Vater für das Benehmen Ihres Sohns **verantwortlich.**
     iii) verantwortungsvoll *means 'involving great responsibility':*
     Dann können Sie **verantwortungsvolle** Aufgaben in der Praxis übernehmen.
     Bei der Polizei finden Sie einen **verantwortungsvollen** Beruf.
     iv) *The difference between* Verantwortung *and* Verantwortlichkeit *is slight.*
     Verantwortung *is the more commonly used of the two, and tends to relate to the*
     specific case, whereas Verantwortlichkeit *emphasizes the general principle:*
     Auf eigene **Verantwortung** hat der Lehrer schulfrei gegeben.
     Verantwortlichkeit muß man Kindern beibringen.

Fragen zum Text

1. Welche vier Anzeigesorten werden erwähnt?
2. Warum ist es merkwürdig, daß so viele Heiratsanzeigen in der FAZ erscheinen?
3. Woher erhält die FAZ die Aufträge für Heiratsanzeigen?
4. Was bietet die charmante Wienerin außer Herzenswärme und Anpassungsfähigkeit?
5. Welche Interessen erwartet der Verkaufsmanager von seiner Partnerin?
6. Welchen Eindruck haben Sie von diesem Maschinenbauingenieur?
7. Was für einen Partner sucht die „in einem ausgesprochenen Frauenberuf tätige" Frau?
8. Welche Eigenschaften würde die „Direktionssekretärin" mit in die Ehe bringen?
9. Was unterscheidet das achte Inserat von den übrigen?
10. Woraus kann man entnehmen, daß der letzte Inserent eine Familie gründen möchte?

Fragen zur Diskussion

1. Glauben Sie, daß „dieser gar nicht mehr ungewöhnliche Weg" oft zu einer erfolgreichen Ehe führt?
2. Die Anzeigen zählen fast immer die guten Eigenschaften auf, seltener die schlechten; können sie also einen wirklichen Eindruck von der betreffenden Person geben?
3. Warum haben die Inserenten ihren Partner wohl nicht auf dem normalen Wege gefunden?
4. Leistet ein Ehevermittlungsbüro der Gesellschaft einen wertvollen Dienst?

Aufsatz: Brauchen wir Ehevermittlungsbüros?

1. Wird die Kontaktaufnahme schwieriger, wenn man nicht mehr jung ist?
2. Wie soll ein vielbeschäftigter Geschäftsmann eine Partnerin finden?
3. Kann man eine ehrliche Selbstdarstellung für ein Inserat schreiben? (Versuchen Sie's mal!)
4. Wie viele Enttäuschungen könnte man erwarten?
5. Was lernt man von einer Heiratsanzeige, das man von einer gewöhnlichen Begegnung mit der Person wohl nicht gelernt hätte?
6. Welchen Schutz hat man bei einem Büroinserat, der bei einem Eigeninserat fehlt?
7. Steigt die Anzahl von Heiratsanzeigen in der ganzen Welt?
8. Spielt der Computer eine große Rolle bei der Ehevermittlung?

Aufsatzplan

1. Abschnitt: Warum werden Heiratsanzeigen häufiger?
2. Abschnitt: Welche Nachteile hat dieser Weg?
3. Abschnitt: Wie soll man sich benehmen, wenn man Kontakt aufnimmt?
4. Abschnitt: Welche Charaktereigenschaften sind die wichtigsten?

36 Wetterberichte

1. Übersicht: Ein Tief über den mittleren Teilen Deutschlands bestimmt mit seinen Wolken- und Niederschlagsfeldern sowie naßkalter Luft das Wetter in Deutschland. Lediglich im äußersten Süden ist vorübergehend noch milde Luft wirksam. Später wird ein Zwischenhoch für eine Beruhigung sorgen.

Vorhersage: Am Samstag im Norden und an den Küsten Deutschlands wechselnd bewölkt, einzelne Schauer oder kurze Gewitter, meistens Schnee und Graupeln; Höchsttemperaturen um 3 Grad, Tiefsttemperaturen 0 bis minus 3 Grad; schwacher, zeitweise mäßiger Wind aus West bis Nord. Im Westen und Süden bedeckt und Schneeregen bei Temperaturen nahe null Grad, im äußersten Südwesten allerdings bis 9 Grad. Verbreitet Straßenglätte, später Übergang zu wechselndem, vielfach stark bewölktem Wetter mit Schnee- und Graupelschauern, Höchsttemperaturen dann 2 bis 6 Grad, Tiefsttemperaturen um minus 2 Grad, nachts und morgens Reifglätte. Schwacher, nur zeitweise böig auffrischender Wind um Südwest, später gegen Nord drehend.

Aussichten: Am Sonntag meist freundlich, aber kalt.

2. Das Wetter am Dienstag

Nachmittags gewittrig

Wetterlage: Während der Süden und Westen Deutschlands im Bereich feuchtwarmer Luftmassen liegt, strömen in die übrigen Gebiete etwas kühlere und trockenere Luftmassen aus Osten ein.

Vorhersage für Dienstag

Norddeutschland und Berlin: In den Frühstunden örtlich Nebel oder starker Dunst, sonst heiter bis wolkig. Am Nachmittag besonders in den westlichen Gebieten örtlich einzelne Schauer oder Gewitter. Schwache bis mäßige südöstliche Winde. Höchste Tagestemperaturen um 20 Grad, an der Ostsee um 14 Grad.

West-, Süd- und Südwestdeutschland: In den Frühstunden gebietsweise Niederungsnebel, sonst heiter bis wolkig. In der zweiten Tageshälfte örtlich Schauer oder Gewitter. Höchste Tagestemperaturen in den Niederungen um 20 Grad, im Bergland um 14 Grad, meist schwachwindig. Aussichten für Mittwoch:

Überwiegend freundlich und geringe Temperaturänderung, in den westlichen Gebieten weiterhin Gewitterneigung.

Temperaturen, Montag, 13 Uhr, und 24stündiger Niederschlag bis Montag, 7 Uhr:

Essen	20°	0,1 mm	Hamburg	16°	8,0 mm
Bonn	19°	0,0 mm	Berlin	17°	0,0 mm
Frankfurt	20°	6,0 mm	Hannover	18°	0,2 mm
Stuttgart	19°	3,0 mm	München	17°	0,9 mm

Sonnenaufgang am Mittwoch, 4,39 Uhr; Untergang: 19,59 Uhr. Mondaufgang: 2,52 Uhr, Untergang: 16,46 Uhr.

FRANKFURTER ALLGEMEINE ZEITUNG

---

der Niederschlag: *precipitation*
lediglich: *only, solely*
das Zwischenhoch: *ridge of high pressure*
die Beruhigung: *respite*
die Vorhersage: *forecast*
wechselnd: *changeable*
bewölkt: *cloudy*
die Graupel: *sleet, hail*

bedeckt: *overcast*

verbreitet: *widespread*
die Straßenglätte: *icy roads*

die Reifglätte: *hoar-frost*
böig: *gusty*
auffrischend: *freshening*

gewittrig: *stormy*

örtlich: *locally*

der Niederungsnebel: *fog in low-lying areas*

überwiegend: *predominantly*

Fragen zum Text

1. Wodurch ist laut dieser Vorhersage die allgemeine Wetterlage in Deutschland bestimmt?
2. Wo befindet sich milde Luft, und wie lange noch?
3. Welches Wetter ist am Samstag im Norden zu erwarten?
4. Wie ist die Vorhersage für Südwestdeutschland?
5. Wie wird sich das Wetter auf die Verkehrslage auswirken?
6. Was wird im Bericht „Das Wetter am Dienstag" für Norddeutschland und Berlin vorhergesagt?
7. Wie wird sich in Südwestdeutschland das Wetter zwischen den Frühstunden und der zweiten Tageshälfte ändern?
8. Wo wurde am Montag um 13 Uhr eine Temperatur von 20° gemessen?
9. Wird das Wetter am Mittwoch wechselhaft oder beständig sein?
10. Wo hat man am Montag den meisten Regen gehabt?

Fragen zur Diskussion

1. Welche Zahlenangaben im deutschen Wetterbericht finden Sie auffallend?
2. Gibt es hier irgendeine Wetterlage, die nie in Großbritannien vorkommt?
3. Wozu sind Wettervorhersagen nützlich?

Exercises

1. TRANSLATE INTO GERMAN:
   1. I've forgotten my matches. Have you any?
   2. There are dangerous men in every country.
   3. I envy him greatly.
   4. He was accused and judged at one and the same time.
   5. She was wearing a lilac dress.
   6. There's an ashtray on the table.
   7. There was a lot of traffic on the motorway.
   8. There were thousands of stars in the sky.
   9. He laid the towel on the ground behind him.
   10. She hasn't a handkerchief with her.

2. ERGÄNZEN SIE:
   1. Was für ein– Bleistift willst du haben?
   2. Der Hund läuft um den Baum –.
   3. Die Jungen standen rings – das Auto.
   4. Mit was für ein– Messer hat er das geschnitten?
   5. Er hat immer ein paar Freunde – sich herum.

3. COMPLETE WITH A SUITABLE WORD FOR 'THEREFORE':
   1. – kommt es, daß die Preise so gestiegen sind.
   2. Er war sehr unzuverlässig, – habe ich ihn entlassen.
   3. Die Reise ist sehr anstrengend, ich möchte – lieber zu Hause bleiben.
   4. Das Obst war schlecht, – konnte man es nicht essen.
   5. Er ist erkältet, – kommt er nicht.

4. COMPLETE WITH THE MOST SUITABLE OF THE WORDS IN BRACKETS:

1. Sie ist – 1,75 m groß.
   (letztens, höchstens, spätestens)
2. Es waren – zehn Jungen.
   (mindestens, strengstens, bestens)
3. Das werden wir – sehen.
   (nächstens, letztens, mindestens)
4. Ist sie – reich?
   (meistens, wenigstens, strengstens)
5. Er läßt dich – grüßen.
   (frühestens, bestens, meistens)
6. Er hätte – etwas von sich hören lassen können.
   (spätestens, mindestens, meistens)
7. Ich werde dich – morgen abend besuchen.
   (höchstens, strengstens, frühestens)
8. Das ist – verboten.
   (strengstens, nächstens, wenigstens)
9. Es dauerte – eine Stunde.
   (frühestens, höchstens, bestens)
10. Es dauert – zwei Jahre.
    (bestens, letztens, wenigstens)
11. Das haben wir doch erst – besprochen.
    (wenigstens, höchstens, letztens)
12. Sie kommt – zu spät.
    (höchstens, meistens, mindestens)
13. Die Kiste ist – doppelt so groß.
    (spätestens, mindestens, nächstens)
14. Wir werden Sie – bedienen.
    (mindestens, meistens, bestens)
15. Drittens und – möchte ich folgendes sagen.
    (erstens, letztens, meistens)
16. Ich war so – nicht allein.
    (wenigstens, strengstens, erstens)
17. – möchte ich mich bedanken.
    (frühestens, erstens, strengstens)
18. Er wollte mich – in einer Stunde anrufen.
    (spätestens, erstens, letztens)

5. TRANSLATE INTO GERMAN:

1. Whether as employer or friend he was first and foremost true to his principles.
2. He was at death's door for years, but recovered enough strength to resume his work.
3. The main thing is that he belonged to the Party in the thirties.
4. At the beginning of August a dozen students were arrested at night on account of their part in the street battle.
5. Two relatives of the Cologne artist spoke first about his arrival ten years ago.
6. Berlin is worth a visit on account of its distinctly international atmosphere.
7. You must travel by train to Italy next month for your health's sake.
8. Rome has fountains such as we Germans only see in dreams.

Multiple-Choice Comprehension

1. Gibt die Ministerin oft Interviews?
   a) Nein, sie kann die Presse nicht leiden.
   b) Ja, sie gibt gerne Interviews über alle möglichen Themen.
   c) Nein, nur gelegentlich gibt sie Interviews über politische Fragen.
   d) Ja, sie gibt viele Interviews über ihr Privatleben.

2. Was interessiert die Leserinnen dieser Zeitschrift besonders?
   a) Der Sport.
   b) Der Aufgabenbereich der Ministerin.
   c) Das Gesundheitswesen.
   d) Das Privatleben der Frau Minister.

3. Was studiert Birgit?
   a) Volkswirtschaft im Juragebirge.
   b) Jura in Berlin.
   c) Volkswirtschaft und Jura in Berlin.
   d) Volkswirtschaft in Berlin.

4 Was ist eine Grundschule?
   a) Eine Schule für Landwirtschaft.
   b) Eine einstöckige Schule.
   c) Eine Schule für Kinder zwischen 6–10 Jahren.
   d) Eine Schule, an der man Abitur macht.

5. Was bedeutet der Satz: „Die Familie kommt zu kurz"?
   a) Die Familienmitglieder sind alle sehr klein.
   b) Die Familie wird von der Mutter nicht genug beachtet.
   c) Die Familie hat nicht genug Geld.
   d) Die Besuche der Mutter sind zu kurz.

6. Was macht Waltraud?
   a) Sie ist die Sekretärin der Ministerin.
   b) Sie sorgt für die Ministerin in Bonn.
   c) Sie sorgt für die Familie in Trier.
   d) Sie sorgt für den Dackel, wenn die Ministerin in Bonn ist.

7. Welche ihrer Aufgaben vernachlässigt die Ministerin Ihrer Meinung nach?
   a) Ihre Aufgaben als Mutter.
   b) Ihre Aufgaben als Ehefrau.
   c) Ihre Aufgaben als Hausfrau.
   d) Ihre Aufgaben als Ministerin.

8. Warum sind die Rollen in der Familie vertauscht?
   a) Die Ministerin und ihr Mann glauben an die Gleichberechtigung.
   b) Der Mann kann nicht genug Geld verdienen.
   c) Sie kennen ihre Rollen nicht.
   d) Die Frau Minister kann nicht kochen.

9. Welchen Beruf hat der Ehemann?
   a) Er ist Quasi-Hausfrau.
   b) Er ist Studienrat.
   c) Er ist Student.
   d) Er ist arbeitslos.

10. Wie wird die Ministerin von ihren Kollegen behandelt?
   a) Sie wird als Gleichwertige behandelt.
   b) Sie wird mit Samthandschuhen behandelt.
   c) Sie wird als Hausfrau behandelt.
   d) Sie wird von ihren Parteigenossen ignoriert.

X Gesundheit

„Gratuliere! Sie haben einen neuen, bisher völlig unbekannten Virus!"

37 Diät-Klub

Trimm dich!

1. Lesertip: Kochen ohne Extratöpfe.
Ich habe lange überlegt, wie ich mir das Kochen meiner Diätmahlzeit und des Familienessens vereinfachen kann. Erst bereite ich das Essen für die Familie. Bevor's ans Kochen geht, kommen meine Diätportionen in Alufolie obendrauf: ein Päckchen mit Kartoffeln, eins mit Gemüse und eins mit Fleisch oder Fisch. Alles ist zur gleichen Zeit fertig, und ich brauche keine Extratöpfe. Inge W., Stuttgart.

vereinfachen: *to simplify*

die Alufolie: *aluminium foil*

2. In Heft 1/1972 veröffentlichten wir unser **1000-Kalorien-Spiel**. Hier finden Sie ein Rezept für die warme Mahlzeit, das den Spielregeln wieder genau entspricht. ZWIEBELFLEISCH. 187,5 g Rindfleisch (⅜ Pfund) – 100 g Zwiebeln – Salz – Pfeffer – Kümmel – 1 Eßl. roher Reis. Das Fleisch in Würfel schneiden und in einer beschichteten Pfanne anbraten. Zwiebeln in Streifen schneiden und zugeben. Alles in etwas Wasser gar schmoren. Mit Salz, Pfeffer und Kümmel herzhaft abschmecken. Mit körnig gekochtem Reis servieren.

das Rezept: *recipe*
das Rindfleisch: *beef*
der Kümmel: *caraway*
beschichtet: *non-stick, coated*

schmoren: *to stew*
abschmecken: *to season*
körnig: *fluffed up*

3. Das Motiv spielt eine Rolle.
Die besten Diäterfolge werden von Menschen erzielt, die ein besonderes

160

So wird man übergewichtig!

Motiv fürs Abnehmen haben. Zum Beispiel halten Frauen die Diät
konsequenter ein, wenn sie wissen, daß ihre Ehe wegen ihrer Fettleibig-
keit bedroht ist. Herzinfarktgeschädigte bleiben eisern bei der Diät, um   der Herzinfarkt: *heart attack*
neue Infarkte zu vermeiden. Männer, die aus beruflichen Gründen ein
bestimmtes Gewicht nicht überschreiten dürfen – z.B. Piloten –
erzielen bessere Erfolge als jene, bei denen das Gewicht beruflich keine
Rolle spielt.

4. Diäterfolg stärkt das Selbstbewußtsein.

Die Ärzte der 2. Medizinischen Klinik in Düsseldorf haben an 79
Patienten untersucht, ob Diätkuren Depressionen auslösen können.
Alle Patienten waren übergewichtig und wurden auf eine 1000-Kalorien-
Diät gesetzt. Die Ergebnisse zeigten, daß Patienten auf die Einschränkung ihrer Nahrung anders reagieren als zum Beispiel Raucher
oder Alkoholiker, denen man Zigaretten oder Alkohol entzieht. Sobald
ein Patient die ersten Erfolge seiner Diätkur registrieren kann, erhöht
sich in der Regel seine psychische Stabilität. Er wird „krisenfester,"
selbstsicherer und kontaktfreudiger. Nach abgeschlossener, erfolgreicher   abgeschlossen: *completed*
Diätkur konnte man sogar gesteigerte Aggressivität verbunden mit

Diese Frau nimmt nicht Dr. Schmal's Schlankheitspulver.

NUSCH

einem erhöhten Bedürfnis nach Geselligkeit und sozialer Anerkennung finden. Die Düsseldorfer Mediziner erklären das so: Die frustrierende Nahrungseinschränkung wird dadurch belohnt, daß der Patient Pfunde verliert. Außerdem empfinden die Patienten es ebenfalls als Belohnung, wenn verhältnismäßig früh während der Diätkur unangenehme Begleiterscheinungen der Fettsucht (ständige Müdigkeit, Trägheit und Minderung der sexuellen Aktivität) wegfallen. So hält sich die Frustration bei einer 1000-Kalorien-Diät offenbar in Grenzen. Zumindest werden die Vorteile einer solchen Diät von den erfolgreichen Kurteilnehmern wesentlich stärker erlebt als die Nachteile.

die Begleiterscheinung: *side effect*

5. Leserbrief: Der Hausarzt half bei der Diät.

Bis vor drei Monaten war ich ein molliger Teenager und litt schrecklich darunter. Sportstunden waren ein Greuel für mich, weil ich wie ein Mehlsack am Reck hing. Ich steckte voller Hemmungen. Dann faßte ich mir ein Herz und sprach mit unserem Hausarzt darüber (meine Mutter hatte für mein Problem kein Verständnis!). Er untersuchte mich gründlich und stellte fest, daß organisch alles in Ordnung war, daß ich bloß für meine Größe 20 Pfund zuviel wog. Er setzte mich auf Diät und lieh mir das grüne Brigitte-Diätbuch. Als ich meiner Mutter davon berichtete, war sie ziemlich böse, außerdem fürchtete sie die Mehrarbeit durch die Diätkocherei. Unser Hausarzt, den ich alarmierte, versuchte, ihr klarzumachen, daß ich wirklich aus medizinischen Gründen abnehmen müsse, außerdem täte es mir gut, wenn die Hänseleien meiner Klassenkameradinnen aufhörten. Das sah sie dann auch ein. Wir schlossen einen Kompromiß: Damit sie durch meine Diät nicht mehrbelastet wurde, kochte ich meine Mahlzeiten selbst, die Einkäufe dafür erledigte sie für mich mit. In drei Monaten war mein Problem gelöst. Ich nahm 20 Pfund ab und trage Kleidergröße 38. Meine Freundinnen finden mich gar nicht mehr komisch, und Sport macht mir sogar Spaß. Meinem Hausarzt bin ich dankbar, daß er mich gegen den Widerstand meiner Mutter unterstützt und überwacht hat. Ute B., Hamburg.

mollig: *tubby*

das Reck: *horizontal bar*

die Hänselei: *teasing*

BRIGITTE

162

Grammar

In journalistic style, where brevity is important, jener *is often preferred to* derjenige :
Piloten erzielen bessere Erfolge als **jene**, bei denen das Gewicht beruflich keine
Rolle spielt.

In general, however, jener *is relatively little used, except in direct comparisons:*
Dieses Hemd ist eleganter als **jenes**.

2. VERBS a) *It is useful for comprehension to know the force and function of those prefixes
whose effect is not immediately obvious:*

be- i) *makes intransitive verbs transitive:*
daß ihre Ehe wegen ihrer Fettleibigkeit bedroht ist.
Er hat den Acker bearbeitet.

ii) *forms verbs from nouns, with the force of 'to provide with':*
Die frustrierende Nahrungseinschränkung wird dadurch belohnt.
Das Fleisch in einer beschichteten Pfanne anbraten.

ent- i) *forms opposites:*
Er hat das Geheimnis entdeckt. (cf. entehren, entbinden)

ii) *denotes deprivation or separation:*
Raucher oder Alkoholiker, denen man Zigaretten oder Alkohol entzieht.
(cf. entnehmen, entwaffnen)

iii) *denotes origin:*
Daraus kann ein Krieg entstehen. (cf. entwerfen, entspinnen)

iv) *has the force of 'to escape' with some verbs of motion:*
Er ist vom Gefängnis entflohen. (cf. entkommen, entgehen)

er- *denotes achievement or successful completion, and often has the force of
acquiring something by action:*
Die besten Diäterfolge werden von Menschen erzielt, die . . .

ver- i) *produces a perfective or intensified meaning:*
um neue Infarkte zu vermeiden
Man konnte gesteigerte Aggressivität verbunden mit einem erhöhten
Bedürfnis nach Geselligkeit finden. (cf. verbrauchen, vertreiben, ver-
bleiben)

ii) *has the sense of 'away':*
Ich habe es verschenkt. (cf. verhallen, verreisen, versetzen)

iii) *indicates making a mistake (often with reflexive verbs):*
Er hat sich versprochen. (cf. verwechseln, sich verfahren)

iv) *adds a negative or unfavourable sense:*
Er hat uns verführt. (cf. verderben, vernichten, verraten)

v) *indicates change of state if connected to an adjective or adverb:*
wie ich mir das Kochen meiner Diätmahlzeit vereinfachen kann. (cf.
verarmen, verbilligen, verbreiten)

b) *Note the expression* eine Rolle spielen :
Das Motiv **spielt eine Rolle.**
Piloten erzielen bessere Erfolge als jene, bei denen das Gewicht beruflich
keine Rolle spielt.
This extremely common in its figurative sense of 'to be important'.

Fragen zum Text

1. Warum braucht Inge W. keine Extratöpfe mehr?
2. Was verstehen Sie unter „1000-Kalorien-Spiel"?
3. Welche besonderen Motive fürs Abnehmen werden im dritten Absatz erwähnt?
4. Warum freuen sich Diätkurteilnehmer über einen Diäterfolg?
5. Was wollten die Düsseldorfer Ärzte feststellen?
6. Wie alt ist Ute B. ungefähr, und woher wissen wir das?
7. Warum war ihre Mutter zunächst mit der Diätkur nicht einverstanden?
8. Wie hat ihr der Hausarzt geholfen?
9. Was ist durch die Diätkur besser geworden?
10. Welchen Kompromiß schloß sie mit ihrer Mutter?

Fragen zur Diskussion

1. Können Sie ein Rezept erfinden, das viel mehr als 1000 Kalorien enthält?
2. Welches soll der größte Nachteil bei einer Diät sein?
3. Glauben Sie, daß Übergewicht Depressionen verursachen kann, oder vielleicht umgekehrt?
4. Sind Übergewichtige heutzutage eher unglücklich als glücklich?
5. Welche Erfahrungen haben Sie mit Diätkuren gemacht, entweder persönlich oder durch Verwandte?

Aufsatz: Geschichte einer Diätkur

1. Angenommen, Sie haben Übergewicht, was sollten Sie tun?
2. Wie reagieren Ihre Klassenkameraden auf Ihre Fettleibigkeit?
3. Wie fühlen Sie sich während der Sportstunden?
4. Was empfiehlt das Diät-Buch?
5. Welches Ergebnis haben Ihre Versuche, sich selbst Diätmahlzeiten zu bereiten?
6. Wie schmeckt Ihre Diätmahlzeit?
7. Welchen Erfolg hat Ihre Diätkur?
8. Sind Sie glücklich darüber?
9. Wenn Sie den Arzt besuchen, welchen Rat gibt er?
10. Wie endet die Geschichte?

Aufsatzplan

1. Abschnitt: Sind dicke Leute glücklicher als dünne Leute?
2. Abschnitt: Wie geht man bei einer Diätkur vor?
3. Abschnitt: Wie fühlt man sich am Ende der Diätkur?

38 Ist Schlaf vor Mitternacht der gesundeste?

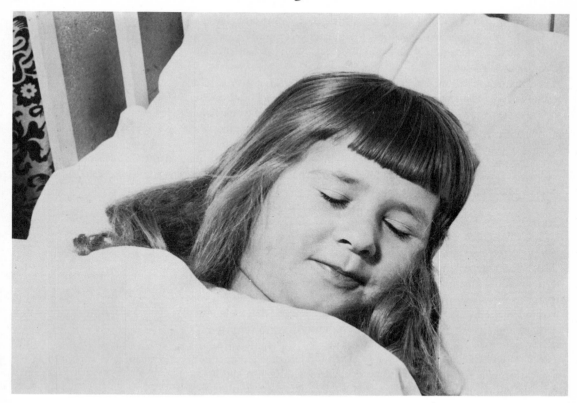

Gesunder Schlaf

Es stellt das Magazin Stern diese Frage von einem seiner Leser an den Experten, Professor Dr. Hanns Dieckmann, Chefarzt der Neurologischen Abteilung, Allgemeines Krankenhaus Hamburg-Altona: „Mein Beruf zwingt mich, die späten Abendstunden zu gebrauchen. Für den Schlaf bleibt deshalb nur die Zeit zwischen null und sechs Uhr dreißig. Angeblich soll ja der Schlaf vor Mitternacht der gesundeste sein. Aber was sagt der Experte dazu?"

angeblich: allegedly

Stern: Ist der Schlaf vor Mitternacht der gesundeste, Herr Professor Dieckmann?

Dieckmann: Daß der Schlaf vor Mitternacht besonders gesund sei, ist durch nichts bewiesen. Es gibt viele Menschen, die niemals zu einem Vormitternachtsschlaf kommen und trotzdem keine Gesundheitsstörungen erleiden.

Stern: Wie erklären Sie sich dann die weitverbreitete Meinung, daß der Schlaf vor Mitternacht besser ist?

Dieckmann: Bei Berücksichtigung eines durchschnittlichen Schlafbedürfnisses von acht Stunden und des für die meisten Menschen frühen Arbeitsbeginnes ist der Schlaf vor Mitternacht einfach notwendig, um ausgeschlafen zu sein.

die Berücksichtigung: consideration
durchschnittlich: average

Stern: Sie meinen, wer um 6 Uhr aufstehen muß, soll zwei Stunden vor Mitternacht ins Bett gehen, um ausschlafen zu können?

Dieckmann: So etwa, ja. Daraus kann man aber nicht schließen, daß der Schlaf vor Mitternacht besonders gesund sei.

Stern: Man kann seinen Schlaf-Rhythmus also ohne Schaden für die Gesundheit verschieben?

Dieckmann: Wenn eine regelmäßige zeitliche Verschiebung erfolgt, passen sich die meisten Menschen einer solchen Verschiebung ohne Störung an. Schlafen und Wachen folgen wie andere Körperfunktionen, zum Beispiel Temperatur, Herzschlag, Blutdruck und Verdauung einer inneren Uhr, die sich etwa am 24-Stunden-Rhythmus orientiert. Äußere Reize, wie der Wechsel zwischen Hell und Dunkel und die berufliche Umwelt, wirken als Zeitgeber für die innere Uhr.

die Verdauung: *digestion*

der Reiz: *stimulus*
die Umwelt: *environment*
umstellen: *to alter*

Stern: Die man aber umstellen kann?

Dieckmann: Gewiß. Bei regelmäßigem, nur zeitlich verschobenem Tagesablauf wird die innere Uhr nicht gestört. Das geschieht nur bei ständigem Wechsel.

Stern: Wer regelmäßig Nachtdienst hat und am Tage genügend Schlaf bekommt, wird nicht geschädigt?

Dieckmann: Grundsätzlich nicht. Die Anpassung an veränderte Rhythmen ist jedoch individuell verschieden. Sie ist zum Beispiel vom Alter und von der Konstitution abhängig. Hinzu kommt, daß die meisten Nachtarbeiter aus den verschiedensten Gründen am Tage nicht genügend Schlaf bekommen.

Stern: Wieviel Schlaf braucht der Mensch, um leistungsfähig zu sein?

leistungsfähig: *fit for work, efficient*

Dieckmann: Durchschnittlich etwa acht Stunden. Es gibt aber Menschen, die mit fünf oder sechs Stunden Schlaf auskommen, ohne Leistungseinbuße. Andere schlafen neun Stunden und mehr. Das Neugeborene schläft bis zu 20 Stunden täglich. Mancher Greis braucht nur vier bis fünf Stunden Schlaf. Es wäre sinnlos, dem zufriedenen Kurzschläfer unbedingt zu einem Acht-Stunden-Schlaf raten zu wollen.

die Einbuße: *loss*
der Greis: *old man*

Stern: Kann man auch zuviel schlafen?

Dieckmann: Ja. Eine über die Norm verlängerte Schlafdauer kann sich störend auswirken, zum Beispiel bei manchen Migränekranken. Das nennen wir Sonntags- oder Wochenend-Migräne.

Stern: Wie wirkt sich längerer Schlafentzug aus?

Dieckmann: Bei nur fünf Stunden Schlaf in einer Nacht tritt am nächsten Tag kaum eine Leistungsminderung auf. Wird der Schlaf an zwei aufeinanderfolgenden Nächten auf jeweils fünf Stunden verkürzt, ist ein spürbarer Leistungsabfall da.

Stern: Wieviel Schlaf braucht der Mensch, um verlorenen Schlaf aufzuholen?

Dieckmann: Selbst tagelanger Schlafentzug kann durch einen 12- bis 14-Stunden-Schlaf wieder ausgeglichen werden.

Stern: Warum träumen manche Menschen und manche nicht?

Dieckmann: Niemand schläft traumlos. Das ist durch experimentelle Schlafforschung besonders mit Hilfe der Hirnstrommessung bewiesen.

Stern: Stimmt es, daß Träume nur Bruchteile von Sekunden dauern?

die Hirnstrommessung: *electroencephalography*
der Bruchteil: *fragment, fraction*

Dieckmann: Nein, das stimmt nicht. In bestimmten Schlafphasen läßt sich an lebhaften Augenbewegungen unter den geschlossenen

Lidern erkennen, ob ein Schläfer träumt. Die Untersuchungen haben
gezeigt, daß Träume nicht in einem Zeitraffersystem in Sekunden ablaufen, wie man früher glaubte, sondern jeweils zwischen 10 bis 30
Minuten dauern können. Solche Traumschlafphasen wiederholen sich
etwa vier bis fünfmal in der Nacht. Gegen Morgen werden sie meist
länger. Nach Schlafentzug treten solche Traumphasen vermehrt auf.

Stern: Heißt das, daß Traumphasen für den Erholungswert des
Schlafes besonders wichtig sind?

Dieckmann: Ja. Werden beispielsweise Versuchspersonen trotz aus-
reichender Schlafdauer und Schlaftiefe stets beim Einsetzen der
Traumphasen geweckt, können psychische Störungen wie Reizbarkeit,
Angst und Unruhe auftreten.

Stern: Kann man daraus schließen, daß während der Traumphasen
Konflikt- und Streßsituationen abreagiert werden?

Dieckmann: Das könnte durchaus sein. Es ist jedenfalls besser, einen
Menschen aus dem Tiefschlaf zu wecken, als ihn beim Träumen zu
stören.

STERN

das Zeitraffersystem: *speeded-up motion*

die Reizbarkeit: *irritability*

167

Grammar

a) je *and* jeweils *are both used to express equal distribution. The difference between them is that* je *corresponds to 'each', whereas* jeweils *means 'at a time'*:

Die Mutter gab den Kindern **je** eine Mark.

Sie bekamen **je** einen Apfel.

Wird der Schlaf an zwei aufeinanderfolgenden Nächten auf **jeweils** fünf Stunden verkürzt, ist ein spürbarer Leistungsabfall da.

daß Träume nicht in Sekunden ablaufen, sondern **jeweils** zwischen 10 bis 30 Minuten dauern können.

b) *Notice the frequent use by one speaker of* etwa:

So **etwa**, ja.

Durchschnittlich **etwa** acht Stunden.

Etwa vier bis fünfmal in der Nacht.

Another speaker might have a similar predilection for ungefähr *or* also.

2. PRONOUNS

wer *may be used to correspond to the English 'he who' starting a clause, and* was *in the same way*:

Wer um 6 Uhr aufstehen muß, soll zwei Stunden vor Mitternacht ins Bett gehen.

Wer regelmäßig Nachtdienst hat und am Tage genügend Schlaf bekommt, wird nicht geschädigt.

Was noch trauriger ist, er kann nichts dagegen unternehmen.

3. VOCABULARY

'to use' is gebrauchen *when no specific purpose is stressed, otherwise* benutzen *or* verwenden *is preferable. Although dictionaries give 'to use' as a meaning for* brauchen, *this only applies when 'need' or 'take' could be substituted;* brauchen *is strictly 'to need'*:

Mein Beruf zwingt mich, die späten Abendstunden zu **gebrauchen**.

Ich **benutze** das Wörterbuch, um ein Wort nachzuschlagen.

Mancher Greis **braucht** nur vier bis fünf Stunden Schlaf.

4. WORD ORDER

a) *When two subordinate clauses are connected by* und, aber, oder *or* sondern, *the verb goes to the end in both clauses*:

Es gibt viele Menschen, die niemals zu einem Vormitternachtsschlaf **kommen** und trotzdem keine Gesundheitsstörungen **erleiden**.

Die Untersuchungen haben gezeigt, daß Träume nicht in Sekunden **ablaufen**, sondern jeweils zwischen 10 bis 30 Minuten dauern **können**.

Weil er zwar gute Sprachkenntnisse **hat** aber nie im Ausland gewesen **ist**, muß er unbedingt reisen.

b) *While the commonest form of conditional clause begins with* wenn:

Wenn eine regelmäßige zeitliche Verschiebung erfolgt, passen sich die meisten Menschen einer solchen Verschiebung ohne Störung an.

wenn *can be omitted in favour of a clause beginning with the verb*:

Wird der Schlaf an zwei aufeinanderfolgenden Nächten auf jeweils fünf Stunden verkürzt, ist ein spürbarer Leistungsabfall da.

Werden beispielsweise Versuchspersonen beim Einsetzen der Traumphasen geweckt, können psychische Störungen auftreten.

Fragen zum Text

1. Wer sind die beiden Männer, die dieses Gespräch führen?
2. Warum glauben viele Leute, daß der Schlaf vor Mitternacht nötig sei?
3. Wonach richten sich Schlafen und Wachen?
4. Was würde die „innere Uhr" am meisten stören?
5. Ist regelmäßiger Nachtdienst oft schädlich?
6. Wer schläft am meisten und wie lange?
7. Welche Folgen kann zuviel Schlaf haben?
8. Woher weiß man, daß alle Leute träumen?
9. Wie lange dauern Träume normalerweise?
10. Was geschieht, wenn das Träumen verhindert wird?

Fragen zur Diskussion

1. Was für Träume haben Sie neulich gehabt?
2. Was ist Ihrer Meinung nach der Zweck dieses Artikels im „Stern"?
3. Kann sich der durchschnittliche Schläfer seiner Träume erinnern?
4. Was halten Sie vom Sprachstil des Professors?

Translate into German:

Sleep is one of the great mysteries of life, and one rarely thinks about it, taking it rather for granted. It is only when the normal pattern is interrupted, and one finds oneself restricted to four or five hours sleep on successive nights that it becomes apparent in one's diminished capacity for work that one's well-being has been disturbed. On the other hand too much sleep can also be harmful and cause headaches, most often occurring when one oversleeps at week-ends. The body can adjust to taking sleep at any time of day, provided that this does not change frequently: those who have to use the late evening hours or even work through the night can still be fully rested after eight hours sleep, this being the amount of sleep needed by the average person – children need more, old people less. Only recently has research proved the importance of, and necessity for, dreaming. The more science discovers of the workings of the human body, the more wonders it unfolds.

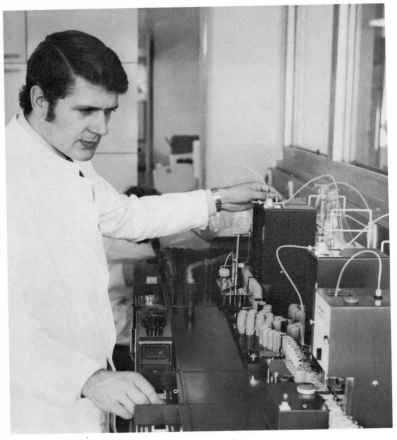

Medizinisches Vorsorgezentrum

1. Hilfe für gesunden Schlaf

Immer mehr Menschen leiden unter Problemen, die ihr seelisches Gleichgewicht belasten. Verborgen hinter Nervosität und Schlaflosigkeit liegen in den meisten Fällen psychische Konflikte. Sie machen es den Patienten schwer, die notwendige Entspannung und Ruhe zu finden. Hier hilft ein neues Beruhigungsmittel auf Heilpflanzen-Basis. Es heißt Isocalm Tagform und ist als Dragée in allen Apotheken erhältlich.

die Entspannung: *relaxation*
die Heilpflanzen-Basis: *herbal base*

1–2 Dragées Isocalm Tagform schenken Ihnen tagsüber die nötige Ruhe und Ausgeglichenheit und sorgen nachts für einen gesunden Schlaf. Und einen gesunden Schlaf brauchen Sie, um die Probleme des Alltags zu meistern.

die Ausgeglichenheit: *balance*

2. Sauerstoff heilt Kreislaufstörungen

Viele kleine Leiden wie Augenflimmern, Schwindelanfälle und Schwächegefühle sind für Kreislaufstörungen typisch. Diese Kreislaufstörungen treten vorzugsweise in den Morgenstunden auf und beruhen auf zu niedrigem Blutdruck.

die Kreislaufstörung: *circulatory disturbance*

Dadurch gelangt der lebensnotwendige Sauerstoff in viel zu geringen Mengen in alle Zellen des Körpers.

Hier hilft das Medikament B15 Octavit. Es enthält als wichtigsten Bestandteil das Kreislaufvitamin B15, welches die Sauerstoffausnutzung im schlecht durchbluteten Gewebe wesentlich verbessert. Schon 1 Kapsel B15 Octavit verleiht Ihnen höhere Leistungsfähigkeit und neue Lebensfreude.

der Bestandteil: *ingredient*
das Gewebe: *tissue*

3. Mit 40 noch vital

Vergeßlichkeit und Ohrensausen, Schwindelanfälle und seelische Depressionen, das sind die typischen Zeichen der Arteriosklerose. Deutsche Ärzte haben einen Wirkstoff gegen diese weitverbreitete Gefäßkrankheit isoliert: Das Stoffwechselvitamin B13. Es senkt den Cholesterinspiegel und beugt Ablagerungen von Blutfett vor. Vitamin B13 ist der Hauptbestandteil der Contraskleron-Dragées. Dieses Medikament macht den Patienten wieder konzentriert, stärkt das Gedächtnis und schützt den Kreislauf vor Verkalkung.

die Ablagerung: *deposit*
vorbeugen: *to prevent*

die Verkalkung: *arterio-sclerosis*

4. Dem Mann kann geholfen werden

Keiner spricht gern darüber, und noch seltener zeigt man seine Beschwerden so ungeniert: Tatsache aber ist, daß 70% aller Erwachsenen an Hämorrhoiden leiden. Quälender Juckreiz, stechende Schmerzen und Nässen sind die Symptome. Diese Beschwerden sind aber zum Glück kein unabwendbares Schicksal mehr, seitdem es amerikanischen Ärzten gelungen ist, einen zuverlässigen Wirkstoff gegen Hämorrhoiden zu entwickeln.

der Juckreiz: *itch*

der Wirkstoff: *hormone*

Er ist bei uns in dem Medikament Isochinol enthalten. Isochinol wird am besten kombiniert angewendet. Es stillt die unangenehmen Hämorrhoidal-Beschwerden sowie den lästigen Juckreiz innerhalb von Sekunden für Stunden.

5. Schönwetter – Strapazen für schlanke Beine

Gerade im Sommer leiden viele Frauen unter Wasser in den Beinen. Dicke und geschwollene Beine sehen aber nicht nur häßlich aus, sondern sind auch für Venenleiden besonders anfällig.

Deshalb müssen Stauungen in den Beinen bekämpft werden, ehe es zu spät ist. Veno B15 verhütet das Voranschreiten der Venenleiden und bietet einen zuverlässigen Schutz gegen Entzündungen und Thrombosen.

anfällig: *vulnerable*
die Stauung: *stoppage, obstruction*
die Entzündung: *inflammation*

Veno B15 Creme macht verstopfte Adern wieder frei und verdrängt das Wasser aus den Beinen.

Veno B15 Kapseln gewährleisten eine ausreichende Sauerstoffzufuhr im Gewebe und geben erschlafften Venenwänden die nötige Elastizität zurück. Die Beine werden von Schmerzen befreit und speziell an den Fesseln wieder meßbar schlanker.

erschlafft: *flabby*

die Fessel: *ankle*

STERN

171

Grammar

I. ADVERBS   *Although* als *is most frequently treated in grammars as meaning 'when' or 'than', by far its most frequent use is as a link word in an appositional construction, i.e. with the meaning 'as':*
Es heißt Isocalm Tagform und ist **als Dragée** erhältlich.
Es enthält **als wichtigsten Bestandteil** das Kreislaufvitamin B15.

2. ARTICLES   a) *With most diseases the article is omitted:*
Viele kleine Leiden wie Augenflimmern, Schwindelanfälle und Schwächege-fühle sind für Kreislaufstörungen typisch.
70% aller Erwachsenen leiden an Hämorrhoiden.
Viele Frauen leiden unter Wasser in den Beinen.
Geschwollene Beine sind für Venenleiden besonders anfällig.
Ein zuverlässiger Schutz gegen Entzündungen und Thrombosen.
but with some of the most everyday terms the article is used:
Ich habe eine Erkältung.
Du hast einen Schnupfen.
Er hat den Schluckauf.

b) *The text contains five headlines* (Schlagzeilen); *notice that the only definite or indefinite article is a demonstrative one referring to an illustration:*
Dem Mann kann geholfen werden.

3. PREPOSITIONS   a) *Notice the phrase* innerhalb von Sekunden; *the insertion of* von *where there is no article to make clear the genitive after* innerhalb *is also an example of a widespread tendency in modern German to use prepositional phrases rather than genitive inflexions.*

b) *There are six exceptions to the rule that verb* + auf *in figurative expressions governs the accusative, but only two of them are at all common; they are* beruhen auf (*to be due to, to depend on*) *and* bestehen auf (*to insist upon*):
Diese Kreislaufstörungen **beruhen auf zu niedrigem Blutdruck.**
Wir **bestehen auf sofortiger Bezahlung.**

4. VOCABULARY   *This text with its largely medical vocabulary offers striking evidence of the more homogeneous nature of German vocabulary compared with English; although there are cases where German, like English, uses a word of Latin or Greek derivation* (psychisch, Thrombosen, Arteriosklerose, Symptome, Elastizität), *there are many more where the English word of Latin or Greek origin has a Germanic counterpart:*

Gleichgewicht	*equilibrium*
Schlaflosigkeit	*insomnia*
Beruhigungsmittel	*sedative*
Kreislauf	*circulation*
Bestandteil	*ingredient, constituent*
Stoffwechsel	*metabolism, combustion*
Ablagerung	*deposit*
Entzündung	*inflammation*
Gefäßkrankheit	*vascular disease*
Schwindelanfälle	*vertigo*

Fragen zum Text

1. Wodurch werden Nervosität und Schlaflosigkeit hervorgerufen?
2. Welches Beruhigungsmittel wird empfohlen, und woraus wird es hergestellt?
3. Was sind die Folgen von zu niedrigem Blutdruck?
4. Was soll das Vitamin B15 dagegen bewirken?
5. Was sind die typischen Anzeichen von Arteriosklerose?
6. Was ist Vitamin B13, und welche Wirkung verspricht es?
7. Wer hat einen Wirkstoff gegen Hämorrhoiden entwickelt?
8. In welchem Medikament ist es enthalten, und wie wird es am besten angewendet?
9. Welche Gefahr ergibt sich aus geschwollenen Beinen?
10. Wie soll man diese Gefahr vermeiden?

Fragen zur Diskussion

1. Welchen Eindruck haben Sie vom deutschen Gesundheitsbewußtsein nach dem Lesen dieses Texts?
2. Es wird oft behauptet, die meisten Gesundheitsstörungen werden in England als Lungenkrankheiten und in Frankreich als Leberkrankheiten bezeichnet. Und in Deutschland?
3. Aus welchen Gründen gibt es so viel Werbung für Medikamente?
4. Gibt es im Text irgendwelche Behauptungen, an deren Wahrhaftigkeit Sie zweifeln?
5. Welche Wirkung übt diese Werbung wahrscheinlich auf den Leser aus?

Aufsatz

Aktuelle Medizin oder gewissenloser Quatsch?

1. Denken Sie oft an Ihr seelisches Gleichgewicht?
2. Sind Sie sich Ihrer psychischen Probleme bewußt?
3. Wissen Sie überhaupt, ob Sie Augenflimmern und Schwächegefühle haben?
4. Wie reagieren Sie, wenn Sie von solchen Erscheinungen lesen?
5. Können Sie leicht feststellen, ob Ihnen die empfohlenen Medikamente gut bekommen oder nicht?
6. Und wenn man wirklich an den erwähnten Symptomen leidet?
7. Wußten Sie, daß Ihre Vergeßlichkeit ein Anzeichen von Arteriosklerose sein könnte?
8. Ist Ihnen ganz klar, was mit Cholesterinspiegel, Verkalkung und Stauungen gemeint ist?
9. Was halten Sie von den Namen Isocalm-Tagform, B15 Octavit, Isochinol und Veno B15?
10. Richtet sich der Text an jeden?

Aufsatzplan

1. Abschnitt: Wie der durchschnittliche Leser auf Werbung für Medikamente reagiert.
2. Abschnitt: Wie die Medikamenteverkäufer versuchen, den Leser zu interessieren und zu überzeugen.
3. Abschnitt: Was man daraus über die Verfügbarkeit ärztlicher Hilfe schließen kann.
4. Abschnitt: Wie man diese Werbung rechtfertigen kann.

40 Ist Fliegen gesundheitsschädlich?

Ist Fliegen gesundheitsschädlich?

„Mein Mann fliegt jede Woche ein- bis zweimal geschäftlich in Europa
herum. Ist dieser Streß gesundheitlich zu verantworten? Mich hat der
Fall der ‚Fliegenden Großmutter' besorgt gemacht, die sich durch ihre
mehr als hundert Atlantikflüge von New York nach Amsterdam zu Tode
geflogen hat. Schädigen Flüge den Organismus?"

    schädigen: *to harm, damage*
die Belastung: *strain*

„Nicht mehr und nicht weniger als eine vergleichbare Belastung bei
der Benutzung eines anderen Transportmittels. Auf weite Strecken ist
das Fliegen, verglichen mit Schiff, Bahn oder Auto, für den Organismus
die schonendste Reiseart. Bis zu einem gewissen Grade kann der Körper
solche Belastungen ohne Schaden verkraften. Natürlich ist es ein großer
Unterschied, ob Sie mit einer Propellermaschine in tausend Meter Höhe
durch turbulente Luft von Frankfurt nach Paris fliegen oder mit einem
Jumbo von Hamburg nach New York in 12 000 Meter Höhe über dem
Wetter."

schonend: *gentle, relaxing*
verkraften: *to cope with*

„Sind Flüge gegen die Uhrzeit, also in West-Ost-Richtung, schädlicher?"

„Solche Flüge lassen die Zeit scheinbar schrumpfen, so daß es während
des Fluges zum Beispiel nachts nicht mehr acht Stunden lang dunkel ist,
sondern nur vier. Bei Flügen in Ost-West-Richtung ist es genau umgekehrt, die Nacht kann auf 12 oder gar 18 Stunden verlängert sein. Wenn
sich der Fluggast nach der Ankunft am Ziel nicht gleich in die Arbeit
stürzt, sondern sich erst einmal einen Tag ausruht, schadet ihm auch ein
Flug gegen die Zeit kaum."

schrumpfen: *to shrink*

„Sind denn überhaupt Schäden durch Flüge beobachtet worden?"

„Direkte körperliche oder seelische Schäden, durch das Fliegen bedingt, sind nicht nachgewiesen worden – von der Luftkrankheit abge-

bedingt: *caused*
nachweisen: *to detect*

174

sehen, die auf Schiffen als Seekrankheit oder in Autos und Zügen als Reisekrankheit auftritt. Dabei handelt es sich um eine reine Bewegungsempfindlichkeit ohne Dauerschäden. Die hohe Geschwindigkeit des Flugzeuges hat gar keinen Einfluß auf den menschlichen Organismus, ob es sich um tausend Stundenkilometer oder etwa im Überschallflug um zweieinhalbtausend handelt. Bei abrupten Richtungsänderungen, oder wenn eine Maschine in Randgebiete bewegter Luftmassen gerät, sogenannte ‚clear air turbulences,‘ oder auch bei Turbulenzen, wie sie im Gewitter vorkommen, können sich Passagiere verletzen, wenn sie zu dieser Zeit nicht angeschnallt sind.“

die Empfindlichkeit: sensitivity

der Überschallflug: supersonic flight

angeschnallt: fastened in

„Läßt sich Flugangst bekämpfen?“

„Ja. Flugangst besteht ja vor allem bei flugungewohnten Passagieren, oft schon Tage vor dem Flug. Daraus kann sich eine richtige Neurose entwickeln, so daß der Betroffene während des Fluges ständig seelisch und körperlich verkrampft auf eine Katastrophe wartet. Wer an Flugangst leidet, sollte sich über die technischen Voraussetzungen des Fliegens informieren, das hilft. Wenn die Flugangst trotzdem anhält oder sich sogar verstärkt, sollte man besser nicht mehr fliegen.“

der Betroffene: person affected
verkrampft: rigid

„Hilft Alkohol gegen Flugangst?“

„Ja, und die Fluggesellschaften machen davon ja auch Gebrauch, weil sie keine Beruhigungs- oder Schlafmittel ausgeben dürfen. Zuviel Alkohol ist andererseits auch nicht erlaubt, weil nach den Transport-Bestimmungen Passagiere, die unter Alkohol stehen, nicht befördert werden dürfen. Musik vor dem Start, Filme, Mahlzeiten und nicht zuletzt die hübsch aussehenden Stewardessen sind Ablenkungsmittel gegen Flugangst.“

befördern: to convey

die Ablenkung: diversion

„Kann die Flugbelastung so groß werden, daß der Streß zum Tode führen kann wie etwa bei der berühmten ‚Fliegenden Großmutter‘, die nach mehr als hundert Atlantiküberquerungen plötzlich starb?“

„Wenn ein Streß die Anpassungsmöglichkeiten des Körpers überschreitet, kann die Überbelastung zu Selbstmordbereitschaft oder durch Erschöpfung auch zum Herztod führen. Das hat aber mit dem Fliegen speziell nichts zu tun. Man kann sich auch durch langes Autofahren umbringen, wenn die Belastung, vor allem der Schlafentzug, die Kräfte eines vielleicht schon kranken Organismus überschreitet, so daß es zum Beispiel zum Kreislaufversagen kommt.“

überschreiten: to exceed

die Erschöpfung: exhaustion

das Kreislaufversagen: circulation breakdown

„Und wie steht es mit den Belastungen des fliegenden Personals?“

„Wissen Sie, das haben medizinische Expertenkommissionen weltweit untersucht, so daß heute zureichende Arbeitsbedingungen geschaffen worden sind. Eine Gefährdung des Flugverkehrs ist durch diese Ursachen auszuschließen, es sei denn, daß die vorgeschriebenen Ruhepausen nicht eingehalten werden. Außerdem werden alle Besatzungsmitglieder regelmäßig fliegerärztlich untersucht. Und wenn der Arzt den Eindruck hat, eine Stewardeß oder ein Kapitän sei den Belastungen des Flugeinsatzes nicht länger gewachsen, wird er denjenigen vorübergehend oder für immer ‚grounden‘, das heißt vom Flugdienst ausschließen.“

zureichend: adequate

vorgeschrieben: prescribed
die Besatzungsmitglieder: crew members

STERN

Grammar

To sum up the position of sich : *in a main clause without inversion it usually follows immediately after the verb :*
Man kann **sich** auch durch langes Autofahren umbringen.
In a main clause with inversion it precedes a noun subject :
Läßt **sich** Flugangst bekämpfen?
Bei abrupten Richtungsänderungen können **sich** Passagiere verletzen.
Daraus kann **sich** eine richtige Neurose entwickeln.
but follows a pronoun subject :
Dabei handelt es **sich** um eine reine Bewegungsempfindlichkeit.
In a subordinate clause sich *usually comes as soon as possible after the relative pronoun or conjunction, yielding pride of place only to a pronoun subject :*
die **sich** durch ihre mehr als hundert Atlantikflüge zu Tode geflogen hat.
Wenn die Flugangst trotzdem anhält oder **sich** sogar verstärkt,
ob es **sich** um tausend Stundenkilometer handelt
Note that this applies even when a very long adverbial element consequently separates sich *from its verb :*
Wer an Flugangst leidet, sollte **sich** über die technischen Voraussetzungen des Fliegens **informieren**, das hilft.

Notice the position of fliegen *and the absence of a verb at the end in this sentence :*
Natürlich ist es ein großer Unterschied, ob Sie mit einer Propellermaschine in tausend Meter Höhe durch turbulente Luft von Frankfurt nach Paris **fliegen** oder mit einem Jumbo von Hamburg nach New York in 12 000 Meter Höhe über dem Wetter.
While the traditionally rather rigid German word order must still remain where a departure from it would introduce confusion or ambiguity :
Er wollte dem Polizisten, der sehr ungeduldig auf Antwort wartete, eine Ohrfeige geben.
there is a tendency in modern German towards freer word order. It is permissible to write either :
Er ist in der Stadt allgemein unbeliebt.   *or*
Er ist allgemein unbeliebt in der Stadt.
Moreover the end position of the infinitive outside a relative clause is no longer rigidly insisted upon, and one may write :
Er hatte vor, den Film vorzuführen, den wir in Afrika gedreht hatten.
Es ist überhaupt erstaunlich, wie viele Leute aussehen wie andere Leute.
Es gibt aber Menschen, die mit fünf oder sechs Stunden Schlaf auskommen, ohne Leistungseinbuße.
Similarly with the end position of a separable prefix :
Um halb acht fing er an, zu arbeiten. *is as common as :*
Um halb acht fing er zu arbeiten an.
Die Wiesen sehen wie Kunststoffwiesen aus, so perfekt.
Similarly again with the end position of a past participle :
Die Erhebung wird durchgeführt auf Grund eines neuen Verfahrens.
Die Vorteile werden von den Kurteilnehmern stärker erlebt als die Nachteile.

Fragen zum Text

1. Wie oft und warum benutzt der Mann so häufig das Flugzeug?
2. Ist das Fliegen auf weite Strecken schädlicher als Schiff, Bahn oder Auto?
3. Sollte sich der Reisende gleich nach dem Flug in die Arbeit stürzen?
4. Worum handelt es sich bei der Luftkrankheit?
5. Was müssen Passagiere tun, um bei abrupten Richtungsänderungen nicht verletzt zu werden?
6. Was hilft gegen Flugangst?
7. Was ist mit der berühmten „Fliegenden Großmutter" geschehen?
8. Welche Folgen hat das Überschreiten der Anpassungsmöglichkeiten des Körpers?
9. Warum haben medizinische Expertenkommissionen die Belastungen des fliegenden Personals untersucht?
10. Aus welchen Gründen kann ein Kapitän vom Flugdienst ausgeschlossen werden?

Fragen zur Diskussion

1. Warum fliegen Geschäftsleute lieber, als mit Schiff oder Bahn zu fahren?
2. Warum haben viele Leute Flugangst?
3. Welche anderen Formen von Streß zeigen sich heutzutage?
4. Werden die Arbeitsbedingungen des fliegenden Personals streng genug überprüft?

Translate into German

The stress our businessmen undergo is not sufficiently appreciated. One of the chief causes is the strain imposed on the human body by frequent long-distance flying, often against the clock, so that one suffers from lack of sleep and disturbed mealtimes. Only if one takes a day off for rest after arriving can one avoid the unpleasant consequences of such flights. The adaptability of the human body is remarkable, but one should not overtax it. The working conditions of flight crews are most strictly regulated and all crew members are medically examined regularly. We should learn a lesson from this and avoid sending businessmen on flights too frequently.

XI Berufswahl

„Eigentlich wollten wir nur Einladungen für das Polizeisportfest verteilen, aber dann hat
er eine verdächtige Bewegung gemacht!"

41 Wie man Luftstewardeß wird

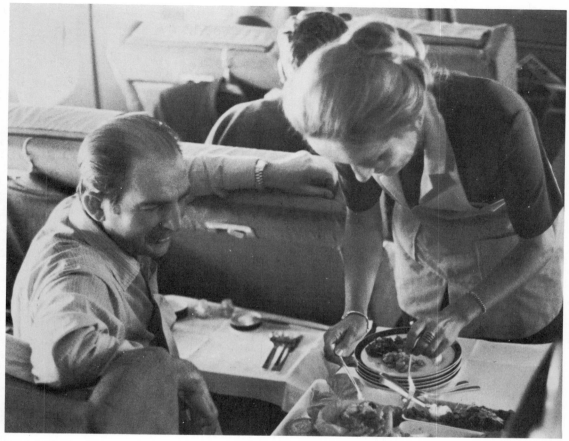

Stewardeß in einer B-747

Viele Mädchen, die schon einmal Schauspielerinnen, Bühnenbildnerinnen oder Modezeichnerinnen werden wollten, kommen am Ende auf die Idee, daß der Beruf der Stewardeß vielleicht doch das beste für sie sei. Aber nur wenige setzen sich tatsächlich hin und schicken ein Bewerbungsschreiben ab, wie ich es damals getan habe. Während ich auf Nachricht wartete, ob die Lufthansa mich nehmen würde, traf ich eine Stewardeß, die schon seit mehreren Jahren flog. Ich wollte von ihr wissen, ob sie glaube, daß ich Chancen hätte.

    Sie zuckte mit den Achseln, sagte: „Tja . . .“ und ließ mich stehen. Ich fand das empörend. Heute weiß ich: Eine bessere Antwort konnte sie mir nicht geben.

    Ich habe wunderschöne Mädchen gekannt mit fabelhaftem Auftreten, intelligent, zwei Sprachen fließend. Sie wurden abgelehnt. Dann kam irgend so ein hilfloses Pummelchen – die wurde genommen. Die entscheidende Klippe war sicherlich eine der Testfragen gewesen, mit deren Hilfe man glaubte, die charakterliche Eignung der Bewerberinnen bestimmen zu können. Ob man gewillt sei, sich unterzuordnen, zu dienen, Opfer zu bringen. An diese Fragen sollte jedes Mädchen denken, das

die Bühnenbildnerin: *stage designer*
die Modezeichnerin: *fashion artist*
das Bewerbungsschreiben: *application form*

empörend: *infuriating*

das Auftreten: *poise*

das Pummelchen: *dumpling*
die Klippe: *hurdle, hazard*

von der Lufthansa eingeladen wird, sich persönlich vorzustellen. Es wird nicht viel verlangt. In dem Prospekt „Flugbegleiter," den der Bewerber zugeschickt bekommt, steht, „daß jeder durchschnittlich gebildete, äußerlich ansprechende und kontaktfähige junge Mensch hier eine gute Chance hat." Man soll zwischen 20 und 26 Jahre alt sein und unverheiratet. Na gut, aber einen Tag nach der Einstellung kann jede heiraten, wenn sie will. Größe zwischen 1,60 bis 1,78 m. Man hätte gern eine Bewerberin mit mittlerer Reife, aber weniger tut es unter Umständen auch. In Englisch sollte man sich einigermaßen ausdrücken können, die zweite Fremdsprache kann man bei der Lufthansa im Sprachlabor lernen. Gleich nach der Einstellung fängt die Grundausbildung an. Sie dauert sieben Wochen. Unterrichtet wird in Frankfurt am Flughafen, praktisch geübt wird in Flugzeugattrappen. Zu den Unterrichtsfächern gehören Passagierbetreuung, Fluggast-Psychologie, Situationsschulung, Ansageschulung, Erste Hilfe, Einführung in die Flugtechnik, Flugsicherung, Wetterkunde, Menü- Servier-, und Getränkekunde, Etikette und Kosmetik.

ansprechend: *personable*
kontaktfähig: *sociable*

die Einstellung: *appointment*

die Flugzeugattrappe: *flight simulator*

STERN

Further Vocabulary:

Passagierbetreuung – *the care of passengers*

Situationsschulung – *training in practical initiative*

Ansageschulung – *training in use of public address system*

Menü-, Servier-,
und Getränkekunde – *training in the preparation and serving of food and drink*

Grammar

1. NOUNS   *German is making increasing use of borrowed foreign words* (Fremdwörter), *and this text is particularly rich in examples. They happen to be mainly of French origin* (die Chance, die Etikette, die Kosmetik, das Menü, die Mode, der Passagier, die Situation, die Technik), *but in fact modern German has even more borrowings from English. To what has been stated in Units 16, 19, 20 and 23 on determining the gender of foreign nouns may be added the following:*
Those ending in -ant or -ast are masculine:
der Konsonant, der Kontrast
Those ending in -anz, -enz, -ie, -ik are feminine:
die Finanz, die Existenz, die Folie, die Fabrik, die Kosmetik, die Technik
Those ending in -at, -ett, -fon are neuter:
das Internat, das Ballett, das Telefon, das Mikrofon
In general words of Greek or Latin origin retain their original gender:
das Symptom, der Planet, der Zirkus, die Dosis, die Kamera, das Album
French feminine nouns remain feminine:
die Fassade, die Mode, die Chance
French masculines may be masculine or neuter:
der Karton, der Likör
But   das Bonbon, das Café, das Menü
English and American words are usually masculine:
der Boom, der Job, der Slogan, der Streik, der Test, der Trend, der Container
or, less often, neuter:
das Hobby, das Image, das Make-up
except where the meaning is feminine, or a similar word already known influences the gender:
die Stewardeß, die City, die Party.

2. VERBS   *The subjunctive is used to indicate a hypothetical outcome or eventuality:*
Mädchen kommen auf die Idee, daß der Beruf der Stewardeß das beste für sie **sei**.
Ich wollte von ihr wissen, ob sie **glaube**, daß ich Chancen **hätte**.
Ob man gewillt **sei**, sich unterzuordnen.
Man **hätte** gern eine Bewerberin mit mittlerer Reife.
Es wird sich herausstellen, ob man intelligent genug **sei**.

3. WORD ORDER   a) *Complex sentences may often contain subordinate clauses which are in turn dependent upon other subordinate clauses:*
Während ich auf Nachricht wartete, ob die Lufthansa mich nehmen würde, traf ich eine Stewardeß, die schon seit mehreren Jahren flog.
Ich wollte von ihr wissen, ob sie glaube, daß ich Chancen hätte.

b) *It is possible in colloquial German to complete a compound tense before going on to add qualifying phrases, but this is not to be recommended:*
Ich habe wunderschöne Mädchen **gekannt** mit fabelhaftem Auftreten, intelligent, zwei Sprachen fließend.

Fragen zum Text

1. Von welchen Berufen träumen viele Mädchen?
2. Was muß man zuerst machen, um einen Posten zu bekommen?
3. Kann man im voraus wissen, welches Mädchen von der Lufthansa angenommen wird?
4. Wie versucht man, die charakterliche Eignung der Bewerberin festzustellen?
5. Sollen die Bewerberinnen das Abitur oder einen vergleichbaren Schulabschluß haben?
6. Welches Alter und welche Größe sind erwünscht?
7. Welche Fremdsprache muß die Bewerberin bereits beherrschen?
8. Was geschieht sofort nach der Einstellung, und wie lange dauert das?
9. Wo findet der Unterricht statt?
10. Welches Unterrichtsfach braucht die Luftstewardeß nur für sich selbst?

Fragen zur Diskussion

1. Was wollen Jungen am liebsten werden?
2. Welche Charaktereigenschaften sind für den Beruf der Luftstewardeß wichtig?
3. Welches der Unterrichtsfächer wird der Stewardeß am nützlichsten sein?
4. Welche Nachteile hat der Beruf der Stewardeß?

Aufsatz: Die Grundausbildung einer Luftstewardeß

1. Auf welche Art und Weise wird die zweite Fremdsprache erlernt?
2. Wie stellen Sie sich die Ansageschulung vor?
3. Kann eine Stewardeß helfen, wenn der Passagier Flugangst hat?
4. Was gehört Ihrer Meinung nach zur Passagierbetreuung?
5. Unter welchen Umständen muß eine Stewardeß Erste Hilfe leisten?
6. Welche besonderen Schwierigkeiten bei der Servierkunde muß die Stewardeß überwinden?
7. Was wird sie bei der Wetterkunde über die Bedeutung des Wetters beim Fliegen erfahren?
8. Wird sie wohl sehr viel von Flugtechnik und Flugsicherung wissen müssen?
9. Warum braucht sie Unterricht in Etikette?
10. Was verstehen Sie in diesem Zusammenhang unter Kosmetik?

Aufsatzplan

1. Abschnitt: Die Wichtigkeit einer guten Aussprache.
2. Abschnitt: Wie sich die Stewardeß um die Fluggäste kümmert.
3. Abschnitt: Das Fliegen bei schlechtem Wetter.
4. Abschnitt: Wie benimmt sich eine gute Stewardeß, und wie sieht sie aus?

Im Sprachlabor

Die Walther P38 trifft ausnahmslos ins Schwarze

Ich habe nach der mittleren Reife die Schule verlassen. Da war ich siebzehn Jahre alt. Vorher macht man sich Gedanken, was man später einmal tun will. Ich hatte verschiedene Bewerbungen geschrieben, auch an die Polizei. Als ich gerade dabei war, mich für eine Lehre als Bankkaufmann zu entscheiden, kam ein Brief von der Polizei: Sie wollten mich einstellen. Die Aufnahmeprüfung habe ich in der Hamburger Polizeischule Carl-Cohn-Straße gemacht. Wir mußten einen Aufsatz schreiben mit dem Thema: „Mein schönstes Ferienerlebnis." Dann kam eine Rechenprüfung mit Bruchrechnen und Malnehmen, die von der Schwierigkeit her der fünften Klasse Mittelschule entsprach. Dann mußten wir noch eine Sportprüfung ablegen, dabei sind von den 35 Kandidaten nur fünf durchgekommen. Die anderen sind wegen körperlicher Mängel durchgefallen.

das Bruchrechnen: fraction sums
das Malnehmen: multiplication sums

Wir mußten an einem Tau hochklettern und über einen 1,80 Meter hohen Tisch rüberkommen mit Anlauf von einem Brett aus. Das war eigentlich alles, was an Sport von uns verlangt wurde.

der Anlauf: run-up
das Brett: board

Herr Möller, der Leiter der Einstellungszelle, hat uns damals gesagt, es wäre ein leichtes, bei der Polizei in gehobene Positionen zu kommen, weil jeder im Polizeiberuf den „Marschallstab im Tornister" hat und weil es eine Einheitslaufbahn gibt. Diese Einheitslaufbahn schreibt vor, daß jeder, auch wenn er nur Volksschule hat, leitender Polizeidirektor

der Tornister: knapsack
die Einheitslaufbahn: uniform career structure

werden kann. Doch aus meinem Jahrgang wird keiner in den höheren Dienst kommen, denn die neuen Ausschreibungen bei der Polizei sind so, daß fast ausschließlich Leute mit Abitur oder Wirtschaftsoberschule in den gehobenen oder höheren Dienst aufsteigen. Damit hat man uns im Grunde genommen schon übers Ohr gehauen.

die Ausschreibung: advertised requirements

Es kam aber noch mehr dazu, man hat uns geschildert, wie interessant und abwechslungsreich der Beruf wäre, und daß wir einen besonderen Status in der Gesellschaft hätten und so etwas wie eine Elite seien. Man hat uns da so viel erzählt, daß ich wirklich glaubte, ich hätte den Beruf meines Lebens gefunden.

Wenn man die Uniform anhat, wird ein Paßbild gemacht, und dann bekommt man seinen Dienstausweis, wo auch drinsteht, daß man ein Beamter der Behörde für Inneres ist und zum Führen von Schußwaffen berechtigt sei. Ich bekam damals als Polizeianwärter im Rang eines Wachtmeisters 320 Mark im Monat, Verpflegung und Unterkunft frei. Im ersten Jahr dürfen wir allein nicht in Uniform in die Öffentlichkeit, weil man vermeiden will, daß wir in Sachen verwickelt werden, die wir noch nicht beherrschen.

der Dienstausweis: service identification card
die Behörde für Inneres: Home Office
der Polizeianwärter: police cadet

Ich bin erst an der belgischen FN-Pistole ausgebildet worden, von der immer gesagt wurde, die sei besser zum Werfen als zum Schießen, weil sich der Schraubverschluß so leicht ausleiert und man dann leicht um die Ecke schießen kann. Sie ist später gegen die P 38 und die Walther PP ausgewechselt worden, Kaliber 7,65.

sich ausleiern: to work loose

Man muß sagen, daß die Ausbildung an der Pistole sehr gründlich gemacht wird, insofern, daß man uns immer und immer wieder erklärt hat, wann man sie einsetzen darf, wie das zu geschehen hat und was für gefährliche Dinge Waffen sind. Doch bei der praktischen Ausbildung bringen sie uns nur bei, wie man schön ruhig im Stehen, Knien und Liegen schießt. Im Ernstfall sieht es später ganz anders aus. Überhaupt wird bei der Ausbildung zu viel theoretischer Stoff gepaukt und zu wenig praktisch Anwendbares gelernt oder diskutiert.

pauken: to swot up

Als junger Beamter ist man anfangs sowieso unsicher genug, und wenn es Schwierigkeiten gibt, reagiert man eben auch unsicher. Man plustert sich auf und behandelt die Leute auf Grund seiner Machtstellung herrisch oder von oben herab. Die lassen sich das dann nicht bieten, und schon muß man noch einen Zahn zulegen. Das ist ein Grund, warum zwischen Bürgern und Polizei kein entspanntes Verhältnis herrscht. Von beiden Seiten ist Angst dabei.

sich aufplustern: to stick one's chest out

Es wird uns aber auch beigebracht, daß wir sozusagen immer Sieger bleiben müßten. Oberkommissar Tragmann sagte uns auf der Polizeischule: Wenn ihr jemanden mitnehmen wollt, dann müßt ihr auch alles tun, um ihn mitzubekommen. Wenn man sich entschlossen hat, muß man sich mit allen Mitteln durchsetzen.

Tragmann sagte auch, man müsse eben rausfinden, ob einer ein „Widerstandstyp" ist oder nicht, ob man ihn anfassen muß, oder ob man ihn überreden kann, mitzukommen. Das kann man natürlich nur frei nach Schnauze entscheiden, wenn man nichts Wirkliches über Menschen gelernt hat, wenn man nicht weiß, wie sie leben oder welche

Sorgen sie haben. Das alles gehört zum Begriff des „Störers," unter den alles fällt, was irgendwie auffällt, vom betrunkenen Bürger, der Krach macht nachts, bis zu den Studenten, die demonstrieren.

der Störer: *troublemaker*

Uns ist nie erklärt worden, warum die protestieren und was für politische Vorstellungen die haben. Politik bleibt überhaupt außen vor. Die älteren Lehrer haben sich manchmal sehr abfällig über die Studenten geäußert. Sie moserten über die langen Haare oder behaupteten, daß das alles Kommunisten seien. Aber sie moserten auch, wenn bei uns einer einen Bart hatte, was keineswegs verboten war. Wir hätten oft sehr gern diskutiert und mehr erfahren, aber das war nicht drin. Dann wurden wir an Funkgeräten ausgebildet, an der Maschinenpistole, an der Leuchtpistole, lernten mit Tränengas umgehen und mußten auch Wachtdienst machen und Streife gehen als Vorbereitung auf den Revierdienst quasi. Daneben gab es noch Unterricht in Deutsch, Sozialkunde, etwas Wirtschaftspolitik und Geographie. Wir haben am Wasserwerfer geübt und die Zusammenarbeit zwischen Wasserwerfern und größeren Formationen, mit der Hundestaffel und den Pferden. Das wurde hauptsächlich gemacht, damit wir keine Angst mehr vor Pferden haben, denn Pferde sind für junge Polizisten, die aus der Stadt kommen, auch fremde Wesen.

abfällig: *disapprovingly*
mosern: *to scoff*

das Funkgerät: *radio*

die Streife: *patrol*

STERN

Grammar

1. ADVERBS a) dabei, damit, dazu, daneben *etc. are more often used figuratively than literally:*
Als ich gerade **dabei** war, mich für eine Lehre als Bankkaufmann zu entscheiden, (*in the act*)
Von beiden Seiten ist Angst **dabei**. (*present*)
Damit hat man uns im Grunde genommen schon übers Ohr gehauen. (*in that respect, thereby*)
Es kam aber noch mehr **dazu**. (*on top of that, in addition*)
Daneben gab es noch Unterricht in Deutsch. (*as well, besides*)
Du bist **dran**. (*It's your turn*)
Ich kann nichts **dafür**. (*about it*)
Darüber hinaus besitzt er eine Stereoanlage. (*in addition, moreover*)

b) *When expressions are formed with* hin *and* her *to give a figurative meaning, the basic directional force of* hin *will still be felt, while the use of* her *will be purely idiomatic:*
Eine Prüfung, die von der Schwierigkeit **her** der fünften Klasse Mittelschule entsprach.
Meine Kameraden standen um mich **her**.
Sie gaben ihr Leben für ihren Glauben **hin**.
Fügen Sie etwas Öl **hinzu**!

2. IDIOMS Die lassen sich das dann nicht bieten – *similar in meaning to*
Ich lasse mir das nicht gefallen (*to put up with something*)
Jemanden übers Ohr hauen (*to take advantage of, deceive someone*)
Etwas frei nach Schnauze machen (*to play it by ear, to act on the spur of the moment*)
Noch einen Zahn zulegen (*to get tough, put the pressure on*)

3. PRONOUNS a) was *is used as a relative pronoun after* alles, etwas, manches, nichts, weniges, allerlei *and normally after* das*:*
Das war eigentlich **alles, was** an Sport von uns verlangt wurde.
Das alles gehört zum Begriff des „Störers", unter den **alles** fällt, **was** irgendwie auffällt, . . .
Nichts, was er erwähnt hat, hat uns interessiert.
Vieles, was man versäumt hat, kann man später nachholen.

b) der, die, das *are frequently used as demonstrative pronouns:*
von der immer gesagt wurde, **die** sei besser zum Werfen als zum Schießen.
Die lassen sich das dann nicht bieten.
warum **die** protestieren und was für politische Vorstellungen **die** haben.
Sie behaupteten, daß **das** alles Kommunisten seien.

4. WORD ORDER *Sometimes in reported speech* daß *with the indicative may be an alternative to the subjunctive without* daß*:*
Er hat mir gesagt, er hätte seinen Wagen verkauft.
Er hat mir gesagt, daß er seinen Wagen verkauft hat.
Man muß sagen, daß die Ausbildung an der Pistole sehr gründlich gemacht wird.

Fragen zum Text

1. Wußte dieser junge Mann schon im voraus, welchen Beruf er wählen würde?
2. Welche drei Aufnahmeprüfungen mußte er bei der Polizei ablegen?
3. Was bedeutet der Ausdruck „den Marschallstab im Tornister haben"?
4. Wozu ist ein Polizist im Gegensatz zu den meisten Beamten berechtigt?
5. Welche Kritik übt er an der Waffe, an der er ausgebildet worden ist?
6. Welche Einwände erhebt er gegen diese Ausbildung selbst?
7. Warum herrscht kein entspanntes Verhältnis zwischen Bürgern und Polizei?
8. Was ist ein „Widerstandstyp"?
9. Woher weiß man, daß die älteren Lehrer die Jugend nicht gut verstehen?
10. Welche Waffenarten werden im letzten Absatz erwähnt?

Fragen zur Diskussion

1. Welchen Zweck hat die Aufnahmeprüfung bei der Polizei?
2. Wird den Anfängern ein richtiger Eindruck vom Polizeiberuf vermittelt?
3. Finden Sie es vernünftig, daß alle Bürger einen Ausweis tragen müssen?
4. Was halten Sie von der Meinung, daß die Polizei immer Sieger bleiben müßte?
5. Was sollten die Polizisten im Fach Sozialkunde lernen?

Translate into German:

Jürgen Harder had little idea when he left school as to what career he should follow. He applied for a position as a radio technician at the airport, and got a letter accepting him. He had to do tests in Arithmetic and German, and was given an identity card with his photograph in it. He received a thorough training in the use of radio apparatus, but felt there was too much theoretical stuff and not enough on the practicalities of airport life. The working conditions were good, however, and the uniform was certainly smart. The airport authority insisted on a certain degree of discipline: long hair was deprecated, and troublemakers were soon dismissed, but when Jürgen settled down after his initial training he liked it more and more, and felt that he had picked the right job.

Ausländische Studentinnen

Wie viele junge Mädchen aus Deutschland alljährlich ins Ausland
ziehen, um „au-pair" als hilfreiche Haustöchter in einer Gastfamilie die
fremde Sprache zu erlernen, ist nicht bekannt. Die Zahl 20 000 kann nur
eine Vermutung sein.

    Klarer sind hingegen die Motivationen, die die 18- bis 30jährigen für
ein bis zwei Jahre ins Ausland ziehen lassen. Der Wunsch, Land und
Leute während einer längeren Zeit kennenzulernen, Reise- und Aben-
teuerlust oder gar die vage Vorstellung, „irgendwie Karriere" zu machen,
spielen sicher eine Rolle. Die meisten „Au-pairs" haben jedoch das Ziel,

die Vermutung: *guess, supposition*
hingegen: *on the other hand*

eine Sprache zu erlernen, um später in der Heimat beruflich besser voranzukommen.

Diese handfeste Vorstellung steht allerdings oft im Gegensatz zu dem eher naiven Glauben, es genüge, einfach nach Paris, London oder Genf zu reisen. Dort werde man schon etwas finden. Bittere Erfahrungen sind nicht selten die Folge solcher Naivität. handfest: *definite, concrete* eher: *rather*

„Als ich mein Zimmer sah," berichtete eine Paris-Heimkehrerin, „wäre ich am liebsten sofort wieder umgekehrt. Es war fürchterlich schmutzig, hatte kein Wasser, als Bett lagen ein paar alte Matratzen am Boden." Ein anderes Mädchen fühlte sich bei einem Ehepaar in Genf oft an einen „bösen Traum" erinnert. Und bei einer Familie in einem Londoner Vorort war eine junge Deutsche nichts anderes als eine „schlecht bezahlte Hausfrau." umkehren: *to turn round* die Matratze: *mattress*

Die bösen Erfahrungen vieler Au-pair-Mädchen veranlaßte sogar eine britische Unterhausabgeordnete, das Problem vors Parlament zu bringen. „Au-pair-Mädchen," so Dame Joan Vickers, „sind die Dienstboten von Leuten, die sich Dienstboten nicht leisten können . . ." Die ärgsten Schwierigkeiten bereitet den staatlichen oder karitativen Vermittlungsstellen vor allem eine Reihe „unseriöser" Agenturen, die sich auf die Vermittlung billiger Arbeitskräfte spezialisiert haben und mit Lockanzeigen arbeiten. Und sie lassen sich ihre fragwürdigen Dienste auch noch mit harter Münze honorieren. Die Frankfurter Zentralstelle für Arbeitsvermittlung (ZAV) hingegen sucht kostenlos Stellen für die Au-pairs. Sie akzeptiert zudem nur Familien, die von der ZAV selbst oder von vertrauenswürdigen Agenturen ausgewählt werden. Das Risiko einer Enttäuschung wird damit beträchtlich eingeschränkt. der Dienstbote: *servant* bereiten: *to cause (problems)* karitativ: *charitable* die Vermittlungsstelle: *agency* die Lockanzeige: *tempting advertisement* honorieren: *to pay (a fee)* einschränken: *to reduce, limit*

Im allgemeinen haben die Mädchen im Haushalt leichtere Arbeit zu verrichten: Bettmachen, Geschirrspülen, Aufräumen und Staubwischen, Babysitting und Betreuung der Kinder. Die Haustochter mit Familienanschluß bekommt ein Taschengeld, dessen Höhe in den einzelnen Ländern, in Großstadt und Provinz unterschiedlich bemessen ist. Das wichtigste aber: Es muß ausreichend Zeit für die Sprachstudien gewährt werden. Im allgemeinen ist auch ein freier Tag je Woche obligatorisch. verrichten: *to perform (do housework)* das Geschirrspülen: *dish-washing* das Aufräumen: *tidying up* die Betreuung: *care* gewähren: *to grant*

Obwohl die meisten Mädchen einen Aufenthalt in einer Großstadt wünschen (etwa im „Swinging London" oder in der „Traumstadt Paris"), raten die Vermittlungsstellen zum „Leben in einer Kleinstadt." Denn dort finden nach den Erfahrungen der Frankfurter Zentralstelle die Au-pairs leichter Kontakt zur Bevölkerung. Damit haben sie auch mehr Möglichkeiten, die Sprache zu erlernen und ständig zu sprechen. Eine Garantie gegen Enttäuschungen gibt es für Au-pair-Mädchen sicher nicht. Doch wer sich vor seiner Reise genau informiert, kann ohne großes Risiko die Erfahrungen sammeln, die ihn seinen beruflichen Aufstieg erleichtern. der Aufstieg: *rise, advancement*

DIE ZEIT

189

Grammar

I. PREPOSITIONS *Note the expression* am Boden; *it is one of only two current expressions, both of which date back to the middle ages, in which the meaning 'on top of' is rendered by* an *instead of* auf, *the other being* an der Erde.

2. VERBS a) *Not only does the subjunctive follow verbs such as* glauben *and* fragen, *it may also be required after nouns formed from these verbs* – der Glaube, die Frage, *etc.:*

Diese handfeste Vorstellung steht allerdings oft im Gegensatz zu dem eher naiven Glauben, es **genüge**, einfach nach Paris, London oder Genf zu reisen.

Das Gerücht, daß er krank gewesen **sei**, hat sich im Büro herumgesprochen.

Die Frage, ob er die Wahrheit gesprochen **habe**, läßt sich nicht beantworten.

b) *The subjunctive can show that a statement is reported without a verb of saying having to be added. This is often stylistically neater:*

Diese handfeste Vorstellung steht allerdings oft im Gegensatz zu dem eher naiven Glauben, es **genüge**, einfach nach Paris, London oder Genf zu reisen.

Dort **werde** man schon etwas finden.

c) etwas zu tun haben *means the same as* etwas tun müssen *or* etwas tun sollen:

Im allgemeinen **haben** die Mädchen im Haushalt leichtere Arbeit **zu verrichten**.

Du **hast** das Geschirr **abzuspülen**, bevor du ausgehst.

Ich **habe** noch ein Hemd **zu flicken**.

3. WORD ORDER a) *In normal word order an adverbial element cannot split subject and verb. An exception to this rule is formed by words meaning 'however':* aber, jedoch, indessen, dagegen, hingegen:

Die Frankfurter Zentralstelle für Arbeitsvermittlung (ZAV) **hingegen** sucht kostenlos Stellen für „Au-pairs".

Ich **dagegen** setze meine Hoffnung auf die Gesamtschule.

Note that the adverb is not placed in parenthesis by using commas.

b) *Sometimes a noun subject in an inverted or subordinate clause is postponed to the end of the clause, most commonly with verbs of happening:*

Gestern ereignete sich um 4 Uhr in der Königsallee **ein Verkehrsunfall**.

Die ärgsten Schwierigkeiten bereitet den staatlichen oder karitativen Vermittlungsstellen vor allem **eine Reihe „unseriöser Agenturen."**

This is usually done in order to emphasise the postponed subject:

Letzte Woche hat mich leider **niemand** besucht.

Ich glaube, daß morgen in der Schule **ein kleiner Feier** stattfinden soll.

Fragen zum Text

1. Warum weiß man nicht genau, wie viele Mädchen als „Au-pairs" ins Ausland ziehen?
2. Aus welchen Gründen wollen die Mädchen „Au-pairs" werden?
3. Was für eine „Karriere" hoffen manche Mädchen im Ausland zu machen?
4. Was ist mit „einer unseriösen Agentur" gemeint? Was machen diese Agenturen?
5. Was haben die Au-pair-Mädchen normalerweise im Haushalt zu verrichten?
6. Welche Maßnahmen kann man ergreifen, um das Risiko einer bösen Erfahrung zu verringern?
7. Warum raten die Vermittlungsstellen zum Leben in einer Kleinstadt?
8. Was für Enttäuschungen haben viele „Au-pairs" erlebt?

Fragen zur Diskussion

1. Ziehen junge Mädchen ins Ausland, um von der Heimat und den Eltern wegzukommen oder um eine Sprache zu erlernen?
2. Werden „Au-pairs" und Studenten ausgenutzt? Sind sie nur billige Arbeitskräfte?
3. Genügt einfach ein Aufenthalt im Ausland, wenn man die Sprache beherrschen will?
4. Was kann man zusätzlich unternehmen, um in einer Sprache schneller voranzukommen?
5. Was sind die Vor- und Nachteile eines Aufenthaltes in einer Großstadt für „Au-pairs" und Studenten aller Art?

Aufsatz: Ein Interview zwischen einem Agenten und einer Au-pair-Kandidatin

1. Worüber muß sich ein Mädchen klar sein, bevor sie zu einer Vermittlungsstelle geht?
2. Über welche Informationen muß der Agent verfügen, bevor er einem Mädchen helfen kann?
3. Der Agent leistet auch dem Arbeitgeber einen Dienst. Was wird letzterer über ein Mädchen wissen wollen?
4. Welche Schlüsse kann ein Agent aus dem Benehmen und Aussehen eines Mädchens ziehen?
5. Welche Fragen stellt ein Agent wohl?
6. Welche Fragen würde eine Kandidatin an den Agenten richten?

Aufsatzplan

1. Abschnitt: Die Vorstellung, kleine Höflichkeiten, erste persönliche Fragen.
2. Abschnitt: Eingehende Befragung der Kandidatin.
3. Abschnitt: Fragen von seiten des Mädchens.
4. Abschnitt: Die Verabschiedung.

Oder: Entwerfen Sie ein Formular für Au-pair-Kandidatinnen. Es soll das Interview womöglich ersetzen. Lassen Sie Ihren Nachbar das Formular ausfüllen.

44 Journalisten-Ausbildung

Großraumbüro der Redaktion *Bild*

Jedes Jahr werden in der Bundesrepublik 400 bis 500 Nachwuchs-Journalisten gesucht: für die Lokal- und Zentralredaktionen der Presse, für Rundfunk und Fernsehen – aber auch für die Pressestellen von Behörden und Unternehmen. Denn keine Firma, die etwas auf sich hält, ist heute ohne Presse-Chef.

Journalist darf sich jeder nennen, der Lust dazu hat – ob er das Privatleben von Prinzessin Soraya „in Wort, Bild oder Ton" festhält, ob er mit seiner ganzen Arbeitskraft der Öffentlichkeit klarmacht, daß der „Weiße Riese" der beste Riese ist, oder ob er die St.-Pauli-Dame Evelin interviewt. Einen Schutz der offensichtlich begehrten Berufsbezeichnung gibt es nicht; denn „das Metier des Journalisten gilt als freier Beruf." So der Göttinger Professor Wilmont Haacke, Ordinarius für Publizistik.

400 bis 500 Nachwuchsleute pro Jahr – das ist nur eine annähernde Schätzung. Sie wurde vor wenigen Jahren vom „Deutschen Presserat" bekanntgegeben. Niemand weiß so recht, wie sie zustande kam. Nur eines steht fest: Eine wissenschaftliche Untersuchung, eine Bedarfsanalyse oder gar einen Perspektiv-Plan für die nächsten Jahre oder Jahrzehnte gibt es nicht.

Auch das Berufsbild ist diffus. Die Vorstellungen über die journalistische Ausbildung sind verworren, die Ausbildungsgänge entbehren sowohl der Systematik als auch der Effizienz. Welcher Weg für welches

Nachwuchs-: *young recruits*

die Behörde: *authority*

festhalten: *to record*

begehrt: *coveted*

der Ordinarius: *senior professor*
annähernd: *rough, approximate*
die Schätzung: *estimate*

verworren: *confused*
entbehren: *to lack*

Journalisten bei der Arbeit

spezifische Ausbildungsziel am sinnvollsten ist – das hat niemand untersucht.

Der rein praktische Zweig der Ausbildung, das (meist) zweijährige Volontariat an einer Tageszeitung, wird zur Zeit von schätzungsweise drei Vierteln aller Aspiranten gewählt. Auch hier gibt es keine genauen Zahlen. Zwei Jahre Volontariat, das bedeutet: zwei Jahre „Dame als Ladendiebin," „Unhold im Stadtpark," „Schäferhunde legten Prüfung ab," „Schachklub wählte neuen Vorsitzenden." Und: Weinfeste, Schützenfeste, Faschingsfeste, Wohltätigkeitsfeste, Sommerfeste.

Die Ausbilder: einige überlastete Redakteure, die am Abend zwei, drei, vier gefüllte Seiten in der Setzerei haben müssen und schon zeitlich gar nicht in der Lage sind, sich auch noch um die Auszubildenden zu kümmern. Ist der Volontär nicht auf den Kopf gefallen, dann wird er dankbar als zusätzliche Arbeitskraft begrüßt und geht schon in der zweiten Ausbildungswoche zu den gleichen Terminen wie die Kollegen. Nur den Gemeinderat, den „macht der Chef" natürlich selbst. Und die Resonanz auf die Bemühungen des Neulings: Gelungene Beiträge findet er am nächsten Morgen im Blatt, mißlungene noch am gleichen Abend im Papierkorb.

Einige Zeitungen benennen einen „Volontärvater," der sich um die Volontäre und ihre Produkte kümmern soll. Von Zeit zu Zeit trifft er

das Volontariat: *apprenticeship*

der Unhold: *fiend*

das Schützenfest: *local fair*
das Wohltätigkeitsfest: *charity function*
die Setzerei: *compositor's room*

der Gemeinderat: *council meeting*
die Resonanz: *response*

sich mit seinen Schützlingen zur Manöverkritik. Die Effizienz der journalistischen Ausbildung kann sich aber durch diese Institution nur geringfügig verbessern.

Manche Verleger tun ein übriges: Sie schicken ihre Volontäre für ein bis fünf Wochen in eine der „überbetrieblichen Lehrwerkstätten," in denen theoretisches Wissen vermittelt werden soll. Das geschieht in folgenden Institutionen:

* Deutsches Institut für publizistische Bildungsarbeit in Düsseldorf;
* Volontärkurse der Bayerischen Journalistenschulung in Augsburg;
* Journalistenseminare des Vereins Südwestdeutscher Zeitungsverleger in Baden-Baden;
* Zeitungsfachliche Lehrgänge der Deutschen Journalisten-Union in Stuttgart;
* Akademie für Publizistik in Hamburg.

Der Wert dieser Kurse ist bei den Teilnehmern umstritten. So baten Teilnehmer an Kursen des Deutschen Instituts für publizistische Bildungsarbeit in Düsseldorf jeden, der Genaueres über die Effizienz wissen wollte, nichts Negatives zu berichten. Die Begründung: „Vier Wochen mal raus, vier Wochen mal Luft schnappen, das ist zumindest eine kleine Entschädigung für zwei Jahre Provinz."

Noch schlechter ist es mit Institutionen bestellt, die eine vollständige journalistische Ausbildung anbieten. Es gibt in der Bundesrepublik zur Zeit nur zwei. Die Deutsche Journalisten-Schule (8 München 2, Altheimer Eck 3) ist aus dem Werner-Friedmann-Institut hervorgegangen. Sie ist die älteste und renommierteste Institution, die Zeitungs-Journalisten ausbildet. Die Nummer zwei ist relativ jung: die Kölner Schule – Institut für Publizistik e.v. (5038 Rodenkirchen bei Köln, Gut Schillingsrott). Hier werden seit 1969 Fach-Journalisten ausgebildet – vorerst mit dem Schwergewicht im Bereich Wirtschafts- und Sozialpolitik.

Eine dritte Ausbildungsanstalt hat zur Zeit ihre Arbeit eingestellt: das Nachwuchsstudio des Norddeutschen Rundfunks (2 Hamburg 13, Rothenbaumchaussee 132/134). Es wird den Unterricht unter Umständen im nächsten Jahr wieder aufnehmen. Dann sollen auch die Aufnahme-Bedingungen neu geregelt werden. In jedem Fall wird aber das Abitur unerläßlich bleiben.

Schließlich gibt es noch die Institute für Publizistik oder für Zeitungswissenschaft an den Universitäten in Bochum, Göttingen, Mainz, München, Münster und Berlin. Die Zahl der Publizistik-Studenten wird (in Haupt- und Nebenfach) auf 1500 bis 2000 geschätzt. Gewiß ist aber nur, daß für die meisten Studenten diese Art journalistischer Ausbildung relativ nutzlos ist, weil – so der Publizistik-Professor Otto B. Roegele – „über Gegenstand, Grenzen und Methoden . . . Unklarheit" besteht.

So werden Vorlesungen über „Zeitungen des Nahen Ostens um die Jahrhundertwende" oder „Publizistik im 17. Jahrhundert" gehalten. Daneben entstehen Diplom-Arbeiten über „Geschichte der Pfälzer Zeitung unter besonderer Berücksichtigung ihrer politischen Berichter-

---

der Schützling: *charge*

geringfügig: *insignificantly*
der Verleger: *publisher*

die Entschädigung: *compensation*

renommiert: *renowned*

das Schwergewicht: *emphasis*

einstellen: *to cease*

die Bedingung: *condition*

schätzen: *to estimate*

der Gegenstand: *subject-matter*

stattung in den Jahren 1849 bis 1870."

Wer nicht Lokal-Redakteur werden will oder bei den wenigen Aus-
bildungs-Instituten nicht ankommt, dem ist nur eins zu empfehlen: ein
gründliches Studium an einer wirtschafts- und sozialwissenschaftlichen
Fakultät, ein juristisches, naturwissenschaftliches oder medizinisches
Studium mit staatlichem oder akademischem Abschluß, daneben Ferien-
Praktika mindestens einmal im Jahr (möglichst oft in einer Provinz-
Redaktion). So wird auch der Kontakt zur journalistischen Realität
geschaffen.

Was man allerdings nicht studieren sollte, wenn man Journalist – und
nicht Zeitungswissenschaftler – werden will: das Fach Publizistik. Und
was man auf keinen Fall studieren sollte: Germanistik. Die Begründung
dafür liefert ein Blick in jedes Vorlesungsverzeichnis. Bis spätestens Ende
1975 soll übrigens alles besser werden. Die gemischte Kommission für
Fragen der journalistischen Aus- und Fortbildung beim Deutschen
Presserat hat ein Nahprogramm entwickelt, demzufolge an „je einer
Gesamtschule in den drei wichtigsten publizistischen Ballungsräumen
Rhein-Ruhr-Gebiet, Hamburg und München Aus- und Fortbildungs-
möglichkeiten für Journalisten (Lehre und Forschung) eingerichtet
werden" sollen.

das Verzeichnis: *list, index*

das Nahprogramm: *short-term plan*
der Ballungsraum: *conurbation*

DIE ZEIT

Grammar

a) *A colon is used both as an introductory sign and as a recapitulatory or summing-up sign:*

  i) *to introduce direct speech:*

  Die Begründung: „Vier Wochen mal raus, vier Wochen mal Luft schnappen."

  ii) *to introduce other self-contained sections of the sentence:*

  Und die Resonanz auf die Bemühungen des Neulings: Gelungene Beiträge findet er am nächsten Morgen im Blatt, mißlungene noch am gleichen Abend im Papierkorb.

  iii) *to introduce enumerations and lists:*

  Und: Weinfeste, Schützenfeste, Faschingsfeste, Wohltätigkeitsfeste, Sommerfeste.

  iv) *when a list is followed by a summing-up clause:*

  Frau und Kinder, Haus und Hof: das alles hatte er im Krieg verloren.

  v) *to introduce a consequence of what has been said before:*

  Was man allerdings nicht studieren sollte, wenn man Journalist – und nicht Zeitungswissenschaftler – werden will: das Fach Publizistik.

  b) *A capital letter is used after a colon:*

  i) *to introduce direct speech (see* a) i) *above); also when the words are not in quotation marks, for example because the writer is addressing himself:*

  Da wußte ich: Nun gilt es, die ersten Schritte zu tun.

  Und ich stand vor der Frage: Wie wird dieses neue Dasein aussehen?

  ii) *for other self-contained expressions introduced by, for example,* Beispiel, Regel, Probe:

  Gebrauchsanweisung: Man nehme . . .

  Nur eines steht fest: Eine wissenschaftliche Untersuchung gibt es nicht.

  c) *A small letter is used after a colon:*

  i) *with incomplete parts of a sentence, lists, etc.:*

  500 Nachwuchs-Journalisten werden gesucht: für die Lokal- und Zentralredaktionen der Presse, für Rundfunk und Fernsehen,

  ii) *for clauses which take further the thought of the previous clause:*

  Wer nicht . . ., dem ist nur eins zu empfehlen: ein gründliches Studium . . .

  Zwei Jahre Volontariat, das bedeutet: zwei Jahre „Dame als Ladendiebin".

  d) e.v. *stands for* eingetragener Verein, *registered association or company.*

  G.m.b.H. *stands for* Gesellschaft mit beschränkter Haftung, *limited liability company, corresponding to Ltd in English.*

Two adverbs which can also be used with the intensifying force of particles are allerdings *('definitely' and sometimes 'indeed' or 'but' with a restrictive nuance), and* übrigens *('besides' and sometimes 'anyway'):*

Was man **allerdings** nicht studieren sollte: das Fach Publizistik.

Ich habe das **allerdings** gesagt, aber . . .

Er kann nach den USA zurückkehren, **allerdings** darf er nicht öffentlich auftreten.

Bis spätestens Ende 1975 soll **übrigens** alles besser werden. **Übrigens** weißt du schon, daß . . .

Fragen zum Text

1. Von welchen Stellen werden die Nachwuchs-Journalisten gesucht?
2. Warum darf sich jeder Journalist nennen?
3. Hat man den Eindruck, daß die Journalisten-Ausbildung gut organisiert ist?
4. Wird ein zweijähriges Volontariat von allen Aspiranten gewählt?
5. Was für Aufgaben werden dem Volontär übertragen?
6. Warum sind die Redakteure nicht in der Lage, sich um die Auszubildenden zu kümmern?
7. Wie kann der Volontär wissen, was der Redakteur von seinen Bemühungen hält?
8. Was geht in den überbetrieblichen Lehrwerk-stätten vor?
9. Warum wollen die Teilnehmer, daß man nichts Negatives über die Kurse berichtet?
10. Welche Institutionen bieten eine vollständige journalistische Ausbildung an?
11. Welche Beispiele von Universitätsvorlesungen im Fach Publizistik werden zitiert?
12. Ist es nützlich, Publizistik oder Germanistik zu studieren, wenn man Journalist werden will?

Fragen zur Diskussion

1. Warum ist die Berufsbezeichnung Journalist offensichtlich begehrt?
2. Wovon kommt die Überlastung der Redakteure und Journalisten?
3. Glauben Sie, daß die Journalisten-Ausbildung in Großbritannien besser als in der Bundesrepublik organisiert ist?
4. Wie stellen Sie sich die journalistische Fortbildung vor?

Translate into German

Most large firms nowadays employ a Press Officer, who in many cases has had a journalistic training. It requires a skilled journalist to produce a coherent report of an interview, and a skilled press officer to answer journal-ists' questions without, for example, prematurely revealing confidential information. Of course, the editor may still distort the journalist's copy. A British Archbishop was asked on a visit to New York whether he would be visiting any night-clubs during his stay, to which he replied: 'Are there night-clubs in New York?' The report of this interview appeared in the morning paper under the headline: 'Archbishop's First Question: Are there any Night-Clubs in New York?'

XII Die Deutschen

„'n bißchen höher und etwas mehr links!"

45 Wie deutsche Familien ihr Geld ausgeben

Kaufhaus Hertie – Lebensmittelabteilung

Neunhundert Hausfrauen aus allen Bundesländern gewährten ein Jahr
lang dem Staat Einblick in die Haushaltskasse. Tag für Tag notierten sie
bis auf den Pfennig genau, wieviel sie aus dem Familienbudget für
Petersilie und Strümpfe, Möbel und Kino, Autoreparaturen und Blumen
ausgeben mußten. Für die penible Fleißarbeit bekamen sie von den
Statistischen Landesämtern ein Taschengeld von 20 Mark im Monat.
Das Ergebnis der Hausfrauen-Buchführung brachte den Statistikern
genaue Angaben über die Verbrauchergewohnheiten deutscher Durch-
schnittsfamilien mit mittlerem und höherem Monatseinkommen (siehe
Tabelle).

Die Zahlen beweisen, daß das Auto noch immer des Deutschen liebstes Spielzeug ist. Selbst Familien, die weniger als 1500 Mark im Monat zur Verfügung haben, geben für ihr Auto wesentlich mehr aus als für die Miete. Überdurchschnittlich gut verdienende Angestellte und Beamte lassen sich das Renommierstück auf Rädern sogar noch mehr kosten: doppelt soviel wie die Wohnung. Selbst fürs Essen wird in ihren Familien weniger ausgegeben als für das Auto.

Offenbar sind die Deutschen auch sehr reinlich. Für Haar- und Körpersprays, für Seifen und Zahnpasten haben sie sehr viel mehr Geld übrig als für den Besuch kultureller Veranstaltungen. Bei den Familien

AUSGABEN	Familieneinkommen 2 630,39 DM netto		Familieneinkommen 1 427,36 DM netto	
	In DM	In % des Monatseinkommens	In DM	In % des Monatseinkommens
Nahrungsmittel	440,79	16,7	350,25	24,5
Genußmittel	78,72	3,0	64,48	4,5
Bekleidung	183,59	7,0	102,82	7,2
Schuhe	37,70	1,4	26,42	1,8
Wohnungsmiete	278,43	10,6	182,69	12,8
Kohlen, Heizöl, Strom und Gas	72,37	2,7	55,30	3,9
Möbel	55,93	2,1	29,93	2,1
Haushaltswäsche und sonstige Heimtextilien	38,27	1,5	21,26	1,5
Haushaltsgeräte	50,63	1,9	31,52	2,2
Reinigungs- und Pflegemittel	24,20	0,9	18,47	1,3
Blumen- und Gartenpflege	18,60	0,7	8,43	0,6
Auto, einschließlich Benzin, Reparatur, Kfz.-Steuern und Versicherung	553,90	21,1	243,96	17,1
Telefon- und Postgebühren, einschließlich TV	55,60	2,1	35,50	2,5
Körper- und Gesundheitspflege	122,23	4,6	42,71	3,1
Rundfunk-, Fernseh- und Phonogeräte	28,09	1,1	14,65	1,0
Zeitschriften, Zeitungen, Bücher	33,08	1,3	15,24	1,1
Theater, Kino und sonstige Veranstaltungen	21,48	0,8	15,04	1,1
Uhren und Schmuck	7,79	0,3	3,28	0,2
Urlaub	150,10	5,7	78,83	5,6
Prämien für private Versicherungen	130,83	5,0	36,89	2,6
Beiträge an politische Parteien, Verbände und Vereine	12,71	0,5	6,92	0,5
Kreditzinsen	30,52	1,2	16,23	1,1
Sparen und Sonstiges	204,77	7,8	26,99	1,9

Eine deutsche Konditorei

mit höherem Einkommen wird das besonders deutlich: Den 122 Mark
für die Körperpflege stehen 21 Mark für Theater- und Kinobesuche
gegenüber – pro Familie weniger als ein Theaterbesuch im Monat.

Den Beziehern mittlerer Einkommen aber bleibt neben ihren um-
fangreichen Verpflichtungen, den eigenen Hausstand standesgemäß mit
Möbeln und neuer Wäsche, Haushaltsgeräten und einem Farbfernseher
auszustatten, kaum noch Geld für die hohe Kante. Der magere Über-
schuß reicht noch nicht einmal für eine Schachtel Zigaretten pro Tag.
Befragt wurden Familien, deren Monatseinkommen zwischen 2200 und
2800 Mark oder zwischen 1100 und 1600 Mark liegt. Die Buchführung
brachte überraschende Ergebnisse.

STERN

Nahrungsmittel

Vocabulary: die Kfz.-Steuer   – *Road Fund Licence (car tax)*
                 die Veranstaltung   – *event, entertainment, performance*
                 der Kreditzins   – *interest on hire purchase and similar loans*
                 die Petersilie   – *parsley*
                 die Verbrauchergewohnheit – *spending habit*
                 das Renommierstück   – *status symbol*
                 der Bezieher   – *drawer, receiver*
                 Geld auf die hohe Kante legen – *to put by, save money*

Grammar

1. ADJECTIVES

'less', 'lesser', 'fewer' and 'least':
'less' and 'fewer' = weniger:
Familien, die **weniger** als 1500 Mark im Monat zur Verfügung haben.
pro Familie **weniger** als ein Theaterbesuch im Monat
'lesser' = kleiner: das **kleinere** Übel
'least' (='*slightest*') = mindest *or* geringst: nicht im **geringsten**
'least' (='*smallest amount*') = wenigst *or* am wenigsten: Er hat das **wenigste**
Talent.
'least' (*as a noun*) = mindest: Es ist das **mindeste**, das ich tun kann.
'least' (*adverbial*) = am wenigsten: Tomaten mag ich am **allerwenigsten**.
'at least' can always be rendered by wenigstens.

2. ADVERBS

einschließlich *is strictly 'inclusive' rather than 'including', but is followed by a noun
in apposition and not by a preposition as in English; indeed it may be considered a
preposition as well, and will be found followed by a genitive article on occasion:*
Auto, **einschließlich** Benzin, Reparatur, Kfz.-Steuern und Versicherung.
Telefon- und Postgebühren, **einschließlich** TV.
Einschließlich (der) Bedienung.

3. ARTICLES

The article is omitted before names of substances:
wieviel sie für Petersilie und Strümpfe ausgeben mußten
Ich esse Käse jeden Tag.
Kaffee mögen wir nicht.
except where the substance is being spoken of in general terms:
Raleigh hat den Tabak nach Europa gebracht.
or, in conversation, to emphasise a familiar characteristic:
Der Schnaps hat ihn das Leben gekostet.

4. IDIOM

Note the expression etwas übrig haben (für jemanden oder etwas):
Für Haar- und Körpersprays, für Seifen und Zahnpasten haben sie sehr viel
mehr Geld übrig als für den Besuch kultureller Veranstaltungen.
*In addition to its literal meaning of having something left over, it corresponds in its
figurative use to the English 'to have time for someone or something', e.g.:*
Ich habe für ihn nicht viel übrig. (*I don't like him; I've no time for him.*)

5. NOUNS

In a compound noun an -s is usually inserted after the following endings:
-ling, -ing, -tum, -heit, -keit, -schaft, -ung, -ion, -tät:
Nahrungsmittel; Wohnungsmiete; Gesundheitspflege; Reinigungsmittel;
The intrusive -s occurs after all infinitives and many masculines:
Lebensgefahr; Haushaltsgeräte; Monatseinkommen; Durchschnittsfamilie;
Feminine nouns in -e usually insert -n, but some drop the -e instead:
Familienbudget; Taschengeld; *but* Farbfernseher; Schulstunde;

Fragen zum Text

1. Was sind die drei kostspieligsten Posten im deutschen Familienbudget?
2. Wie lange haben die Hausfrauen ihre Ausgaben genau notiert?
3. Wer hat den Frauen etwas Geld für diese Buchführung bezahlt?
4. Auf welchen Gebieten gibt es die größten Unterschiede zwischen den Familien mit mittlerem und höherem Einkommen?
5. Haben die Deutschen der Tabelle nach mehr Interesse an Körper- und Gesundheitspflege als an Lesematerial und kulturellen Veranstaltungen?
6. An welcher Stelle kommt der Urlaub auf der Liste?
7. Wieviel können die Familien mit mittlerem Einkommen sparen?
8. Wieviel ungefähr geben die Deutschen für Bekleidung aus?

Fragen zur Diskussion

1. Was ist in Deutschland teurer als in Großbritannien?
2. Aus welchen Gründen sind die Autokosten so hoch?
3. Inwieweit sind diese Ausgaben mit denen britischer Familien vergleichbar?
4. Ist es wahrscheinlich, daß die ganze Buchführung ausschließlich von Frauen gemacht wird?

Aufsatz: Wie man ein Familienbudget aufstellt

1. Wie oft gibt man Geld aus, und wofür?
2. Wie bekommt man sein Geld, und gibt es einen Beleg dafür?
3. Welche Zahlungen müssen einmal im Jahr gemacht werden?
4. Was bezahlt man einmal im Monat bzw. in der Woche?
5. Welche Ausgaben werden gewöhnlich von der Frau und welche vom Mann gemacht?
6. Wie könnte man die täglichen Ausgaben einteilen?
7. Welche Ausgaben entfallen einem am leichtesten?
8. Ist es eine leichte Aufgabe, so eine Buchführung zu machen?
9. Welchen Sinn hat die Buchführung?
10. Welche überraschenden Ergebnisse könnten sich daraus ergeben?

Aufsatzplan

1. Abschnitt: Die Einteilung der jährlichen, monatlichen, wöchentlichen, täglichen Ausgaben.
2. Abschnitt: Die Schwierigkeiten einer Buchführung und wie man sie lösen kann.
3. Abschnitt: Die Nützlichkeit einer solchen Buchführung und was man daraus lernt.

„Endlich mal ein Wesen, das den Mund aufmacht, ohne Geld zu fordern ......"

46 Der ideale Ehepartner

Der ideale Ehepartner?

Sexy, treu und sparsam, dabei voller Natürlichkeit und blitzsauber, so stellt sich der deutsche Mann seine ideale Ehepartnerin vor. Die deutschen Frauen träumen von einem Mann, der treu, fleißig, voller Wärme und Herzlichkeit, tüchtig im Beruf und natürlich auch sexy ist. Das ergab eine Meinungsumfrage des Institutes für Demoskopie in Allensbach.

Diese zehn Eigenschaften schätzen Deutschlands Männer besonders an einer Frau:

Männer von 16 bis 29	*Männer von 30 bis 39*	*Männer von 40 bis 59*
1. Sexuelle Anziehungskraft	1. Natürlichkeit	1. Sparsamkeit
2. Hübsches Aussehen	2. Sexuelle Anziehungskraft	2. Sauberkeit
3. Treue	3. Treue	3. Treue
4. Natürlichkeit	4. Sparsamkeit	4. Sexuelle Anziehungskraft
5. Sauberkeit	5. Wärme, Herzlichkeit	5. Wärme, Herzlichkeit
6. Sparsamkeit	6. Sauberkeit	6. Natürlichkeit
7. Wärme, Herzlichkeit	7. Hübsches Aussehen	7. Fleiß
8. Gut kochen können	8. Ehrlichkeit	8. Gut kochen können
9. Ehrlichkeit	9. Klugheit	9. Ehrlichkeit
10. Humor	10. Fleiß	10. Ordnungsliebe

Diese zehn Eigenschaften schätzen Deutschlands Frauen besonders an einem Mann:

Frauen von 16 bis 29
1. Treue
2. Sexuelle Anziehungskraft
3. Tüchtigkeit im Beruf
4. Wärme, Herzlichkeit
5. Ehrlichkeit
6. Natürlichkeit
7. Klugheit
8. Humor
9. Fleiß
10. Sauberkeit

Frauen von 30 bis 39
1. Treue
2. Tüchtigkeit im Beruf
3. Sexuelle Anziehungskraft
4. Wärme, Herzlichkeit
5. Fleiß
6. Ehrlichkeit
7. Klugheit
8. Humor
9. Sparsamkeit
10. Natürlichkeit

Frauen von 40 bis 59
1. Treue
2. Fleiß
3. Wärme, Herzlichkeit
4. Sexuelle Anziehungskraft
5. Sparsamkeit
6. Klugheit
7. Tüchtigkeit im Beruf
8. Ehrlichkeit
9. Natürlichkeit
10. Ritterlichkeit

QUICK

Grammar

I. ADJECTIVES

a) blitzsauber *is an example of a type of compound adjective which has the same function as an English simile; other examples are* blitzblank, blitzschnell, eiskalt, himmelhoch, nagelneu. *Compound adjectives are formed by joining two or more words, the final one being an adjective, though it may not always exist independently as an adjective, e.g.* eindeutig, siebenjährig, blauäugig, eintönig, gegenseitig; *more often, however, it does so exist, e.g.* ordnungsliebend, altmodisch, pflichtbewußt. *When the first word is a noun, a linking letter is often inserted in the compound; nouns in* -heit, -keit, -schaft, -ung, -ion *and* -tät *add an* -s, *e.g.* gesundheitsschädlich, *while most feminine nouns in* -e *add an* -n, *e.g.* krisenfest (*but note* hilfsbereit); *with masculine and neuter nouns it varies according to their declension, e.g.* menschenfeindlich, geisteskrank.

b) *The form* voller *is generally used if the following noun stands alone; otherwise* voll *is preferred, and the noun is in the genitive:*
eine Frau voller Natürlichkeit
ein Mann voller Wärme und Herzlichkeit
ein Zimmer voll schreiender Kinder

2. ARTICLES

a) *Abstract nouns in German are often used without an article:*
voller Natürlichkeit; voller Wärme und Herzlichkeit;
Sexuelle Anziehungskraft; Hübsches Aussehen; Tüchtigkeit im Beruf

b) Note: Deutschlands Männer   Deutschlands Frauen
But Die Männer Deutschlands;   Die Frauen Deutschlands

3. VOCABULARY

The juxtaposition of Wärme, Herzlichkeit *indicates that the former is used in its sense of 'warmth' rather than in its sense of 'ardour', while the latter is used in its sense of 'affection, sincerity' rather than in its sense of 'cordiality, heartiness';* Sparsamkeit *is more expressive than the English 'economy', since by association with* sparen *it indicates not only being economical on outgoings but being able to save as well.*

4. WORD ORDER

In a sequence of items like a list, the longest elements go to the end:
Sexy, treu und sparsam, dabei voller Natürlichkeit und blitzsauber.
Ein Mann, der treu, fleißig, voller Wärme und Herzlichkeit, tüchtig im Beruf und natürlich auch sexy ist.

Fragen zum Text

1. Welche Eigenschaft schätzen die deutschen Frauen an einem Mann am meisten?
2. Welche anderen Eigenschaften kommen in allen sechs Listen vor?
3. Welche Unterschiede gibt es in der Reihenfolge der erwünschten Eigenschaften bei jungen und alten Männern?
4. Wie wird eine Meinungsumfrage durchgeführt?
5. Welche Eigenschaften werden nur von Frauen und welche nur von Männern geschätzt?
6. Welche Eigenschaft wird einmal erwähnt, die kaum von einer Frau zu erwarten wäre?
7. Welche Eigenschaft scheint an Wichtigkeit zu verlieren, je älter man wird?
8. Welche Eigenschaft steht auf einer Liste an erster und auf einer anderen an letzter Stelle?

Fragen zur Diskussion

1. Inwieweit darf man die Ergebnisse einer Meinungsumfrage als allgemeingültig annehmen?
2. Wann wird man in Wirklichkeit feststellen, ob sein Ehepartner ideal ist?
3. Welche Eigenschaft schätzen die Männer nicht hoch genug?
4. Hätten Sie erwartet, andere Eigenschaften zu sehen, die nicht auf der Liste stehen?

Translate into German:

At thirty Heinz realised that his long years of study had destroyed his ability to make contact with other people, to form serious relationships or even hold a meaningful conversation, and that he was feeling lonelier. Marriage seemed to be the answer, but how? He put an advertisement in the local paper: Wanted, a pretty, intelligent, sympathetic girl who can cook. He also noticed an advertisement from a lady wanting a well-off, honest, courteous gentleman, so he replied to it. Later he got a reply to his own advertisement and was astonished to find that it was from the young lady to whose advertisement he had replied the previous day. A first meeting led in course of time to marriage, and it was only some two years later that they realised that they were in fact quite unsuited to each other.

„PAPI, ICH WAR HEUTE IN DER SCHULE DIE BESTE IM DIKTAT!" – SO, SO, DU WIRST ALSO DEINER MUTTER IMMER ÄHNLICHER..."

„OPA! – WO LIEGEN DIE BAHAMAS? – FRAG DEINE MUTTER, DIE RÄUMT JA IMMER ALLES WEG!"

Es hilft kein Pudern und kein Schminken: Wir – die Deutschen – sind allesamt Bayern. Rund zwanzig Millionen Bürger der Bundesrepublik verbringen jedes Jahr ihren Urlaub im Ausland. Da taucht die Frage auf, wie und als was uns unsere Gastgeber wohl betrachten mögen. Auch den Psychologen im Bundespresseamt, Dr. Manfred Koch, beschäftigte dieses Problem. Die Antworten, die er fand, zeigen vieles, nur eines nicht: Daß der moderne Tourismus in der Lage ist, die Vorurteile zwischen den Völkern zu beseitigen.

das Vorurteil: *prejudice*

Alle Süditaliener sind dreckig, alle Ungarinnen haben Paprika im Blut. Auf diesem Niveau bewegen sich auch heute noch die Vorurteile der Deutschen über die Völker rundum. Die Vorurteile der anderen über uns sind von ähnlichem Kaliber. Koch ließ Österreicher, Franzosen, Italiener, Kanadier, Amerikaner und Japaner einen Deutschen zeichnen. Heraus kam in der Regel ein Mensch in Lederhosen, der in der Hand ein Glas Bier hält. Wo der Deutsche nicht als Seppl gezeichnet wurde, erschien er in anderer Uniform. Diese kann der Wehrmachtsuniform des letzten Weltkrieges ähneln, kann aber auch mit SS- oder Hakenkreuzsymbolen verziert sein, bisweilen treten auch Pickelhauben auf . . . Und wie es sich für anständige Militaristen gehört, marschieren die gezeichneten Deutschen im Stechschritt, sie grüßen zackig oder sie brüllen

dreckig: *filthy*

der Seppl: *Bavarian*

das Hakenkreuz: *swastika*
die Pickelhaube: *spiked helmet*

der Stechschritt: *goose-step*

Wir Deutsche sind allesamt Bayern

Im Stechschritt

Kommandos oder doch wenigstens „Heil Hitler". Hitler, Adenauer, Rommel und Goethe, Eichmann, Bismarck und Beethoven sind – in dieser Reihenfolge – dann auch in zehn von Koch besuchten Entwicklungsländern die bekanntesten Deutschen, während die Namen Stauffenberg und Heine selbst im gebildeten Japan keinerlei Heimstatt haben.

die Reihenfolge: *sequence*

Sonderlich hell ist also – im Lichte der Kochschen Untersuchung – unser Bild im Ausland nicht. Zwar erklären sich nahezu alle Österreicher als deutschfreundlich. Auch die Japaner haben gegenüber den Deutschen fast ungebrochen freundschaftliche Gefühle, und in den spanisch sprechenden Ländern in aller Welt ist durchweg ein positives Deutschenbild anzutreffen.

Selbst Westdeutschlands Stütz-Staat Amerika jedoch fällt zum Namen „Deutschland" pauschal zunächst nichts als Grautöne ein: 25 Prozent der Befragten assoziierten mit Deutschland den Ostwest-Konflikt samt Berliner Mauer, 12 Prozent Hitler, Nazis, Drittes Reich, Konzentrationslager, 11 Prozent die beiden Weltkriege und das Militär. Auch im Detail kommen wir nicht gut weg. Nehmen wir die Frauen: Die Frauen Frankreichs erscheinen in den Köpfen der Amerikaner als „Mannequin-Typ, elegant, sorglos, lebhaft, höflich, von natürlicher Schönheit, sexy, romantisch, lieben gern". Unsere dagegen gelten als Muttchen: „schwer gebaut, breit, dick, untersetzt, plump, pausbäckig (so 33 Prozent der Befragten); schwer arbeitend, fleißig, ehrgeizig, sparsam, genügsam (24 Prozent); gute Hausfrau, Ehefrau, Mutter" (20 Prozent). Vier Prozent gar hielten sie für „herrschend, anmaßend, hartnäckig, vorurteilsvoll und aggressiv" – was den Amerikanern beim Stichwort Französin überhaupt nicht einfiel. Die Frage ist, wozu dem Menschen solche realitätsfernen Pauschal-Annahmen gut sind. Der Mensch, als hemmungslos neugieriges Wesen, will immer wissen, was er von einer Sache, von einem anderen Menschen, von Gruppen zu halten hat.

pauschal: *in general*

das Muttchen: *homely body*
untersetzt: *thick-set*
pausbäckig: *chubby-cheeked*
genügsam: *unassuming, frugal*
anmaßend: *arrogant*
hartnäckig: *obstinate*
das Stichwort: *cue-word*

Er will also wissen, wer der Nachbar oder wer etwa „die Deutschen" oder „die Afghanen" sind. Die Leere der Ungewißheit ängstigt ihn und versetzt sein Gehirn in unangenehme Spannung. Die aber kann er nur los werden, indem er sich irgendein Bild von dem noch Unbekannten macht.

Malt sich ein Araber sein Bild vom Deutschen, so ist dieser Deutsche noch immer vor allem Antisemit. Malt sich Japan sein Bild vom Deutschen, so kommt – nach Koch – ein „altfränkisches" Gemälde heraus. Die deutschen Kinder haben noch vor den Eltern Respekt. Man ißt vorwiegend Kartoffeln und Brot, und zwar dunkles. Vor allem aber: „Deutschland ist das Bollwerk, das der Amerikanisierung getrotzt hat."

das Bollwerk: *bulwark*

„Unzureichende Informationsmöglichkeit" reicht indessen nicht als Erklärung aus für alle schiefen Vorstellungen. Das bestätigten Kochs Umfragen unter Italienern.

Für die befragten Italiener ist Deutschland im wesentlichen ein Land voller Nebel, Schmutz, Kälte und Wäldern „ohne Ende mit finsteren Schatten".

Die Deutschen darin sind natürlich diszipliniert, arbeitsam, zäh. Aber sie sind kalt und haben keine Seele. Ihren Kindern bringen sie nicht „das Schwimmen bei, entweder sie schwimmen oder sie ertrinken. Sie sollen sich selbst helfen". Der Deutsche latscht in großen massiven Stiefeln, tritt „quadratisch geordnet" auf und scheint ständig auf Befehle zu warten. Ungepflegtheit, Milchtrinkerei, Einfallslosigkeit und Mißtrauen sind besonders hervorstechende Züge an ihm. Freilich wirft er nie sein Bonbonpapier auf den Boden; als einzelner ist er oft ein anständiger, hilfsbereiter Kerl, und er ist fähig, große Dinge zu leisten. Aber er ist und bleibt eine Art Gegenmensch. Er kann den Mond bewundern und gleich darauf jemanden umbringen. Er ist wie aus Stahl. Stur beim Autofahren, kriegs- und eroberungslüstern, hält lieber ein Gewehr im Arm als eine schöne Frau. Verirrt sich dennoch eine Frau in seine oberen Extremitäten und sie ist Deutsche, so trägt sie „durchsichtige Blusen, bei denen man den Büstenhalter sieht", den Kopf hat sie „voll Locken wie ein Schaf", innen aber herrscht ein Gemüt, welches die Frau befähigt, klaglos morgens um vier Uhr aufzustehen, offen nach Männern zu gieren, beim sexuellen Verkehr zu lachen und zu scherzen und beim Abschied nicht zu weinen.

latschen: *to shuffle*

die Einfallslosigkeit: *lack of imagination*

stur: *stubborn*
eroberungslüstern: *eager for conquest*

gieren: *to crave*
scherzen: *to joke*

Diese Vorstellungen vom Deutschen wurden in Italien ermittelt. Man müßte meinen, daß im Deutschenbild der italienischen Gastarbeiter alle die groben Absonderlichkeiten fehlen. Denn immerhin erleben sie uns Haut an Haut. Koch jedoch: „In den Grundzügen stimmt das Deutschenbild der Gastarbeiter mit dem ihrer Landsleute zu Hause überein." An diesem Beispiel zeigt sich, daß Einzelmenschen wie auch ganze Nationen gar kein anderes Bild von anderen haben wollen und brauchen können als das, welches sie haben. Wie heillos der seelische Haushalt durcheinandergerät, wenn plötzlich dieses Bild zerstört wird – das zeigte sich, nach Koch, in den arabischen Staaten. Die Erschütterung war abgrundtief, als die Bundesrepublik diplomatische Beziehungen zu Israel aufnahm. Bis dahin konnten sich die arabischen Staaten in dem Glauben wiegen, in ihrem Antijudentum einen potenten Seelenfreund zu haben. Widerspruch von seiten deutscher Reisender wurde vorher aus der Welt geschafft mit der Bemerkung, man verstelle sich bloß in Deutschland, um den Amerikanern zu gefallen. Hier aber, in Arabien, könne man offen seine wirkliche Haltung zeigen.

ermitteln: *to ascertain, investigate*

die Absonderlichkeit: *peculiarity*

heillos: *hopelessly*

sich verstellen: *to dissemble*

Haben die Araber das Bedürfnis nach einem ganz bestimmten Deutschenbild, so kann es bei allen anderen Nationen nicht anders sein. Japans altfränkischer Deutscher wirkt auf Japan vielleicht als Trost: Wenigstens ein Land, das sich bewahren konnte, was Japan unter dem Druck Amerikas verlor und wonach Japan sich zurücksehnt: nach einem Leben nach den vertrauten alten Werten.

Amerikas aggressives Deutschenbild (nur 5 Prozent dachten spontan an hochwertige Produkte, 23 Prozent aber an Drittes Reich und Kriege) hat denn auch Trostfunktion. Wer anderen – grob gesprochen – radikale und destruktive Neigungen nachweisen kann, braucht sich wegen der eigenen nicht mehr zu grämen.

grämen: *to grieve*

Für den amerikanischen Psychologen G. W. Allport hängen negative Vorurteile gegenüber Gruppen mit der unbewältigten tierischen Vergangenheit des Menschengeschlechts zusammen. Fremde, selbst wenn man nur von ihnen hört, erwecken sofort den uralten Abwehrmechanismus. Die mildeste Form der Abweisung ist feindliches Gerede (Nächste Stufen nach Allport: den Fremden meiden, ihn angreifen und ihn notfalls ausrotten).

ausrotten: *to exterminate*

Interessanterweise hörte Koch negative Töne über uns Deutsche nur in jenen Staaten, gegen die Deutschland Krieg geführt hat. Auch Frankreich und Holland reagieren zur Zeit noch reichlich negativ auf uns. Für Holland ist der Deutsche unter anderem einer, der einem Befehl folgt „wie eine Kuh" und der obendrein in der Regel katholisch ist. Die „Katholischen" jedoch hätten oft einen „enormen Nahrungsboden für den Faschismus gebildet." (In der Tat wurden im katholischen Wahlbezirk Köln-Aachen 1933 bei den Reichstagswahlen 30 Prozent der Stimmen für Hitler abgegeben, im protestantischen Schleswig-Holstein über 53 Prozent.)

der Wahlbezirk: *constituency*

Frankreich redet viel Gutes über unsere Aufrichtigkeit und über den deutschen Respekt vor der Natur. Deutschland ist gleichbedeutend mit der Farbe Grün. „Vater Rhein", ein blühender Platz mit Linden und kleinen Häusern, entstand beim Namen Deutschland vor dem inneren Auge der Testpersonen. Jeden Sonntag – der bei uns auf dem Land noch geheiligt werde – „gehen die Eltern mit ihren Kindern, selbst Leute aus besseren Schichten, auf eine Wiese und lassen Ballons und Drachen steigen."

der Drachen: *kite*

Romantik erkannten die französischen Testpersonen uns uneingeschränkt zu. An unseren technischen Fähigkeiten und unserer zivilisatorischen Potenz aber zeigten sie Zweifel. Die Lufthansa habe bloß deshalb keine „Caravelles" gekauft, weil die „deutschen Piloten mit diesen empfindlichen, feinen Flugzeugen nicht umgehen können." Was die Zivilisation betrifft, so sind die Franzosen „von der Überlegenheit ihrer Zivilisation so überzeugt, daß sie hier den Deutschen die Gleichberechtigung versagen ... Deutschland wird allenfalls die Rolle eines jüngeren Bruders zugestanden, der sich anstrengen sollte, dem Vorbild des älteren nachzueifern."

empfindlich: *sensitive*

nacheifern: *emulate*

Kochs Untersuchungen haben in den Jahren 1966 bis 1968 stattgefunden. Stichproben ergaben, daß sich zwar überall dort, wo unser Bild grau war, in den letzten sechs Jahren ein paar hellere Töne bemerkbar machten. Die jüngeren, intellektuellen Großstädter sind es, die in Frankreich unter den alten Bildern aufräumen. Wesentliches geändert jedoch hat sich nirgendwo. Auch dort nicht, wo man bisher etwas von Deutschland hielt. Und so hält Indiens Militär weiterhin den Kruppschen Stahl für besser als gleichwertigen französischen ...

STERN

213

Grammar

1. ADJECTIVES

einzig = *'only, sole'* : Sie ist die **einzige**, die ihn versteht.

einzeln = *'single, individual(ly)'* : Als **einzelner** ist er oft ein anständiger Kerl.

2. NOUNS

Proper Nouns normally take –s in the genitive (though months are not usually inflected):

Kochs Untersuchungen

Die Frauen Frankreichs

Indiens Militär

unless they end in –s, –x, –z, or –ß, when a von *construction or an apostrophe is used:*

Der Bruder von Max

Fritz' Buch

With two names in combination, or a title + name, the last is inflected:

Kaiser Friedrichs Flöte

Karl Schmidts Tante

Die Dramen Heinrich von Kleists

Proper Nouns remain uninflected when preceded by article + adjective:

Die Leiden des jungen Werther

Die Probleme des konservativen England

Titles of publications are declined except when in apposition:

Ich habe „Nathan den Weisen" gelesen; *but* In der Zeitung „Die Welt"

although nouns in apposition usually take the same case as the noun with which they are in apposition:

Er erkannte seinen Herrn, den Kaiser.

3. PRONOUNS

The relative pronoun after a superlative adjective used as a neuter noun is was

Das Allerschönste, **was** ich mir vorstellen kann,

Das Dümmste, **was** mir je passiert ist,

but was *is not used after a preposition, which must be combined with* wo:

Das beste, **womit** du anfangen kannst, wäre dieses Buch.

4. VERBS

a) *The normal preference for the perfect tense in everyday German does not apply to the passive, where the shorter simple past is preferred:*

Diese Vorstellungen vom Deutschen **wurden** in Italien **ermittelt**.

In der Tat **wurden** 30 Prozent der Stimmen für Hitler **abgegeben**.

b) *The present subjunctive without* daß *may be used to convey the sense of reported allegation not believed:*

Die Lufthansa **habe** bloß deshalb keine „Caravelles" gekauft, weil . . .

Jeden Sonntag – der bei uns auf dem Land noch geheiligt **werde** –

5. WORD ORDER

A conditional clause often begins with the verb in the present tense; the main clause then begins with so:

Malt sich ein Araber sein Bild vom Deutschen, **so** ist dieser Deutsche . . .

Malt sich Japan sein Bild vom Deutschen, **so** kommt . . .

Verirrt sich dennoch eine Frau . . ., **so** trägt sie . . .

Haben die Araber das Bedürfnis . . ., **so** kann es . . .

Fragen zum Text

1. Mit wem identifizieren alle Ausländer die Deutschen?
2. Wie zeichnet der Ausländer in allgemeinen einen Deutschen?
3. Was für eine Uniform trägt der Deutsche in der Vorstellung des Ausländers?
4. Was assoziiert der Amerikaner mit dem Wort Deutschland?
5. Welche Eigenschaften werden den französischen Frauen und welche den deutschen Frauen zugeschrieben?
6. Was für ein Deutschenbild haben die Araber und die Japaner?
7. Was halten die Italiener von den Deutschen?
8. Welche guten Eigenschaften werden dem Deutschen zugeschrieben?
9. Inwieweit ist das Deutschenbild für die Araber, Japaner und Amerikaner eine Art Trost?
10. Wo hört man negative Töne über die Deutschen?
11. Wie ist die französische Haltung gegenüber den Deutschen?
12. Wie ändert sich allmählich das Deutschenbild im Ausland?

Fragen zur Diskussion

1. Woher kommen Ihrer Meinung nach die Vorurteile gegen die Deutschen?
2. Glauben Sie, daß das Bild der Französin als Mannequin-Typ und der Deutschen als „Muttchen" irgendwie berechtigt ist?
3. Wissen Sie, welches Bild man sich im Ausland vom Engländer macht?
4. Welche Rückschlüsse lassen die Vorstellungen der Araber, der Japaner und der Amerikaner von den Deutschen auf sie selbst zu?
5. Vergleichen Sie Ihre Eindrücke von diesem Artikel mit jenen, die Sie von den zwei vorangegangenen Texten gewonnen haben.
6. Was können die Deutschen tun, um ihren Ruf im Ausland zu verbessern?

Aufsatz: Vorurteil und Wirklichkeit

1. Was haben Ihnen Ihre Großeltern über die Deutschen gesagt?
2. Können Sie verstehen, warum viele Leute den Deutschen gegenüber mißtrauisch sind?
3. Wie sehen die meisten deutschen Frauen in Wirklichkeit aus?
4. Ist es möglich, daß die Deutschen einen Mangel an Menschlichkeit und Humor zeigen?
5. Trinken die Deutschen mehr als die Engländer oder die Franzosen?
6. Was könnten die Deutschen von uns lernen?
7. Was könnten wir von den Deutschen lernen?
8. Woher kommen die Vorurteile?
9. Wie unterscheiden sich die Deutschen und die Engländer von heute von denen vor 60 Jahren?
10. Wie soll man sich über die wirkliche Lage informieren?

Aufsatzplan

1. Abschnitt: Die Last der Vergangenheit.
2. Abschnitt: Die Ähnlichkeit sämtlicher westeuropäischer Völker.
3. Abschnitt: Wie man zu einer objektiven Beurteilung kommt.

48 Preuße und Österreicher

EIN SCHEMA

Im Ganzen:

PREUSSEN	ÖSTERREICH	
Geschaffen, ein künstlicher Bau,	Gewachsen, geschichtliches Gewebe,	
von Natur armes Land,	von Natur reiches Land,	
alles im Menschen	alles von außen her:	
und von Menschen,	Natur und Gott,	
daher: Staatsgesinnung als	Heimatliebe als	
Zusammenhaltendes,	Zusammenhaltendes,	
mehr Tugend,	mehr Frömmigkeit,	die Frömmigkeit: *piety*
mehr Tüchtigkeit.	mehr Menschlichkeit.	

Der Einzelne:

DER PREUSSE	DER ÖSTERREICHER	
Aktuelle Gesinnung (um 1800 kosmopolitisch, um 1848 liberal, jetzt bismarkisch, fast ohne Gedächtnis für vergangene Phasen).	Traditionelle Gesinnung, stabil fast durch Jahrhunderte.	die Gesinnung: *way of thinking*
Mangel an historischem Sinn.	Besitzt historischen Instinkt.	
Stärke der Abstraktion.	Geringe Begabung für Abstraktion.	
Unvergleichlich in der geordneten Durchführung.	Rascher in der Auffassung.	
Handelt nach der Vorschrift.	Handelt nach der Schicklichkeit.	die Vorschrift: *precept*
Stärke der Dialektik.	Ablehnung der Dialektik.	die Schicklichkeit: *propriety*
Selbstgefühl.	Selbstironie.	
Scheinbar männlich.	Scheinbar unmündig.	unmündig: *immature*
Verwandelt alles in Funktion.	Biegt alles ins Soziale um.	
Behauptet und rechtfertigt sich selbst.	Bleibt lieber im Unklaren.	
Selbstgerecht, anmaßend, schulmeisterlich.	Verschämt, eitel, witzig.	
Drängt zu Krisen.	Weicht den Krisen aus.	ausweichen: *to evade*
Kampf ums Recht.	Lässigkeit.	die Lässigkeit: *indolence*
Unfähigkeit, sich in andere hineinzudenken.	Hineindenken in andere bis zur Charakterlosigkeit.	
Gewollter Charakter.	Schauspielerei.	gewollt: *self-conscious*
Jeder Einzelne Träger eines Teiles der Autorität.	Jeder Einzelne Träger einer ganzen Menschlichkeit.	
Streberei.	Genußsucht.	die Streberei: *careerism, endeavour*
Vorwiegen des Geschäftlichen.	Vorwiegen des Privaten.	die Genußsucht: *pleasure-seeking, epicureanism*
Harte Übertreibung.	Ironie bis zur Auflösung.	das Vorwiegen: *predominance*
	HOFMANNSTHAL	die Auflösung: *disintegration*

Fragen zum Text

1. Was ist mit „künstlichem Bau" und „geschichtlichem Gewebe" gemeint?
2. Was ist der Unterschied zwischen Staatsgesinnung und Heimatliebe?
3. Wie unterscheiden sich Tugend und Frömmigkeit?
4. Welche Haltung gegenüber der Vergangenheit haben Preußen und Österreicher?
5. Wer wird wohl, wenn es keine Regel gibt, vernünftiger handeln: der Preuße oder der Österreicher?
6. Welche Nation zeigt mehr Ernsthaftigkeit?
7. Welche Bezeichnung ist herabsetzender: selbstgerecht und anmaßend oder verschämt und eitel?
8. Wie wird die Haltung des Preußen und des Österreichers gegenüber anderen Leuten bezeichnet?

Fragen zur Diskussion

1. Woran spürt man, daß Hofmannsthal Österreicher ist?
2. Welche guten Eigenschaften werden den Preußen zugeschrieben?
3. Können Sie Beispiele für einen Mangel an geschichtlichem Gedächtnis der Preußen geben?
4. Wie würden Sie die erwähnten Unterschiede zusammenfassen?
5. Woran liegt es, daß die beiden Nationen so verschieden sind?

Exercises

I. ERGÄNZEN SIE MIT DEM PASSENDEN VERB:

1. Du kannst es als Andenken – .
   (behalten, enthalten, erhalten, verhalten)
2. Ich muß den alten Reifen durch einen neuen – .
   (besetzen, entsetzen, ersetzen, versetzen)
3. Sie läßt ihren Schmuck bei der Bank – .
   (beschließen, entschließen, erschließen, verschließen)
4. Es kann Ihnen nicht – .
   (begehen, entgehen, ergehen, vergehen)
5. Das kann ich ihm nicht – .
   (begeben, ergeben, vergeben)
6. Wir werden es mit dem Direktor – .
   (besprechen, entsprechen, versprechen)
7. Er ist aus dem Gefängnis – .
   (bekommen, entkommen, verkommen)
8. Ich habe irgendwo meinen Füller – .
   (belegt, erlegt, verlegt)
9. Er wurde in einer christlichen Familie – .
   (bezogen, entzogen, erzogen, verzogen)
10. Ich – den Dieb beim Kragen.
    (entwischte, erwischte, verwischte)
11. Er hat den Stuhl – .
    (erbrochen, verbrochen, zerbrochen)
12. Eine Schreibmaschine – aus vielen Teilen.
    (besteht, ersteht, entsteht, versteht)
13. Man muß die Gebrauchsanweisung – .
    (beachten, mißachten, verachten)
14. Für den Kostümball hat er sich als Hanswurst – .
    (bekleidet, entkleidet, verkleidet)
15. Ich habe vorgestern einen Brief von ihm – .
    (behalten, enthalten, erhalten)

2. SCHREIBEN SIE OHNE ‚WENN‘:

1. Wenn der Schlaf gestört wird, treten Angst und Unruhe auf.
2. Du wärst bestimmt gefallen, wenn ich dir nicht geholfen hätte.
3. Wir würden mitspielen, wenn wir nicht versprochen hätten, im Garten zu arbeiten.
4. Wenn der Elefant nicht krank gewesen wäre, hätte ihn der Tiger nicht belästigt.
5. Wenn es eine Möglichkeit gibt, so wird es ihm ohne Zweifel gelingen.
6. Wenn ich Zeit genug hätte, könnte ich diese Aufgabe besser erledigen.
7. Ich hätte den Ball erreicht, wenn ich nicht durch das Fenster gefallen wäre.
8. Wenn das Spiel verschoben wird, können wir nicht gewinnen.
9. Der Lehrer hätte die Sache ganz gut erklärt, wenn es ihm die Klasse erlaubt hätte.
10. Wenn die Schüler beim Arbeiten gestört werden, können sie nicht rechtzeitig fertig werden.

3. KONJUNKTIV:

1. Sie möchte gern wissen, ob ich immer derselben Meinung (bin? sei?)
2. Er hat den Eindruck, daß sie in ihn verliebt (ist? sei?)
3. Ich erfuhr vom Beamten, daß meine Tante tot (war? wäre?)
4. Man könnte damit rechnen, wenn man es nur im voraus (wußte? wüßte?)
5. Wenn es ihm gelungen (ist? sei?), wird er wohl zurückkommen.
6. Wir wollten feststellen, ob es diese Möglichkeit (gab? gäbe?)
7. Sie (hatten? hätten?) lieber ein gutes Essen bekommen.
8. Obwohl er nichts machen (konnte? könnte?), hat er immerhin sein Bestes getan.
9. Wahrscheinlich glaubt ihr Vater, daß sie gute Chancen (hat? habe?)
10. Diesmal bin ich der Meinung, daß er es wirklich ernst (meint? meine?)

4. TRANSLATE INTO GERMAN:

1. The matter is more or less settled.
2. My father has fewer books than I.
3. I haven't the slightest idea what you want.
4. It's the least one might expect.
5. I'm not in the least disappointed.
6. You might at least have written.
7. That is the lesser of the two.
8. Homework is what I like least.
9. He is the one with the least money.
10. I have less and less time for reading.

5. TRANSLATE INTO GERMAN:

1. Henry's book.
2. January's snow and February's rain.
3. King George's birthday.
4. Charles Brown's mother.
5. Karl Marx's theory.
6. Joseph von Eichendorff's stories.
7. The death of young Schubert.
8. The works of Novalis.
9. England's problems.
10. I am reading *Charles the Great*.

Multiple-Choice Comprehension

1. Wie verstehen Sie den Ausdruck: „Ich bin nicht hinter Geld her"?
   a) Ich bekomme kein Geld.
   b) Ich verstehe nicht, wie man mit Geld umgeht.
   c) Ich bin an Geld nicht außerordentlich interessiert.
   d) Ich brauche kein Geld.

2. Wo haben die Korrespondenten überall Auskunft gesucht?
   a) In München?
   b) Im ganzen Lande?
   c) In den Städten, die an der Strecke zwischen Flensburg und München liegen?
   d) In Flensburg und München?

3. Was ist den Töchtern Skibowski vor zwei Jahren passiert?
   a) Die Eltern haben angefangen, Taschengeld auszuzahlen.
   b) Die Eltern haben aufgehört, Taschengeld auszuzahlen.
   c) Die Mädchen haben stricken müssen, um Geld zu verdienen.
   d) Die Mutter hat vergessen, das Taschengeld auszuzahlen.

4. Wie kommen die zwei Mädchen jetzt zu Geld?
   a) Sie dürfen immer das Wechselgeld behalten.
   b) Sie bekommen regelmäßig Taschengeld.
   c) Sie bekommen größere Summen, aber nur dann und wann.
   d) Sie dürfen es sich aus dem Geldbeutel der Mutter nehmen.

5. Wieviel braucht der Sohn des Psychologen?
   a) 4,50 DM?
   b) Mehr als 4,50 DM?
   c) Weniger als 4,50 DM?
   d) Nichts?

6. Welche Vorteile hat es für die Eltern, wenn ihre Kinder mithelfen, die Höhe des Taschengeldes festzulegen?
   a) Die Eltern brauchen weniger auszuzahlen.
   b) Die Kinder begreifen, wie arm ihre Familie ist.
   c) Die Kinder können sich nachher nicht beklagen, die Summe sei zu niedrig gesetzt worden.
   d) Sie können die Kinder überreden, Taschengeld als überflüssig anzusehen.

7. Wann flattern die 20-Mark-Scheine ins Haus der Familie Skibowski?
   a) Nach Schuljahrsende?
   b) Bei Geburtstagen?
   c) Bei Besuchen von Verwandten?
   d) Am Ende des Monats?

8. Welcher Eindruck soll nach Ansicht der Erzieher bei Kindern vermieden werden?
   a) Daß Geld eine Arbeitsleistung belohnt.
   b) Daß der Kapitalismus ein erfolgreiches System ist.
   c) Daß Lernen eine Arbeit ist.
   d) Daß alle Verwandten bereit sind, Geld für gute Zeugnisse auszugeben.

9. Was hat sich noch nicht herumgesprochen?
   a) Man soll Kinder für ihre Schulnoten nicht bezahlen.
   b) Die Hälfte aller Schüler bekommen Sonderhonorare für gute Zeugnisse.
   c) Lernen ist eine Arbeit.
   d) Mit Geld belohnt man eine Arbeitsleistung.

10. Inwieweit sind Kinder wichtig für die Wirtschaft?
    a) Sie geben kein Geld aus.
    b) Sie geben jährlich so viel aus wie das Verkehrsministerium.
    c) Sie sparen jährlich 15 Milliarden Mark.
    d) Sie verfügen jährlich über einen Betrag von 15 Millionen Mark.

XIII Die Arbeit

„Den Bleistift auch etwas nachspitzen?"

49 Die Kinder leiden, man selber leidet . . .

In der Paketabteilung der Post

Liselotte Nitzschke, 42 Jahre alt, Mutter von fünf Kindern, hat während ihrer 22 jährigen Ehe fast immer mitverdient. Meistens arbeitete sie als Reinmachefrau, zwischendurch in der Paketabteilung der Post, häufig in Schichten, jahrelang nachts, jetzt: fünf Stunden vormittags, drei Stunden abends. „Das ist für meinen Mann ganz selbstverständlich geworden," sagte sie.

die Reinmachefrau: *cleaner*

Als ihr erster Sohn zur Welt kam, blieb Liselotte Nitzschke einmal für zwei Jahre zu Hause. „Da dachte ich noch, wenn man verheiratet ist, braucht man nicht arbeiten zu gehen." Dann wurde die Wohnung der Schwiegereltern, bei denen sie mit Mann und Sohn wohnte, abgerissen. Die Schwiegereltern bekamen eine Sozialwohnung zugeteilt, die Familie des Sohnes wurde in ein Obdachlosenlager eingewiesen. Sie war noch nicht lange genug beim Wohnungsamt vorgemerkt. Im Lager hausten die Nitzschkes zwölf Jahre lang in einem Zimmer, zuletzt mit drei Kindern. „Mein Mann ist Bootsbauer. Er war zwischen 1950 und 1960 viel arbeitslos. 36 Mark pro Woche betrug die Unterstützung. Dadurch hat es mit unseren Schulden angefangen. Es war klar, daß ich mitverdienen mußte." – Liselotte Nitzschke ging als Reinmachefrau zur Lufthansa. „Ich hab' auf drei Schichten gearbeitet. Wenn ich Nachtdienst hatte, waren die Kinder im Bett. Tagsüber hat eine Nachbarin nach ihnen

die Schwiegereltern: *parents-in-law*
abreißen: *to demolish*
die Sozialwohnung: *council flat*
zuteilen: *to allocate*
das Obdachlosenlager: *camp for the homeless*
einweisen: *to send*
vorgemerkt sein: *to have one's name down*
die Unterstützung: *assistance*
die Schulden (pl.): *debts*

gesehen oder mein Mann, wenn er zu Hause war. Wenn ein Kind krank wurde, mußte ich mich auch krank schreiben lassen, das ging nun mal nicht anders."

1964, als das vierte Kind unterwegs war, bekam die Familie eine Dreizimmerwohnung mit Kammer in einer Neubausiedlung am Stadtrand von Hamburg. Die Miete betrug damals 126 Mark ohne Heizung (heute ist sie auf 200 Mark gestiegen). „Das war natürlich 'ne Umstellung. Und dann hatten wir keine Möbel, nur fünf Betten, Tisch und Schrank. Da mußten wir Kredit aufnehmen, und ich habe eben weitergearbeitet."

die Kammer: box-room
die Neubausiedlung: modern housing estate
die Miete: rent
die Umstellung: change

Es gab jetzt aber keine Nachbarin mehr, die auf die Kinder aufpaßte, und auch keinen Kindergarten. Der einzige Ausweg: Liselotte Nitzschke arbeitete nachts im Paketdienst der Post. Das war zwar Schwerstarbeit, aber sie hatte jede zweite Nacht frei und wurde gut bezahlt. Wenn sie um 6.30 Uhr morgens heimkam, machte sie Frühstück, schickte die Kinder zur Schule, wickelte und badete den Kleinsten, kaufte ein, machte Mittagessen. „Vor ein Uhr wurde es nie was mit hinlegen und schlafen."

der Paketdienst: parcel-office

wickeln: to change the nappies

Vor sechs Jahren kam dann noch die jüngste Tochter an. „Ich war damals wirklich total fertig," sagt Frau Nitzschke. „Nur noch ein Nervenbündel." Zuletzt war sie so häufig krank – vor Erschöpfung krank –, daß sie die Nachtarbeit aufgeben mußte. Nach 14 Tagen Pause – „Die gingen mit Großputz und Tapezieren zu Hause drauf" – fand Frau Nitzschke durch eine Anzeige ihre jetzige Arbeitsstelle: Sie reinigt morgens von acht bis dreizehn Uhr die Zimmer in einem Kinderheim in Hamburg-Volksdorf. Den Ausschlag gab, daß sie ihre beiden jüngsten Kinder mit ins Heim nehmen konnte. Der zwölfjährige Sohn Michael geht inzwischen in eine Schule in der Nähe des Heims. Die 15jährige Angelika hilft ihrer Mutter und kocht oft das Abendessen für die Familie. Die beiden ältesten Nitzschke-Kinder sind inzwischen verheiratet.

der Großputz: spring-cleaning
das Tapezieren: wallpapering

Augenblicklich geht Frau Nitzschke abends um fünf Uhr noch mal weg, um die Praxisräume einer chirurgischen Klinik in Poppenbüttel zu säubern. Zu diesem Arbeitsplatz braucht sie eine volle Stunde Anfahrtszeit. Vor neun Uhr kommt sie selten heim. Noch in diesem Jahr will Frau Nitzschke die Abendarbeit aufgeben. „Dann ist es endlich so, wie es sein sollte," sagt sie. „Denn wenn man den ganzen Tag arbeitet und so viel weg ist, dann macht sich das bei den Kindern sehr zum Nachteil bemerkbar. Das habe ich all die Jahre durch gemerkt. Die Kinder leiden, und man selber leidet auch. Der Michael zum Beispiel, der ist verhaltensgestört und besucht eine Sonderschule. Der hätte seine Mutter dringend gebraucht. Der mochte immer gern mal schmusen oder bettelte, daß ich mit ihm schwimmen gehe. Aber man ist dann so müde, daß man einfach nicht mehr die Kraft dazu hat. Man wünscht sich nur noch, in Ruhe gelassen zu werden.

chirurgisch: surgical
säubern: to clean
die Anfahrtszeit: travelling-time

verhaltensgestört: behaviourally disturbed
die Sonderschule: school for slow learners, special school
schmusen: to cuddle

BRIGITTE

Grammar

1. ADVERBS   hin *is often used to mean 'down' :*
Vor ein Uhr wurde es nie was mit **hin**legen.
Leg das Buch **hin**!
Setzt euch ein bißchen **hin**!

2. ARTICLES   *The definite article is often omitted when nouns are used in pairs:*
. . . bei denen sie mit Mann und Sohn wohnte.
mit Müh und Not   Hölle und Teufel

3. IDIOMS   nichts/was werden mit *conveys 'will come to nothing/something' :*
Vor ein Uhr wird es nie was mit hinlegen und schlafen.
Heute wird's nichts mit schwimmen.
Wird's was mit Tennis heute?

4. ORTHOGRAPHY   *In some usages* lang *and* lange *are interchangeable:*
Sie war noch nicht **lange** genug beim Wohnungsamt vorgemerkt.
Wie **lang(e)** bist du schon geheiratet?
Er dachte **lang(e)** darüber nach.
This is always the case with gern *and* gerne *:*
Ich möchte **gern(e)** mitkommen.
lange *and* gerne *tend to sound warmer than* lang *and* gern, *though the* e *is in practice frequently dropped.*
In the following cases lang *and* lange *are not interchangeable:*
Er arbeitete drei Wochen (Tage, Stunden) **lang** bei uns.
Sein neuester Film ist **lange** nicht so gut wie der letzte.

5. PREPOSITIONS   zwischen *is found in some adverbial compounds:*
Sie arbeitete als Reinmachefrau, **zwischendurch** in der Paketabteilung . . .
Es gab zwei Filme und **dazwischen** eine Pause.
Inzwischen habe ich einen Brief geschrieben.

6. VERBS   *The subjunctive is used in a main clause to convey that something did not happen or was not the case:*
Er hätte seine Mutter dringend gebraucht.
Ich wäre ganz gern mitgefahren.

7. VOCABULARY   weisen *and its derivatives cover a wide area of meaning:*
einweisen – *to send to an institution:*
Die Familie des Sohnes wurde in ein Obdachlosenlager eingewiesen.
Der Kranke wurde ins Krankenhaus eingewiesen.
abweisen – *to turn down/away:*
Der König hat seine Bitte abgewiesen.
Ich habe den Bettler vom Hause abgewiesen.
weisen – *to show, to point out :*
Er wies mit der Hand zum Fenster.
Ich habe ihm den Weg gewiesen.
Der Wirt wies mich aus dem Hause.

Fragen zum Text

1. Was für ein Mensch ist Herr Nitzschke wohl?
2. Welche Vor- und Nachteile hat Schichtarbeit für eine Mutter?
3. Welche Wirkung hat es auf eine Familie, wenn sie in ein Obdachlosenlager eingewiesen wird?
4. Welche Probleme ergeben sich für ein Wohnungsamt bei der Zuteilung von Sozialwohnungen?
5. Warum mußte Frau Nitzschke wieder mitverdienen?
6. Können wir dem Text entnehmen, daß Nachbarn in einer armen Gegend bzw. in einem Obdachlosenlager hilfsbereiter sind als in einer Neubausiedlung?
7. Sollte Schwerstarbeit Frauen gesetzlich verboten werden?
8. Wie ist es überhaupt mit der Anfahrtszeit zum Arbeitsplatz? Sollte man dafür bezahlt werden?
9. Wie hat sich die Arbeit der Mutter auf das Familienleben ausgewirkt?
10. Was für ein Mensch ist Frau Nitzschke?

Fragen zur Diskussion

1. Die Kinder leiden – wie? Litten sie mehr, wenn die Mutter nicht mitverdiente?
2. Ist es die Pflicht des Staats, dort Hilfe zu leisten, wo das Individuum in Schwierigkeiten gerät?
3. Glauben Sie, daß das Ehepaar Nitzschke es verantworten kann, fünf Kinder in die Welt gesetzt zu haben?

Aufsatz
Die Rolle der Ehefrau in der Gesellschaft

1. Ist es nicht die Rolle des Ehemanns, Geld zu verdienen, und die Rolle der Frau, den Haushalt zu besorgen?
2. Brauchen kleine Kinder ihre Mutter 24 Stunden am Tage?
3. Wird es nicht zu viel für eine Mutter, wenn sie mitverdienen muß?
4. Wieviel und was für Hilfe sollte die Frau von ihrem Mann erwarten?
5. Könnte unsere Wirtschaft überhaupt funktionieren, wenn alle verheirateten Frauen zu arbeiten aufhörten?
6. Wie ist es mit dem Lohn der Frauen? Sollten sie weniger bekommen als Männer?
7. Welche Berufe sind für Frauen besonders geeignet? Gibt es Berufe, die für Frauen überhaupt nicht geeignet sind?

Aufsatzplan

1. Abschnitt: Die Rolle der unverheirateten oder jungverheirateten berufstätigen Frau.
2. Abschnitt: Die Rolle der Mutter.
3. Abschnitt: Die Rolle des Vaters.
4. Abschnitt: Eine Mutter, die mitverdient – eine Möglichkeit oder nicht?

50 Wenn der Wecker läutet

ES WAR EINFACH TOLL WIE SIE GESTERN
DEM CHEF DIE MEINUNG GESAGT HABEN...*

„Ach Gott," dachte er, „was für einen anstrengenden Beruf habe ich
gewählt! Tagaus, tagein auf der Reise. Die geschäftlichen Aufregungen
sind viel größer als im eigentlichen Geschäft zu Hause, außerdem ist mir
noch diese Plage des Reisens auferlegt, die Sorgen um Zuganschlüsse,   *auferlegen: to impose*
das unregelmäßige, schlechte Essen, ein immer wechselnder, nie an-   *andauernd: lasting*
dauernder, nie herzlich werdender menschlicher Verkehr. Der Teufel
soll das alles holen . . ."

„Dies frühzeitige Aufstehn," dachte er „macht einen ganz blödsinnig.
Der Mensch muß seinen Schlaf haben. Andere Reisende leben wie
Haremsfrauen. Wenn ich zum Beispiel im Laufe des Vormittags ins
Gasthaus zurückgehe, um die erlangten Aufträge zu überschreiben,   *erlangen: to obtain*
sitzen diese Herren erst beim Frühstück. Das sollte ich bei meinem Chef   *der Auftrag: order*
versuchen; ich würde auf der Stelle hinausfliegen. Wer weiß übrigens,
ob das nicht sehr gut für mich wäre. Wenn ich mich nicht wegen meiner
Eltern zurückhielte, ich hätte längst gekündigt, ich wäre vor den Chef   *kündigen: to give notice*
hingetreten und hätte ihm meine Meinung von Grund des Herzens aus

Franz Kafka (1883–1924)

gesagt. Vom Pult hätte er fallen müssen! Es ist auch eine sonderbare Art, sich auf das Pult zu setzen und von der Höhe herab mit dem Angestellten zu reden, der überdies wegen der Schwerhörigkeit des Chefs ganz nahe herantreten muß. Nun, die Hoffnung ist noch nicht gänzlich aufgegeben; habe ich einmal das Geld beisammen, um die Schuld der Eltern an ihn abzuzahlen – es dürfte noch fünf bis sechs Jahre dauern –, mache ich die Sache unbedingt. Dann wird der große Schnitt gemacht. Vorläufig allerdings muß ich aufstehen, denn mein Zug fährt um fünf."

der Schnitt: *break*
vorläufig: *for the moment*

Und er sah zur Weckuhr hinüber, die auf dem Kasten tickte.

der Kasten: *chest of drawers*

„Himmlischer Vater!" dachte er. Es war halb sieben Uhr, und die Zeiger gingen ruhig vorwärts, es war sogar halb vorüber, es näherte sich

der Zeiger: *hand (of a clock)*

226

schon drei Viertel. Sollte der Wecker nicht geläutet haben? Man sah vom Bett aus, daß er auf vier Uhr richtig eingestellt war; gewiß hatte er auch geläutet. Ja, aber war es möglich, dieses möbelerschütternde Läuten ruhig zu verschlafen? Nun, ruhig hatte er ja nicht geschlafen, aber wahrscheinlich desto fester. Was aber sollte er jetzt tun? Der nächste Zug ging um sieben Uhr; um den einzuholen, hätte er sich unsinnig beeilen müssen, und die Kollektion war noch nicht eingepackt, und er selbst fühlte sich durchaus nicht besonders frisch und beweglich. Und selbst wenn er den Zug einholte, ein Donnerwetter des Chefs war nicht zu vermeiden, denn der Geschäftsdiener hatte beim Fünfuhrzug gewartet und die Meldung von seiner Versäumnis längst erstattet. Er war eine Kreatur des Chefs, ohne Rückgrat und Verstand. Wie nun, wenn er sich krank meldete? Das wäre aber äußerst peinlich und verdächtig, denn Gregor war während seines fünfjährigen Dienstes noch nicht einmal krank gewesen. Gewiß würde der Chef mit dem Krankenkassenarzt kommen, würde den Eltern wegen des faulen Sohnes Vorwürfe machen und alle Einwände durch den Hinweis auf den Krankenkassenarzt abschneiden, für den es ja überhaupt nur ganz gesunde, aber arbeitsscheue Menschen gibt. Und hätte er übrigens in diesem Falle so ganz unrecht? Gregor fühlte sich tatsächlich, abgesehen von einer nach dem langen Schlaf wirklich überflüssigen Schläfrigkeit, ganz wohl und hatte sogar einen besonders kräftigen Hunger.

FRANZ KAFKA

Die Verwandlung

einstellen: *to set (a clock)*

die Kollektion: *collection of samples*

das Donnerwetter: *dressing down*

die Meldung: *report*
die Versäumnis: *absence*
das Rückgrat: *backbone*

der Krankenkassenarzt: *insurance company doctor*

der Einwand: *objection*
der Hinweis: *reference*
abschneiden: *to cut short*

überflüssig: *unnecessary*

Grammar

I. ADVERBS   hin *and* her *combine with some prepositions and separable prefixes to form adverbs which then follow a prepositional phrase:*
von der Höhe **herab**
Er sah **zur** Weckuhr **hinüber.**
Er kommt **aus** dem Gasthaus **heraus.**
Er tauchte **ins** Wasser **hinein.**
Er trat **an** den Minister **heran.**
Die Papiere liegen **auf** dem Schreibtisch **herum.**
Sie trat **aus** der Ecke **hervor.**
Er ging **in** den Keller **hinunter.**
Er kletterte **zum** Dachboden **hinauf.**

2. ARTICLES   *The definite article is always used with* Mensch *and any other species in the singular:*
Der Mensch muß seinen Schlaf haben.
Das Pferd ist ein schönes Geschöpf.
The definite article is generally omitted before species in the plural:
Es gibt nur arbeitsscheue Menschen.
Menschen haben Insekten immer gefürchtet.
But Die Leute glauben, er ist verrückt.

3. ORTHOGRAPHY   *In expressions like* von Grund des Herzens aus, vom Bett aus, von hier aus, *the* aus *is kept separate from any verb it may stand next to:*
Ich hatte ihm meine Meinung von Grund des Herzens **aus** gesagt.
Vom Bett **aus** gesehen, wirkte das Zimmer klein und unangenehm.

4. PRONOUNS   a) dies *is often used instead of* dieses *as a pronoun and occasionally instead of* dieses *as an adjective:*
Dies frühzeitige Aufstehn macht einen ganz blödsinnig.
Schon lange habe ich eben **dies** gefürchtet.
b) dies *is used before both* ist *and* sind:
Dies ist mein Sohn.
Dies sind meine Eltern.

5. VERBS   a) sollen *is occasionally used in the sense of* können:
Sollte der Wecker nicht geläutet haben?
Der Teufel **soll** das alles holen.
Wie hätte er so etwas wissen **sollen**?
b) dürfte *may be used to denote probability:*
Es **dürfte** noch fünf bis sechs Jahre dauern.
Er **dürfte** seinen Zug versäumt haben.

6. WORD ORDER   *In exclamations with* was für, wie *or* welch *the verb sometimes goes to the end of the sentence and sometimes inversion occurs:*
Was für einen anstrengenden Beruf habe ich gewählt!
Wie der Wind kalt ist!
Wie hat der Wind getobt!

Fragen zum Text

1. Beschreiben Sie die Schwierigkeiten, die Reisende vor der Erfindung des Autos hatten!
2. Was für ein Typ ist der Chef?
3. Glauben Sie, daß Gregor ein erfolgreicher Reisender ist?
4. Wie verstehen Sie den Satz: „Andere Reisende leben wie Haremsfrauen"?
5. Warum macht Gregor nicht den „großen Schritt"?
6. Erklären Sie die Aufgabe eines Krankenkassenarztes!
7. Warum wäre es äußerst verdächtig, wenn sich Gregor krank gemeldet hätte?
8. Wie fühlte sich Gregor an diesem Morgen?
9. Was für ein Mensch ist Gregor?
10. Was halten Sie vom Stil dieses Abschnittes?

Fragen zur Diskussion

1. Kann man sich so vor der Arbeit ekeln, daß man tatsächlich krank wird?
2. Viele wünschen sich Berufe als Reisende oder Verkäufer, damit sie Kontakt mit anderen Menschen haben. Kann aber dieser berufliche Kontakt als echter menschlicher Verkehr bezeichnet werden?
3. „Beruflich unterwegs" – das klingt sehr interessant. Aber ist das mit dem Beruf verbundene Reisen in Wirklichkeit so interessant?

Translate into German

In the afternoon Joe was sent for by his boss. 'Good Lord,' he thought, 'What's wrong now? Is he going to tell me off again for my carelessness? Or he might even sack me. Should I walk in and give my notice before he has the chance to fire me?' With such thoughts in his head Joe made his way to the boss's office. Of course, when he entered he didn't give his notice. He was too unsure of himself to speak. Mr. Philby looked up and said, 'Ah, Joe. Do sit down. I want to speak to you about your future with this company.' Joe went cold and started to sweat at the same time. His throat was as dry as a bone, yet he felt the tears coming to his eyes. 'Yes,' continued Mr. Philby absent-mindedly, 'I have the feeling that office-work doesn't suit you, that you are not really happy with routine paper-work. So I've decided to promote you to the position of traveller. You start on Monday.'

51 Erst im dritten Jahr hat sich das Herz beruhigt

Gastarbeiter aus Griechenland

Die große Welle der Gastarbeiter stellt alle mitteleuropäischen Länder vor schwere Probleme – schon ist in Deutschland jeder zehnte unselbständige Erwerbstätige ein Ausländer. Besondere Schwierigkeiten ergeben sich dabei für die Mediziner: Sie fürchten die Einschleppung fremder Seuchen aus südlichen Ländern, und sie sorgen sich um die Möglichkeit der richtigen Behandlung von Menschen, deren Sprache sie nicht sprechen.

der Gastarbeiter: *foreign worker*

der Erwerbstätige: *employee*
die Einschleppung: *importation*
die Seuche: *disease, epidemic*
die Behandlung: *treatment*

Der erste Kummer, die Seuchengefahr, ist kein Problem, erklärten Experten vor kurzem auf dem Kongreß für Ärztliche Fortbildung in Berlin. Dagegen gibt es sehr ernste Sorgen um die Gesundheit der Gastarbeiter: Sie leiden wie keine zweite Gruppe an Land und Leuten, an sozialen Schwierigkeiten und den körperlichen Krankheiten, die sich aus seelischen Ursachen ergeben. Und diese Erfahrung ist für den Neukömmling nicht nur höchst unangenehm, sondern lebensgefährlich.

die Ursache: *cause*

Das Krankheitsbild hat inzwischen einen eigenen Namen bekommen: „Psychosomatisches Überforderungssyndrom." Hinter diesem langen Wort verbirgt sich eine Vielzahl von einzelnen Krankheiten: Magengeschwüre, Kreislaufstörungen, Muskelverspannungen.

Der Werksarzt Dr. Dr. Wilhelm Nesswetha aus Kelsterbach hat

überfordern: *to overtax*
sich verbergen: *to hide*
das Geschwür: *ulcer*
die Verspannung: *strain*

Arbeiter des Stadtreinigungsamtes

festgestellt, daß diese Erkrankungen in ganz typischer Weise von der Dauer des Aufenthaltes abhängig sind:

Im ersten Jahr kommt es „nicht selten zu stürmischen Reaktionen" – eine nervliche Überforderung, die sich in starken Kreislaufstörungen manifestiert.

Im zweiten Jahr des Aufenthaltes überwiegen Magen-Darm-Krankheiten, meist Zwölffingerdarmgeschwüre.

überwiegen: to predominate
der Darm: intestine
der Zwölffingerdarm: duodenum
sich angleichen: to even out

Erst im dritten Jahr gleichen sich die Erscheinungen an: Einheimische und Gastarbeiter haben dann etwa die gleichen Krankheiten.

Dabei kommen die Gastarbeiter gesund in Deutschland an. Sie müssen sich, bevor sie eine Arbeits- und Aufenthaltserlaubnis erhalten, im Heimatland einer gründlichen Untersuchung durch deutsche Ärzte der

Außendienststellen der Bundesanstalt für Arbeit unterziehen. Dabei wird streng gesiebt: Abgelehnt wird, wer chronisch oder akut krank ist, eine Tuberkulose hatte, nur auf einem Auge sieht, schwer hört, jemals an Magen oder Galle operiert wurde, krankhafte Laborbefunde aufweist oder schwanger ist.

sieben: *to sieve*

der Laborbefund: *laboratory finding*
aufweisen: *to produce, show*

Diese Aufzählung ist keineswegs vollständig – einreisen darf beispielsweise auch der nicht, der an einer „Entstellung" leidet, selbst dann nicht, wenn diese seine Arbeitsfähigkeit gar nicht beeinträchtigt.

die Entstellung: *deformity*
beeinträchtigen: *to impair*

Der enge Filter garantiert, daß nur wirklich gesunde Gastarbeiter angeworben werden: Die Belastung der ungewohnten Arbeit, Lärm, Tempo, soziale Isolation und das Heimweh ändern das Bild. Das alles müßte, so wurde in Berlin von Fachleuten behauptet, nicht so sein: Ein bei der Einreise organisch gesunder Gastarbeiter könnte das bleiben, wenn es gelingt, seinen Anpassungsprozeß zu erleichtern, ihn ausreichend über Unfallsverhütung, Hygiene und die Belange der Arbeit zu informieren und seine Vorgesetzten zu überzeugen, „daß anfangs eine Erweiterung des Kompromisses zwischen Wirtschaftlichkeit und ethischsozialen Normen unerläßlich ist."

anwerben: *to recruit*

die Verhütung: *prevention*
die Belange (pl.): *matters (affecting something)*

DIE WESTFALENPOST

Grammar

<table>
<tr>
<td>1. ADJECTIVES</td>
<td>

Adjectives are formed from verbs, nouns, adjectives and adverbs by means of a number of suffixes, e.g. –isch, –haft, –artig, –bar, –ig, –lich :

krankhaft, organisch, dankbar, nervlich, unselbständig

Adjectives in –lich *often have an Umlaut :*

ärztlich, unerläßlich, häßlich, verständlich

Adjectives are formed from adjectives by means of a prefix :

unhöflich, mißtönend, unbekannt
</td>
</tr>
<tr>
<td>2. PREPOSITIONS</td>
<td>

a) an + *dative occurs with verbs denoting falling ill with, suffering or dying from an illness :*

Sie leiden **an** Land und Leuten, **an** sozialen Schwierigkeiten und **den** körperlichen Krankheiten . . .

Er starb **an** Krebs.

Sie erkranken **an** Magengeschwüren.

Der Hund ist **am** Tollwut eingegangen.

Note the following cases where no illness is involved :

Er leidet unter der Kälte.

Ich sterbe vor Hunger.

b) auf *with the dative is used in a number of cases where the English would be* in *or at :*

. . . erklärten Experten **auf** dem Kongreß.

Der Zug fährt **auf** Gleis 7 ein.

Wir sitzen **auf** dem Feld.

Der Wagen steht **auf** dem Parkplatz.

Lebst du **auf** dem Lande?

Ich überholte ihn **auf** den letzten 5 Metern.

Ich glaube, er ist noch **auf** seinem Zimmer.

Mein ganzes Geld ist **auf** der Sparkasse angelegt.

Ich habe ihn **auf** einer Hochzeit kennengelernt.

Er trank zu viel **auf** dem Fest.

Mein Mann ist heute **auf** der Jagd.

Man findet Freunde überall **auf** der Welt.
</td>
</tr>
<tr>
<td>3. VERBS</td>
<td>

a) müssen *is sometimes used in the sense of* sollen :

Das alles **müßte** nicht so sein.

Das hättest du sehen **müssen**.

Das Messer **müßte** irgendwo in der Küche sein.

b) *The impersonal passive is a much used construction, introduced by* es *in normal word order :*

Dabei wird streng gesiebt. (Es wird dabei streng gesiebt.)

Das alles müßte, so wurde in Berlin behauptet, nicht so sein.

Es wird heute abend getanzt. (Heute wird getanzt.)

Ihm wurde beigebracht, höflich zu sein.

This construction can become clumsy when complex verbs are used and should then be avoided :

Es wird spazierengegangen.

Es muß weitergemacht werden.
</td>
</tr>
</table>

233

Fragen zum Text

1. Die Mediziner haben besondere Probleme mit Gastarbeitern. Wer sonst hat Probleme mit ihnen?
2. Warum fürchtet man die Einschleppung fremder Seuchen gerade aus südlichen Ländern?
3. Welche Probleme ergeben sich, wenn man sich mit dem Arzt nicht verständigen kann?
4. Warum ist die Seuchengefahr kein Problem?
5. Was sind die Krankheiten, die sich aus seelischen Ursachen ergeben?
6. Wieso „die Belastung der ungewohnten Arbeit"? Arbeiten diese Menschen nicht in ihrem Heimatland?
7. Wie könnte der Anpassungsprozeß erleichtert werden?
8. Erklären Sie diesen Satz: „Eine Erweiterung des Kompromisses zwischen Wirtschaftlichkeit und ethisch-sozialen Normen ist unerläßlich"!
9. Wäre es nicht praktischer, Industrien in unentwickelten Ländern aufzubauen?
10. Warum brauchen die westeuropäischen Länder Gastarbeiter?

Fragen zur Diskussion

1. Lohnt es sich, des Geldes wegen die Gesundheit in Gefahr zu setzen? Warum riskieren das die Gastarbeiter?
2. Werden die Gastarbeiter in Deutschland ausgebeutet?
3. Glauben Sie, daß diese Ausländer als Menschen oder Wirtschaftsfaktoren angesehen werden?
4. Haben wir in England ein Gastarbeiterproblem?

Aufsatz: Sie kommen aus Süditalien. Beschreiben Sie Ihre ersten Eindrücke von Deutschland!

1. Aus welchen sozialen und wirtschaftlichen Verhältnissen kommen die Gastarbeiter?
2. Welche Dokumente braucht man, ehe man im Ausland arbeiten darf?
3. Mit welchen Deutschen hat der Einreisende den ersten Kontakt?
4. Welche besonderen Schwierigkeiten erfahren die Gastarbeiter, wenn sie die deutsche Sprache nicht beherrschen?
5. Woran müssen sie sich in Deutschland gewöhnen?

Aufsatzplan

1. Abschnitt: Beschreiben Sie Ihr Leben in Süditalien! Geben Sie die Gründe an, weshalb Sie nach Deutschland fahren!
2. Abschnitt: Die Bahnfahrt. Die Grenze.
3. Abschnitt: Am Bahnhof.
4. Abschnitt: Die ersten Tage des Aufenthaltes.

52 An der Brücke

Die haben mir meine Beine geflickt und haben mir einen Posten gegeben, wo ich sitzen kann: ich zähle die Leute, die über die neue Brücke gehen. Es macht ihnen ja Spaß, sich ihre Tüchtigkeit mit Zahlen zu belegen, sie berauschen sich an diesem sinnlosen Nichts aus ein paar Ziffern, und den ganzen Tag, den ganzen Tag geht mein stummer Mund wie ein Uhrwerk, indem ich Nummer auf Nummer häufe, um ihnen abends den Triumph einer Zahl zu schenken.

flicken: *to mend*

die Tüchtigkeit: *diligence*
belegen: *to verify*
berauschen: *to intoxicate*
die Ziffer: *figure*

Ihre Gesichter strahlen, wenn ich ihnen das Ergebnis meiner Schicht mitteile, je höher die Zahl, um so mehr strahlen sie, und sie haben Grund, sich befriedigt ins Bett zu legen, denn viele Tausende gehen täglich über ihre neue Brücke . . .

Aber ihre Statistik stimmt nicht. Es tut mir leid, aber sie stimmt nicht. Ich bin ein unzuverlässiger Mensch, obwohl ich es verstehe, den Eindruck von Biederkeit zu erwecken.

Insgeheim macht es mir Freude, manchmal einen zu unterschlagen und dann wieder, wenn ich Mitleid empfinde, ihnen ein paar zu schenken. Ihr Glück liegt in meiner Hand. Wenn ich wütend bin, wenn ich nichts zu rauchen habe, gebe ich nur den Durchschnitt, und wenn mein Herz aufschlägt, wenn ich froh bin, lasse ich meine Großzügigkeit in einer fünfstelligen Zahl verströmen. Sie sind ja so glücklich! Sie reißen mir förmlich das Ergebnis jedesmal aus der Hand, und ihre Augen leuchten auf, und sie klopfen mir auf die Schulter. Sie ahnen ja nichts! Und dann fangen sie an zu multiplizieren, zu dividieren, zu prozentualisieren, ich weiß nicht was. Sie rechnen aus, wieviel heute jede Minute über die Brücke gehen und wieviel in zehn Jahren über die Brücke gegangen sein werden. Sie lieben das zweite Futur, das zweite Futur ist ihre Spezialität – und doch, es tut mir leid, daß alles nicht stimmt . . .

insgeheim: *secretly*
unterschlagen: *to suppress*

die Großzügigkeit: *generosity*

ahnen: *to suspect*

das zweite Futur: *the future perfect*

Wenn meine kleine Geliebte über die Brücke kommt – und sie kommt zweimal am Tage –, dann bleibt mein Herz einfach stehen. Das unermüdliche Ticken meines Herzens setzt einfach aus, bis sie in die Allee eingebogen und verschwunden ist. Und alle, die in dieser Zeit passieren, verschweige ich ihnen. Diese zwei Minuten gehören mir, mir ganz allein, und ich lasse sie mir nicht nehmen. Und auch wenn sie abends wieder zurückkommt aus ihrer Eisdiele, wenn sie auf der anderen Seite des Gehsteiges meinen stummen Mund passiert, der zählen, zählen muß, dann setzt mein Herz wieder aus, und ich fange erst wieder an zu zählen, wenn sie nicht mehr zu sehen ist. Und alle, die das Glück haben, in diesen Minuten vor meinen blinden Augen zu defilieren, gehen nicht in die Ewigkeit der Statistik ein: Schattenmänner und Schattenfrauen, nichtige Wesen, die im zweiten Futur der Statistik nicht mitmarschieren werden . . .

aussetzen: *to stop*

defilieren: *to file by*
nichtig: *invalid, void*

Es ist klar, daß ich sie liebe. Aber sie weiß nichts davon, und ich möchte auch nicht, daß sie es erfährt. Sie soll nicht ahnen, auf welche ungeheure Weise sie alle Berechnungen über den Haufen wirft, und ahnungslos und unschuldig soll sie mit ihren langen braunen Haaren und den zarten Füßen in ihre Eisdiele marschieren, und sie soll viel Trinkgeld bekommen. Ich liebe sie. Es ist ganz klar, daß ich sie liebe.

Neulich haben sie mich kontrolliert. Der Kumpel, der auf der anderen

der Kumpel: *mate*

Seite sitzt und die Autos zählen muß, hat mich früh genug gewarnt, und ich habe höllisch aufgepaßt. Ich habe gezählt wie verrückt, ein Kilometerzähler kann nicht besser zählen. Der Oberstatistiker selbst hat sich drüben auf die andere Seite gestellt und hat später das Ergebnis einer Stunde mit meinem Stundenplan verglichen. Ich hatte nur einen weniger als er. Meine kleine Geliebte war vorbeigekommen, und niemals im Leben werde ich dieses hübsche Kind ins zweite Futur transportieren lassen, diese meine kleine Geliebte soll nicht multipliziert und dividiert und in ein prozentuales Nichts verwandelt werden. Mein Herz hat mir geblutet, daß ich zählen mußte, ohne ihr nachsehen zu können, und dem Kumpel drüben, der die Autos zählen muß, bin ich sehr dankbar gewesen. Es ging ja glatt um meine Existenz.

Der Oberstatistiker hat mir auf die Schultern geklopft und hat gesagt, daß ich gut bin, zuverlässig und treu. „Eins in der Stunde verzählt", hat er gesagt, „macht nicht viel. Wir zählen sowieso einen gewissen prozentualen Verschleiß hinzu. Ich werde beantragen, daß Sie zu den Pferdewagen versetzt werden."

Pferdewagen ist natürlich die Masche. Pferdewagen ist ein Lenz wie nie zuvor. Pferdewagen gibt es höchstens fünfundzwanzig am Tage, und einmal alle halbe Stunde in seinem Gehirn die nächste Nummer fallen zu lassen, das ist ein Lenz!

Pferdewagen wäre herrlich. Zwischen vier und acht dürfen überhaupt keine Pferdewagen über die Brücke, und ich könnte spazierengehen oder in die Eisdiele, könnte sie mir lange anschauen oder sie vielleicht ein Stück nach Hause bringen, meine kleine ungezählte Geliebte.

HEINRICH BÖLL

Wo warst du, Adam

verrückt: *mad*

verwandeln: *to change*

glatt: *quite honestly*

der Verschleiß: *margin*
beantragen: *to propose*

die Masche: *the thing*
der Lenz: *holiday*

Grammar

It is often difficult to know what exactly an ein *refers back to:*
Ich hatte nur **einen** weniger als er. (Menschen?) *Followed by:*
Eins in der Stunde verzählt . . .
In such instances it is safer to use the numeral eins, *unless there can be no doubt as to what is being referred to:*
Ich brauche dringend eine Lampe. – Hans hat **eine** zu Hause.
Er ist **einer** der besten Schriftsteller des Jahrhunderts.
Note these idiomatic uses of einer *and* eins:

Das ist einer!	*He's quite a lad.*
Ich gebe ihm bald eine/eins. (Ohrfeige)	
Ich will nur eins sagen.	*Let me say just one thing.*
Trinken wir noch eins!	*Let's have another one!*
Es ist mir alles eins.	*It's all the same to me.*
Er redet in einem fort.	*He speaks without drawing breath.*

2. VERBS

a) *In German there are many verbs followed by either a* daß *clause or* zu + *infinitive.*
After some such verbs an es *is used to anticipate the clause or infinitive phrases:*
Ich bin ein unzuverlässiger Mensch, obwohl ich **es** verstehe, den Eindruck von Biederkeit zu erwecken.
Ich habe **es** einmal erlebt, daß ein Zug pünktlich ankam.
The following list includes some of the most common of the verbs with which an anticipatory es *should be used:*
es ablehnen zu; es aushalten zu/daß; es eilig haben zu;
es erleben, daß; es erreichen zu/daß; es ertragen zu/daß;
es fertigbringen zu; es genießen zu; es lassen zu;
es leicht haben zu; es leid sein zu; es sich leisten können zu;
es lieben zu; es nötig haben zu; es satt haben zu;
es verstehen zu; es jemandem zumuten zu; es sich an/abgewöhnen zu;
es jemandem an/hören/merken/sehen, daß; es gewohnt sein zu/daß;
es jemandem vergeben, daß; es versäumen zu; es jemandem verschweigen, daß;
es vorziehen zu; es wagen zu.
N.B. *This list is not complete.*

b) *Some words in German have developed into separable prefixes:*
spazierengehen; festhalten; achtgeben; kennenlernen; sauberhalten; weitermachen;
Ich könnte **spazierengehen** oder in die Eisdiele.
Ich habe ihn eben **kennengelernt**.
beiseite legen *and* zugrunde gehen, *while following the rules for word order for separable prefixes, are not written as one word:*
Er ist an Alkohol **zugrunde** gegangen.

c) sollen *can be used to express a wish or a command or that mixture of the two rendered by the emphatic 'shall' in English:*
Sie **soll** nicht ahnen, . . . und unschuldig **soll** sie in ihre Eisdiele marschieren, und sie **soll** viel Trinkgeld bekommen.
Du **sollst** sofort hierherkommen.

Fragen zum Text

1. Warum braucht er einen Posten, wo er sitzen kann?
2. Warum wollen die Behörden wissen, wie viele Menschen über die Brücke gehen?
3. Wie könnte man sich verhalten, um den Eindruck von Biederkeit zu erwecken?
4. Wird er gut bezahlt? Wie können wir es feststellen?
5. Wann reißen sie ihm das Ergebnis aus der Hand?
6. Warum lieben sie das zweite Futur?
7. Warum sollte es ein Glück sein, nicht in die Ewigkeit der Statistik einzugehen?
8. Ist es klar, daß er sie liebt?
9. Warum sagt er: „Es ging ja glatt um meine Existenz"?
10. Warum macht es nicht viel aus, wenn er sich um eins in der Stunde verrechnet?

Fragen zur Diskussion

1. Nimmt er seine Arbeit ernst?
2. Beschreiben Sie sein Verhältnis zu den Arbeitgebern!
3. Wären Pferdewagen ein Lenz für ihn?
4. Wie ist es mit seiner Liebe?

Translate into German

In industry today, where machines do most of the work automatically, it is the job of the workman to watch the production line and check the product. It might be thought that he would be pleased with this development but unfortunately this is not the case. Machines produce noise and heat. They also work at an unremitting pace which does not suit Man's normal work-pattern. But even when the worker has adapted to this, there is the problem of boredom. You can't talk to a machine and you're not allowed to leave it to talk to a mate. The only way out of this deadening monotony is to dream, to have flights of fantasy. But again there is a drawback to be reckoned with. Many a finger has been lost while the owner was absent in spirit, bathing in warm seas or scoring fabulous goals.

XIV Das unbekannte Deutschland

„Ich weiß, warum wir uns verfahren haben: Du fährst nach meinem
Schnittmusterbogen!"

53 Das Mühlviertel

Unbekanntes Deutschland

Mühlviertel – wo liegt denn das? werden sofort viele Leser fragen. Die Antwort lautet: Als Mühlviertel wird das Land in Österreich bezeichnet, das sich zwischen der bayrischen Grenze im Westen und dem österreichischen Waldviertel im Osten, zwischen der tschechoslowakischen Grenze im Norden und der Donau im Süden ausdehnt. Daß dieses Gebiet heute noch vielen unbekannt ist, hat in erster Linie einen verkehrsgeographischen Grund. Es läßt sich nicht verheimlichen, daß es etwas abseits liegt, neben den großen europäischen Verkehrsadern. Für den Fremdenverkehr im Mühlviertel mag dies ein gewisser Nachteil sein, für den Gast ist es zweifellos ein Vorteil.

    Wo findet er noch diese Unberührtheit, diese Stille, wo gibt es in Mitteleuropa noch ein so natürlich-verträumtes Land? Alles, was andere Gegenden für den Fremdenverkehr attraktiv macht, gibt es auch hier: eine herrliche Landschaft mit Bergen und Wäldern, Flüssen und Wiesen, schöne, malerische Orte und eine gepflegte Gastronomie. Alles ist hier gediegen und, was heute durchaus erwähnenswert ist, die Preise sind reell, teilweise noch niedrig zu nennen. Den Namen hat das Gebiet übrigens nicht von den vielen Mühlen, die hier an den donauwärts eilenden Flüssen stehen, sondern von der Großen und der Kleinen

sich ausdehnen: to extend

verheimlichen: to conceal
die Ader: artery

unberührt: untouched

gepflegt: cultured

reell: sensible

Mühl, die das westliche Mühlviertel von Norden nach Süden durchfliessen und dann in die Donau münden. Das Land ist dünn besiedelt. Nur 62 Einwohner auf den Quadratkilometer! Große Industrien mit ihren Ballungsgebieten fehlen ganz, und viele Probleme unserer Zeit, wie Reinhaltung der Gewässer, Umweltschutz und dergleichen, regeln sich hier noch auf natürliche Weise.

münden: to join

sich regeln: to adjust

Das Mühlviertel gleicht einem großen Dach, das sich von den Höhen des Böhmer- und Bayrischen Waldes zur Donau hinuntersenkt. In dieses Hochland sind wildromantische Täler mit klaren eishaltigen Wässern eingeschnitten, über denen oft die Ruinen alter Burgen aufragen. Die malerischen Dörfer sind meist nicht in der Geborgenheit der Täler, sondern hoch auf den Höhenzügen und Bergrücken errichtet worden. Sie haben fast durchwegs eine schöne Hauptstraße oder einen Marktplatz, um den sich der Ortskern gruppiert. An Tagen mit guter Fernsicht kann man von ihnen häufig bis zu den Gipfeln der Alpen hinuntersehen.

gleichen: to resemble

aufragen: to jut up
die Geborgenheit: security
der Höhenzug: mountain chain
der Bergrücken: ridge

Bester Ausgangspunkt für das Mühlviertel ist die oberösterreichische Landeshauptstadt Linz. Es hat Autobahnanschluß, ist Haltepunkt internationaler Fernzüge, eine wichtige Donauschiffsstation und besitzt auch einen Flugplatz. Von Linz gelangt man nach Aigen sowohl über eine teilweise sehr gut ausgebaute Straße und über die Mühlkreisbahn, die heute noch Anziehungspunkt für Eisenbahnliebhaber aus aller Welt ist. Wenige Kilometer westwärts liegt eine der Attraktionen des Mühlviertels, der Wildpark Altenfelden. Er ist 70 Hektar groß und befindet sich in adligem Privatbesitz. In dem Wildpark leben derzeit 350 Tiere, und besonders reichhaltig sind Hirsch- und Rehwildarten vertreten.

gelangen: to reach

adlig: of the nobility
der Hirsch: red deer
das Reh: roe deer

Eine Spezialität der Landschaft sind die Bauernhöfe, die als Mühlviertler Dreiseithöfe bekannt geworden sind. Das sind an sich kleine Burgen, diese ringsherum von Gebäuden umschlossenen und von großen Toren gesicherten Bauernhöfe. Im östlichen Teil dieses Landes kommt auch der Kunstfreund voll auf seine Rechnung. Das Zentrum ist die uralte Handelsstadt Freistadt. Zum Schutz gegen Einfälle aus dem Norden wurde sie im frühen Mittelalter mit gewaltigen Befestigungsmauern umgeben, die heute noch erhalten sind. Der Stadtplatz bildet in seiner baulichen Geschlossenheit ein einmaliges Bild. Freistadt sollte kein Besucher auslassen, der sich das Mühlviertel als Ferienziel erwählt hat. Hier sieht man noch ein Stück erhaltenes Mittelalter.

die Geschlossenheit: uniformity

Das große Geheimnis dieser Gegend ist, daß sie in keiner Weise aufregend ist. Im Gegenteil, sie beruhigt. Dabei ist das Mühlviertel niemals langweilig. Man hat hier schnell Kontakt mit der freundlichen Bevölkerung. Die Küche ist eine Mischung zwischen böhmischer und wienerischer, und das bürgt für Qualität. Da die Wachau nicht weit ist, fehlt es auch nicht an Weinsortiment. Das klare Wasser aus dem Urgestein läßt zudem nicht nur das heimische Bier gut schmecken, sondern bringt auch das Aroma des Kaffees und des Tees voll zur Entfaltung.

bürgen für: to guarantee

Als Wandergebiet ist das Mühlviertel schier unerschöpflich, und was man vielleicht wegen der etwas weiteren Anfahrt zulegen muß, das holt man bald durch die wirklich preiswerten Unterkünfte wieder herein. Also

zulegen: to add (to the cost)

wenn jemand eigentlich gar nichts Besonderes für die Ferien geplant hat, dem sei dieser Zipfel Oberösterreichs empfohlen. Im Frühling und im Sommer locken hier auch der Wassersport und das Angeln. Wanderer sollten für Beeren und Pilze, die überreich am Wege stehen, ein Körbchen oder eine Tasche mitnehmen. Wer es sich aber einteilen kann, der fahre im Herbst dorthin. Das Mühlviertel im leuchtenden Herbstkleid und mit glasklarer Fernsicht wird ihm unvergeßliche Ferientage bescheren.

der Zipfel: *corner*

einteilen: *to arrange*

bescheren: *to bestow upon*

NEUE ZÜRCHER ZEITUNG

Am See

Grammar

I. ADVERBS *Note the adverb* derzeit:

In dem Park leben **derzeit** (zu der Zeit) 350 Tiere.

It is more commonly used in reference to the past, as are seinerzeit, deinerzeit, *etc.:*

Er war **derzeit** (damals) nur ein Kind.

Er war **seinerzeit** ein guter Schwimmer.

2. PREPOSITIONS a) auf *with the accusative may signify 'to' or 'per':*

Nur 62 Einwohner **auf den** Quadratkilometer! (*to the, not on the, sq km*)

Der Wagen verbraucht 20 Liter **auf** 100 Kilometer.

b) aus *is often used where the English would be 'from':*

. . . Anziehungspunkt für Eisenbahnliebhaber **aus** aller Welt . . .

Zum Schutz gegen Einfälle **aus** dem Norden . . .

Das klare Wasser **aus** dem Urgestein . . .

Er holte den Wein **aus** dem Keller.

Er trank das Bier **aus** der Flasche.

Du sollst **aus** deinem Traum erwachen!

Sie ist **aus** Leipzig.

Das Haus stammt **aus** dem 17. Jahrhundert.

Nach dem Kampf blutete er **aus** der Nase.

3. PRONOUNS a) *The reflexive pronoun is used in some idiomatic expressions:*

Das sind **an sich** kleine Burgen.

An und für sich ist das eine Angelegenheit für die Polizei.

Das ist eine Frau **für sich**. (*a unique woman*)

b) *The indefinite pronoun* jemand *is less used in German than its equivalent 'somebody' in English. Occasionally it is used in the same way:*

Also wenn jemand nichts Besonderes für die Ferien geplant hat, . . .

It is most commonly used in conjunction with an adjective:

jemand Wichtiges; jemand Dummes.

4. VERBS mögen *can be used to denote possibility:*

Für den Fremdenverkehr **mag** dies ein gewisser Nachteil sein.

Das **mag** wohl sein.

Ich kann's nicht genau sagen – es **mochte** vor vier Tagen passiert sein.

5. WORD ORDER *Though the complement generally comes at the end of a sentence:*

Für den Gast ist es zweifellos **ein Vorteil**.

Sie steht trotz Nachhilfestunden **schlecht in Englisch**.

this is not the case with most adjectives governing the dative:

Daß dieses Gebiet noch vielen **unbekannt** ist, . . .

Bauernhöfe, die als Mühlviertler Dreiseithöfe **bekannt** geworden sind.

Der Hund blieb seinem Herrn **treu**.

Das Telefon ist mir als alter Frau sehr **nützlich**.

Fragen zum Text

1. Wo liegt das österreichische Waldviertel?
2. Warum sollte es für den Fremdenverkehr ein Nachteil sein, abseits zu liegen?
3. Gibt es noch andere Gegenden in Deutschland und Österreich, die abseits liegen?
4. Warum sind die Preise im Mühlviertel verhältnismäßig niedrig?
5. Was ist ein Ballungsgebiet?
6. Wieso regeln sich hier viele Probleme unserer Zeit auf natürliche Weise?
7. Mit welchen Gegenden in Großbritannien kann man das Mühlviertel vergleichen?
8. Warum gibt es so viele Eisenbahnliebhaber? Finden Sie alte Maschinen interessant?
9. Warum ist der Wildpark eine Hauptattraktion des Mühlviertels? Aus welchem Grund lieben es die Menschen, Tiere anzuschauen?
10. Ist es in manchen Gegenden leichter als in anderen, Kontakt mit der Bevölkerung herzustellen?

Fragen zur Diskussion

1. Was für Vorteile haben die Herbstferien?
2. Wenn man im Urlaub in eine touristisch unentwickelte Gegend fährt, muß man alles selber planen. Was sind die Vor- und Nachteile eines Urlaubs dieser Art oder eines vom Reiseveranstalter organisierten Urlaubs?

Aufsatz: Braucht der Mensch Ruhe in den Ferien?

1. Was ist der Zweck eines Urlaubs?
2. Wer braucht Ruhe in den Ferien? Wer braucht sie nicht?
3. Stimmt es, daß ein ruhiger Urlaub nicht langweilig sein muß?
4. Machen solche ländlichen Beschäftigungen wie Beeren und Pilze lesen Spaß?
5. Ist es wichtig im Urlaub, Kirchen, Burgen und ähnliche historische Bauten zu besichtigen?
6. Was hat man von einem „faulen" Urlaub am Strand?

Aufsatzplan

1. Abschnitt: Der Zweck eines Urlaubs.
2. Abschnitt: Für wen ist ein ruhiger Urlaub geeignet? Warum?
3. Abschnitt: Wer hat die Ruhe nicht nötig? Was brauchen sie und warum?
4. Abschnitt: Braucht der Mensch Ruhe in den Ferien?

das Watt: *mud-flat*

Watt und See

Die schleswig-holsteinische Nordseeküste, im vergangenen Jahr eindeutiger Sieger im Wettbewerb der deutschen Meerbäder um den Feriengast, hat schon zur neuen Saison geläutet. Man fängt zeitiger an, um den sechsprozentigen Zuwachs aus dem vorigen Sommer und die wachsende Einsicht der Kurgäste auszubauen, daß man mit der aktiven Kur, im Hallenbad wie am Strand, vom Meer mehr haben kann.

der Zuwachs: *growth*
ausbauen: *to develop*

Im Nordseeheilbad Büsum zum Beispiel flanieren die Fremden seit Anfang Mai über die Deiche. Noch sind die Wattläufer-Scharen nicht unterwegs, denn bei zwölf Grad Wassertemperatur ist auch der Schlick nur ganz wetterfesten Barfüßen zu empfehlen. Aber man wandert nach der Gymnastikstunde vor dem Kurmittelhaus, nach dem Wellenbad vom „grünen" Strand zum Hafen nebenan, schaut mal nach den Seehunden, die in der Aufzuchtstation vom Jagdverband aufgepäppelt werden: und man macht sich dann nach der nahen Perlebucht auf, wo die neue Büsumer Attraktion entsteht: eine 100 000 Quadratmeter große Sandinsel, die aus dem Meer ausgespült wird. Sie wird von einem 700 Meter langen Damm gegen die Fluten abgeschirmt und enthält zwei Meerwasser-Badebecken, ganz allmählich abfallend und bis zu 1,50 Meter tief. Ein raffiniertes Schleusensystem sorgt dafür, daß in den Becken unabhängig von Ebbe und Flut und in immer frischem Meerwasser gebadet werden kann.

flanieren: *to saunter*
der Deich: *dyke*
der Schlick: *mud*

der Seehund: *seal*
die Aufzuchtstation: *rearing farm*
aufpäppeln: *to rear, suckle*

die Schleuse: *sluice, lock*

Die Perlebucht ist als Reich für die Jungen angelegt. Der drei Kilometer lange Rasenstrand vor dem großen Watt wird dann Ruhezone ohne jede Betriebsamkeit. Die Jungen erhalten zwei Spielplätze mit unterschiedlichem Gerät für kleine und größere, eine Kegelbahn für Jugendliche und Erwachsene und einen Grillplatz als besonderen Treff: hier kann immer etwas von eigener Hand gebrutzelt werden, selbstgesammelte Muscheln, Würstchen, hier soll Freizügigkeit gelten, auch Freizügigkeit für das Kofferradio. Büsumer bunte junge Badewelt. Man ist optimistisch – noch im Mai soll diese neue Welt stehen. Dann wird Büsum sowohl der Jugend als auch dem älteren Kurgast etwas Besonderes bieten können.

die Betriebsamkeit: *activity*
unterschiedlich: *different, various*
der Treff: *trump card*
brutzeln: *to frizzle*
die Freizügigkeit: *freedom*

Die sogenannte Grüne Küstenstraße, die in Knokke (Belgien) beginnt und auf ihren 1750 Kilometern entlang der Küste alle Nordseebäder der Niederlande, Deutschlands, Dänemarks und Norwegens „mitnimmt", geht mitten durch das schleswig-holsteinische Feriengebiet. In Brunsbuttel beginnt die ereignisreiche Bummelfahrt hinter den Deichen. Auf vorzüglichen Straßen kommt man gut voran. Vor Büsum liegen Marne, Mittelpunkt der Südermarsch, und Meldorf, 1150 Jahre alt, mit vielen ehrwürdigen Bauzeugen und einmal Hauptstadt der mittelalterlichen Bauernrepublik Dithmarschen. Fünf Kilometer nördlich, bei Hemmingstadt, siegten 1500 die Dithmarscher über den dänischen König, 1773 waren sie selber Dänen, 1866 wurden sie Preußen; hartköpfig und selbstbewußt sind sie noch heute.

die Bummelfahrt: *tour*

St. Peter-Ording nimmt, mit Recht, einige Extras für sich in Anspruch. Es ist zugleich Seebad und Mineralbad, seit hier 1957 durch die Gunst einer Fehl-Bohrung – gesucht wurde eigentlich Wasser – eine der stärksten Schwefelsolequellen Europas sprudelt. Und hier auf der kilometerlangen Düne gehören die Strandsegler zum Bild. Wie alle diese Dörfer an der Grünen Küstenstraße in Schleswig-Holstein, ist St. Peter-Ording so hochmodern – vor allem mit seinen beiden Kurmittelhäusern und mit dem Meerwasser-Hallenwellenbad – wie dörflich mit den alten hübschen Häusern.

die Gunst: *favour, kindness*
die Schwefelsolequelle: *sulphur salt spring*

DIE WELT

Grammar

1. ADJECTIVES

The absolute comparative involves no direct comparison:
Dann wird Büsum dem **älteren** Kurgast etwas Besonderes bieten können.
Er war **längere** Zeit im Ausland.
This construction may be used with a limited number of adjectives only:
alt, jung, groß, klein, lang, kurz, dick, dünn, hell, dunkel, neu, bekannt.
Kennst du die **ältere** Dame drüben?
Sie wohnen in einem **größeren** Haus in der Stadtmitte.

2. ADVERBS

The following patterns are worth noting: mitten + *preposition,* oben + *preposition,*
unten + *preposition:*
Die Straße geht **mitten durch** das Feriengebiet.
Der Hund lag **mitten auf** der Straße.
Die Gartenstühle sind **oben auf** dem Dachboden.
Die Kartoffeln sind **unten im** Keller.

3. ARTICLES

Articles are often omitted in appositional phrases:
Vor Büsum liegen Marne, Mittelpunkt der Südermarsch, und Meldorf, einmal
Hauptstadt der Bauernrepublik Dithmarschen.
Wien, Stadt der Walzer, lädt Sie ein.

4. PREPOSITIONS

Note the following useful expressions containing von*:*
Hier kann immer etwas **von eigener Hand** gebrutzelt werden.
Das passiert nicht **von ungefähr.** (*not by accident*)
Du hast gehört, daß heute bei uns gefeiert wird? **Von wegen!** (*not likely*)
Ich habe **von seiten** der Versicherungsgesellschaft noch nichts gehört.
Wir haben **von jeher** in Aalen gewohnt. (*always*)
Das hättest du **von vornherein** machen sollen. (*from the first*)

5. VERBS

*Generally speaking, verbs with prepositional constructions behave in the following
manner when they precede an infinitive phrase or* daß *clause:*
Ich sorge für das Essen. *But* Das Schleusensystem sorgt **dafür, daß** im frischen
Meerwasser gebadet werden kann.
Der Mensch ist vom Wasser abhängig. *But* Er ist **davon** abhängig, Geld zu
bekommen.
Ich denke **daran**, nach Berlin zu fahren.
Du kannst dich **darauf** verlassen, **daß** er pünktlich ankommt.

6. WORD ORDER

*The first element in a sentence can be amplified in various ways without affecting
word order:*
Die schleswig-holsteinische Küste, im vergangenen Jahr eindeutiger Sieger
im Wettbewerb der deutschen Meerbäder um den Feriengast, **hat** schon zur
neuen Saison geläutet.
Die Grüne Küstenstraße, die in Knokke beginnt und auf ihren 1750 Kilometern entlang der Küste alle Nordseebäder vier Nationen „mitnimmt", **geht**
durch Schleswig-Holstein.

Fragen zum Text

1. Wo findet man eine Küste in Deutschland?
2. Wann fängt die Saison in Büsum an?
3. Beschreiben Sie ein Wellenbad!
4. Was verstehen Sie unter „grünem Strand"?
5. Warum ist es notwendig, eine Sandinsel aus dem Meer auszuspülen?
6. Erklären Sie, wie man kegelt!
7. Warum wird der Grillplatz als besonderer Treff betrachtet?
8. Wie viele Kilometer ist Büsum von der jetzigen dänischen Grenze entfernt?
9. Wie wurde die Schwefelsolequelle in St. Peter-Ording entdeckt?
10. Was ist Strandsegeln?

Fragen zur Diskussion

1. Was sind die Vor- und Nachteile eines Urlaubs an der See?
2. Wie unterscheidet sich Büsum von einer englischen Ferienstadt an der See?
3. Meinen Sie, daß der Mensch seine Umwelt ändern soll, wie man es in Büsum gemacht hat?

Translate into German

Trying to keep healthy has long been a serious business in Germany. It has also been very good business. If you want to sell something here, all you have to do is make a reference to vitamins or protein or some other such magic charm and the consumer is willing to buy it. So successful has advertising been in this country, that holidays are regarded by many not as an opportunity to laze, overeat and drink, but as a chance to put the body through a course of vigorous training. But the strangest thing of all is how much more fun, how much more satisfying such a holiday can be. Perhaps the English should try it too!

55 Das Nettetal

„Sieben nette Tage für nette Leute" offeriert die neue Stadt Nettetal für September/Oktober mit einem Sonderangebot an Aufmerksamkeiten.

Die Stadt, im Dreieck Krefeld-Mönchengladbach-Venlo gelegen, ist im Zuge der Gebietsreform aus fünf kleineren Gemeinden entstanden. Orte, die alle ein paar Kilometer auseinanderliegen und keine optisch erkennbare, sondern lediglich eine Verwaltungseinheit bilden. Sie umschließen in Trapezform eine Kette von zwölf Seen, davon acht am Netteflüßchen aufgereiht.

die Trapezform: *trapezium*
aufgereiht: *in a line, threaded*

Fünf der Seen dienen dem Wassersport, man kann hier schwimmen, rudern und segeln. Es gibt Strandbäder, mehr oder weniger komfortabel, das modernste am Krickenbecker See; hier hat man auch das positive Prüfungsergebnis der Wasserbeschaffenheit an der Kasse ausgehängt. Angesichts der heutigen Badekalamitäten sind diese Seen ein Schatz. Der Herbst ist mild in dieser Gegend, das Wasser bleibt lange warm. Sollte es zu kühl sein zum Baden, dann sind auch die anderen Angebote nicht von der Hand zu weisen: sich nämlich wandernd, reitend oder radfahrend zu bewegen.

die Beschaffenheit: *condition*

radfahren: *to cycle*

Das Wanderwegnetz ist vorzüglich. Zudem bekommt der Gast gezeichnete Wanderkarten, hübsch koloriert, je eine für den nördlichen, den mittleren und den südlichen Teil des Gebietes; sie ermöglichen ihm gute Orientierung. Im ganzen werden 28 Fußwanderungen angeboten, von einer bis zu drei Stunden Dauer.

vorzüglich: *excellent*
die Wanderkarte: *walking map*
ermöglichen: *to facilitate*

Das Herzstück der Gegend ist das Naturschutzgebiet bei der Leuther Mühle. Die Mühle und die sie umgebende Natur (abgesehen von dem entsetzlichen Parkplatz!) überbieten einander an Attraktion. Ein Holländer kaufte vor Jahren das verfallene Gemäuer und richtete es als zweistöckiges Speiserestaurant ein; das reparaturbedürftige Mahlwerk besserte er aus, so daß jetzt der Gast zu exquisiten Speisen das ungeheure Getriebe in Gang sehen kann.

das Naturschutzgebiet: *nature reserve*

das verfallene Gemäuer: *ruins*
das Mahlwerk: *mill machinery*
ausbessern: *to repair*

Die Waldgebiete, die hierzulande Heiden genannt werden, haben einen einzigartigen Charakter. Es sind Kieferforste, Trockenheit atmend, mit eingestreuten Beständen von Birken, Eichen, Buchen und Fichten. Im Osten des Nettetales steigen sie mit einer Bodenwelle auf – ab und zu hat man hier einen schönen Fernblick weit bis nach Holland hinein. Bruchwälder und Heiden sind allerdings nur noch als Reste vorhanden – innerhalb der Ansammlung betriebsamer Orte, die durch ein dichtes, allzu dichtes Straßennetz miteinander verbunden sind.

die Heide: *moor, heath*
die Kiefer: *pine*
der Forst: *forest*
der Bestand: *stand (of timber trees)*
die Birke: *birch*
die Eiche: *oak*
die Buche: *beech*
die Fichte: *spruce*
die Bodenwelle: *swell of ground*
der Bruchwald: *patch of forest*
der Fetzen: *scrap, piece*

Im Sommer ertragen diese Landschaftsfetzen kaum noch den Ansturm der Gäste. Darum ist das Angebot für September/Oktober, wenn etwas Ruhe eingekehrt ist, sinnvoll und verspricht mehr Erholung als die sommerliche Turbulenz.

FRANKFURTER ALLGEMEINE ZEITUNG

Grammar

I. ADVERBS hin *and* her *are used to strengthen adverbial phrases of place:*
Man hat einen schönen Fernblick weit bis nach Holland **hinein**.
Von hier kann man bis zum Westerwald **hinsehen**.
Der Geruch kam von der Küche **her**.

2. PREPOSITIONS a) *In its literal sense* an *has the force of 'adjacent to' rather than 'on top of':*
. . . acht **am** Netteflüßchen aufgereiht.
Er steht **an** der Mauer.
Koblenz liegt **am** Rhein.
Das Haus steht **an** der Straße.
It is often difficult to know whether to use the accusative or the dative when an *is used in a verbal construction. The following list may serve to clarify this situation:*
With the dative:
Hier hat man das positive Prüfungsergebnis **an der** Kasse ausgehängt.
Das Wort steht **an der** Tafel.
Das Rad lehnte **an der** Mauer.
Es klopfte **an der** Tür.
Er geht **an mir** vorbei.
With the accusative:
Ich schreibe **an die** Tafel.
Ich klopfe **an die** Tür.
Ich lehne das Rad **an die** Mauer.
Sie trat **an ihn** heran.

b) *There are 17 less common prepositions taking the dative. Of these the most useful are:*
abgesehen von, dank, entsprechend, entgegen, gemäß, gleich, nebst, samt, zufolge, zuliebe, zunächst, zuwider.
. . . **abgesehen von** dem entsetzlichen Parkplatz . . .
dank deiner Hilfe . . .
Er hat es mir **zuliebe** getan.

3. VOCABULARY ausbessern, bessern *and* verbessern *have slightly different meanings:*
ausbessern *means 'to repair':*
Das reparaturbedürftige Mahlwerk besserte er aus.
Im Sommer muß ich das Dach ausbessern.
bessern *means 'to better' or 'to improve':*
Hoffentlich bessert sich das Wetter.
Wenn du die Prüfung bestehen willst, mußt du dich bessern.
Der Priester wollte den Verbrecher bessern.
verbessern *means 'to improve' or 'to correct':*
Der Sportler will seinen Weltrekord verbessern.
Der Lehrer hat die Übersetzung verbessert.

Fragen zum Text

1. Was ist eine Verwaltungseinheit?
2. Warum hat man das Prüfungsergebnis der Wasserbeschaffenheit an der Kasse ausgehängt?
3. Was meint man mit dem Ausdruck: „die heutigen Badekalamitäten"?
4. Weshalb braucht der Gast gezeichnete Wanderkarten?
5. Wie sah die Mühle aus, als sie der Holländer kaufte?
6. Was ist der besondere Anreiz in diesem Restaurant zu speisen?
7. Beschreiben Sie, wie Sie sich eine Heide vorstellen!
8. Warum sind die Wälder nur noch als Reste vorhanden?
9. Weshalb bezeichnet der Autor das Straßennetz als allzu dicht?
10. Warum meint der Autor, daß es sinnvoller sei, erst im Herbst das Nettetal zu besuchen?

Fragen zur Diskussion

1. Übertreibt der Autor, wenn er von Badekalamitäten spricht? Sind unsere Feriengebiete wirklich gefährdet?
2. Im Text lesen wir, daß es im Nettetal einen entsetzlichen Parkplatz und ein allzu dichtes Straßennetz gibt. Welche Rolle hat das Auto in so einem Gebiet?
3. Beschreiben Sie die Vor- und Nachteile eines Naturschutzgebietes!

Aufsatz: Die Übernachtung

Karl und Friedhelm sahen sich um. Das Dorf sah wie verlassen aus – kein Mensch, kein Licht, nicht einmal ein Hund. Das alte Gasthaus konnte man noch als solches erkennen, war aber versperrt und verriegelt. „So sieht ein wirtschaftlich unterentwickeltes Gebiet aus", sagte Karl. „Ja, das ganze ist ziemlich trostlos. Aber, du, es kommt gleich ein Gewitter. Wir müssen mal zusehen, daß wir in irgendeiner Scheune unterkommen. Heute wird's nichts mit zelten", antwortete Friedhelm. „Wenn dein Roller den Berg noch schafft, wollen wir etwas weiterfahren. Ich glaube, ich habe hinter den Bäumen ein Licht gesehen."

Die Motoren der zwei Mopeds sprangen an und trotz des Gewichts der Rucksäcke bewältigten sie die Steigung ohne Schwierigkeit. Auf einmal sahen die Jungen vor sich das verfallene Gemäuer einer alten Burg. In einem Fenster flackerte ein Licht.

„Na, Kleiner", sagte Karl, „Wollen wir sehen, ob jemand uns Obdach gewähren wird?" . . .

Erzählen Sie weiter!

56 Ostfriesland

Ostfriesland, die Küstenlandschaft zwischen Oldenburg und den Niederlanden, mit den vorgelagerten Ostfriesischen Inseln, wird von einem flachen Geestrücken durchzogen, in dem der Landes-Mittelpunkt, Aurich liegt. Nach N, S und W schließen sich Flach- und größtenteils kultivierte Hochmoore an; ein breites Marschband umsäumt das Land im N und W. Wirtschaft: Landwirtschaft, besonders Viehzucht, herrscht vor im weiten, dünn besiedelten Hinterland, das wirtschaftlich als unterentwickelt anerkannt ist, sowie Küstenfischerei in verschiedenen Häfen. In der Erwerbsstruktur weit voran steht jedoch die gewerbliche Wirtschaft in den größeren Hafenstädten, vor allem in Emden und Leer, sowie die Spirituosenerzeugung (Doornkaat) im Norden. Die Ostfriesischen Inseln sind bevorzugte Ferienziele.

vorgelagert: stretched out in front
der Geestrücken: ridge of sandy heath-land
das Hochmoor: high-lying moor
das Marschband: strip of marsh
umsäumen: to surround
die Viehzucht: cattle raising
besiedelt: populated
die Erwerbsstruktur: pattern of employment
gewerblich: industrial, commercial
die Spirituosenerzeugung: production of spirits

Aus dem Grau ins Frühlingsblau

Viele sprechen heute von „reiner Luft". Wir haben sie. Wir – die 7 Ostfriesischen Inseln – anscheinend am Rande des Kontinents und doch so nah vor Ihrer Haustür. Was sind heute schon ein paar Reisestunden? Sie kennen die Nordsee. Aber: Hand auf's Herz! Können Sie die 7 Ostfriesischen Inseln der Reihe nach aufzählen? So aus dem Handgelenk – von Westen nach Osten:

anscheinend: apparently

Borkum, Juist, Nordeney, Baltrum, Langeoog, Spiekeroog, Wangerooge. Klar: Es ist natürlich nicht wichtig, die Ostfriesischen Inseln in ihrer genauen Reihenfolge aufzählen zu können. Die Hauptsache ist, Sie verbinden die Namen der Inseln hier oben im deutschen Nordwesten mit Sonne, Sand und See. Die Hauptsache ist, daß Sie bei den Namen der 7 Ostfriesischen Inseln sofort an Kur und Urlaub denken. An Ihren nächsten Urlaub, Ihre nächste Klimakur.

Können Sie sich vorstellen, daß Sie dann drei oder vier Wochen auf einer unserer Ostfriesischen Inseln verleben? Und können Sie sich vorstellen, daß dieses schon im Frühling sein wird?

Sie werden sich jetzt vielleicht ein bißchen wundern. Im Frühling Kur oder Urlaub an der Nordsee? Wer käme schon sofort auf diesen Gedanken? Sie! Vorausgesetzt, daß Sie weiterlesen.

Denn erstens ist das Nordseeklima auch und gerade im Frühling auf den 7 Ostfriesischen Inseln einmalig. Die heilkräftigen klimatischen Reize sind im Frühling ganz stark wirksam – auf den gesamten menschlichen Organismus.

einmalig: unique

Zweitens bieten Ihnen die Ostfriesischen Inseln den Frühlingsurlaub zu Frühlingspreisen. Also: Im Frühling erholen Sie sich billiger. Unser Tip lautet demnach: Raus aus dem Grau des Alltags. Und hinein in das Frühlingsblau der 7 Ostfriesischen Inseln!

Ostfriesenwitze

Warum ist in Ostfriesland immer so frische Luft?
Weil die Ostfriesen nie die Fenster aufmachen.

Warum gibt es in Ostfriesland Ebbe und Flut?
Als die Ostfriesen an die Küste kamen, ist das Meer so erschrocken, daß

Hinter dem Deich

An der Nordsee – auf Nordeney

es zurückwich. Und nun kommt es alle sechs Stunden, um zu gucken, ob die Ostfriesen noch da sind.

zurückweichen: *to recoil*

Warum haben die Ostfriesen am Montag immer zerkratzte Gesichter? Weil sie am Sonntag versuchen, mit Messer und Gabel zu essen.

zerkratzt: *scratched*

Kommt ein Ostfriese von Bremen nach Bad Zwischenhahn und zieht ein langes, dickes Tau hinter sich her. Fragt ein Oldenburger: „Wo willst du denn hin?" Sagt der Ostfriese: „Nach Emden!" „Warum ziehst du das Tau hinter dir her?"
Antwort: „Schieben geht nicht, habe ich schon probiert."

das Tau: rope

schieben: *to push*

Wie schrauben die Ostfriesen eine Glühbirne ein? Mit fünf Mann. Einer klettert auf die Leiter und hält die Glühbirne fest, die anderen vier drehen die Leiter.

einschrauben: *to screw in*
die Glühbirne: *light bulb*

Warum tragen die Mädchen in Ostfriesland beim Melken bunte Kopftücher? Damit man sie von den Kühen unterscheiden kann.

das Melken: *milking*

Was bedeutet es, wenn ein Ostfriese ein Messer und eine Gabel gekreuzt auf dem Arm hat? Das ist die Auszeichnung für ein Jahr unfallfreies Essen.

Warum haben die Ostfriesen so flache Hinterköpfe? Weil ihnen beim Wassertrinken immer der Klodeckel auf den Kopf fällt.

der Klodeckel: *toilet lid*

Warum fährt Opa beim Abendessen immer mit dem Fahrrad um den Tisch? Damit die Familie bei Licht essen kann.

Zwei Ostfriesen sitzen bei der Flutkatastrophe auf einem Hausdach. Sagt der eine: „Sieh mal, da schwimmt eine Mütze!" Sagt der andere: „Das ist keine Mütze, das ist Harms Janssen, der mäht bei jedem Wetter."

die Mütze: cap
mähen: to mow

Warum sind Ostfriesen-Gehirne für Transplantationen so begehrt? Weil sie so wenig gebraucht sind.

Warum ist in Ostfriesland rechts und links neben der Straße ein Graben? Damit ihre Hände nicht auf dem Boden schlurren.

der Graben: *ditch*
schlurren: *to trail*

BROCKHAUS ENZYKLOPÄDIE & STERN

Grammar

1. ADVERBS   *A few of the prepositions which govern the dative combine with* dem *to form adverbs:*
Unser Tip lautet **demnach**: Raus aus dem Grau des Alltags.
Die Tür ist den ganzen Tag offen, und **demzufolge** haben wir immer Fliegen im Haus.
Dementgegen möchte ich betonen, daß . . .
Ich weiß, daß sie herzkrank ist, und habe sie **dementsprechend** behandelt.
Mein Bruder kommt **demnächst**. (bald)

2. IDIOMS   Aus dem Handgelenk machen   *(to do something with great ease, off the cuff)*
Hand auf's Herz   *(cross your heart)*

3. PRONOUNS   a) *In the spoken language* ersterer *and* letzterer *(the former and the latter) are often replaced by* der eine *and* der andere *:*
Sagt der eine: „Sieh mal, da schwimmt eine Mütze!" Sagt der andere: . . .
b) viel *and* wenig *can be used as pronouns. In the plural they are declined like* dieser *and mean 'many' or 'few':*
Viele sprechen heute von „reiner Luft".
Schauspieler? Ich kenne **viele**.
Die Meinungen **vieler** bleiben unerforscht.
Dieses Gebiet ist heute noch **vielen** unbekannt.
When used in the singular to mean 'much' and 'little', they may be uninflected or decline thus: vieles, vielem, weniges, wenigem. *There is no genitive. The inflected forms tend to be more particular:*
Er hat **viel** damit zu tun gehabt.
Er ist mit **wenig** zufrieden.
Mit **vielem** bin ich nicht einverstanden. *(referring to some specific thing)*

4. VERBS   a) *The prefix 'ver' denotes ways of spending time:*
Können Sie sich vorstellen, daß Sie drei Wochen auf einer unserer Ostfriesischen Inseln **verleben**? (verbringen)
Er hat nur zwei Wochen in der Stadt **verweilt**.
Sie **vertrödeln** die ganze Nacht. (verplaudern)
Zwei Tage sind **verstrichen**, seit er das Haus verließ.
b) *The prefix 'um' can be both separable or inseparable. When it is inseparable it has the force of 'surrounding':*
Ein breites Marschband **umsäumt** das Land.
Er **umarmte** seine Frau.
Die Stadt war von Soldaten **umzingelt**.
When 'um' is separable it can denote turning, falling or overturning or changing:
Er sah/drehte sich **um**.
Das Glas fiel **um**.
Ich habe die Flasche **umgekippt**.
Ich bin pudelnaß. Ich muß mich **umziehen**.
Wir haben das Haus letztes Jahr **umgebaut**.

Fragen zum Text

1. Wie stellen Sie sich eine Geestlandschaft vor?
2. Warum ist das Hinterland dünn besiedelt?
3. Gibt es andere deutsche Gebiete, die als wirtschaftlich unterentwickelt zu bezeichnen wären?
4. Was verstehen Sie unter dem Ausdruck „die gewerbliche Wirtschaft"?
5. Warum sind die Inseln nur „anscheinend" am Rande des Kontinents?
6. Erklären Sie den Ausdruck: „So aus dem Handgelenk"!
7. Was ist eine Klimakur?
8. Warum sollte man sich wundern, daß man im Frühling eine Kur an der Nordsee machen kann?
9. Was sind „heilkräftige klimatische Reize"?
10. Warum stellt man sich den Alltag immer grau vor?

Fragen zur Diskussion

1. Vergleichen Sie Stil und Inhalt der beiden Texte!
2. Was halten Sie von einem Frühlingsurlaub in Ostfriesland?
3. Wie könnte die Bundesregierung den wirtschaftlichen Aufbau Ostfrieslands befördern?

Translate into German

The brochure I was given at the travel agent's described Friesland as one of those out-of-the-way holiday areas, ideal for the worn-out city dweller. It suggested that I escape from my colourless daily round and take a spring holiday there. And so that's just what I did. I packed my cases, locked up my flat and took the train north. By the time the train reached the broad band of marshland which encircles Friesland, my confidence was beginning to ebb. I was confronted by a bleak landscape, showing no more sign of human settlement than the moon. The gale that was howling outside was so bitterly cold that it threatened to cancel out the good work done by the heating in the train. When we finally reached the little fishing village, where I was to recuperate for three whole weeks, I was already convinced of the foolishness of my decision. The sky was dark grey, the sea light grey and the prospects bleak. As I fought my way against the wind to the hotel, the mocking phrases of the brochure rang in my ears: – the invigorating wind, the stimulating climate, the fresh air. I recalled no mention of the biting cold, the driving rain or the hurricane which was now blowing. Next year I think I'll stick to the greyness of my daily round!

XV Aktuelle Probleme

„. . . zu unserer Zeit war das gerade umgekehrt: da war
der Sex schmutzig und die Luft sauber . . .!!!"

„. . . und somit beschliessen wir einstimmig folgende
Protest-Resolution gegen die Luftverschmutzung . . .!"

Kriegsdienstverweigerer

Niemand darf gegen sein Gewissen zum Kriegsdienst mit der Waffe gezwungen werden.

Grundgesetz, Artikel 4, Absatz 3

. . . Wer aus Gewissensgründen den Kriegsdienst mit der Waffe verweigert, kann zu einem Ersatzdienst verpflichtet werden. Die Dauer des Ersatzdienstes darf die Dauer des Wehrdienstes nicht übersteigen . . .

Grundgesetz, Artikel 12, Absatz 2

Die Grundeinstellung der Jugend zur Wehrpflicht zeigt sich vor allem an der Zahl der Wehrdienstverweigerer. 27 657 Wehrpflichtige versuchten im vergangenen Jahr von ihrem im Grundgesetz garantierten Recht, den Kriegsdienst, sprich Wehrdienst, zu verweigern, Gebrauch zu machen. Sie beantragten ihre Anerkennung als Kriegsdienstverweigerer. Das sind mehr Anträge als in den Jahren von 1956 bis 1965 insgesamt.

die Grundeinstellung: *basic attitude*
der Wehrdienstverweigerer: *conscientious objector*

beantragen: *to move, apply for*
der Antrag: *application*

Aufgrund der Erfahrungen der Vergangenheit werden von diesen Anträgen rund 15 Prozent zurückgezogen. Von den verbleibenden Anträgen werden von 65 bis 75 Prozent anerkannt. Mit anderen Worten: Von 100 Antragstellern sind am Ende 55 bis 65 Kriegsdienstverweigerer. Sie müßten Ersatzdienst leisten.

Aber hier beginnen die Probleme, hier beginnt die eigentliche Dienst-

Kriegsdienstverweigerer demonstrieren

ungerechtigkeit in der Bundesrepublik. Den bisherigen Bundesregierungen ist es nicht gelungen, eine ausreichende Zahl von Plätzen zu beschaffen, um alle anerkannten Kriegsdienstverweigerer als Ersatzdienstleistende einzusetzen.

beschaffen: to provide
einsetzen: to set to work, employ

Ein neues Gesetz soll neue Einsatzmöglichkeiten schaffen. Bahn und Post waren im Gespräch – doch die zuständigen Gewerkschaften wollen die „Streikbrecher" nicht. Gegen den Willen der Personal- oder Arbeitnehmervertretungen sollen Ersatzdienstleistende auch nicht eingesetzt werden. Damit scheint auch dieser Aufgabenbereich für die Ersatzdienstler, die dort ebenfalls nicht hin wollten, verschlossen. Vieles spricht dafür, daß das Ersatzdienst-Problem mit der bisherigen Konzeption nicht gelöst wird.

zuständig: responsible

Von Beginn an wurde die Ableistung des Ersatzdienstes in der Bundesrepublik unglücklich gehandhabt. Der Name „Ersatz" stempelte die Kriegsdienstverweigerer zu Menschen zweiter Klasse ab. Gesetzgeber und Regierung versäumten es, einer meist „gedienten" Bevölkerung klarzumachen, daß der Dienst am Nächsten nicht minderwertig ist gegenüber dem Dienst zur Verteidigung der Bundesrepublik. Das Grundgesetz wurde geändert, doch nicht das Denken großer Teile der Öffentlichkeit.

die Ableistung: performance

der Nächste: one's neighbour
minderwertig: inferior

So abgestempelt, traten die Kriegsdienstverweigerer ihre Tätigkeit in sozialen Einrichtungen an. Ohne entsprechende Vor- und Ausbildung wurden sie in Krankenhäusern und Pflegeanstalten eingesetzt – und konnten naturgemäß nur mit den stupidesten Aufgaben betraut werden. Sie wurden unwillig, protestierten, die Bevölkerung sah sich dadurch in ihren Vorbehalten bestätigt – die Karre war verfahren und ist es bis heute geblieben.

Inzwischen ist die Kriegsdienstverweigerung, dem Gesetz nach eine Gewissensfrage, zu einer politisch-ideologischen Entscheidung geworden. Die Verbände der Kriegsdienstgegner und Ersatzdienstleistenden sind weitgehend zu institutionalisierter Gesellschaftskritik geworden. Und es mag nicht nur Soldaten seltsam erscheinen, daß diese Organisationen nicht nur geduldet, sondern von gewerkschaftlichen, kirchlichen und anderen Stellen mit Worten und Taten (Geld) unterstützt werden.

Es ist nicht ganz verständlich, warum die Forderungen nach allgemeiner Dienstpflicht für alle jungen Männer so wirkungslos verhallen. Diese allgemeine Dienstpflicht könnte in der Bundeswehr, im Zivilschutz, im Bundesgrenzschutz und im Rahmen humanitärer und karitativer Gemeinschaftshilfe abgeleistet werden. Bei einer solchen Regelung würde den Kriegsdienstverweigerern die Chance genommen, ihre Weigerung, mit der Waffe zu dienen, als Protest auszulegen, und die Bevölkerung könnte leichter als bisher begreifen, daß alle Leistungen innerhalb dieser Dienstpflicht gleichgeordnet nebeneinander stehen.

DIE WESTFALENPOST

abgestempelt: *marked, characterised*

betrauen: *to entrust*

der Vorbehalt: *reservation*
die Karre: *(apple-)cart*

verhallen: *to die away*

Grammar

I. NOUNS — *Note the use of the genitive in the following common expressions:*
Der Name stempelt sie zu Menschen **zweiter Klasse** ab.
Ich bin **der Meinung**, daß . . .
Es ist nicht **der Mühe** wert.
Ich ging **schweren Herzens** nach Hause.
Meines Erachtens können wir das Spiel nur verlieren.
Er ging **guten Mutes** zur Arbeit.
Wir können **schlimmstenfalls** naß werden.

2. PREPOSITIONS — a) *an + dative is used before a feature which enables something to be recognized, or by which one notices some state of affairs:*
Die Grundeinstellung der Jugend zeigt sich **an der** Zahl der Kriegsverweigerer.
Man sieht **an seinem** Auto, daß er Geld hat.
Mir fiel etwas Seltsames **an ihr** auf.
b) *The first meaning of* gegen *is 'contrary to' or 'against':*
Niemand darf **gegen** sein Gewissen zum Kriegsdienst gezwungen werden.
Gegen den Willen des Personals . . .
Er warf den Teller **gegen** die Wand.
It can also mean 'compared with' or 'in return for':
Gegen ihn bin ich direkt intelligent.
Er leiht Weingläser **gegen** Pfand.
Less often it means 'towards' or 'about':
Der Zug kam **gegen** Mittag an.
Wir fahren **gegen** Süden.
Es wohnen **gegen** 2 000 Menschen in diesem Dorf.

3. PRONOUNS — einander *is a reciprocal pronoun:*
Wir sehen **einander** oft.
It is often found combined with prepositions:
Alle Leistungen stehen gleichgeordnet **nebeneinander**.
Wir warteten **aufeinander**.
Auf der Straße standen sechs Polizeiwagen **hintereinander**.
Sie sind nur glücklich, wenn sie **miteinander** sind.
Wir diskutierten es **untereinander**.
Wir legten die Bücher **aufeinander**.

4. VERBS — *A few past participles are used in idiomatic expressions:*
Gesetzgeber versäumten es, einer meist „**gedienten**" Bevölkerung klarzumachen, daß . . .
Er war ein **gelernter** Glaser.
Das Bild von der Professorin ist sehr **geschmeichelt**.
offen gesagt; strenggenommen; verstanden?

Fragen zum Text

1. Was ist der Unterschied zwischen Kriegsdienst und Wehrdienst?
2. Wie ist die Grundeinstellung der Jugend zur Wehrpflicht?
3. „Sie müßten Ersatzdienst leisten". – Wieso „müßten"?
4. Warum wollten die Gewerkschaften nichts von den Ersatzdienstlern wissen?
5. Warum konnten Ersatzdienstler nur mit den stupidesten Aufgaben betraut werden?
6. Was hielt die gediente Bevölkerung von Ersatzdienstlern?
7. Warum sollte es dem Soldaten seltsam erscheinen, daß die Verbände der Kriegsdienstgegner unterstützt werden?
8. Warum braucht Deutschland einen Bundesgrenzschutz?
9. Was sind die Aufgaben des Zivilschutzes?
10. Gibt es Länder, wo Forderungen nach allgemeiner Dienstpflicht für alle jungen Männer nicht wirkungslos verhallen?

Fragen zur Diskussion

1. Braucht der moderne Staat eine Wehrmacht?
2. Sollten alle jungen Leute eine allgemeine Dienstpflicht ableisten? Was könnten sie machen?
3. Warum ist Kriegsdienstverweigerung zu einer politisch-ideologischen Entscheidung geworden?

Aufsatz: Das Leben und die Aufgaben eines Soldaten in Krieg und Frieden

1. Welche Vor- und Nachteile hat das Leben als Berufssoldat?
2. Beschreiben Sie den Ablauf eines Tages vom Standpunkt eines gewöhnlichen Soldaten – erstens im Krieg, zweitens im Frieden!
3. Wie kann das Militär der Gesellschaft zu Friedenszeiten dienen?
4. Welche Funktion und Verantwortung haben Offiziere?
5. Wie kann ein Soldat damit fertig werden, daß er Menschen getötet hat?
6. Wäre es wünschenswert und möglich, die britische Armee von heute auf morgen aufzulösen?
7. Welchen Nutzen hat die moderne Marine?
8. Welchen Nutzen hat die moderne Luftwaffe?

Aufsatzplan

a) *Im Krieg*
  1. Abschnitt: Verschiedene Aufgaben.
  2. Abschnitt: Emotionen – Angst, Schmerz, moralische Zweifel, Kameradschaft, Verzicht auf Bequemlichkeiten.
  3. Abschnitt: Ist man stolz darauf, daß man gedient hat? Warum oder warum nicht?

b) *Im Frieden*
  1. Abschnitt: Verschiedene Aufgaben.
  2. Abschnitt: Alltagsleben in der Kaserne, militärische Rangordnung, Langeweile oder Abenteuer, lebensfremde Übungen oder lebenswichtiger Beruf.
  3. Abschnitt: Ist die Bundeswehr notwendig, wenn es keinen Krieg gibt?

58 Liebe für die Ungeliebten

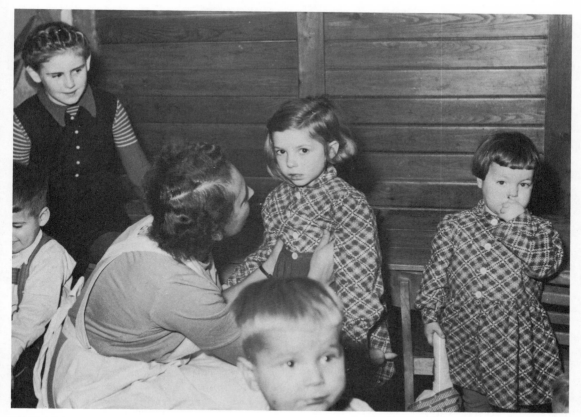

Die Ungeliebten

Als Karl der Dicke drei Tage alt war, verschwand seine Mutter spurlos aus der Klinik, in der sie ihn geboren hatte. Nach mehr als einem halben Jahr griff die Polizei sie wieder auf – als Streunerin. Man lud sie beim Jugendamt vor, teilte ihr mit, daß ihr Kind in einem Säuglingsheim sei und sie die Pflicht habe, sich um das Baby zu kümmern. Dann war auch noch von Unterhaltszahlungen die Rede – und am selben Nachmittag verschwand die Mutter wieder, ohne eine Adresse zurückzulassen.

Dieses grausame Spiel wiederholte sich, bis Karl in die Schule kam. Die Behörden kriegten die Mutter gelegentlich zu fassen, forderten sie auf, ihren Buben zur Adoption freizugeben – sie sagte nein, machte sich aus dem Staub, schob damit jede Entscheidung auf. Schließlich weigerte sie sich ganz, der Adoption zuzustimmen, begründete ihre Weigerung: Sie werde demnächst heiraten, ihr zukünftiger Mann sei bereit, Karl anzunehmen, als sein Kind.

Immer wieder in diesen Kinderjahren, die Karl als „Nummer" in Heimen verbrachte, kam wie ein Spuk die Mutter auf ihn zu, riß ihn in die Arme, rief theatralisch „Du bist doch mein Kind" und „bald hol' ich dich" und war wieder fort. Jahrelang träumte Karlchen von der Mutter, von einem Leben, in dem sich alles um ihn drehen würde. Aber,

spurlos: *without trace*

die Streunerin: *vagrant*
das Säuglingsheim: *crèche*

gelegentlich: *now and then*

sich aus dem Staub machen: *to clear off*

der Spuk: *ghost*

weil er immer vergeblich gehofft hatte, entwickelte er als Ersatz-
befriedigung einen seltsamen Trieb: Er aß, was er in die Finger bekam.
Er tat dies offen oder auch heimlich und sehr schlau. Oft aß er, wenn
kein Erwachsener aufpaßte, schwächeren Kindern etwas weg. Die
Schwestern merkten wohl, was Karl da tat. Sie sahen auch, daß er dick
und dicker wurde. Aber vielleicht dachten sie: Sattes Kind, zufriedenes
Kind, ruhiges Kind. Jedenfalls nannten sie ihn „Karl den Dicken". Das
war obendrein praktisch, denn im Heim gab es noch sechs andere
Kinder, die Karl hießen.

Schließlich heiratete die Mutter tatsächlich. Sie bekam ihr zweites
Kind – und ihr Mann wollte nun von Karlchen nichts mehr wissen. Da,
endlich, gaben die beiden den Weg zur Adoption frei. Doch jetzt fanden
sich keine Adoptiv-Eltern mehr. Karlchen hatte sich, als Folge der
vielen Jahre in Säuglings- und Kinderheimen – und seiner Eßgier – nicht
nur zu einem „häßlichen" dicken Karl entwickelt, träge und maulfaul,
sondern auch so schwere geistige Störungen erlitten, daß er in die
Sonderschule gehen mußte. Und das Risiko mit „solch einem Kind"
schreckte selbst Ehepaare ab, die sehnsüchtig auf ein Adoptivkind
warteten.

Karl war für die Behörden zum hoffnungslosen Fall geworden. Zu
einem von jenen 140 000 Kindern, die ihre ganze Kindheit lang mehr
schlecht als recht in der Massenpflege leben müssen – zwar versorgt,
aber oft ungeliebt von denen, die sie hüten.

Ungeliebt, weil sie rote Haare haben. Weil sie keine blauen Augen
haben. Weil ihre Haut dunkel ist. Weil ihre Mutter eine Schlampe ist.
Weil ihr Vater ein Strolch ist. Weil sie stottern. Weil sie schielen. Weil
ihre Mütter sie nicht wollten, sie dennoch nicht freigaben. Aus all diesen
Gründen – und aus noch vielen anderen – werden Jahr für Jahr in der
Bundesrepublik Tausende von quasi elternlosen Kindern nicht adoptiert.

Vor allem aber: Weil wir in Deutschland ein Adoptionsrecht haben,
das in wichtigen Punkten noch aus dem Jahre 1896 stammt und das
kompliziert und lebensfremd ist. Ferner ein Grundgesetz, das sich fast
ausschließlich nach den Wünschen der Eltern richtet. Und nicht nach
dem Recht der Kinder fragt – einem Recht auf ein Leben in Liebe,
Zuwendung, Geborgenheit, in dem sie sich körperlich und geistig auf
bestmögliche Weise entwickeln können.

Weil wir aber diese unzeitgemäßen Paragraphen haben, setzt man
Jahr für Jahr rund 8000 hilflose kleine Buben und Mädchen auf ein
„Laufband des Elends", wie ein Arzt es nannte. Auf dem sie sich meist
von Niemandskindern zu Problemkindern, zu Schwererziehbaren und
oft genug zu Außenseitern der Gesellschaft entwickeln. Aufgegeben,
abgegeben. Aber um keinen Preis zur Adoption freigegeben.

BUNTE

vergeblich: *in vain*
entwickeln: *to develop*
der Trieb: *urge*
schlau: *sly*

die Eßgier: *compulsive eating*
träge: *slow, dull*
maulfaul: *taciturn*

hüten: *to take care of*

die Schlampe: *slut*
der Strolch: *tramp*
stottern: *to stammer*
schielen: *to squint*

die Zuwendung: *devotion*
die Geborgenheit: *security*

unzeitgemäß: *behind the times,
out of date*

das Elend: *misery*

der Außenseiter: *drop-out*

Grammar

I. NOUNS *In the construction plural noun of measurement + adjective + noun denoting thing measured the case in apposition is preferred:*

Man setzt Jahr für Jahr rund 8000 hilflose kleine Buben und Mädchen auf „ein Laufband des Elends."

Zwei hundert schöne Mädchen besuchten ihn im Krankenhaus.

4 Kilo frische Tomaten kosten nur DM 10.

Von 4 Pfund frischen Tomaten bleiben nur 2 übrig.

After a more general word of quantity use a genitive or von:

eine Gruppe eifriger Skifahrer; Millionen **von** Menschen.

Eine Menge lustiger Leute warten draußen.

Note than when eine Menge *is used colloquially to mean 'a lot' it is followed by a plural verb. When it means 'a crowd' it is singular:*

Die Menge jubelte vor Freude über den Sieg.

2. PREPOSITIONS a) nach *is often used in the sense of 'according to' or 'in accordance with':*

Ferner ein Grundgesetz, das sich **nach** den Wünschen der Eltern richtet.

Dem Gesetz **nach** (*according to the law*)

Meiner Meinung **nach**

Nach Ansicht meines Rechtsanwalts . . .

Können Sie die Inseln der Reihe **nach** aufzählen?

b) *The following ways of expressing 'towards' should be noted:*

Wie ein Spuk kam die Mutter **auf ihn zu.**

Ich schaute **nach** dem Herrn **herüber.**

Der Soldat sah **nach** der Brücke.

Man schaut **nach** den Seehunden.

Er trat **an** mich **heran.**

3. VERBS *The passive may be avoided by using a verb reflexively, usually with an inanimate subject:*

Dieses grausame Spiel wiederholte sich. (es wurde wiederholt)

Die Tür öffnete sich. (sie wurde geöffnet)

Die Sache erklärt sich leicht. (sie wird leicht erklärt)

Occasionally an animate subject is used:

Doch jetzt fanden sich keine Adoptiv-Eltern mehr. (sie konnten nicht mehr gefunden werden)

4. VOCABULARY *There are 3 verbs in German signifying 'to refuse':* sich weigern, verweigern *and* ablehnen.

sich weigern *is followed by an infinitive construction +* zu:

Sie **weigerte sich** ganz, der Adoption zuzustimmen.

Ich **weigere mich**, mit ihm zu arbeiten.

verweigern *and* ablehnen *can be used transitively:*

Die Jungen **verweigern** den Wehrdienst.

Die Polizei **verweigerte** ihm die Ausreise.

Er **lehnte** den Posten **ab.**

Fragen zum Text

1. Warum ließ Karls Mutter keine Adresse beim Jugendamt zurück?
2. Warum wird das Benehmen der Mutter als „grausames Spiel" bezeichnet?
3. Welche Gründe hatte die Mutter, den Jungen nicht zur Adoption freizugeben?
4. Warum entwickelte Karl seinen seltsamen Trieb?
5. Was können wir über die Versorgung im Kinderheim sagen?
6. Was für ein Kind wünschen sich Adoptiv-Eltern?
7. Welches Risiko gehen Adoptiv-Eltern ein, wenn sie einen Jungen wie Karl aufnehmen?
8. Was sind quasi elternlose Kinder?
9. Kommt es oft vor, daß Gesetze unzeitgemäß und lebensfremd sind? Können Sie einige Beispiele aufzählen?
10. „Um keinen Preis freigegeben". – Wäre es eine Möglichkeit, eine Mutter dafür zu entschädigen, daß sie ihr Kind freigibt?

Fragen zur Diskussion

1. Was für einen Charakter hat Karls Mutter? Können Sie sich ihr Alltagsleben als Streunerin vorstellen?
2. Welche besonderen Schwierigkeiten im Leben haben adoptierte Kinder?
3. Was kann die Gesellschaft unternehmen, um solche Tragödien zu verhindern?
4. Hat jede Frau das Recht, ein Kind zu haben?
5. Welche Rechte sollen Eltern haben?
6. Wären Sie bereit, einen dicken Karl zu adoptieren?

Translate into German

Harry and Anne Schubert had been married for some years before it was finally confirmed that they would never have children. After discussing the matter thoroughly they decided to adopt a child. An appointment was made at a children's home in the nearest city and the Schuberts prepared themselves for the interview which meant so much to them. The thought of having a child of their own – a blue-eyed, defenceless, forsaken little bundle – both excited them and made them nervous. All that stood between them and happiness was an interview and a short wait . . .

The matron was a woman of about 40. She welcomed the Schuberts, asked them to take a seat and immediately raised the subject of the planned adoption. As Anne began to describe her dreams of being mother to a new-born baby, the matron's face clouded. Eventually she said quietly, 'I arranged this interview so that any misunderstandings might be cleared up before a final decision was taken – and it does seem that there is something that you don't realize. I'm afraid that there can be no question of your being able to adopt a newly-born child, – unless you are prepared to wait for at least six years. But come and have a look at the three boys, whose parents have given permission for adoption'. The Schuberts were taken to a play-room where three boys were quarrelling about a toy. One was about three years old and black, the second was a frail boy of about six with a squint and a dirty face, the third was an enormously fat boy aged about eight. Anne looked at her husband and burst into tears.

Schädlingsbekämpfung

Umweltpolitik und Entwicklungshilfe im Widerstreit

der Widerstreit: *conflict*

„Es ist wahr, daß viele Vögel nie mehr singen werden, wenn man die Pestizide nicht unter Kontrolle bringt. Aber Millionen von Menschen werden nie wieder Vögel singen hören, wenn es zu einem totalen Verbot der chlorierten Insektizide kommt." Diese beiden Sätze eines Beraters der Vereinten Nationen enthalten die schlichte Antwort armer Völker auf die Forderung aus Industrieländern, daß Maßnahmen des Umweltschutzes überall auf der Welt gleich streng eingehalten werden müssen. Das DDT-Verbot in Industrieländern beschwor den ersten großen Konflikt zwischen Entwicklungshilfe und Umweltschutz herauf, da sich reiche Nationen zwar teure andere Substanzen anstelle des DDT leisten können (sofern sie überhaupt auf die Verwendung angewiesen sind), nicht aber Entwicklungsländer, in denen die Malaria mit DDT bekämpft wird oder wo der Verzicht auf bestimmte billige Schädlingsbekämpfungsmittel die Vernichtung der Nahrungsvorräte durch Insekten und damit den Hungertod der Menschen bedeutet.

    Es war nur der Anfang der Auseinandersetzung. Denn nun verschärfen Industrieländer die Bestimmungen für Rückstände von Schadstoffen bei

schlicht: *simple*

einhalten: *to observe, adhere to*
heraufbeschwören: *to occasion*

angewiesen: *thrown back on, dependent*
die Entwicklungsländer: *developing countries*
der Schädling: *pest*

verschärfen: *to intensify*
der Rückstand: *residue*

„Die Luft ist voller Sulfur-dioxyd, Kohlen-monoxyd,
Nitro-oxygen und Methan-oxydioxyd – und Du schickst
mich raus draußen zu spielen!"

importierten Nahrungsmitteln, wenn diese Substanzen im eigenen Land
nicht mehr verwendet werden dürfen. Der Bann trifft Länder am härte-
sten, die durch Entwicklungshilfe eben jene diskriminierten Chemikalien erhalten und so überhaupt erst in die Lage versetzt werden,
Nahrungsmittel zu exportieren. Die ersten Reaktionen aus diesen Ländern waren empört: Die Angst der reichen Nationen sei eine Luxuskrankheit, deren wirtschaftliche Auswirkungen die armen Völker tragen
müssen. Jetzt mehren sich die Stimmen der Angst: Soll man weiter
produzieren und essen, was die Geberländer aus Furcht vor Vergiftung
nicht über die Grenzen lassen?

die Luxuskrankheit: *disease of affluence*
die Auswirkung: *effect*

Der deutsche „Nationalreport" für die Stockholmer Umweltkonferenz
versucht diesen Widerspruch zu beseitigen. Heikel aber klingt die
Anregung, ob die Entwicklungsländer sich nicht verstärkt „auf solche
Industriezweige spezialisieren können, in denen sie wegen geogra-
phischer oder sonstiger Besonderheiten nicht so hohen Kosten für
Umweltschutzmaßnahmen ausgesetzt sind wie Industrieländer." Das
heißt im Klartext: Sollte man nicht die für die Umwelt suspekten Industrien der reichen Völker in solche Länder verbringen, die sich den
Luxus des Umweltschutzes nicht leisten können? Bei den internationalen

heikel: *ticklish, tricky*

ausgesetzt: *laid open to*

Umweltsdebatten der letzten Jahre kam diese Theorie oft auf die Tische, und Stellungnahmen wie die eines Politikers aus dem Senegal hörte man häufig, wenn auch nicht immer so unverblümt: „Wenn die Theorie Wahrheit wird, wäre das für uns ein sehr glücklicher Tag!"

die Stellungnahme: *point of view*
unverblümt: *blunt*

Die Welternährungsorganisation der Vereinten Nationen ließ auch für die Stockholmer Konferenz den Zusammenhang von Umweltverschlechterung und unkontrollierter Ausweitung der Landwirtschaft untersuchen. Für die rabiate Ausbeutung der Naturkräfte wird der rasch wachsende Bevölkerungsdruck vieler Länder verantwortlich gemacht. Das Bevölkerungswachstum sei „auf Null oder nahe an Null" zu senken, lautet die Folgerung. Die Bundesregierung streift bevölkerungspolitische Fragen nur ganz vorsichtig, ihr liegt jetzt ein Bericht von der afrikanischen Bevölkerungskonferenz im vergangenen Dezember vor, der harte Lehren erteilt. Dieser Versuch, gemeinsame Probleme zu diskutieren, scheiterte am uneinsichtigen Engagement vieler Afrikaner, die fürchteten, daß Kapitalleistungen oder andere Formen der Entwicklungshilfe mit einer Verpflichtung zur Geburtenkontrolle verknüpft werden könnten. Dem Einwand, daß Afrika das stärkste Bevölkerungswachstum der Welt habe und beschränkende Maßnahmen darum ein wesentliches Element der Entwicklungsstrategie sein sollten, setzten sie die These vom „unterbevölkerten Kontinent" mit einer Bevölkerungsdichte von 17 Menschen je Quadratkilometer entgegen. Man könne ihnen die Konzepte der Familienplanung nicht „verkaufen", sagten sie, weil die Afrikaner viel zu arm und darum unfähig seien, ihr Recht auf freie Entscheidung bei der Kinderzahl wahrzunehmen. Einige Sprecher sahen im Versuch zur Geburtenbegrenzung neue Methoden zur Unterdrückung der afrikanischen Völker. Die Dissonanzen, die beim Thema DDT begannen, werden bei der Pille greller.

rabiat: *furious*

streifen: *to touch upon*

scheitern: *to founder*
uneinsichtig: *unreasonable*
die Kapitalleistung: *capital loan*

grell: *harsh*

FRANKFURTER ALLGEMEINE ZEITUNG

Grammar

I. ARTICLES *Generally speaking the definite article is used as in English before geographical names. One exception, however, is the use of the article before masculine and feminine countries and regions and before a few neuter regions:*

ein Politiker aus dem Senegal   aus dem Libanon
aus der Türkei   aus der Bretagne
aus dem Elsaß   aus der Schweiz

Note that the article is dropped in addresses:
Bern/ Aalstraße 2/ Schweiz (*not* die Schweiz)

2. PARTICLES *When used as a prefix* weiter *adds the force of continuation:*
Soll man **weiter** produzieren und essen?
Nach einer Pause spielten sie **weiter**.
Lies **weiter** bitte!
Er lief immer **weiter**.

3. PRONOUNS *The use of* wo *or a compound of* wo *as a relative pronoun sometimes saves using a more complex relative:*
Länder, **in denen** (wo) die Malaria mit DDT bekämpft wird.
Das Land, **wohin** er fahren wollte, lag über dem Meer.

4. VERBS *The infinitive without* zu *may be used with the following:*
a) *The five verbs of perception:* sehen, hören, spüren, fühlen, finden.
Millionen von Menschen werden nie wieder Vögel singen **hören**.
Ich **spürte** mein Herz schlagen.
Ich **sah** den Wagen kommen.
These constructions are sometimes avoided by using a wie *clause:*
Ich spürte, **wie** es gefährlich wurde.
Ich hörte, **wie** der Vogel sang.
Ich sah, **wie** er die Treppe heraufkam.
b) *The three causative verbs:* heißen, lassen, machen.
Die Welternährungsorganisation **ließ** den Zusammenhang untersuchen.
Ich muß meine Mutter glauben **machen**, daß ich in Rom bin.
Ich **hieß** ihn Antwort geben.
c) helfen, lehren *and* lernen *when these are followed by a simple infinitive:*
Mein Mann **hilft** mir aufräumen.
Ich **helfe** dir abwaschen.
Meine Mutter **lehrte** mich Klavier spielen.
Sie **lernte** tanzen.
When they are followed by an expanded infinitive construction practice varies:
Ich **half** ihm seine Hausaufgaben (zu) machen.
Er **lehrte** mich, einen Braten zu garnieren.
Er **lernte** den Wagen reparieren.
Er **lernte**, den Wagen zu reparieren.

Fragen zum Text

1. Was wissen Sie von DDT?
2. Warum wollen arme Nationen nicht auf DDT verzichten?
3. Warum sind Vögel besonders empfindlich gegen Schädlingsbekämpfungsmittel?
4. Warum erhalten Entwicklungsländer gerade die suspekten Chemikalien?
5. Ist die Angst vor Umweltverschmutzung eine Luxuskrankheit der reichen Nationen?
6. Warum wird der deutsche Vorschlag als „heikel" betrachtet?
7. Warum finden manche afrikanischen Politiker den deutschen Vorschlag so attraktiv?
8. Warum streift die Bundesregierung Bevölkerungsprobleme nur ganz vorsichtig?
9. Woran scheiterten die Bevölkerungsdiskussionen?
10. Vergleichen Sie die Bevölkerungsdichte des Mühlviertels mit der in Afrika!

Fragen zur Diskussion

1. Welche Gefahren für die Gesellschaft beschwört die rabiate Ausnutzung der Naturkräfte herauf?
2. Sollen Geberländer darauf bestehen, daß Entwicklungshilfe mit Geburtenkontrolle verknüpft werden sollte?
3. Steckt in den Thesen der afrikanischen Politiker ein Körnchen Wahrheit?

Aufsatz: Was wird aus unserer Welt?

1. Wie ernst ist das Problem der Umweltverschmutzung in unseren Großstädten?
2. Werden die europäischen Ballungsgebiete immer größer?
3. Kann das Dorf eine Rolle in der modernen Welt spielen?
4. Ist der Kleinbauernhof noch rentabel?
5. Wie können wir die Landschaft und die Natur am besten schützen?
6. Wie kommt es, daß unsere Flüsse so verschmutzt sind? Kann es verhindert werden?
7. Können wir es uns vom wirtschaftlichen Standpunkt aus leisten, unsere Umwelt sauber zu halten?

Aufsatzplan

1. Abschnitt: Die heutige Lage in unseren Städten.
2. Abschnitt: Die heutige Lage auf dem Lande.
3. Abschnitt: Was für Maßnahmen würden die Umwelt am besten schützen?
4. Abschnitt: Wie wird Europa in dreißig Jahren aussehen?

60 Kurz vor den Examen

Jetzt liebe Leser und Leserinnen kommen wir zu Ihrem besonderen Problem. Es ist klar, daß Sie gerade beim Pauken sind – sonst hätten Sie dieses Buch nicht in der Hand. Wenn Oberschüler lernen, so kommt das vor allem, weil sie eine Prüfung ablegen müssen – sei es Abitur oder irgendeine Zwischenprüfung. Sie werden dann zu Examenskandidaten. Auf Grund eingehender Untersuchungen stellen wir Ihnen jetzt einige typische Kandidaten vor. Höchstwahrscheinlich werden Sie einige Ihrer Kollegen darunter erkennen.

die Zwischenprüfung: *intermediate exam*

a) Der Olympier

Dieser Typ tritt so selten auf, daß wir mit ihm beginnen wollen. Der Olympier, dessen Ruhe ihm diesen schönen Spitznamen eingebracht hat, ist der Typ des gewissenhaften, ordnungsliebenden Primaners, der sich lange im voraus vorbereitet hat.

der Spitzname: *nickname*
der Primaner: *sixth former*

Der Olympier hört am Tage vor der Prüfung mit dem Lernen auf, um klar im Kopf und frisch zu sein. Er liest ein gutes Buch oder geht ins Kino, um sich geistig zu entspannen. Nach ruhigem Schlummer bestens ausgeschlafen, steht der Olympier ohne Hast auf, wäscht sich, zieht sich sorgfältig an, prüft, ob Uhr und Füller gut funktionieren und nimmt ein ausgiebiges Frühstück zu sich.

der Füller: *fountain pen*
ausgiebig: *abundant*

Selbstverständlich besteht der Olympier seine Prüfung immer mit Auszeichnung und wird in der Regel mit fünfunddreißig Generaldirektor.

b) Das Nervenbündel

Dieser Typ tritt schon wesentlich häufiger auf. Das Nervenbündel hat das ganze Jahr über nichts getan, weil Lernen an die Prüfung erinnert und Prüfungen erst recht nervös machen. Aber sie naht, und es genügt nun nicht mehr, an den Nägeln zu kauen.

Erst einige Tage vor dem schicksalhaften Termin beginnt dieser aufgeregte Kandidat völlig verwirrt und in größter Panik zu arbeiten. Wahllos wechselt er von einem Fach zum anderen über und denkt mit Recht, daß er niemals mehr fertig wird. Er weiß nicht mehr, ob Pythagoras ein griechischer Hafen oder ein spanischer General ist.

schicksalhaft: *fateful*

wahllos: *indiscriminately*

Da er überzeugt ist, er könne sowieso nicht einschlafen, beschließt er, die letzte Nacht durchzubüffeln, schläft aber auf der Stelle ein. Morgens hört er den Wecker nicht und wird eine Viertelstunde zu spät aus dem Schlaf gerissen. Mit steifem Nacken und schmerzendem Rücken geht das Nervenbündel dann unter die Dusche, um wieder einen klaren Kopf zu bekommen, in seinem Fall ein ehrgeiziges, ja kühnes Ziel. Erst in der Wanne merkt er, daß er vergessen hat, seine Pantoffeln auszuziehen.

büffeln: *to swot*

ehrgeizig: *ambitious*
kühn: *foolhardy, bold*

Beim Frühstück liest er zum allerletztenmal irgend etwas durch, taucht seinen Füller, den er vorher mit Butter bestrichen hat, in den Kaffee, und geht schließlich verspätet aus dem Haus, um atemlos und immer noch in den durchweichten Pantoffeln, zur Prüfung zu kommen.

durchweicht: *soaked*
ungnädig: *unkind*

Ein ungnädiges Schicksal will, daß gerade jene Kandidaten, die die Prüfung verabscheuen, sich ihr mehrmals unterziehen müssen. Daran können sie sich nie gewöhnen.

c) Der Versteckspieler

Dieser sonderbare, schwer zu begreifende Typ hat sich sorgfältig vorbereitet, methodisch wie ein Olympier, und erscheint bestens präpariert zur Prüfung, was sehr zu begrüßen ist.

Nun aber beginnt er eine eigenartige Komödie zu spielen: Jedem, der es hören will, vertraut er an, daß er absolut nichts weiß und nichts gelernt habe, aber das sei völlig egal, denn er würde sowieso durchfallen. Warum spielt er überhaupt Versteck? Um ehrlich zu sein: Wir wissen es nicht. Es mag eine Art Aberglaube sein, man könne Unglück abwenden, indem man es an die Wand malt.

Wie dem auch sei, es gelingt diesen kuriosen Prüflingen dann und wann, einige der Nervenbündel zu beruhigen: sie versichern ihnen, sie seien nicht die einzigen, die keinen blassen Schimmer hätten; hinterher tun sie dann verblüfft, weil sie die Prüfung mit Leichtigkeit geschafft haben: „Ich hab 'ne Menge Glück gehabt. Das einzige, was ich gelernt hatte – . . .“ So oder ähnlich lauten die Erklärungen dieser Scheinheiligen.

d) Der Mogler

Dieses nichtswürdige Geschöpf können wir nicht ignorieren. Eltern, die ihr einen Mogler in die Welt gesetzt habt, wisset, daß euer Früchtchen gute Aussichten hat, es im Leben zu etwas zu bringen und reich, mächtig und geachtet zu werden.

Der Mogler verbringt die Zeit, die er dem Lernen widmen sollte, damit, in mikroskopisch kleiner Schrift den Inhalt seiner Schulbücher auf die verschiedensten Flächen zu übertragen: auf Manschetten, Hemdzipfel, Handflächen, Bauch und Papierfetzen, die man wie die Tauben eines Zauberkünstlers überall verstecken kann. Das alles bedeutet einen riesigen, aber nutzlosen Zeitaufwand, denn meistens hat der Mogler die Lösung der Prüfungsaufgabe so versteckt, daß er sich vor den Prüfern ausziehen müßte, um sie wiederzufinden.

Manchmal, nach vielen unfruchtbaren Versuchen, hat der Mogler doch noch Erfolg. Aber nur, weil er vor lauter Abschreiben schließlich den ganzen Unterrichtsstoff auswendig kann. Dann ist er kein Mogler mehr, und die Moral ist gerettet.

RENÉ GOSCINNY

Glossar:

das Versteckspiel: *hide and seek*

anvertrauen: *to confide*

die Aberglaube: *superstition*
abwenden: *to divert*

der blasse Schimmer: *the faintest notion*
verblüfft: *amazed, flabbergasted*

der Scheinheilige: *hypocrite*

der Mogler: *cheat*

geachtet: *respected*
widmen: *to devote*

der Hemdzipfel: *shirt tail*
die Taube: *dove*

Fragen zum Text

1. Wieso ist es klar, daß Sie gerade beim Pauken sind?
2. Welche Eigenschaften hat der „Olympier"?
3. Warum kommt das „Nervenbündel" nie zum Lernen?
4. Wie verplant sich das „Nervenbündel"?
5. Inwieweit ist das Schicksal dem „Nervenbündel" besonders ungnädig?
6. Wissen Sie, weshalb einige Kandidaten Versteck spielen?
7. Ist der Versteckspieler nach bestandener Prüfung wirklich verblüfft?
8. Warum hat der Mogler gute Aussichten, es im Leben weit zu bringen?
9. Warum bedeuten die Vorbereitungen des Moglers einen nützlichen Zeitaufwand?
10. Wieso ist die Moral gerettet?

Fragen zur Diskussion

1. Ist es zu empfehlen, am Tage vor der Prüfung mit der Arbeit aufzuhören?
2. Welche rein körperlichen Wirkungen haben Prüfungen auf Sie?
3. Was machen Sie am Morgen vor einer Prüfung?
4. Warum hat der Mogler in einer deutschen Schule bessere Aussichten auf Erfolg?
5. Was halten Sie von Examen? Sollten sie abgeschafft werden?

Exercises

I. TRANSLATE:

1. I am in a hurry to catch the train.
2. He was waiting for me to pick him up.
3. I will never get used to wearing long underpants.
4. She never misses an opportunity to criticise her daughters.
5. I have resigned myself to his working abroad for two years.
6. I will take care that the boy arrives on time.
7. They can never resist having just one more farewell drink.
8. I once experienced Fritz Meyer's handing in his homework on time.
9. I am not even considering spending the summer at home.
10. He has managed to get the team-manager as guest speaker.

2a. REWRITE THE FOLLOWING SENTENCES, CHANGING THE MODAL VERB, BUT RETAINING THE ORIGINAL MEANING:

1. Es könnte wohl die Wahrheit sein.
2. Der Aufsatz ist schon gut, nur müßte er etwas länger sein.
3. Kann ich das Buch mitnehmen?
4. Wie mag so etwas passiert sein?
5. Der Zug könnte Verspätung haben.

2b. REWRITE THE FOLLOWING SENTENCES AVOIDING THE PASSIVE:

1. Auf einmal wurde das Fenster geöffnet.
2. Es wird gesagt, daß bestimmte Chemikalien lebensgefährlich sind.
3. Mir wird dieses Bier bezahlt.
4. Die Bratwurst dieser Metzgerei wird empfohlen.
5. Dieses kleine Rätsel wird leicht erklärt.

3a. ERGÄNZEN SIE:

1. Ich bekomme zwei Pfund frisch– Bohnen.
2. Ich bin mit einer Menge nett– Leute zusammengetroffen.
3. Hast du jemand Wichtig– in London gesehen?
4. Von 3 Liter italienisch– Rotwein ist nicht sehr viel übriggeblieben.
5. Ich möchte eine Tasse schwarz– Kaffee und ein paar frischgebacken– Brötchen mit französisch– Honig und holländisch– Butter.

3b. ‚LANG' ODER ‚LANGE'?

1. Jetzt brennt das Licht vier Wochen – .
2. Er ist noch – kein Wunderkind.
3. Wie – bleibst du in Berlin?
4. Der Weg ist – und schwierig.
5. Bleib nicht – weg!

4. REWRITE THE FOLLOWING SENTENCES, USING IDIOMS ENCOUNTERED IN RECENT UNITS:

1. Ich bin gestern abend nicht mehr dazu gekommen, Tennis zu spielen.
2. Möchtest du noch etwas trinken?
3. Er ging traurig ins Bett.
4. Es macht mir nichts aus, ob du mitkommst oder hierbleibst.
5. Einer, der als Anstreicher ausgebildet ist, kann heutzutage eine Menge Geld verdienen.
6. Wenn du nicht bezahlst, wird dich der Kellner verprügeln.
7. Besteht die Möglichkeit, heute schwimmen zu gehen?
8. In Wirklichkeit ist seine Frau bei weitem nicht so schön wie auf jenem Bild.
9. Fritz hat schon wieder ein Fenster eingeschlagen – er ist wirklich ein Lausbub!
10. Wir waren gut gelaunt, als wir in den Urlaub abfuhren.

5. JOIN TOGETHER THE FOLLOWING SENTENCES USING A RELATIVE PRONOUN:

1. Ich kenne die Stadt nicht. Sie wollen morgen dahin fahren.
2. Siehst du den Jungen? Seine Mutter hat ihn verlassen.
3. Ich habe das Hotel photographiert. Wir haben unsere Hochzeit dort gefeiert.
4. Das sind die Kleinigkeiten. Man erkennt ein Meisterwerk an den Kleinigkeiten.
5. Dort drüben sind die Wälder. In den Wäldern findet man noch Wildschweine.
6. Er ist der Lehrer. Ich habe den Lehrer noch gut in der Erinnerung.
7. Wo ist die Kette? Ich kaufte dir die Kette als Geburtstagsgeschenk.
8. Die Schülerin ist es. Ihr Aufsatz kann nur als ausgezeichnet bezeichnet werden.
9. Letzte Woche sah ich einen Film. Ich wollte den Film schon lange sehen. Ich habe viel von dem Film gehört.
10. Kennst du die Straße? Du sollst zu der Straße hingehen.

Multiple-Choice Comprehension

1. Wem möchte der berühmte Mann vorgestellt werden?
   a) Der Gräfin Merenburg?
   b) Dem Grafen Altenwyl?
   c) Der spanischen Botschafterin?
   d) Der Dame in Grau?

2. Warum möchte der berühmte Mann auf besondere Weise vorgestellt werden?
   a) So werden Gelehrte normalerweise vorgestellt.
   b) Er ist ein bescheidener Mensch und hat es nicht gern, offiziell vorgestellt zu werden.
   c) Er glaubt, daß es in diesen Kreisen notwendig ist.
   d) Er möchte der Bewunderung und des Respekts der Dame schon im voraus sicher sein.

3. Warum wünscht die Gräfin Merenburg, nicht vorgestellt, sondern präsentiert zu werden?
   a) Sie will den berühmten Mann nicht kennenlernen.
   b) Sie kennt den berühmten Mann schon.
   c) Sie will damit zeigen, welchen Respekt sie vor ihm hat.
   d) Sie will damit zeigen, welchen Respekt er vor ihr haben sollte.

4. Warum erregt die Gräfin sein Erstaunen?
   a) Er ist überrascht, daß ihr seine anspruchsvollen Bücher so viel Vergnügen bereiten.
   b) Er ist überrascht, daß sie überhaupt lesen kann.
   c) Er hat es nicht gewußt, daß sie Fachgelehrte ist.
   d) Er ist überrascht, daß sie seine Bücher für leichte Lektüre hält.

5. Warum meint die Gräfin, daß Frauen tiefsinnige Bücher lesen sollten?
   a) Mit einem solchen Buch auf dem Nachtkastl schläft man besser ein.
   b) Nur so können sie eine akademische Bildung erlangen.
   c) Nur so können sich die Frauen geistig emanzipieren.
   d) Sie versetzen sich dadurch in eine höhere Sphäre.

6. Was hält der berühmte Mann von Brückners Buch?
   a) Das Buch hat ihn wohl interessiert, aber so profund fand er es nicht.
   b) Er möchte das grandiose Werk mal lesen.
   c) Es ist unter seiner Würde, so ein Buch zu lesen.
   d) Er gehört zu den Lobrednern des Buches.

7. Was haben die zwei Schriftsteller außer ihrem Namen gemeinsam?
   a) Den Leserkreis?
   b) Die Fachrichtung?
   c) Nichts?
   d) Dieselben Lobredner?

8. Was verstehen Sie unter einem „philologischen Feuilletonisten"?
   a) Einen Journalisten, der eine philologische Ausbildung genossen hat?
   b) Einen Lehrer, der romanische Sprachen unterrichtet?
   c) Die österreichische Bezeichung für einen Essayisten?
   d) Einen unseriösen Philologen, der eher als Journalist denn als Akademiker zu betrachten ist?

9. Hat der berühmte Mann vor, die Gräfin zu besuchen?
   a) Nein, er hat zu viel zu tun.
   b) Ja, er empfindet die Einladung als eine Ehre.
   c) Er möchte sie gern besuchen, weiß aber noch nicht wann.
   d) Nein, er muß jetzt in die Heugasse gehen.

10. Warum glaubt die Gräfin, daß der berühmte Mann ihre Frage beantworten kann?
    a) Er hat das Buch genau gelesen und hat darüber nachgedacht.
    b) Er wird in seiner berühmten Bibliothek nachgeschlagen haben.
    c) Er hat eine noch umfassendere Bildung als der Autor des Werkes.
    d) Er soll gesagt haben, daß er alle Fragen beantworten kann.

XVI Die Wirtschaft

Voraussetzung für ein Eigenheim ist die gesicherte Finanzierung . . .

. . . und eine gute Beziehung zu den Handwerkern.

Autoritäres Verhalten des Bauherrn verlängert die Bauzeit . . .

. . . und bringt auch sonstige Nachteile mit sich.

Der Bau eines Hauses bedeutet häufig genug Konsumverzicht . . .

. . . und die Einschränkung persönlicher Bedürfnisse.

Wer das Richtfest finanziell übersteht . . .

. . . der wird auch die Einweihungsparty überleben . . .

. . . und fortan unabhängig von hohen Mieten sein.

61 Die Verbraucher werden kritischer

Sommerschlußverkauf

Ein wachsendes Mißtrauen gegenüber dem Warenangebot, den Herstellern und ihrer Werbung haben zu einer Verbraucherbewegung geführt, die den Ruf nach dem Staat unüberhörbar macht. Diese in den Vereinigten Staaten zu beobachtende Entwicklung, dort mit dem Schlagwort „Consumerism" (erwachendes Verbraucherbewußtsein) gekennzeichnet, wird auch in der Bundesrepublik spürbar. Die Diskussion über dieses Thema stand im Mittelpunkt des Kongresses des Bundes Deutscher Werbeberater (BDW) in Berlin. An drei Tagen versuchten hier 400 Werbefachleute, die gesellschaftlichen Veränderungen in ihren Wirkungen auf die Unternehmen und die Werbebranche zu analysieren. Zu denken gab dabei am meisten die Schilderung der Entwicklungen in Amerika durch E. B. Weiss von der Werbeagentur Doyle, Dane Bernbach Inc. in New York. Nach Ansicht der Werbefachleute besteht die Gefahr, daß der Staat unter dem Druck der öffentlichen Meinung Maßnahmen ergreift, die über das vernünftige Maß hinausgehen. Aus diesem Grunde sollten – darüber war man sich in Berlin einig – die Werbebranche und die Unternehmen selbst dieses neue Verbraucherbewußtsein in Betracht ziehen.

Nach Weiss' Worten fühlen die Konsumenten in zunehmendem Maße,

das Warenangebot: *marketing of goods*

das Schlagwort: *catchword*

der Werbeberater: *advertising consultant*

die Werbebranche: *advertising sector*

daß die Unternehmen und die Werbung sich wenig um ihre Rechte und Ansprüche kümmern. Dies erklärte, wie Weiss sagte, in den Vereinigten Staaten die einige Millionen Mitglieder umfassende Verbraucherbewegung, die mit Demonstrationen, aber auch durch Gespräche ihrer Anführer mit der Legislative um ihre Rechte kämpft. Wie groß das Unbehagen geworden ist, zeige sich nicht zuletzt an einer „zynischen Einstellung" der Verbraucher gegenüber dem Marketing und der Werbung. Man sei skeptisch geworden gegenüber Sonderangeboten, Garantiebestimmungen, Rabattmarken und Werbekampagnen.

das Unbehagen: disquiet
zuletzt: (here) just, merely

die Rabattmarke: trading stamp

Inzwischen habe auch die amerikanische Legislative eine große Aktivität aufgrund des öffentlichen Unbehagens entfaltet, sagte Weiss. Es würden neue Gesetze zum Schutz der Verbraucher beschlossen, wie das über die Sicherheitsvorschriften im Automobilbau. Andere Vorlagen würden gegenwärtig diskutiert, nach denen unter anderem Arzneimittel von staatlichen Instituten geprüft werden sollen, langlebige Gebrauchsgüter ein Zeichen mit Angaben über ihre zu erwartende Lebensdauer tragen sollen, Anzeigen von zuckerhaltigen Lebensmitteln, Hinweise auf die Kariesgefahr tragen sollen, Fernsehwerbung soll nicht mehr innerhalb von Kinderprogrammen gezeigt werden dürfen. Die einzelnen Gesetzesvorlagen gehen teilweise so weit, daß sich die in Bonn diskutierten Reglementierungen, wie sie im Lebensmittelrecht vorgenommen werden sollen, beinahe wie Bagatellvorschriften ausnehmen, wurde in Berlin gesagt.

entfalten: to display

die Vorlage: proposal

die Kariesgefahr: danger of tooth decay

sich ausnehmen: to look, appear

Für die Unternehmer wie die Werbeleute könnte daraus nur die Konsequenz gezogen werden, so war sich Weiss mit den meisten Kongreßteilnehmern einig, den Verbraucher ernster zu nehmen, ihm keine Produkte mit Lobeshymnen anzubieten, die sich hinterher als übertrieben, wenn nicht sogar als falsch herausstellen. Einige amerikanische Unternehmen haben bereits einige Konsequenzen gezogen und würden einen Vorstandsposten für diese Probleme und die Herstellung von Beziehungen mit den Verbrauchern und ihren Verbänden einrichten. Weiss gab jedoch gleichzeitig den Rat, sich gegen ungerechtfertigte Vorwürfe aus Verbraucherkreisen oder aus deren Verbänden energisch zur Wehr zu setzen und notfalls auch nicht vor gerichtlichen Schritten zurückzuschrecken.

die Konsequenz: conclusion

der Vorstandsposten: executive position
die Beziehung: relation
einrichten: to establish, organise

FRANKFURTER ALLGEMEINE ZEITUNG

Grammar

I. ARTICLES *In some expressions of manner involving the preposition* in, *there is no article. Instead the adjective takes the strong declension:*

Die Konsumenten fühlen **in zunehmendem Maße**, daß . . .

Haben Sie sich **in positivem Sinne** für das Weiterstudium entschlossen?

Er kann nicht mehr **in gleichem Maße** trinken.

Er ist **in hohem Maße** zuverlässig.

2. PREPOSITIONS a) *Many of the less common prepositions which govern the genitive occur only in official or commercial language:*

Die Fahrt **einschließlich** der zwei Übernachtungen kostet 200 DM.

Some of the more common of these prepositions are found combined with von *and the dative. They are:*

aufgrund, anstelle, infolge, unweit, innerhalb, außerhalb

. . . eine große Aktivität, **aufgrund** des öffentlichen Unbehagens . . . *but*

Auf Grund von eingehenden Versuchen haben wir feststellen können . . .

Fernsehwerbung soll nicht **innerhalb von** Kinderprogrammen gezeigt werden dürfen . . .

b) *In most contexts* unter *is very close to the English 'under':*

. . . daß der Staat **unter** dem Druck der öffentlichen Meinung Maßnahmen ergreift, . . .

Unter diesen Umständen kann das Spiel nicht stattfinden.

But Ich will dir etwas **unter** vier Augen sagen. (*between the two of us*)

unter *can be used to mean 'among':*

Unter anderem sollen Arzneimittel geprüft werden.

Er saß **unter** den Zuschauern.

3. VERBS *In addition to its common meaning of 'ought to',* sollen *may also express intention, a promise or warning, a rumour or report or a mixture of these senses:*

Andere Vorlagen würden gegenwärtig diskutiert, nach denen unter anderem Arzneimittel von staatlichen Instituten geprüft werden **sollen**, langlebige Gebrauchsgüter ein Zeichen mit Angaben über ihre zu erwartende Lebensdauer tragen **sollen**, Größe und Art der Verpackungen reguliert werden **sollen**, Anzeigen von zuckerhaltigen Lebensmitteln, Hinweise auf die Kariesgefahr tragen **sollen** . . .

Er **soll** an Magenkrebs gestorben sein. (*said to have*)

Das neue Schwimmbad **soll** bald eröffnet werden.

Diese Rücksichtslosigkeit **sollst** du mir büßen.

Das kleine Mädchen **soll** auch einen Preis haben, obwohl es kein Wettrennen gewonnen hat.

4. WORD ORDER *Inversion occurs after an infinitive phrase or infinitive:*

Zu denken gab dabei am meisten die Schilderung durch E. B. Weiss.

Mit dir mitzufahren habe ich nie vorgehabt.

Hassen kann er nicht.

Fragen zum Text

1. Warum wächst das Mißtrauen der Verbraucher?
2. Was ist Consumerism?
3. Können Sie erklären, warum diese Bewegung in Amerika angefangen hat?
4. Erklären Sie mit einfachen Worten, was die Fachleute auf dem Kongreß zu analysieren versuchten!
5. Worin liegt die Gefahr nach Ansicht der Werbebranche?
6. Woher kommt die zynische Einstellung des Verbrauchers gegenüber Sonderangeboten und dengleichen?
7. Wie verhält sich die amerikanische Regierung?
8. Welche Konsequenz haben die Werbeleute gezogen?
9. Wie, glauben Sie, war die Stimmung auf dem Kongreß?
10. Glauben Sie, daß die Werbeberater auf dem Kongreß sich um die Rechte und Ansprüche der Verbraucher gekümmert haben?

Fragen zur Diskussion

1. Haben die Verbraucher recht, Mißtrauen gegenüber Warenangebot, Herstellern und ihrer Werbung zu haben? Wie sieht die Lage hierzulande aus?
2. Welchen Schwierigkeiten begegnet eine Regierung, die neue Handelsgesetze beschließen möchte?
3. Welche Konsequenzen würden Sie aufgrund des amerikanischen Berichts ziehen?

Aufsatz: Eine Reklame

Wie gut wären Sie als Werbeberater? Während der Sommerferien ist Ihre Schule leer. Dieses Jahr wird sie als Ferienheim gebraucht, und es ist Ihre Aufgabe, eine Reklame zu entwerfen. Sie dürfen nichts direkt Falsches schreiben, aber müssen Ihr Bestes tun, die Schule als idealen Ferienort darzustellen. Unter anderem könnten Sie folgendes erwähnen:

Internationale Küche, charaktervolles Gebäude, Gärten, Sportplatz, Tennisplätze, Kultur- und Nachtleben der Stadt, Bauten von geschichtlichem Interesse.

62 Eine größere Anschaffung

Eines Abends saß ich im Dorfwirtshaus vor (genauer gesagt, hinter) einem Glas Bier, als ein Mann gewöhnlichen Aussehens sich neben mich setzte und mich mit vertraulicher Stimme fragte, ob ich eine Lokomotive kaufen wolle. Nun ist es zwar ziemlich leicht, mir etwas zu verkaufen, denn ich kann schlecht nein sagen, aber bei einer größeren Anschaffung dieser Art schien mir doch Vorsicht am Platze. Obgleich ich wenig von Lokomotiven verstehe, erkundigte ich mich nach Typ und Bauart, um bei dem Mann den Anschein zu erwecken, als habe er es hier mit einem Experten zu tun, der nicht gewillt sei, die Katze im Sack zu kaufen, wie man so schön sagt. Er gab bereitwillig Auskunft und zeigte mir Ansichten, die die Lokomotive von vorn und von den Seiten darstellten. Sie sah gut aus, und ich bestellte sie, nachdem wir uns vorher über den Preis geeinigt hatten. Denn sie war bereits gebraucht, und obgleich Lokomotiven sich bekanntlich nur sehr langsam abnützen, war ich nicht gewillt, den Katalogpreis zu zahlen.

Schon in derselben Nacht wurde sie gebracht. Vielleicht hätte ich daraus entnehmen sollen, daß der Lieferung eine anrüchige Tat zugrunde lag, aber ich kam nun einmal nicht auf die Idee. Ins Haus konnte ich die Lokomotive nicht nehmen, es wäre zusammengebrochen, und so mußte sie in die Garage gebracht werden, ohnehin der angemessene Platz für Fahrzeuge. Natürlich ging sie nur halb hinein. Hoch genug war die Garage, denn ich hatte früher einmal meinen Fesselballon darin untergebracht, aber er war geplatzt. Für die Gartengeräte war immer noch Platz.

Bald darauf besuchte mich mein Vetter. Er ist ein Mensch, der, jeglicher Spekulation und Gefühlsäußerung abhold, nur die nackten Tatsachen gelten läßt. Nichts erstaunt ihn, er weiß alles, bevor man es ihm erzählt, weiß es besser und kann alles erklären. Kurz, ein unausstehlicher Mensch. Nach der Begrüßung fing ich an: „Diese herrlichen Herbstdüfte . . ." – „Welkendes Kartoffelkraut", sagte er. Fürs erste steckte ich es auf und schenkte mir von dem Kognak ein, den er mitgebracht hatte. Er schmeckte nach Seife, und ich gab dieser Empfindung Ausdruck. Er sagte, der Kognak habe, wie ich auf dem Etikett ersehen könne, auf den Weltausstellungen in Lüttich und Barcelona große Preise erhalten, sei daher gut. Nachdem wir schweigend mehrere Kognaks getrunken hatten, beschloß er, bei mir zu übernachten und ging den Wagen einstellen. Einige Minuten darauf kam er zurück und sagte mit leiser, leicht zitternder Stimme, daß in meiner Garage eine große Schnellzugslokomotive stünde. „Ich weiß", sagte ich ruhig und nippte von meinem Kognak, „ich habe sie mir vor kurzem angeschafft." Auf seine zaghafte Frage, ob ich öfters damit fahre, sagte ich nein, nicht oft, nur neulich nachts hätte ich eine benachbarte Bäuerin, die ein freudiges Ereignis erwartete, in die Stadt ins Krankenhaus gefahren. Sie hätte noch in derselben Nacht Zwillingen das Leben geschenkt, aber das habe wohl mit der nächtlichen Lokomotivfahrt nichts zu tun. Übrigens war das alles erlogen, aber bei solchen Gelegenheiten kann ich oft diesen Versuchungen nicht widerstehen. Ob er es geglaubt hat, weiß ich nicht, er nahm es schweigend zur Kenntnis, und es war offensichtlich, daß er

---

vertraulich: *confidential*

die Anschaffung: *purchase, acquisition*

der Anschein: *appearance, impression*

anrüchig: *disreputable*

ohnehin: *anyhow*
angemessen: *appropriate*

der Fesselballon: *captive balloon*
platzen: *to burst*
die Gartengeräte: *gardening tools*

abhold: *averse*

unausstehlich: *unbearable*

welken: *to wilt, rot*

das Etikett: *label*

einstellen: *to put away*

nippen: *to sip*

zaghaft: *timid*

die Zwillinge: *twins*

erlogen: *fabricated, untrue*
widerstehen: *to resist*

„Ist dort der Landwirtschaftsminister? Können Sie mir bitte sagen, wieviel Quadratmeter Wiese 5 Bauern in 2 Stunden abmähen?!"

sich bei mir nicht mehr wohl fühlte. Er wurde ganz einsilbig, trank noch ein Glas Kognak und verabschiedete sich. Ich habe ihn nicht mehr gesehen.

    Als kurz darauf die Meldung durch die Tageszeitungen ging, daß den französischen Staatsbahnen eine Lokomotive abhanden gekommen sei (sie sei eines Nachts vom Erdboden – genauer gesagt, vom Rangierbahnhof – verschwunden), wurde mir natürlich klar, daß ich das Opfer einer unlauteren Transaktion geworden war. Deshalb begegnete ich auch dem Verkäufer, als ich ihn kurz darauf im Dorfgasthaus sah, mit zurückhaltender Kühle. Bei dieser Gelegenheit wollte er mir einen Kran verkaufen, aber ich wollte mich in ein Geschäft mit ihm nicht mehr einlassen, und außerdem, was soll ich mit einem Kran?

WOLFGANG HILDESHEIMER

einsilbig: *monosyllabic*

die Meldung: *report*
abhanden: *missing, lost*
der Rangierbahnhof:
marshalling yard

unlauter: *shady*

der Kran: *crane*

Grammar

1. ADVERBS   darauf *is often used not only in its normal sense as 'on it' but also in the sense of 'thereupon'*:

Und **darauf** verließ sie das Zimmer.

It is even more commonly used in conjunction with another adverb of time:

Bald darauf besucht mich mein Vetter.

Einige Minuten darauf kam er zurück . . .

Kurz darauf ging die Meldung durch die Tageszeitung . . .

Als ich ihn **kurz darauf** im Dorfgasthaus sah . . .

Ein Jahr darauf starb er.

darauf *is occasionally used to denote 'behind something':*

Zuerst kam der Lastwagen, und **darauf** folgten die PKWs.

The compound daraufhin *means 'as a result of':*

Schneewittchen aß den giftigen Apfel, und **daraufhin** starb sie.

2. VERBS   *The meaning of some verbs is affected according to whether they are preceded by* sein *or* haben *as auxiliary:*

Ich sagte, neulich nachts **hätte** ich eine Bäuerin ins Krankenhaus **gefahren**. (*driven*)

Ich **bin** nach Bonn **gefahren**. (*travelled*)

Hast du Geld **bekommen**? (*received*)

Der Wein **ist** mir nicht **bekommen**. (*agreed with*)

Der Hund **hat** seinem Herrn **gefolgt**. (*obeyed*)

Der Polizist **ist** dem Verbrecher **gefolgt**. (*followed*)

3. VOCABULARY   *Care is needed in translating the English 'before':*

a) vorher, zuvor *and* vorhin *are adverbs:*

Nachdem wir uns **vorher** über den Preis geeinigt hatten, . . .

Im Jahre *zuvor* fuhren wir nach Rom.

vorhin *may be used only with reference to the past:*

Als ich ihn **vorhin** sah, war er noch gesund.

vorher *and* zuvor *may refer to future events:*

Morgen mittag fahren wir in Urlaub, aber **vorher** muß ich einkaufen.

b) vor *is a preposition used for time and place:*

Vor einigen Monaten besuchte ich meinen Freund.

Vor dem Bahnhof steht ein Bus.

Ich saß im Dorfwirtshaus **vor** einem Glas Bier.

c) bevor *and* ehe *are conjunctions:*

Er weiß alles, **bevor** man es ihm erzählt.

Es verliefen drei Tage, **ehe** wir das Hotel verlassen durften.

4. WORD ORDER   *Inversion occurs when* als ob *or* als wenn *are replaced by* als:

. . . um bei dem Mann den Anschein zu erwecken, **als habe er** es hier mit einem Experten zu tun.

Sie taten, **als könnten sie** nichts dafür.

Er sah aus, **als habe er** die ganze Nacht nicht geschlafen.

Note that the subjunctive is still needed.

Fragen zum Text

1. Warum schien dem Erzähler Vorsicht am Platze?
2. Was bedeutet der Ausdruck: „die Katze im Sack kaufen"?
3. Warum war die sofortige Lieferung der Lokomotive verdächtig?
4. Warum war die Garage so groß?
5. Was für ein Mensch war der Vetter?
6. Warum ist der Vetter für den Erzähler unausstehlich?
7. Wie reagierte der Vetter, als er die Lokomotive entdeckte?
8. Warum erfindet der Erzähler die Geschichte von der Nachtfahrt?
9. Warum kaufte der Erzähler den Kran nicht?
10. Was für ein Mensch ist der Erzähler?

Fragen zur Diskussion

1. Worin besteht der Humor der Geschichte?
2. Wie unterscheiden sich Erzähler und Vetter als Konsumenten?
3. Erklären Sie die Bedeutung des letzten Satzes der Geschichte: „. . . und außerdem, was soll ich mit einem Kran?"

Translate into German

I was sitting in our local one evening last week over a glass of wine and thinking of the work I should be doing in the garden, when an old friend of mine came in and sat down beside me. We had been to school together as boys but we hadn't met for some years; so there was plenty to talk about. George – that was my friend's name – told me that some years before he'd married a local girl and that they had managed to find a flat in the centre of our small town. Married life had suited him well and he had no complaints to make on that score, but living in a second floor flat in the town was a different matter altogether. He had been brought up on a farm, he said, and missed being able to work outside. If only he had just a small garden, he sighed. We discussed his problem and the pleasures of gardening and fresh air all evening, and as I ordered our fifth glass of wine a plan started to form in my mind. I had long been considering paying someone to help in the garden. Instead, I'd rent it to George and let him pay to do the work.

63 Die „Wegwerf-Wohnung"

Die „Wohnung auf Zeit"

In den letzten Jahren sind uns die Baukosten davongelaufen. Der Baupreisindex für Wohngebäude ist um das Dreifache gestiegen. Die Bürger, die heute einen Neubau beziehen, fühlen sich bei dieser Preisentwicklung geprellt. Der Ärger ist sogar ein doppelter: Neubauten kosten je Quadratmeter Wohnfläche nicht nur dreimal so viel wie vor 20 Jahren, sie veralten auch viel schneller.

prellen: *to swindle*

Die Baukosten müßten eigentlich auf kürzere Nutzungszeiten als die jetzt üblichen umgelegt werden. Noch vor wenigen Jahrzehnten konnte man für ein massives Wohngebäude eine Lebensdauer von 100 Jahren annehmen. Auch die heutigen Neubauten fallen in diesem Zeitraum nicht zusammen. Aber ihre Ausstattung wäre nach hundert Jahren trotz mehrfacher Erneuerung total veraltet, das Gebäude wäre unbrauchbar. Müssen wir aus dieser heute klar erkennbaren Entwicklung die Konsequenzen ziehen? Müssen wir die Nutzungsdauer unserer Wohnungen niedriger ansetzen und die Abschreibungsfristen drastisch reduzieren? Kommt damit die „Wegwerf-Wohnung", kommt die Wohnung, die als kurzlebiges Gebrauchsgut anzusehen ist? Schuld an diesen Sorgen trägt die immer komfortablere technische

die Nutzungszeit: *life-span*

annehmen: *to assume*
die Ausstattung: *fittings*

ansetzen: *to fix*
die Abschreibungsfrist: *time calculated for depreciation*
der Gebrauchsgut: *consumer commodity*

286

Ausstattung unserer Wohnungen. Heute übersteigt der Wert des Innenausbaues die Rohbaukosten, die früher den Löwenanteil der Gesamtkosten ausmachten. Und gerade dieser teuere Innenausbau übersteht oft noch nicht einmal 20 Jahre.

der Innenausbau: *interior fittings*
die Rohbaukosten: *cost of the main structure*

Aber wie kann man bei den Finanzierungsüberlegungen das schnelle Veralten von Wohngebäuden berücksichtigen? Zwei Wege stehen offen: Wir können Wohnungen auf eine begrenzte Lebensdauer bemessen und damit relativ niedrige Baupreise erzielen. Oder wir können Wohnungen aus „normalem", dauerhaftem Material, aber mit versetzbaren Trennwänden sowie austauschbaren Fassaden und Ausstattungselementen bauen.

erzielen: *to achieve*
versetzbar: *movable*
austauschbar: *interchangeable*

Im ersten Fall handelt es sich um die „Wohnung auf Zeit". Die verwendeten Materialien, vor allem die technische Ausstattung, brauchen einen Zeitraum von 15 bis 30 Jahren nicht zu überleben. Solche Zeiträume sind überschaubar, die technische Ausstattung braucht während dieser Nutzungsdauer nicht ausgetauscht zu werden. Wenn Heizung und Installation versagen, wird die Wohnung in die Müllverbrennung geschickt.

versagen: *to break down*
die Müllverbrennung: *incineration of refuse*
umgehen: *to evade, dodge*
der Befürworter: *advocate*

Solche Wohnungen sind preiswert, und man umgeht das Reparaturproblem. Und schließlich – so sagen die Befürworter – entsprechen solche mobilen Baumethoden der immer mobiler werdenden menschlichen Gesellschaft von morgen. – Ein Anwendungsgebiet eröffnet sich den „Häusern auf Zeit" schon heute: bei Ferienwohnungen und Pavillons.

Im zweiten Fall, bei veränderbarem Grundriß und austauschbaren Bauelementen, sprechen wir von der anpassungsfähigen Wohnung. Zumindest in gewissen Grenzen kann die Wohnung geänderten Lebensgewohnheiten folgen. Zudem lassen sich veraltete Innenausbauten, wie z.B. Heizung, Elektro- und Sanitärinstallation, aber auch ganze Fassaden, gegen neue Elemente austauschen. Die Tatsache, daß die Teile eines Wohngebäudes unterschiedliche Lebensdauer haben, wird auf diese Weise berücksichtigt. Nur die tragenden Teile sind für eine längere Lebensdauer ausgelegt. Es handelt sich also um dauerhafte Konstruktionen mit veränderlichem Inhalt.

der Grundriß: *ground plan*

ausgelegt: *designed*

Auch für diesen zweiten Lösungsweg gibt es Ansätze: So wurden Vorschläge für vielgeschossige Skelettkonstruktionen gemacht, in die leichte Wohngehäuse aus Kunststoff eingeschoben werden. Nach 15 oder 20 Jahren, wenn diese Gehäuse veraltet sind, werden sie herausgenommen und durch neue Container mit modernsten Ausstattungen ersetzt. Ein flexibler Grundriß bringt die Wohnung, die sich der Benutzer nach eigenen Vorstellungen einteilt. Er kann sich ändernden Wohnwünschen mit Hilfe von versetzbaren Wänden anpassen.

der Ansatz: *first step*
vielgeschossig: *multi-storey*

DIE WELT

Grammar

The translation of the English 'to change' often causes difficulty. The following is a summary of the more common possibilities:

ändern *indicates a general change, often a part of a whole:*

Die Wohnung kann **geänderten** Lebensgewohnheiten folgen.

Ich muß den Mantel (den Rock, das Kleid) **ändern.**

Das **ändert** nichts an der Sache.

ändern *is used reflexively to denote a change of nature or outlook:*

Nach seinen Kriegserfahrungen hat er sich sehr **geändert.**

It can refer to the weather, a state of affairs or changing times:

Das Wetter (die Lage) **ändert** sich.

sich verändern *can refer to a change of nature or appearance:*

Die Landschaft hat **sich** in den letzten Jahren **verändert.**

Du hast **dich** zu deinem Nachteil **verändert.**

Es handelt sich um Konstruktionen mit **veränderlichem** Inhalt.

umändern *and* abändern *are less common variants.* umändern *has the force of converting or turning one thing into another:*

Er hat die Garage in eine Werkstatt **umgeändert.**

abändern *refers to a small change, generally in a document or system:*

In Frankreich mußten die Politiker die Verfassung **abändern.**

tauschen *has the force of exchanging things, generally with a second person. The idea of equal exchange is even stronger in* austauschen:

Die zwei Kinder **tauschen** Briefmarken (Münzen).

Er **tauschte** das Fahrrad gegen einen Motorroller.

Innenausbauten lassen sich gegen neue Elemente **austauschen.**

austauschbare Bauelemente   **austauschbare** Fassaden

Wir nahmen an einem Schüler**austausch** teil.

Die Bekannten **tauschten** Ansichten (Grüße) **aus.**

eintauschen, vertauschen *and* umtauschen *are less common.* eintauschen *is very similar to* austauschen:

Ich würde gerne Amerika mit der deutschen Heimat **eintauschen.**

vertauschen (*like* verwechseln) *indicates a mistake or confusion:*

Sie haben ihre Mäntel **vertauscht.**

Ich **verwechsele** die Kinder immer.

umtauschen *is used for exchanging goods at a shop:*

Der Mantel hat einen Fleck. Ich **tausche** ihn sofort **um.**

wandeln *is rarely found today and when used is mostly reflexive:*

Die Mode **wandelt** sich schnell.

verwandeln *implies a radical and often sudden change:*

Als Gregor Samsa eines morgens ... erwachte, fand er sich ... zu einem ungeheuren Ungeziefer **verwandelt.**

Der Schnee hat den Garten in eine Zauberlandschaft **verwandelt.**

wechseln *has the force of changing one thing into another of the same kind. It is commonly used in connection with money:*

Mein Sohn mußte die Schule **wechseln.**

Der Mechaniker hat die Reifen **gewechselt.**

Ich habe nur einen Hundertmarkschein. Kannst du ihn **wechseln**?

An der Grenze **wechseln** wir Geld.

Fragen zum Text

1. Was ist ein Preisindex?
2. Warum fühlen sich die Bürger geprellt?
3. Warum veralten Neubauten heute schneller als vor 20 Jahren?
4. Aus welchem Grund sollten wir die Nutzungsdauer einer Wohnung niedriger ansetzen?
5. Was verstehen Sie unter „Wegwerf-Wohnung"?
6. Warum machten die Rohbaukosten vor 100 Jahren den Löwenanteil der Gesamtkosten aus?
7. Was verstehen Sie unter „normalem", dauerhaftem Material?
8. Meinen Sie, daß ein Zeitraum von 30 Jahren wirklich überschaubar ist? Wie sieht die Ausstattung eines Hauses aus, das 1947 gebaut wurde?
9. Welche Teile eines Wohngebäudes haben unterschiedliche Lebensdauer?
10. Welche Heizungssysteme lassen sich eventuell austauschen?

Fragen zur Diskussion

1. Ist es wünschenswert, daß sich fast jeder ein Einfamilienhaus kauft?
2. Welches sind die Vor- und Nachteile einer „Wegwerf-Wohnung"?
3. Glauben Sie, daß eine dauerhafte Konstruktion mit veränderlichem Inhalt praktisch wäre?

Aufsatz: Beschreiben Sie Ihr Wunschhaus!

1. Möchten Sie in der Stadt oder auf dem Lande wohnen?
2. Ziehen Sie ein Einfamilienhaus oder eine Wohnung vor?
3. Welche Vor- und Nachteile hat ein altes Haus?
4. Ist es noch sinnvoll, einen Garten zu haben? Wenn ja, wie groß sollte er sein?
5. Lohnt es sich heutzutage, ein Haus unterkellern zu lassen?
6. Was halten Sie von Wohnhochhäusern?
7. Welche Unterschiede gibt es zwischen Einfamilienhäusern in Deutschland und England?

Aufsatzplan

1. Abschnitt: Wo Sie wohnen möchten und wo nicht. Warum?
2. Abschnitt: Haus oder Wohnung? Wie groß?
3. Abschnitt: Wie soll das Haus bzw. die Wohnung aussehen? Garten, Keller, Balkon?
4. Abschnitt: Was wird in der Zukunft passieren? Wird es Einfamilienhäuser noch geben? Wird man sich ein Haus bzw. eine Wohnung leisten können?

64 Wenn die Waschmaschine streikt

Jahr für Jahr hat der Staubsauger seine Arbeit vollbracht. Nun hat er sein Wirken mit einem kläglichen Jaulen eingestellt. Einige Häuser weiter hat ein Kühlschrank mit schwappenden Pfützen in seinem Innern offenbart, daß er nicht mehr willens ist, die ihm zugedachte Funktion zu erfüllen. Woanders hat eine Waschmaschine mit dem Waschen, ein Geschirrspüler mit dem Spülen aufgehört, ein Kaffee-Automat streikt. In der Bundesrepublik sind, wie Experten versichern, ungefähr 400 Millionen Elektrogeräte tätig. Wenn nur ein Bruchteil zu derselben Zeit defekt wird, stehen die Kunden- und Reparaturdienste der Produzenten und Händler vor einer Aufgabe, deren Schwierigkeit kaum richtig abzuschätzen ist.

der Staubsauger: *vacuum cleaner*
das Jaulen: *howl*
schwappend: *splashing*
die Pfütze: *puddle*

der Bruchteil: *fraction*

der Händler: *dealer, retailer*
abschätzen: *to estimate*

Je mehr Konsumenten mit Maschinen umgehen, ein um so besseres Gefühl für die Technik sollten sie entwickeln. Und bei dem hohen Grade, in dem heute die Haushalte mechanisiert sind, müßten die Hausfrauen schon wahre Ingenieure geworden sein. Doch es ist gerade umgekehrt: der Umgang mit der Technik erzieht nicht zum technischen Denken, sondern zur Bequemlichkeit. Es gilt als selbstverständlich, daß alle Maschinen dem Knopfdruck gehorchen.

Immer stärker wird der Kundendienst ein Instrument im Wettbewerb. Das gilt für die Industrie, die mit großen eigenen Kundendienst-Netzen darum bemüht ist, zur Stelle zu sein, wenn es nötig wird. Das gilt aber auch für den Handel, seien es die Fachgeschäfte, die Warenhäuser oder die Versandhäuser. Gerade der Verbraucher, der bestimmte Artikel bei einem Versandhaus kauft, muß sich darauf verlassen können, daß der Kundendienst des Versandhauses zur Stelle ist, wenn er ihn braucht. Für den Kundendienst der Versandhäuser gehört es zu den selbstverständlichen Pflichten, nötigenfalls mit einem gecharterten Sportflugzeug auf eine Insel zu fliegen, um dort einen Fernsehapparat oder einen Herd zu reparieren.

der Wettbewerb: *competition*

das Versandhaus: *mail-order firm*

Die Industrie hat zum Teil ihre eigenen Kundendienste, zum Teil arbeitet sie auch eng mit dem Fachhandel zusammen. Bei großen Industriefirmen studieren in Schulungskursen sowohl die Leute aus dem eigenen Außendienst als auch Angestellte der Handelsfirmen die Technik neuer Geräte und ihre Wartung. Doch wenn Verbraucher sich über den Kundendienst beschweren, stehen weniger die Leistungen selbst als ihr Preis zur Diskussion. Ein besonderer Stein des Anstoßes sind die Wegekosten. Da hat eine gewisse Frau Schulze den Kundendienst angerufen. Der Kundendienstwagen hält vorm Nachbarhaus, in dem der Monteur für eine halbe Stunde verschwindet, um dort ein Gerät zu reparieren. Dann kommt der Monteur zu Frau Schulze, ohne das Fahrzeug auch nur einen Meter zu bewegen. Als es ans Zahlen geht, stellt Frau Schulze entrüstet fest, daß man ihr eine Anfahrtgebühr berechnet hat. Die gleiche Gebühr hat doch schon der Nachbar bezahlt, und zu ihrem Haus war doch überhaupt keine weitere Anfahrt nötig.

der Fachhandel: *specialised trade, dealers*

die Wartung: *care*

der Stein des Anstoßes: *bone of contention*

der Monteur: *fitter*

entrüstet: *enraged, irritated*

Die Reaktion ist verständlich. Aber die pauschale Anfahrtgebühr, die bei den meisten Firmen nach mehreren Zonen abgestuft ist, hat für die Kunden insgesamt mehr Vorteile als Nachteile. Individuell berechnete Anfahrtkosten müssen Zeit und Weg berücksichtigen. Für einen Kunden

abstufen: *to graduate, grade*

in der Lüneburger Heide, im Taunus oder im Hochsauerland würden Reparaturen auf dieser Basis schier unbezahlbar.

Auf diese Art und Weise leistet die eine Hälfte der Kunden Subventionen für die Leidensgenossen auf dem Lande.

die Subvention: *subsidy*

FRANKFURTER ALLGEMEINE ZEITUNG

Grammar

I. ARTICLES *It is always difficult to know whether an article is needed before German abstract nouns. The following guide may be useful:*

a) Nouns which name features and forms of human life are generally used with an article:

Sie haben ein besseres Gefühl für **die Technik**.

Die Industrie hat zum Teil ihre eigenen Kundendienste.

Die Zeit ändert uns alle.

Das gilt auch für **den Handel**.

Das Leben wird immer gefährlicher.

Die Gesellschaft muß Regeln und Gesetze haben.

b) Many non-abstract nouns used in a general way also need an article:

Die pauschale Anfahrtgebühr hat für **die Kunden** Vorteile.

Das gilt für **den Handel**, seien es **die Fachgeschäfte, die Warenhäuser** oder **die Versandhäuser**.

Die Löhne sind dieses Jahr nicht gestiegen.

c) In some expressions where an abstract noun is the essential completion of the sense of the verb, the article is omitted:

Hast du Glück (Pech) gehabt?

Ich brauche (suche) Arbeit.

Ich wollte uns nur Zeit sparen.

d) Abstract nouns designating human qualities and emotions are used with the definite article when used in a general sense:

Die Technik erzieht **zur Bequemlichkeit**.

Die Liebe ist eine Gabe Gottes.

Die Eitelkeit ist eine Schwäche unseres Zeitalters.

But Ich fühlte **Stolz** und **Treue**, als ich mitmarschierte.

Here the qualities are not being referred to as a generality.

e) When abstract nouns follow certain prepositions they take an article:

Der Kundendienst wird ein Instrument **im Wettbewerb**. ('in' + dat.)

Er arbeitete weiter **im Krieg** wie **im Frieden**.

. . . die Technik erzieht nicht **zum technischen Denken**, sondern **zur Bequemlichkeit**. (zu)

2. NOUNS *In modern German both* Meter *and* Liter *tend to be masculine, though they can be used as neuter nouns:*

. . . ohne das Fahrzeug nur einen Meter zu bewegen.

Ich brauche ein(en) Liter Öl.

3. VOCABULARY *There is sometimes confusion between* halb *and* die Hälfte. *A useful guide is:*

halb = 'half a' *and* die Hälfte = 'half the':

Der Monteur verschwindet für eine **halbe** Stunde.

Die eine Hälfte der Kunden leistet Subventionen.

'halb' may also be used adverbially:

Sie ist nur **halb** fertig.   Der Braten ist nur **halb** gar.

halb *is not declined in* in halb Europa, in halb England, *nor in the forms* anderthalb, eineinhalb, zweieinhalb.

Fragen zum Text

1. Welche Elektrogeräte haben Sie zu Hause?
2. Welches Gerät halten Sie für das wichtigste?
3. Wo findet man Kaffee-Automaten?
4. Wie arbeitet ein Versandhaus?
5. Warum muß der Kundendienst eines Versandhauses besonders leistungsfähig sein?
6. Was verstehen Sie unter einem „Sportflugzeug"?
7. Warum sind Schulungskurse für Angestellte der Handelsfirmen notwendig?
8. Warum war Frau Schulze verärgert?
9. Wie wird die Anfahrtgebühr berechnet?
10. Was haben die im Text erwähnten Gegenden gemeinsam?

Fragen zur Diskussion

1. Stimmt es, daß der Umgang mit der Technik nur zur Bequemlichkeit verführt?
2. Haben Sie unangenehme Erfahrungen mit unzureichendem Kundendienst gemacht?
3. Heute haben die meisten Familien Staubsauger, Waschmaschine, Kühlschrank usw. Welche heute noch nicht so verbreiteten Elektrogeräte werden für die Durchschnittsbürger im Jahre 2000 selbstverständlich sein?

Translate into German

A friend of mine was telling me of the experiences he has had while doing his job, – he works in the service department of a large firm which produces electrical appliances. He maintains that at least half of the emergency calls he receives are the result of a total ignorance of the basic principles of technology. He told me that I'd be amazed how many housewives (and their husbands for that matter) had no idea where they could turn off the water or electricity. And the number of people who can't resist poking a knife into electric toasters or grills to get out the last crumbs defies belief. He told me of one gentleman who had tried to run a very powerful electric motor from a light fitting. Of course, it had blown the fuses. He thereupon tried to put on new fuse-wire eighteen times before ringing for help. When my friend pointed out his mistake, he seemed very surprised that electric currents could come in different strengths.

XVII Gesetz und Kriminalität

12 „Ich habe gerade in einer Fleischerei zu tun. Soll ich
    noch etwas Aufschnitt zum Abendbrot mitbringen?"

65 Der Bürger ist heute sicherer als früher

Manche der Zuhörer, die am vergangenen Wochenende zu einer Arbeitstagung der Deutschen Kriminologischen Gesellschaft nach Frankfurt ins Zoo-Gesellschaftshaus gekommen waren, mochten dem Referenten des Statistischen Bundesamtes Wiesbaden auf Anhieb nicht recht glauben, als er zum Beispiel sagte, der Bundesbürger sei heute vor Angriffen auf sein Leben und seine Gesundheit „viel, viel sicherer", als man es eh und je in Deutschland gewesen sei. Diese für viele zunächst einmal verblüffende Erkenntnis leitete der bekannte Statistiker Alfred-Johannes Rangol aus einer Zahlentabelle ab, die er an sein Publikum verteilen ließ. Ihr war zu entnehmen, daß etwa „Angriffe auf Leben und Gesundheit" in den Jahren 1965 bis 1970 im Vergleich zu den entsprechenden fünfziger Jahren um etwa die Hälfte zurückgegangen seien. Dem entgegengesetzt ist freilich die Entwicklung der Gewaltkriminalität bei Bereicherungsdelikten. Die Raubquote hat sich während des genannten Zeitraums um etwa dreißig Prozent erhöht. Einschränkend muß allerdings gesagt werden, daß dieser Überblick über die Tötungs-, Körperverletzungs- und Raubkriminalität nur die männliche Bevölkerung im Alter zwischen achtzehn und fünfzig Jahren erfaßt. Damit, so meinte Rangol, habe man der Erkenntnis Rechnung getragen, daß solche Gewaltstraftaten in der Hauptsache von Männern dieses Alters begangen werden.

Die Zahlen in der vom Statistischen Bundesamt herausgegebenen Übersicht werfen ein Schlaglicht auf die Entwicklung der Gewaltkriminalität – wobei nur Delikte gemeint sind, bei denen gegen Personen Gewalt angewendet wurde – in den vergangenen hundert Jahren. So haben von jeweils hunderttausend Männern in den beiden letzten Jahrzehnten des vergangenen Jahrhunderts je drei, im Jahrzehnt vor Beginn des Ersten Weltkrieges vier, in den zwanziger und dreißiger Jahren zwischen den Kriegen jeweils fünf einen Raub begangen. Steil nach oben ging der Trend nach 1945. Im ersten Jahrzehnt wurden in der Bundesrepublik von jeweils hunderttausend Männern elf, in der zweiten Dekade gar vierzehn wegen Raubdelikten abgeurteilt. Die schon angeführte Steigerungsquote nach 1965 verdeutlicht, daß diese Tendenz sich verstärkt fortsetzt. Dagegen sind die schweren Körperverletzungen auf etwa ein Zehntel der Höhe abgesunken, die um die Jahrhundertwende registriert worden ist. Die Schwerstdelikte Mord und Totschlag zeigen hingegen bei geringfügigen Schwankungen über fast hundert Jahre hinweg eine auffallende Konstanz.

Hart angeprangert wurde von dem Redner auch, „daß in der Bundesrepublik einfach alles, was als angebliche Straftat angezeigt wird, den Umfang der Kriminalität bestimmt". So gesehen sei es kein Wunder, wenn die Bundesrepublik im Vergleich mit anderen Ländern in puncto Kriminalität am schlechtesten abschneide. In der DDR zum Beispiel wie überall sonst erfolge die Erfassung der Straftaten einheitlich zum Zeitpunkt des endgültigen Verfahrensabschlusses und nicht bereits mit der Anzeige bei der Polizei wie bei uns.

FRANKFURTER ALLGEMEINE ZEITUNG

---

die Arbeitstagung: *working session*

der Referent: *expert lecturer*
auf Anhieb: *right away*

die Gewaltkriminalität: *crimes of violence*
das Bereicherungsdelikt: *crime of gain*
die Raubquote: *number of robberies*
einschränkend: *in qualification*
die Raubkriminalität: *robbery*
erfassen: *to include*
Rechnung tragen: *to take into account*
begehen: *to commit*

ein Schlaglicht werfen: *to spotlight, show up*

aburteilen: *to sentence*
die Steigerungsquote: *rate of increase*

der Totschlag: *manslaughter*
die Schwankung: *variation*
auffallend: *striking, noticeable*

der Verfahrensabschluß: *verdict, end of case*

Grammar

<table>
<tr>
<td>1. IDIOMS</td>
<td>A few old words no longer found in current German remain in set expressions:
eh und je   hie und da</td>
</tr>
<tr>
<td>2. NOUNS</td>
<td>All fractions are neuter with the single exception of die Hälfte:
das Zehntel; das Viertel.</td>
</tr>
<tr>
<td>3. PARTICLES</td>
<td>The word gar is not only used as an adjective meaning 'cooked':
Das Fleisch ist jetzt gar.
and as an adverb meaning 'at all':
Ich habe gar nichts gekauft.
but also as a strengthening particle:
In der zweiten Dekade wurden gar (sogar) vierzehn abgeurteilt.
Ich habe Schokolade gar (allzu) so gern.
Kaufst du einen Opel, oder gar (etwa) einen Mercedes?
Note the idiom ganz und gar (completely):
Das Kind ist ganz und gar verwöhnt.</td>
</tr>
</table>

4. PREPOSITIONS

bei *is used in the following senses:*

a) *Its literal sense of 'at the home of', 'with':*

Er beschloß **bei** mir zu übernachten.

Ich habe keinen Schlüssel **bei** mir.

Derived from the literal sense is this usage:

. . . und nicht bereits mit der Anzeige **bei** der Polizei wie bei uns.

. . . um **bei** dem Mann den Anschein zu erwecken . . .

Sein Fleiß hat ihm **bei** den Deutschen sehr geholfen.

Du sollst dich **beim** Klassenlehrer entschuldigen.

b) *'on the occasion of', 'at':*

. . . die Entwicklung der Gewaltkriminalität **bei** Bereicherungsdelikten.

Bei dieser Gelegenheit wollte er mir einen Kran verkaufen.

Sie hilft ihrer Mutter **beim** Kochen.

Er arbeitet **bei** Tag und schläft **bei** Nacht.

c) *'in view of', 'with':*

bei geringfügigen Schwankungen

Bei einer Anschaffung dieser Art schien mir Vorsicht am Platze.

Bei diesen Preisen kann ich es mir nicht leisten, etwas zu essen.

d) *'for all', 'despite':*

Ich kann es **beim** besten Willen nicht essen.

Bei all seiner Intelligenz bekommt er keinen guten Posten.

5. VERBS

a) mögen *is sometimes used in the sense of 'to be able to':*

Manche der Zuhörer **mochten** dem Referenten nicht recht glauben.

Wie **mag** so etwas geschehen sein?

b) weg *can be compounded with* hin *to form a separable prefix:*

Mord und Totschlag zeigen über fast hundert Jahre **hinweg** eine Konstanz.

Der Chef sah über die Verspätung **hinweg**.

Fragen zum Text

1. Warum mochten die Zuhörer dem Referenten nicht recht glauben?
2. Was verstehen Sie unter „Angriffe auf Leben und Gesundheit"?
3. Hätten Sie diese Erkenntnis auf Anhieb akzeptiert? Wenn nicht, warum?
4. Welche Zahlen in der Tabelle hat der Referent gebraucht?
5. Warum wird betont, daß man unter Gewaltkriminalität nur Delikte versteht, bei denen gegen Personen Gewalt angewendet wird?
6. Warum ging in den Nachkriegsjahren der Trend steil nach oben?
7. Gibt es heutzutage mehr Morde als vor 100 Jahren?
8. Was empfindet der Referent als problematisch in der deutschen Kriminalitätsstatistik?
9. Warum ist der Referent dafür, daß eine Änderung eingeführt werden sollte?
10. Welche Leute würden in eine kriminologische Gesellschaft eintreten?

Fragen zur Diskussion

1. Nennen Sie einige Bereiche, in denen die moderne Statistik eine Rolle spielt!
2. Welche Möglichkeiten hat die Gesellschaft, eine ansteigende Gewaltkriminalität zu verhindern?
3. Was halten Sie von der Todesstrafe?

Translate into German

Statistical tables are notoriously unreliable – a fact which never ceases to dismay those of us who were brought up to believe in the omnipotence of mathematics, computers and such like. It does not seem to be the case that all statisticians are inveterate liars, the tools of manipulating capitalists or the helpers of conniving politicians. It is just that measuring human activities is rather more difficult than dealing with lengths of cloth or bags of flour. The Germans, for example, have published crime statistics, which, in comparison to those published by most of the neighbouring states, are very unfavourable. This does not mean, however, that every twentieth German has committed a robbery and only every fiftieth Frenchman. It simply means that the two countries use different methods of compiling their statistics.

66 Ein moderner Robin Hood

Vor dem Richter liegt das Handwerkzeug des Angeklagten: Taschen-
lampe, Seile, Säge und Bohrer, gefälschtes Nummernschild und
Echthaar-Perücken, eine Papiernase mit Schnurrbart, mehrere schwarze
Gesichtstücher – neun Pistolen und drei abgesägte Gewehre. „Sind Sie
nun ein gefährlicher Mann oder nicht?", will der Richter angesichts des
Waffenarsenals vom Angeklagten wissen, der mit zwei Komplicen im
Straßburger Schwurgerichtssaal von rund 50 Polizisten bewacht wird.
„Aber Herr Richter," wehrt sich der Angeklagte, „wenn man ein Auto
besitzt, muß man noch lange nicht Leute damit überfahren, wie man
doch auch nicht abdrückt, nur weil man eine Waffe bei sich trägt."

Die Logik des Angeklagten befriedigt den Richter wenig. Er beschuldigt Simon Schneider, der mit gepflegtem Backenbart, Kurzhaar-
frisur und braunem Blazer zum frischen gelben Hemd eher wie ein
nervöser Junglehrer als ein Verbrecher wirkt, des mehrfachen Auto- und
Warendiebstahls mit bewaffnetem Widerstand gegen die Polizei, des
Gefängnisausbruches und des Warenhauseinbruches. Bei einem miß-
glückten Versuch, den flüchtigen Dieb in einem Wohnwagen fest-
zunehmen, soll Simon Schneider auf seine uniformierten Verfolger
geschossen haben, was er – wie auch alle übrigen Vorwürfe der Anklage –
strikt leugnet. Nur seinen Ausbruch aus dem Straßburger Gefängnis, an
dem selbst der Richter das „Meisterwerk des zersägten Kerkergitters"
bewundert, gesteht Simon Schneider. Was seine Gemeingefährlichkeit
betrifft, so gibt es in der Laufbahn des 26jährigen Ganoven (rund 300
Einbrüche und Diebstahlsdelikte gehen auf sein Konto, für die er sich
insgesamt zwölf Jahre Gefängnisstrafe einhandelte) nur zwei Verletzte.

Dem raffinierten Gangster war es sogar gelungen, eine Zeitlang ein
Waffenstillstandsabkommen mit der Polizei zu schließen. Dieses
Gentlemen-Agreement, bei einem Zusammentreffen kein Feuer zu
eröffnen, habe, so behaupten nun beide, die andere Seite gebrochen.

Es sind unzählige Schnippchen, die Simon Schneider der Polizei in
den letzten Jahren geschlagen hat und die ihn in den Augen der Bevölkerung fast zum elsässischen Volkshelden gemacht haben. In Straßburg
spielen die Kinder heute nicht mehr Räuber und Gendarm, sondern ein
Versteckspiel, das sie „Simon Schneider" nennen. Für die Straßburger
Bürger ist er eine Mischung aus Till Eulenspiegel und Robin Hood –
beliebt durch seine Narrenspiele, die er jahrelang mit den staatlichen
Ordnungshütern getrieben hat, und durch sein gutes Herz. So hat der
großzügige Ganove einen gestohlenen Wagen anstandslos zurückgegeben
– sogar gewaschen und vollgetankt –, als er erfuhr, daß der Wagen-
besitzer, ein Familienvater, damit am nächsten Tag in den Urlaub fahren
wollte. Als Kavalier am gestohlenen Steuer benahm sich Simon
Schneider gegenüber Damen, die ihren Autoschlüssel verloren hatten:
Der Einbruchskünstler half mit einer Nagelfeile aus.

Die Polizei pflegte der Gentleman-Gangster weniger nobel zu behandeln: er belauschte ihre Einsätze gegen ihn über Funk und entkam
regelmäßig.

Einmal glaubte die Straßburger Polizei, den Räuber in einem Haus
fassen zu können, das sie umstellt hatte. Ein Passant erkundigte sich nach

der Angeklagte: *accused*
die Säge: *saw*
der Bohrer: *drill*
die Perücke: *wig*

abdrücken: *to pull the trigger*

leugnen: *to deny*

gestehen: *to admit to*
der Ganove: *rogue*
das Konto: *account*
einhandeln: *to barter, buy*

das Waffenstillstandsabkommen:
cease-fire, armistice

ein Schnippchen schlagen: *to
play a trick*

das Narrenspiel: *prank*

anstandslos: *unhesitatingly*

die Nagelfeile: *nail-file*

der Einsatz: *initiative*

der Fahndungsaktion. „Hauen Sie ab", riet ihm ein Gendarm. „Es handelt sich um einen gefährlichen Verbrecher." Der Passant verschwand prompt – er war Schneider.

Als ein Streifenwagen in den engen Gassen der Straßburger Altstadt der Spur des Gauners folgte, forderte ein erregter Automobilist mit Lichthupe Durchlaß. Die Polizisten gaben ihm den Weg frei – Es war Schneider.

Kurz vor seiner vorletzten Festnahme fanden Polizisten Simon Schneider mit seinem Zigeuner-Kumpan in einem Wohnwagen. Sie klopften an der Tür. Schneider öffnete, zwang die überraschten Beamten mit vorgehaltener Pistole, sich auf den Boden zu werfen und verschwand. Zwei Liebesgefährtinnen trösteten die Uniformierten mit Küßchen und Umarmungen, aus denen sie sich erst befreien konnten, als Schneider und sein Freund über alle Berge waren. Eine Verfolgungsfahrt war nicht möglich, da die Polizisten bei dem erzwungenen Erdaufenthalt die Autoschlüssel verloren hatten.

Für die Soziologen ist Simon Schneider ein Milieugeschädigter. „Seine Intelligenz, sein Charme, sein Humor hätten ihm ebensogut auf den Weg einer ehrenvollen Karriere verhelfen können, aber seit seiner Geburt bewegte er sich am Abgrund der Gesellschaft", meinte Professor Dolle von der Soziologischen Fakultät der Straßburger Universität. Simon Schneider: „Mein Vater saß im Gefängnis, mein Großvater auch schon, ich selbst insgesamt fünfmal. Das liegt einfach in der Familie,

die Fahndung: *search*

der Streifenwagen: *patrol car*

die Lichthupe: *flashing of headlamps*

der Abgrund: (*here*) *the edge*

299

und meinem Sohn wird es nicht besser ergehen." Von seinen elf Brüdern sitzen zur Zeit vier ein.

Mit sieben Jahren begann Schneider, Fahrräder zu stehlen, bald waren Autos seine Beute, die er als „Arbeitsgerät" für seine Einbrüche betrachtete. Er mußte sie des öfteren wechseln, um nicht von der Polizei erwischt zu werden. Dabei wurde bald aktenkundig, daß er für Stadtfahrten Austin-Minicars bevorzugte, für Überlandreisen schnelle Wagen der Marken BMW, Mercedes oder Triumph.

aktenkundig: on the files

Eine seiner Lieblingsmarken wurde im Herbst vor einer Straßburger Villa gesichtet. 60 Polizisten umstellten im Morgengrauen das Haus. Aber so leicht kapitulierte er nicht. Schneider informierte erst über Telefon die Presse, um sich „in den Schutz der Öffentlichkeit" zu stellen. Dem Staatsanwalt stellte er seine Bedingungen für seine Kapitulation: Schneider handelte eine Spezialbehandlung für den Gefängnisaufenthalt aus: Besuchszeiten nicht nur für Verwandte, sondern auch für Freundinnen, generösen Briefverkehr und Empfang von Geschenkpaketen. Nach fünf Stunden ergab er sich – frisch rasiert und gebadet.

Aber der freiheitsliebende Gesetzesbrecher hielt es nicht lange hinter Gefängnismauern aus. Nach knapp fünf Monaten besorgte er sich eine Metallsäge, fand einen ebenfalls gefängnismüden Bettgenossen und damit genügend Laken, an denen er sich abseilen konnte. Simon Schneider genoß drei Wochen Freiheit, die er sich wieder mit Luxusautos und Mädchen verschönerte. Am 3. März wurde er bei einer Siesta in den Armen einer Stadtprostituierten dingfest gemacht. Eine seiner eifersüchtigen Geliebten soll ihn verraten haben.

das Laken: sheet
sich abseilen: to come down on a rope

dingfest machen: to apprehend
eifersüchtig: jealous
verraten: to betray

Im Gerichtssaal aber sind alle seine Damen wie zu einem Familientreffen versammelt. Der Richter verliest das Urteil: Zwei Jahre Gefängnis plus der fünf Jahre, zu denen Schneider schon früher verurteilt worden war.

SÜDDEUTSCHE ZEITUNG

Grammar

I. ADVERBS

a) noch lange *and* noch längst *preceding a negative are interchangeable:*
Man muß **noch lange** (noch längst) nicht Leute damit überfahren.
   Sie ist **noch lange** nicht so alt, daß sie heiraten darf.
   Er ist **noch längst** kein Wunderkind.
b) des öfteren *is an uncommon form of* öfter, *the comparative of* oft:
   Er mußte sie **des öfteren** (häufig, öfters) wechseln.

2. VERBS

A number of verbs in current use still govern the genitive. In the spoken language an alternative construction is generally used:
jemanden eines Verbrechens beschuldigen (anklagen)
bedürfen (*to need, require*)
jemanden seines Gelds berauben
gedenken (*recall*)
jemanden einer Sache versichern (*assure someone of something*)
sich jemandes/einer Sache annehmen (*take an interest in*)
sich jemandes/einer Sache erinnern/entsinnen (*recollect, remember*)
sich jemandes/einer Sache schämen

Er **beschuldigt** Simon Schneider des mehrfachen Auto- und Warendiebstahls.
Er **bedarf** der Ruhe.
Wir **gedenken** deiner Kindheit.
Ich **erinnere** mich deiner. (*more common:* an dich)
Schämst du dich meiner? (für mich)
Wir haben uns seiner **angenommen**.
Ich bin krank. – Ich **bedarf** eines Arztes. (brauche einen Arzt)
Du bist meiner Freundschaft immer **versichert**.

3. VOCABULARY

helfen *is the word most used to render 'to help'. There are, however, two alternatives:*
a) aushelfen *signifies 'to give a hand', 'to help out during temporary difficulties'.*
Der Einbruchskünstler **half** mit einer Nagelfeile **aus**.
Kannst du mir mit 10 DM **aushelfen**?
Wir müssen bei der Ernte **aushelfen**.
b) verhelfen *has the sense of helping to get or attain something:*
Seine Intelligenz, sein Charme, sein Humor hätten ihm ebensogut auf den Weg einer ehrenvollen Karriere **verhelfen** können.
Mein Onkel hat mir zu dieser Stelle **verholfen**.
Der Rechtsanwalt hat meinem Vetter zu seinem Eigentum **verholfen**.

4. WORD ORDER

In an infinitive phrase the reflexive pronoun comes first:
Er zwang die Beamten, **sich** auf den Boden zu werfen.
Schneider informierte die Presse, um **sich** „in den Schutz der Öffentlichkeit" zu stellen.
Er hat es dem Sportlehrer versprochen, **sich** bei dem Spiel anzustrengen.

Fragen zum Text

1. Welche Delikte konnte man mit dem Handwerkzeug des Angeklagten verüben?
2. Befriedigt Sie die Logik des Angeklagten?
3. Wer war Till Eulenspiegel?
4. Warum war Schneider allgemein beliebt?
5. Wie erklärt Schneider seine verbrecherische Veranlagung?
6. Was bedeutet der Ausdruck „Schutz der Öffentlichkeit"?
7. Beschreiben Sie Schneiders Lebensstil!
8. Welche Eigenschaften haben ihn zu einem erfolgreichen Verbrecher werden lassen?
9. Für welche Berufe wäre Schneider gut geeignet gewesen?
10. Ist ein Leben, wie es Schneider geführt hat, so attraktiv, wie es in diesem Artikel dargestellt wird? Wenn nicht, warum?

Fragen zur Diskussion

1. Warum hat es immer solche Volkshelden wie Robin Hood gegeben? Ist Schneider mit ihnen vergleichbar?
2. Inwieweit sind die unrealistischen Darstellungen der Kriminalität in Funk, Film und Fernsehen für die öffentliche Moral schädlich?
3. Welche Rolle spielte die Polizei in Schneiders Laufbahn? Wie beurteilen Sie sie?

Aufsatz: Beschreiben Sie einen Tag im Leben eines glücklosen Verbrechers.

1. Welche Wirkung hat es auf einen Menschen, wie ein Tier gejagt zu werden?
2. Wie wirkt sich eine verbrecherische Laufbahn auf das Familienleben aus?
3. Welchen Schwierigkeiten begegnet ein Vorbestrafter bei dem Versuch, in der Gesellschaft wieder Fuß zu fassen?
4. Welche Emotionen bewegen den Verbrecher bei seiner „Arbeit"?
5. Wie wird eine Verhaftung vorgenommen?
6. Wie sieht ein glückloser Verbrecher aus?
7. Welche Verbrechen wird er normalerweise verüben?

Aufsatzplan

1. Abschnitt: Wie es zu Hause zugeht. – Familie und Ehe – Finanzielle Lage – Arbeitsmöglichkeiten.
2. Abschnitt: Planung eines Verbrechens. – Welche Art von Verbrechen?
3. Abschnitt: Bei der „Arbeit". – Arbeitsmethode und Emotionen.
4. Abschnitt: Die Verhaftung.

OHNE WORTE

Umstrittene Eingriffe an amerikanischen Strafgefangenen

Offenbar die ersten Operationen zur Kontrollierung gewalttätigen Verhaltens bei Gefangenen sind schon im Jahre 1968 mit unklarem Erfolg an drei Insassen einer kalifornischen Strafanstalt vorgenommen worden, die von den Behörden als hirngeschädigt bezeichnet wurden. Bei diesen Eingriffen handelte es sich um die Zerstörung genau umschriebener Hirngebiete bei geschlossenem Schädel.

der Eingriff: *operation*
umschrieben: *localised*
der Schädel: *skull*

Auf Grund dieser drei Operationen hatte die kalifornische Strafvollzugsbehörde ein erweitertes Programm für solche Eingriffe bei Häftlingen vorgeschlagen, deren Aggressionsanfälle als organisch angesehen werden. Dieses Programm hatte erhebliches Aufsehen erregt, weil eine Zustimmung der Betroffenen nicht für erforderlich gehalten wurde.

die Zustimmung: *consent*

Erst kürzlich wurde bekannt, daß schon vor vier Jahren die ersten derartigen Operationen ausgeführt worden waren, angeblich mit Erlaubnis der Insassen, in ihren lichten Momenten gegeben, oder der ihrer Familien. Operateur war der Neurochirurg Dr. Martin Overton, und zu ihrer Überwachung wurde Prof. Robert Heimburger hinzugezogen, der als einer der ersten diese Art von Operation ausgeführt hat.

die Überwachung: *supervision*
hinzuziehen: *to call in (a second medical opinion)*

Die Wirkungen dieses Eingriffs sollen einer Frontal-Lobotomie ähnlich sein, d.h. aggressives Verhalten wird durch eine Abstumpfung der Sinne gemildert. Doch wird zugunsten der Amygdalotomie geltend

die Abstumpfung: *blunting, dulling*

gemacht, daß sie nicht zu einem Nachlassen der Intelligenz führt. Hinsichtlich der Funktion des Amygdaloideums besteht noch keine völlige Klarheit; sie dürfte aber die Hormonausschüttung der Nebennieren kontrollieren und infolgedessen einen Einfluß auf das Seelenleben ausüben. Ist seine Funktion gestört, sind plötzliche Anfälle von ungewöhnlicher Gewalttätigkeit eines der Symptome.

Prof. Heimburger hat schon vor fast sechs Jahren eine Besserung bei 23 von 25 aggressiven Patienten festgestellt, denen ein Teil des Gehirns durch Einführung einer Elektrode und mittels Krychirurgie (Kälteeingriff) oder Kauterisierung entfernt wurde.

Aber Heimburgers Erfolgsbericht wird nicht von allen seinen Kollegen geteilt – und ist, zumindest nach den Ergebnissen bei den kalifornischen Häftlingen, kaum gerechtfertigt. Von den drei operierten Häftlingen war einer zwar so gebessert, daß er auf Bewährungsfrist entlassen werden konnte, wurde dann aber wieder rückfällig und sah binnen eines Jahres einer erneuten Verurteilung wegen Raubes entgegen. Der zweite, bei dem sich keine dramatische Besserung einstellte, konnte immerhin in ein weniger scharf bewachtes Gefängnis überführt werden. Keinerlei Besserung war beim dritten Häftling nach der bei ihm vorgenommenen Amygdalotomie festzustellen, dennoch wurde auch er schließlich unter Bewährungsfrist freigelassen.

Der rückfällig gewordene Häftling wurde von einem Anwalt über seine Erfahrungen befragt und sagte, er sei von seiner Besserung unmittelbar nach der Operation sehr beeindruckt gewesen, er habe aber später unter einem Aussetzen des Gedächtnisses gelitten, das oft bis zu vier Tagen anhielt. Er glaubt, daß seine früheren Verhaltensformen wieder zurückkehren, und möchte sich gerne nochmals operieren lassen. Er hat wenig Geduld, streitet sich viel und befürchtet, allmählich die Kontrolle über seine Emotionen zu verlieren. Überdies ist er von Kopfschmerzen im Bereich des rechten Auges und von vorübergehender Empfindungslosigkeit der Gliedmaßen geplagt.

Im Augenblick sind offenbar keine weiteren Hirnoperationen zur Verminderung der Aggressionslust bei Häftlingen geplant. Mit dem Bekanntwerden des Projekts in der Öffentlichkeit haben fast alle Beteiligten einen Rückzug angetreten, um sich nicht dem Vorwurf der Manipulation von Sträflingen auszusetzen.

DIE WELT

---

das Nachlassen: *weakening*

die Ausschüttung: *secretion, pouring out*
die Nebenniere: *adrenal gland*

die Bewährungsfrist: *probation*

der Anwalt: *lawyer*
unmittelbar: *immediately*

das Aussetzen: *lapse*

die Empfindungslosigkeit: *numbness*
die Gliedmaßen: *limbs*

sich aussetzen: *to expose oneself, lay oneself open to*

Grammar

I. ADJECTIVES   *The inflection of the possessive adjective is unaffected when preceded by* all(er), dieser *or* jener *:*

Sein Erfolgsbericht wird nicht von allen seinen Kollegen geteilt.

Alle meine Freunde fahren mit.

Bei diesem meinem Freund bleibe ich immer gern.

Die Töchter all(er) jener Herren sind in meiner Klasse.

2. ADVERBS   *The adverb* zwar *is used in two constructions:*

a) *When used with* aber *it introduces a statement which is then limited or modified:*

Einer war **zwar** so gebessert, daß er auf Bewährungsfrist entlassen werden konnte, wurde **aber** wieder rückfällig.

Heute war ich **zwar** in der Stadt, sah den Unfall **aber** nicht.

b) *When used with* und *it introduces more exact information to a statement:*

Meine Mutter kommt doch, **und zwar** am folgenden Mittwoch.

Schwimmen kann er schon, **und zwar** sehr gut.

3. VOCABULARY   *In most technical fields German has 2 sets of terminology, one based on Latin roots, the other on German roots. In popular journalism it is often felt necessary to ensure understanding by including the German as well as the Latin-rooted word:*

Operation   – Eingriff

Krychirurgie – Kälteeingriff

Aggressivität – Gewalttätigkeit

School subjects sometimes have 2 names, the German generally being used at elementary school, the Latin one at Grammar school:

Geographie – Erdkunde

Geometrie   – Raumlehre

Soziologie   – Gesellschaftslehre

Arithmetik   – Rechnen

Likewise with grammatical terminology:

Adjektiv   – Eigenschaftswort

Adverb   – Umstandswort

Substantiv – Hauptwort

Verb(um)   – Zeitwort

4. WORD ORDER   *When the subject of a sentence is limited by a word such as* auch, sogar *or* selbst, *the word order is affected.*

In inverted sentences it comes between subject and verb:

. . . dennoch wurde **auch** er freigelassen.

Letzte Woche war **selbst** der Chef krank.

Gestern ging **sogar** ich schwimmen.

When starting a sentence, these words do not cause inversion:

Auch du darfst ausgehen.

Selbst der König war erschrocken.

Sogar er war überrascht.

Fragen zum Text

1. Warum wurden die drei Häftlinge als „hirngeschädigt" bezeichnet?
2. Warum versprechen sich die Behörden Erfolg bei diesen Eingriffen?
3. Wie wurden die Hirngebiete zerstört?
4. Was bedeutet der Ausdruck „in ihren lichten Momenten"?
5. Wie wird das Verhalten durch eine Frontal-Lobotomie geändert?
6. Warum wird Heimburgers Bericht von manchen seiner Kollegen nicht recht geglaubt?
7. Erfuhren die drei operierten Häftlinge eine dramatische Besserung?
8. Warum möchte sich der rückfällig gewordene Häftling wieder operieren lassen?
9. Welche Gefahren entstehen, wenn man an Empfindungslosigkeit der Gliedmaßen leidet?
10. Warum sind keine weiteren Hirnoperationen geplant?

Fragen zur Diskussion

1. Sollten sich Häftlinge eine Bewährungsfrist erkaufen können, indem sie ihren Körper für experimentelle Zwecke zur Verfügung stellen?
2. Glauben Sie, daß Tobsuchtsanfälle als organisch bedingt angesehen werden können?
3. Wie stehen Sie zu medizinischen Experimenten an Tieren?

Translate into German

Hausmann opened his eyes slowly and cautiously. His head was aching horribly. Even the dim light which filtered into the room through the closed curtains was acutely painful to him. A thought struck him. Curtains? Since when did they put curtains in a prison cell? For a few moments this question possessed his attention so completely that he even forgot the pain. Then slowly the details of the interview with the prison doctor returned to him. His tendency towards violence was not so much a psychological as a physical complaint. There was a new operation. If he volunteered, the conditions of his imprisonment might be relaxed. There was even a possibility of probation – but no promises of course. If only the pain behind his right eye would stop, he would have been happier about his decision to participate in the experiment.

68 Schwerer Neubeginn nach der Haft

Landesstrafanstalt Bruchsal

Einmal im Monat lädt Arbeitsamts-Gruppenleiter Hans Herre Gefangene in Stadelheim zu einem Informationsgespräch ein. Die Teilnahme ist freiwillig. Aufsichtsbeamte sind nicht zugegen. Man möchte den Inhaftierten durch solche Gespräche die Chance geben, nach ihrer Entlassung „draußen" schneller und leichter wieder Fuß zu fassen. Wir hatten Gelegenheit, an einer Diskussion teilzunehmen.

der Aufsichtsbeamte: warder
zugegen: present
der Inhaftierte: prisoner

Türen werden auf- und zugeschlossen, Gänge, Treppenhäuser und Höfe durchquert, bis wir im Stadelheimer Südbau vor dem Fernsehraum stehen. Viele Stühle. Ein Tisch und ein Stuhl für den Vortragenden. Es darf geraucht werden. Der Aufsichtsbeamte macht die Türe von außen zu.

das Treppenhaus: staircase

der Vortragende: lecturer

Viele wüßten einfach nicht, wohin sie sich wenden sollten, wenn sie entlassen würden, sagt Herr Herre. Sie suchten auf eigene Faust Arbeit und Unterkunft, seien nach etlichen Fehlschlägen entmutigt und gäben dann jede Hoffnung auf. „So ist es", bestätigt einer im Hintergrund. Er wirkt noch jung, war im Gaststättengewerbe und schon mehrere Male im „Knast". Er sagt: „Was soll man schon machen? Es geht ja nicht nur um die Arbeit. Da kriegt man kein Zimmer. Und dann die Schulden. Und die Gesellschaft – die will doch nichts wissen von jemandem, der schon mal gesessen hat. Das hängt einem doch an. Vorbestraft! Und

etlich: several
der Fehlschlag: failure
entmutigt: discouraged

der Knast: clink

vorbestraft: previously convicted

finden Sie mal ein Mädchen! Wenn die davon hören, dann sind sie auch zugeschlossen."

Die, die schon mehrfach „einsaßen", haben fast alle schlechte Erfahrungen gemacht. „Möchtet ihr denn noch zurück in die bürgerliche Gesellschaft"?, fragt ein Junger. „Ich nicht. Ich will nur 'n Job, und wenn ich keine Lust mehr hab', dann spring ich ab." Erst, meint er, müsse sich die Gesellschaft ändern, dann würden auch nicht mehr so viele Strafentlassene rückfällig. Herre meint, daß die Vorurteile „draußen" ohne Zweifel noch immer groß seien, aber auch die Strafgefangenen sollten ihre Voreingenommenheit abbauen. „Wir haben schon jemanden erfolgreich untergebracht, der 30 Jahre gesiebte Luft geatmet hat. Wenn es draußen nicht vernünftige Leute gäbe, dann würden wir niemanden vermitteln."

abspringen: *to throw in, leave*

die Voreingenommenheit: *prejudice, bias*

Er empfiehlt den Männern, nach der Entlassung nicht ins nächstbeste Wirtshaus zu gehen, um sich erst einmal „was Gutes anzutun", sondern in die „Zentralstelle für Strafentlassene", wo drei Vermittler des Arbeitsamtes, Fürsorger und Berater sitzen. Man könne auch zu ihm ins Arbeitsamt kommen – „da kennt man mich wie einen bunten Hund". Ob er die Karten auf den Tisch legen und dem Unternehmer die Wahrheit sagen wolle, könne jeder Arbeitssuchende selbst entscheiden. Die Erfahrung zeige, daß man mit der Wahrheit besser fahre. „Irgendwann kommt's doch raus und dann ist die Bescherung da." Die Gefangenen sind da anderer Ansicht. „Ich hab's mal versucht mit der knallharten Wahrheit", sagt einer. „Aus war's. Lügen muß man, wenn man durchkommen will." Außerdem müsse mit dem Bestraftwerden ja auch mal Schluß sein. „Wenn man die Strafe abgesessen hat, dann hat man sie abgesessen."

die Bescherung: (*here*) *mess*

Hans Herre hingegen kann mit einer ganzen Reihe Münchener Unternehmer aufwarten, die Strafentlassenen ganz bewußt immer wieder eine Chance geben. Wer nachweislich an einen Arbeitsplatz vermittelt ist, habe außerdem, so gibt er bekannt, nach dem Gesetz das Recht auf eine Überbrückungshilfe bis zum ersten Lohnzahltag, die sich zu 50 Prozent aus einem Darlehen und zu 50 Prozent aus einem nicht rückzuzahlenden Zuschuß zusammensetzte, die aber nicht auf einmal, sondern in Raten ausgezahlt werde. Auch die Kosten für Arbeitskleidung und Arbeitswerkzeug übernimmt das Arbeitsamt, sofern es sich um gelernte Arbeiter oder Handwerker handle und die Kostenaufstellung eines Geschäfts vorgelegt wird.

aufwarten mit: *to come up with*
nachweislich: *demonstrably*

das Darlehen: *loan*
der Zuschuß: *supplement*

gelernt: *skilled, trained*

„Ich komm' Anfang Dezember raus", sagt einer, der wieder als Kellner tätig werden will. „Was soll ich denn da machen, bis die Saison im Januar anfängt?" Herre bittet ihn, sich an ihn selbst im Arbeitsamt zu wenden; er gibt aber zu, daß ihm die Weihnachtszeit wie ein Alptraum bevorstehe. „So schön das ist mit der Weihnachtsamnestie, aber sie stehen dann ohne Arbeit und Unterkunft!" Besser über Weihnachten im Knast bleiben, ist das Fazit, das sich den meisten aufdrängt. Von den 22, die an diesem Vormittag am Informationsgespräch teilnehmen, haben nur zwei, wenn sie herauskommen, eine Wohnmöglichkeit in der Familie. Alle anderen müssen eine Unterkunft suchen und sie auch bezahlen. Und

der Alptraum: *nightmare*

das Fazit: *upshot, result*

ohne Unterkunft keine Arbeit – ohne Arbeit kein Geld. Ohne Geld eines Tages wieder im Gefängnis. Das alte Lied.

Der eigentliche Engpaß liegt da, wo ihn die meisten nicht einkalkulieren: Was wird, wenn sie keinen Arbeitsplatz finden und keine Überbrückungshilfe gezahlt wird? Dann liegen sie mit ihrem bescheidenen Entlassungsgeld auf der Straße und das in der Vorweihnachtszeit! „Ich mache alles", sagt der aus dem Gaststättengewerbe. „Aber heute braucht man schon zum Tellerwäscher ein polizeiliches Führungszeugnis. Besser wär's, man würde uns wieder als Menschen anerkennen. Besser wär's, man brauchte nicht lügen."

der Engpaß: *bottleneck*

SÜDDEUTSCHE ZEITUNG

Im Gefängnis

Grammar

1. ADVERBS

a) *When* irgend *is prefixed to* wann, wie, wo, wohin *or* woher, *it converts them into indefinite adverbs:*

Irgendwann kommt's doch raus.

Er wohnt **irgendwo** in der Nähe.

Irgendwie haben wir den Krieg durchlebt.

b) rein *and* raus *are colloquially used not only with the force of* herein *and* heraus *but of* hinein *and* hinaus:

Irgendwann kommt's doch **raus**. (heraus)

Ich komme Anfang Dezember **raus**. (heraus)

Er ist eben **raus**gegangen. (hinaus)

Er kommt immer wieder **rein**. (herein)

Er ist eben ins Zimmer **rein**gegangen. (hinein)

2. PRONOUNS

The indefinite pronouns jemand *and* niemand *are declined as follows:*

Nom	jemand	niemand
Acc	jemand(en)	niemand(en)
Gen	jemand(e)s	niemand(e)s
Dat	jemand(em)	niemand(em)

In the spoken language both forms of Accusative and Dative are common, whereas the inflected form predominates in the written language:

Die will nichts wissen von **jemandem**, der . . .

Dann würden wir **niemanden** vermitteln.

Ich bin **niemand** begegnet.

Hast du **jemand** gesehen?

The genitive is not so common, often being replaced by an alternative construction:

Das muß **jemands** Geldbeutel sein. *or*

Der Beutel muß **jemand(em)** gehören.

3. VOCABULARY

a) *As in English, special usage develops around institutions such as school or gaol:*

gesiebte Luft – *filtered air (i.e. sieved by prison bars)*

der Knast – *clink*

absitzen   – *sweat out*

einsitzen – *to be inside*

b) vermitteln *can be used in two senses. Firstly it can mean to help someone to get or attain something:*

Wenn es nicht vernünftige Leute gäbe, dann würden wir niemanden **vermitteln**.

Wer nachweislich an einen Arbeitsplatz **vermittelt** ist, . . .

It can also mean 'to conciliate', 'to arbitrate', 'to negotiate':

Die Vereinten Nationen haben einen Waffenstillstand **vermittelt**.

Er hat zwischen dem Arbeitgeber und den Arbeitnehmern **vermittelt**.

4. WORD ORDER

A pronoun object tends to come early in a subordinate clause:

Er gibt zu, daß **ihm** die Weihnachtszeit wie ein Alptraum bevorstehe.

Wenn **uns** der Lehrer sieht, wird er böse.

Fragen zum Text

1. Warum ist es wichtig, daß Aufsichtsbeamte nicht zugegen sind?
2. Welchen Zweck haben diese Informationsgespräche?
3. Beschreiben Sie die Atmosphäre bei diesen Gesprächen!
4. Warum soll ein Entlassener „jede Hoffnung" so schnell nicht aufgeben?
5. Was verstehen Sie unter dem Satz „Er war im Gaststättengewerbe"?
6. Glauben Sie, daß Mädchen einen Vorbestraften nicht kennenlernen wollen?
7. Inwiefern sind Strafgefangene hinsichtlich der bürgerlichen Gesellschaft voreingenommen?
8. Was bedeutet der Satz „Man kennt mich wie einen bunten Hund"?
9. Warum ist gerade die Weihnachtszeit für Strafentlassene ungünstig?
10. Warum rechnen die meisten nicht mit dem genannten Engpaß?

Fragen zur Diskussion

1. Welche Vorurteile hat die bürgerliche Gesellschaft hinsichtlich Vorbestrafter? Sind sie gerechtfertigt?
2. Glauben Sie, daß sich die Gesellschaft erst ändern muß, ehe Strafentlassene als Menschen betrachtet werden?
3. Ist unser Strafvollzugssystem für die heutigen gesellschaftlichen Bedingungen geeignet? Glauben Sie, daß es veraltet ist? Welche Reformen würden Sie durchführen?

Aufsatz: Ein Häftling schreibt seiner Frau nach der ersten Woche im Gefängnis

1. Abschnitt: Wie er zum Gefängnis gebracht und dem Direktor vorgestellt wurde.
2. Abschnitt: Das Gebäude und die Zellen.
3. Abschnitt: Die beiden Häftlinge, mit denen er die Zelle teilt.
4. Abschnitt: Tagesablauf – Morgenappell, Mahlzeiten, Pflichten.
5. Abschnitt: Die Arbeit in der Gefängniswerkstatt.
6. Abschnitt: „Freizeitbeschäftigungen" – Bücherei, Fortbildungskurse, Schachklub.
7. Abschnitt: Wie die Inhaftierung auf ihn wirkt.

Schreiben Sie diesen Aufsatz in Form eines Briefes!

XVIII Literarische Meisterstücke

69 Das Kartenspiel

Herr Kurt sagt nichts. Er sitzt da und schaut dem Spiel zu. Die vier legen ihre Karten auf den Tisch, die Asse und die Könige, die Achter und die Zehner, die roten zu den roten und die schwarzen zu den schwarzen.

das As: *ace*

Herr Kurt läßt sich sein Bier temperieren. Sein Glas steht in einem verchromten Gefäß mit heißem Wasser. Von Zeit zu Zeit hebt er es vorsichtig, läßt das Wasser abtropfen. Oft stellt er es zurück, ohne zu trinken; denn er schaut dem Spiel zu.

temperieren: *to warm*
verchromt: *chromium plated*
das Gefäß: *vessel, container*

Herr Kurt hat seinen Platz, niemand weiß seit wann und weshalb. Aber um fünf Uhr ist er da, setzt sich oben an den Tisch, grüßt, wenn er gegrüßt wird, bestellt sein Bier und man bringt ihm das heiße Wasser dazu.

Um fünf Uhr sind auch die andern da, die vier, und spielen Karten, nicht immer dieselben vier, am Montag meist jüngere, am Dienstag Geschäftsleute, am Freitag vier ehemalige Schulkollegen, Jahrgang 1912, und an den übrigen Wochentagen irgendwelche vier. Oben am Tisch sitzt immer Herr Kurt. Er trinkt ein Bier und sitzt bis sieben Uhr da. Ist das Spiel spannend, bleibt er eine Viertelstunde länger, später geht er nie.

Im Restaurant sitzen auch andere, aber kein anderer kommt jeden Tag. Selbst der Wirt ist nicht jeden Abend da und die Kellnerin hat am Mittwoch ihren freien Tag.

Herr Kurt macht niemanden neugierig. Trotzdem hat man ihn in den Jahren kennengelernt. In der Agenda des Wirts steht unter dem 14. Juli „Herr Kurt". An diesem Tag, es ist sein Geburtstag, bekommt Herr Kurt sein Gratisbier. Der Wirt kann sich nicht erinnern, woher er Herrn Kurts Geburtstag kennt. Man würde Herrn Kurt nicht danach fragen.

die Agenda: *diary*

Nach dem Spiel werfen die vier ihre Karten auf den Tisch, nehmen die Kreide und zählen zusammen, die Verlierer bezahlen die Zeche. Dann ereifern sie sich über Spielregeln und Taktik, machen sich gegenseitig Vorwürfe und rechnen sich aus, was geschehen wäre, wenn man den König später und den Zehner früher ausgespielt hätte. Herr Kurt nickt ab und zu oder schüttelt den Kopf. Er sagt nichts.

die Zeche: *bill for drinks*
sich ereifern: *to get excited*

Wenn Herr Kurt die Regeln des Kartenspiels nicht kennen würde, sähe er sein Leben lang nur rote und schwarze Karten. Aber er kennt die Karten, und er kennt das Spiel. Es ist wahrscheinlich, daß er es kennt. Bei Herrn Kurts Beerdigung wird man alles über ihn erfahren, die Todesursache, sein Alter, seinen Geburtsort, seinen Beruf. Man wird vielleicht überrascht sein. Und später wird, weil es unvermeidlich ist, ein Spieler sagen, daß er Herrn Kurt vermisse. Aber das ist nicht wahr, das Spiel hat ganz bestimmte Regeln.

PETER BICHSEL

Grammar

I. ADVERBS *As with* darum *and* deshalb *the interrogative adverbs* warum *and* weshalb *are interchangeable:*

Niemand weiß seit wann und **weshalb**.

Der Grund, **weshalb** ich gekommen bin, . . .

Note the idiom: Das Warum und Weshalb ist mir unbekannt.

2. NOUNS *Fractional compounds are especially common with quarters:*

eine Viertelstunde, ein Viertelpfund Tomaten, ein Viertelliter Rotwein, Dreiviertelpfund Bohnen.

3. PREPOSITIONS a) zu *is found in many expressions of time:*

Von Zeit **zu Zeit** hebt er es vorsichtig, . . .

Herr Kurt nickt **ab und zu**.

Ich bin **zur Zeit** überarbeitet.

Zu der Zeit war Preußen ein Königreich.

Du kamst gerade noch **zur rechten Zeit**.

Ich bin **zu jeder Zeit** bereit, die Schule zu verlassen.

b) zu *is also used to denote purpose:*

Wozu brauchst du das Auto?

Natürlich darfst du Wein haben. Ich habe die Flasche **zum** Trinken gekauft.

Ich stehe Ihnen **zur** Verfügung.

In Österreich hat man die Möglichkeit **zum** Schwimmen.

Ihm fehlt der Mut **zur** Entscheidung.

Man braucht **zum** Tellerwaschen ein polizeiliches Führungszeugnis.

c) zu *can also be used to render 'at' as well as the usual 'to':*

Er ist **zu** Hause.

Beethoven wurde **zu** (in) Bonn geboren.

Es waren hohe Hecken **zu** beiden Seiten der Straße.

d) zu *may denote 'by means of, by way of'*

Zur Abwechslung gingen wir schwimmen.

Ich habe es nur **zum** Scherz gesagt.

Tu es mir doch **zu** Gefallen!

e) zu *denotes results or effect:*

Zur Antwort sagte ich, daß . . .

Zu unserem großen Vergnügen fiel er ins Wasser.

Zu seinem Erstaunen war seine Freundin nicht zu erreichen.

Es ist ja **zum** Verrücktwerden!

Ich habe mich **zu** Tode langweilen müssen.

4. WORD ORDER *In parenthetical clauses normal word order is retained unless the clause is very short, when inversion occurs:*

An diesem Tag, es ist sein Geburtstag, bekommt Herr Kurt sein Gratisbier.

Ich bin – du hast es mir schon oft gesagt – völlig unbegabt.

Der Torwart, merkst du, bewegt sich nie von der Stelle.

Fragen zum Text

1. Warum läßt man sich Bier temperieren?
2. Warum stellt er das Glas oft zurück, ohne getrunken zu haben?
3. Wie verstehen Sie den Satz „Herr Kurt hat seinen Platz"?
4. Ist es wichtig, welche vier spielen?
5. Weshalb macht Herr Kurt niemanden neugierig?
6. Wonach würde man Herrn Kurt nicht fragen?
7. Wieso heißt es: „Es ist wahrscheinlich, daß er es kennt"?
8. Wird man alles über Herrn Kurt bei seiner Beerdigung erfahren?
9. Worüber könnte man überrascht sein?
10. Warum wird es der Wahrheit nicht entsprechen, wenn einer sagt, daß er Herrn Kurt vermisse?

Fragen zur Diskussion

1. Welche Bedeutung hat diese Erzählung?
2. Ist es dem Schriftsteller gelungen, das Symbol des Kartenspiels auf die Gesellschaft zu erweitern?
3. Hat Ihnen die Erzählung gefallen? Erklären Sie warum!

Translate into German

As Charles sat back quietly in a comfortable corner of the old Austrian guesthouse in which he was staying, he began to compare what he saw with the typical English village pub. The most obvious difference was that the guesthouse was open all day and served anything from ice-cream to Wiener Schnitzel, from cocoa to brandy. But apart from this there were other more subtle differences. The group of sixth-formers, for instance, having a glass of beer and playing billiards. The two old men who played chess day in, day out, and who could sit over a glass of wine for four hours. The village school-master who repaired to the guesthouse every afternoon at three to take a small cup of coffee and read the daily papers – he'd never dream of buying one himself. Then there was old Mrs. Hubmacher, who lived with her married daughter. She couldn't entertain her cronies there, so she held court every Tuesday and Thursday afternoon in the guesthouse. But what struck Charles most sharply was the relaxed atmosphere – none of that hearty bonhomie from the group of regulars, who always blocked the way to the bar. On the whole Charles thought he preferred the old guesthouse to the village pub.

70 Andreas in Venedig

Altes Bild von Venedig

Der Fremde trat mit einer sehr verbindlichen Bewegung näher und sagte, daß er ganz zu seinen Diensten sei. Von dieser Gebärde war vorne der Mantel aufgegangen, und Andreas sah, daß der höfliche Herr unter dem Mantel im bloßen Hemde war, darüber nur Schuhe ohne Schnallen und herabhängende Kniestrümpfe, die die halbe Wade bloß ließen. Schnell bat er den Herrn, doch ja bei der kalten Morgenluft sich nicht aufzuhalten und seinen Weg nach Hause fortzusetzen, er werde schon jemanden finden, der ihn nach einem Logierhaus weise oder zu einem Wohnungsvermieter. Der Maskierte schlug den Mantel fester um die Hüften und versicherte, er habe durchaus keine Eile. Andreas war tödlich verlegen im Gedanken, daß der andere nun wisse, er habe sein sonderbares Négligé gesehen; durch die alberne Bemerkung von der kalten Morgenluft und vor Verlegenheit wurde ihm ganz heiß, so daß er unwillkürlich auch seinerseits den Reisemantel vorne auseinanderschlug, indessen der Venezianer aufs höflichste vorbrachte, daß es ihn besonders freue, einem Untertan der Kaiserin und Königin Maria Theresia einen Dienst zu erweisen, um so mehr, als er schon mit mehreren Österreichern sehr befreundet gewesen sei, so mit dem Baron Reischach, Obersten der kaiserlichen Panduren, und mit dem Grafen Esterhazy. Diese wohlbekannten Namen, von dem Fremden hier so vertraulich ausgesprochen, flößten Andreas großes Zutrauen ein. Freilich kannte er selber so große Herren nur vom Namenhören und höchstens vom Sehen, denn er gehörte zum kleinen oder Bagatelladel.

verbindlich: *obliging, courteous*
die Gebärde: *gesture*

die Schnalle: *buckle*
die Wade: *calf*
bloß: *bare*

die Hüfte: *hip, haunch*
verlegen: *embarrassed*

auseinanderschlagen: *to open*

der Untertan: *subject*
erweisen: *to render*

die Panduren (pl.): *Hungarian infantry*
vertraulich: *familiarly*
einflößen: *to instil*

Als der Maskierte versicherte, er habe, was der fremde Kavalier brauche, und das ganz in der Nähe, so war es Andreas ganz unmöglich, etwas Ablehnendes vorzubringen. Auf die beiläufig schon im Gehen gestellte Frage, in welchem Teil der Stadt sie hier seien, erhielt er die Antwort, zu Sankt Samuel. Und die Familie, zu der er geführt werde, sei eine gräflich patrizische und habe zufällig das Zimmer der ältesten Tochter zu vergeben, die seit einiger Zeit außer Hause wohne. Indem waren sie auch schon in einer sehr engen Gasse vor einem sehr hohen Hause angelangt, das wohl ein vornehmes, aber recht verfallenes Ansehen hatte und dessen Fenster anstatt mit Glasscheiben alle mit Brettern verschlagen waren. Der Maskierte klopfte ans Tor und rief mehrere Namen, hoch oben sah eine Alte herunter, fragte nach dem Begehren, und die beiden parlamentierten sehr schnell. Der Graf selbst wäre schon ausgegangen, sagte der Maskierte zu Andreas, er gehe immer so früh aus, um das Nötige für die Küche zu besorgen. Aber die Gräfin sei zu Hause; so werde man wegen des Zimmers unterhandeln und auch gleich Leute nach dem zurückgelassenen Gepäck schicken können.

beiläufig: *casual*

anlangen: *to arrive*

verschlagen: *to board up*

parlamentieren: *to discuss, parley*

unterhandeln: *to negotiate*

HUGO VON HOFMANNSTHAL

Andreas

Hugo von Hofmannsthal (1874–1929)

317

Grammar

<table>
<tr><td>I. ADVERBS</td><td>There are a number of conjunctions which can follow um so mehr:
um so mehr, als er schon mit mehreren Österreichern sehr befreundet gewesen sei . . .
Ich wünsche ihm alles Gute, um so mehr, da er es wirklich verdient.
Ich war erleichtert, als ich das Geld noch in der Tasche fand, um so mehr, weil die Haustür den ganzen Tag offen war.</td></tr>
</table>

2. PARTICLES

The German so *has a much wider range of meaning than its English counterpart. Besides its more commonplace uses it can, for instance, impart a certain casualness to a sentence or stress the ordinariness of an event:*

. . . **so** mit dem Baron Reischach . . . (*thus making such an acquaintanceship hardly worth the mention*)

Ich wollte nur **so** ein bißchen lesen. (*though no great importance is attached to it*)

It also adds a vagueness when placed before numerals:

Ich möchte **so** um zwanzig Pfund Kartoffeln.

So um drei Uhr soll er kommen.

It is often used in the sense of 'like this':

So kann ich nicht schlafen.

So mußt du es machen.

It can also be used in place of sowieso *to mean 'anyway':*

Du bist **so** (sowieso) schon immer hungrig.

Macht doch keinen Unsinn. Der Lehrer ist **so** schon schlecht aufgelegt.

Note the following idioms:

Wie geht's denn? **So** ziemlich. (*not too bad*)

So, du hast die Fahrkarte vergessen. (*I see*)

Er tut nur **so**. (*He's only pretending*)

Er schlägt sich **so** durch. (*he manages to get by*)

So? (*Really?*)

So! (*That's that*)

3. PREPOSITIONS

außer *is mainly used in a large number of set phrases:*

. . . die seit einiger Zeit **außer Hause** wohne.

Die Maschine ist **außer Betrieb**.

Sein Vater ist General der Luftwaffe (a.D.) **außer Dienst**.

Der Lastwagen ist **außer Kontrolle** geraten.

Ich bin ganz **außer Atem**.

Ihr Leben ist jetzt **außer Gefahr**.

Wenn die Kinder nur mal **außer Sicht** sind!

Das Geld ist **außer Zweifel** gestohlen worden.

Im Klavierspielen sind wir leider **außer Übung**.

Unser Mittelstürmer war heute **außer Form**.

Fragen zum Text

1. Beschreiben Sie eine verbindliche Bewegung!
2. Schätzen Sie, in welchem Jahrhundert die Handlung stattfindet!
3. Wie geriet Andreas in Verlegenheit?
4. Welchen Eindruck machte der Fremde auf Andreas?
5. Welche Wirkung hatte die Reihe von berühmten österreichischen Namen auf Andreas?
6. Was verstehen Sie unter „Bagatelladel"?
7. Warum war es Andreas unmöglich, etwas Ablehnendes vorzubringen?
8. Beschreiben Sie das Haus, zu dem Andreas geführt wurde!
9. Raten Sie, worüber die beiden parlamentierten!
10. Was können Sie dem Text hinsichtlich der gräflich patrizischen Familie entnehmen?

Fragen zur Diskussion

1. Welche Atmosphäre schafft Hofmannsthal in diesem Abschnitt? Wie schafft er sie?
2. Wie macht sich die Unerfahrenheit des jungen Andreas bemerkbar?
3. Was für ein Mensch ist der Venezianer?

Aufsatz

a) Turn the passage into dialogue – giving Andreas' thoughts in the form of an interior monologue. The dialogue could start:
   der Fremde: Ich bin, mein Herr, ganz zu Ihren Diensten.

b) Rewrite the dialogue as it would be if the incident took place in modern day Venice. –
   der Fremde: Kann ich Ihnen vielleicht behilflich sein?

c) Write a conversation between the Gräfin, the Venetian and Andreas which might follow on from the passage given.

71 An der Grenze

Thomas Mann (1875–1955)

Tatsächlich gab mir gegen Abend einer der Beamten, eine Laterne am Gürtel, meine Karte mit einem längeren Blick auf mich und einem Lächeln zurück, das offenbar meiner Jugend galt.

der Gürtel: *belt*

„Nach Paris?" fragte er, obgleich mein Reiseziel ja klar und deutlich war.

„Ja, Herr Inspektor", antwortete ich und nickte ihm herzlich zu. „Dahin geht es mit mir."

„Was wollen Sie denn da?" getraute er sich weiterzufragen.

sich getrauen: *to venture*

„Ja, denken Sie", erwiderte ich, „auf Grund von Empfehlungen soll ich mich dort im Hotel-Gewerbe betätigen."

„Schau, schau!" sagte er. „Na, viel Glück!"

„Viel Glück auch Ihnen, Herr Oberkontrolleur", gab ich zurück. „Und bitte, grüßen Sie Ihre Frau und die Kinder!"

„Ja, danke – nanu!" lachte er bestürzt, in sonderbarer Wortverbindung, und beeilte sich weiterzukommen, strauchelte und stolperte aber etwas dabei, obgleich am Boden gar kein Anstoß vorhanden war; so sehr hatte die Menschlichkeit ihn aus dem Tritt gebracht. –

bestürzt: *startled*
straucheln: *to trip*
der Anstoß: *obstacle*

Auch an der Grenzstation, wo wir alle mit unserem Gepäck den Zug zu verlassen hatten, bei der Zollrevision oder Douane also, fühlte ich mich sehr heiter, leicht und reinen Herzens, da wirklich mein Köfferchen

die Zollrevision: *customs examination*

320

nichts enthielt, was ich vor den Augen der Visitatoren hätte verbergen müssen; und auch die Nötigung zu sehr langem Warten (da begreiflicherweise die Beamten den vornehmen Reisenden den Vorzug geben vor den geringen, deren Habseligkeiten sie dann desto gründlicher herausreißen und durcheinanderwerfen) vermochte die Klarheit meiner Stimmung nicht zu trüben. Auch fing ich mit dem Manne, von dem ich endlich meine Siebensachen ausbreiten durfte und der zunächst Miene machte, jedes Hemd und jede Socke in der Luft zu schütteln, ob nicht etwas Verbotenes herausfiele, sogleich in vorbereiteten Wendungen zu parlieren an, wodurch ich ihn rasch für mich gewann und ihn davon abhielt, alles zu schütteln. Die Franzosen nämlich lieben und ehren die Rede – durchaus mit Recht! Ist sie es doch, welche den Menschen vom Tier unterscheidet, und die Annahme ist gewiß nicht unsinnig, daß ein Mensch sich desto weiter vom Tiere entfernt, je besser er spricht – und zwar französisch. Denn das Französische erachtet diese Nation für die Menschensprache, gleichwie ich mir vorstelle, daß das fröhliche Völkchen der alten Griechen ihr Idiom für die einzig menschliche Ausdrucksweise, alles andere aber für ein barbarisches Gebelfer und Gequäk mögen gehalten haben, – eine Meinung, der die übrige Welt sich unwillkürlich mehr oder weniger anschloß, indem sie jedenfalls das Griechische, wie heute wir das Französische, für das Feinste ansah.

die Habseligkeiten: *possessions*

trüben: *to darken, trouble*
die Siebensachen: *odds and ends*

die Wendung: *turn of phrase*
parlieren: *to chat*

das Gebelfer: *yelping*
das Gequäk: *whimpering*

sich anschließen: *to agree with*

THOMAS MANN

Felix Krull

Grammar

Adverbs ending with -weise are very common. They are of two types:
a) *Formed by adjective +* erweise*:*
begreiflicherweise, dummerweise, vernünftigerweise, merkwürdigerweise, komischerweise, interessanterweise.
These adverbs tell us more about the speaker's views on an occurrence than the incident itself.
b) *Formed by noun +* weise*:*
beispielsweise, beziehungsweise, schätzungsweise, stellenweise, teilweise.
Some of these adverbs are now used adjectivally:
schrittweise Entwicklung   ein teilweiser Sieg

a) *Adjectives used as nouns are written with a small letter when a noun has been omitted for reasons of style to save repetition:*
da die Beamten den vornehmen Reisenden den Vorzug geben, vor den geringen . . . (*Reisenden understood*)
Die armen Wiener lieben die Oper noch mehr als die reichen.
Die alten Schuhe sind bequemer als die neuen.
b) *They are written with a capital when in English one might add the word 'thing' or 'everything –':*
. . . indem sie das Griechische für das Feinste ansah.
Er hat das Richtige getan.
Was ist das Beste, das Sie je getrunken haben?

gelten *often causes difficulty. Here is a summary of its main uses:*
a) *to be valid*
Die Fahrkarte **gilt** drei Wochen.
Der Führerschein **gilt** drei Jahre.
Das Gesetz **gilt** für uns alle.
b) *to be worth something*
Der Aufsatz **gilt** nicht viel.
Heute **gilt** das Pfund nicht viel.
Die Briefmarken **gelten** viel.
Es **gilt** sein Leben.
c) *to count as or to be regarded as*
Er **galt** als ein guter Geschäftsmann.
d) *to be aimed/directed at*
Der Beamte gab mir meine Karte mit einem Lächeln, das offenbar meiner Jugend **galt**.
e) *to be important/worthwhile*
Der Vorwurf hat ihm **gegolten**.
Es **gilt** jetzt, so fleißig wie möglich zu arbeiten.
Es **galt** damals, Zeit zu sparen.
f) etwas gelten lassen – *to recognize something*
Dieses Argument lassen wir nicht **gelten**.

Fragen zum Text

1. Was für ein Beamter kam gegen Abend?
2. Wie verhielt sich der Beamte gegenüber dem Erzähler?
3. Welche Wirkung hatte die Freundlichkeit des Erzählers auf den Beamten?
4. Warum mußte der Erzähler an der Grenze lange warten?
5. Warum untersuchte der Zollbeamte die Habseligkeiten der Geringen „desto gründlicher"?
6. Erklären Sie den Ausdruck „Miene machen"!
7. Wie gewann der Erzähler den Zollbeamten für sich?
8. Warum lieben die Franzosen ihre Sprache?
9. Was haben die modernen Franzosen mit den alten Griechen gemeinsam?
10. Was hält die übrige Welt von der französischen Sprache?

Fragen zur Diskussion

1. Reagiert ein Beamter gegenüber Geringen anders als gegenüber Vornehmen? Wenn ja, wie und weshalb?
2. Sind Grenzen nötig?
3. Ist Französisch die feinste moderne Sprache? Kann man solche Vergleiche überhaupt durchführen?

Aufsatz: Das Päckchen

Vorigen Sommer verbrachte ich meine Ferien in Frankreich, einem Land, das ich noch nicht gut kannte, das mir aber immer sympathisch gewesen war – ich weiß nicht weshalb. Die letzten Tage des Urlaubs widmete ich der Hauptstadt, und während dieses Aufenthaltes hatte ich das Glück, eine Französin näher kennenzulernen, und innerhalb von ein paar Tagen wurde die Freundschaft schon Liebe. Nur ungern verließ ich Paris, nachdem wir uns versprochen hatten, uns täglich zu schreiben, ein Wiedersehen möglichst bald zu organisieren, was ja bei solchen Situationen üblich ist. Kurz vor der Abfahrt meines Zuges gab mir Louise ein Päckchen, ein Geschenk, das ich einem entfernten Verwandten in Wien, wo ich ansässig bin, überreichen sollte. Ich steckte das Päckchen in meine Reisetasche und vergaß es vollkommen – bis ich die deutsche Grenze erreichte . . .
Erzählen Sie weiter!

72 Mein trauriges Gesicht

Heinrich Böll

Als ich am Hafen stand, um den Möwen zuzusehen, fiel mein trauriges
Gesicht einem Polizisten auf, der in diesem Viertel die Runde zu gehen
hatte . . .

Plötzlich legte sich eine amtliche Hand auf meine Schulter, und eine
Stimme sagte: „Kommen Sie mit!" Dabei suchte die Hand, mich an der
Schulter zu zerren und herumzureißen. Ich blieb stehen, schüttelte sie
ab und sagte ruhig: „Sie sind verrückt".

„Kamerad", sagte der immer noch Unsichtbare zu mir, „ich warne
Sie."

„Mein Herr", gab ich zurück.

„Es gibt keine Herren", rief er zornig. „Wir sind alle Kameraden."

Und nun trat er neben mich, blickte mich von der Seite an, und ich
war gezwungen, meinen glücklich schweifenden Blick zurückzuholen
und in seine braven Augen zu versenken: Er war ernst wie ein Büffel,
der seit Jahrzehnten nichts anderes gefressen hat als die Pflicht.

„Welchen Grund . . .", wollte ich anfangen . . .

„Grund genug", sagte er, „Ihr trauriges Gesicht."

Ich lachte.

„Lachen Sie nicht!" Sein Zorn war echt. Erst hatte ich gedacht, es

die Möwe: *seagull*
das Viertel: *district*

schweifen: *to stray, wander*
der Büffel: *buffalo*

324

sei ihm langweilig gewesen, weil keine unregistrierte Hure, kein taumelnder Seemann, nicht Dieb noch Durchbrenner zu verhaften war, aber nun sah ich, daß es ernst war: Er wollte mich verhaften.

„Kommen Sie mit . . .!"

„Und weshalb?" fragte ich ruhig.

„Es gibt das Gesetz, daß Sie glücklich zu sein haben."

„Ich bin glücklich!" rief ich.

„Ihr trauriges Gesicht . . .", er schüttelte den Kopf.

„Aber dieses Gesetz ist neu", sagte ich.

„Es ist sechsunddreißig Stunden alt, und Sie wissen wohl, daß jedes Gesetz vierundzwanzig Stunden nach seiner Verkündigung in Kraft tritt."

„Aber ich kenne es nicht."

„Kein Schutz vor Strafe. Es wurde vorgestern verkündet, durch alle Lautsprecher, in allen Zeitungen, und denjenigen", hier blickte er mich verächtlich an, „denjenigen, die weder der Segnungen der Presse noch der des Funkes teilhaftig sind, wurde es durch Flugblätter bekannt gegeben, über allen Straßen des Reiches wurden sie abgeworfen. Es wird sich also zeigen, wo Sie die letzten sechsunddreißig Stunden verbracht haben, Kamerad." . . .

Zum Glück erreichten wir jetzt die Station, denn eben ertönten die Sirenen und das bedeutete, daß die Straßen überströmen würden von Leuten mit einem milden Glück auf den Gesichtern (denn es war befohlen, bei Arbeitsschluß eine nicht zu große Freude zu zeigen, weil sich dann erweise, daß die Arbeit eine Last sei; Jubel dagegen sollte bei Beginn der Arbeit herrschen, Jubel und Gesang), alle diese Tausende hätten mich anspucken müssen. Allerdings bedeutete das Sirenenzeichen: zehn Minuten vor Feierabend, denn jeder war angehalten, sich zehn Minuten einer gründlichen Waschung hinzugeben, gemäß der Parole des derzeitigen Staatschefs: Glück und Seife.

Die Tür zum Revier dieses Viertels, einem einfachen Betonklotz, war von zwei Posten bewacht, die mir im Vorübergehen die übliche „körperliche Maßnahme" angedeihen ließen: Sie schlugen mir ihre Seitengewehre heftig gegen die Schläfe und knallten mir die Läufe ihrer Pistolen gegen des Schlüsselbein, gemäß der Präambel zum Staatsgesetz Nr. 1: „Jeder Polizist hat sich jedem Ergriffenen (sie meinen Verhafteten) gegenüber als Gewalt zu dokumentieren, ausgenommen der, der ihn ergreift, da dieser des Glücks teilhaftig werden wird, bei der Vernehmung die erforderlichen körperlichen Maßnahmen vorzunehmen." Das Staatsgesetz Nr. 1 selbst hat folgenden Wortlaut: „Jeder Polizist kann jeden bestrafen, er muß jeden bestrafen, der sich eines Vergehens schuldig gemacht hat. Es gibt für alle Kameraden keine Straffreiheit, sondern eine Straffreiheitsmöglichkeit."

Wir betraten einen fast leeren Raum, der nur einen Schreibtisch mit Telephon und zwei Sessel enthielt, ich selbst hatte mich in die Mitte des Raumes zu postieren; der Polizist nahm seinen Helm ab und setzte sich.

Nach wenigen Sekunden trat wortlos ein blasser, langer Mensch ein,

die Hure: *whore*
taumeln: *to stagger, reel*
der Durchbrenner: *absconder*

die Verkündigung: *proclamation*

der Jubel: *rejoicing*

anspucken: *to spit at*
der Feierabend: *end of work*
anhalten: *to encourage*

das Revier: *local police station*
der Klotz: *lump*
der Posten: *sentry*
angedeihen: *to confer*
das Seitengewehr: *bayonet*
knallen: *to clout*
der Lauf: *barrel*
das Schlüsselbein: *collar-bone*

die Vernehmung: *hearing, trial*
vornehmen: *to undergo*

in der bräunlichen Uniform des Vorvernehmers; er setzte sich ohne ein
Wort zu sagen hin und blickte mich an.

„Beruf?"

„Einfacher Kamerad."

„Geboren?"

„1.1 eins", sagte ich.

„Letzte Beschäftigung?"

„Sträfling."

Die beiden blickten sich an.

„Wann und wo entlassen?"

„Gestern, Haus 12, Zelle 13."

„Wohin entlassen?"

„In die Hauptstadt."

„Schein."

Ich nahm aus meiner Tasche den Entlassungsschein und reichte ihn hinüber. Er heftete ihn an die grüne Karte, die er mit meinen Angaben zu beschreiben begonnen hatte.

„Damaliges Delikt?"

„Glückliches Gesicht."

Die beiden blickten sich an.

„Erklären," sagte der Vorvernehmer.

„Damals," sagte ich, „fiel mein glückliches Gesicht einem Polizisten auf an einem Tage, da allgemeine Trauer befohlen war. Es war der Todestag des Chefs."

„Länge der Strafe?"

„Fünf."

„Führung?"

„Schlecht."

„Grund?"

„Mangelhafter Arbeitseinsatz."

„Erledigt."

Dann erhob sich der Vorvernehmer, trat auf mich zu und schlug mir genau die drei vorderen mittleren Zähne aus: ein Zeichen, daß ich als Rückfälliger gebrandmarkt werden sollte, eine verschärfte Maßnahme, auf die ich nicht gerechnet hatte. Dann verließ der Vorvernehmer den Raum und ein dicker Bursche in einer dunkelbraunen Uniform trat ein: der Vernehmer.

Sie schlugen mich alle: der Vernehmer, der Obervernehmer, der Hauptvernehmer, der Anrichter und der Schlußrichter, und nebenbei vollzog der Polizist alle körperlichen Maßnahmen, wie das Gesetz es befahl; und sie verurteilten mich wegen meines traurigen Gesichtes zu zehn Jahren, so wie sie mich fünf Jahre vorher wegen meines glücklichen Gesichtes zu fünf Jahren verurteilt hatten.

Ich aber muß versuchen, gar kein Gesicht zu haben, wenn es mir gelingt, die nächsten zehn Jahre bei Glück und Seife zu überstehen . . .

HEINRICH BÖLL

Fragen zum Text

1. Warum glaubt der Erzähler, daß sich der Polizist langweilt?
2. Warum sagt der Polizist: „Es gibt keine Herren"?
3. Was verstehen Sie unter den „Segnungen der Presse"?
4. Was ist eine „körperliche Maßnahme"?
5. Erklären Sie den folgenden Satz: „Es gibt keine Straffreiheit, sondern eine Straffreiheits-möglichkeit."
6. Weshalb hätten die Arbeiter den Erzähler anspucken müssen?
7. Wie verstehen Sie das Geburtsdatum des Erzählers?
8. Inwieweit hat sich der Erzähler schlecht aufgeführt?
9. Wie versucht man, ihn umzuerziehen?
10. Was für ein Mensch ist der Erzähler?

Fragen zur Diskussion

1. Woher wissen wir, wie andere denken? Benehmen, Stimme, Gesichtsausdruck?
2. Wie weit sollte das Leben des Individuums durch Gesetz geregelt werden?
3. Was bedingt die Freiheit einer Gesellschaft im Gegensatz zu den Verhältnissen in einem Polizeistaat?

Aufsatz: Das Jahr 3000

Beschreiben Sie einen Tag im Leben eines Schülers in der Oberstufe im Jahre 3000.

1. Wie sieht die Wohnung im Jahre 3000 aus?
2. Was ißt und trinkt man? Was trägt man?
3. Wie kommt man zur Schule?
4. Wann geht man zur Schule?
5. Was lernt man da?
6. Welche Methoden werden angewendet?
7. Was macht man nach der Schule?
8. Gibt es noch Familien?
9. Wie wird die Gesellschaft organisiert?
10. Wie wird die Gesellschaft regiert?

Exercises

1. TRANSLATE INTO GERMAN:
   1. If the weather changes suddenly, we'll all get very wet.
   2. Where's the nearest bank? I must change some money.
   3. The two old men sat and exchanged their wartime experiences over a glass of wine.
   4. Of course I remember Fritz Walter. We used to swap stamps when we were at school.
   5. I would like to exchange my old car for a more recent model.
   6. She first went to Austria on an exchange.
   7. You must change before we go to the opera.
   8. Since the accident he's been a changed man.
   9. He'll never alter. He's always been the same.
   10. My wife is forty. May I change her for two of twenty?

2. ALL THE ADJECTIVES IN THE FOLLOWING SENTENCES ARE WRITTEN WITH A SMALL LETTER. WHICH SHOULD HAVE CAPITALS?
   1. Es ist das beste, was mir je passiert ist.
   2. Von den drei Kandidaten ist Herr Meyer der beste.
   3. Alles andere ist unwichtig.
   4. Die Küche des Hotels „Schwan" ist nichts berühmtes.
   5. Hast du auch russisch in der Schule?
   6. Ich habe ihn vor kurzem gesehen.
   7. Mit meinen Eltern mußt du deutsch sprechen.
   8. Im Lande der blinden ist der einäugige König.
   9. Im großen und ganzen bin ich Ihrer Meinung.
   10. Die großen Jungen spielen Korbball, und die kleinen gehen schwimmen.

3. SETZEN SIE DIE PASSENDEN ENDUNGEN EIN:
   1. Ich habe seit lang– mit niemand– Intelligent– gesprochen.
   2. Hast du wirklich mit niemand– gesprochen?
   3. Er hat niemand– gesehen.
   4. Wir haben niemand– Interessant– gesehen.
   5. Jemand– Wichtig– war gerade hier.

4. TRANSLATE USING AN ADVERB ENDING IN ‚-weise‘:

1. This egg is quite good in parts.
2. This magazine is quite provocative in places.
3. I'd guess she's thirty years old.
4. By way of experiment let's add a glass of wine to the stew.
5. My son is understandably frightened of big dogs.

5. IN THE FOLLOWING SENTENCES ADD AN ARTICLE BEFORE THE NOUNS WHEN NECESSARY:

1. Die neuen Maßnahmen gegen die Inflation sind für – Gesellschaft wichtig.
2. Er hatte – Lust, – Literatur zu studieren.
3. – Mißtrauen wächst in dieser Firma.
4. – Menschlichkeit verbietet solche Sportarten.
5. Wenn ich nur heute – Glück hätte!
6. Ich habe für – Demokratie nichts übrig.
7. Er fühlte nur – Verachtung.
8. – Menschen sind gefährlicher als – Tiger.
9. – Erdkunde ist ihr Lieblingsfach.
10. – Wasser bekommt – Menschen besser als – Wein.

Multiple-Choice Comprehension

1. Was hat den Erziehungsminister veranlaßt, dieses Experiment zu unternehmen?
   a) Druck von seiten der Lehrer?
   b) Druck von seiten der Unternehmer?
   c) Mangel an gehobenen Technikern?
   d) Die wachsenden Gegensätze zwischen dem Bildungssystem und der Wirtschaft?
   e) Die rapide zunehmende Ausdehnung der französischen Wirtschaft?

2. Wie viele Lehrer haben teilgenommen?
   a) Hundert Prozent?
   b) Genau hundert?
   c) Rund hundert?
   d) Viele Hunderte?

3. Von welchen Schultypen kommen die Lehrer?
   a) Von Gymnasien und Realschulen?
   b) Von den Technischen Universitätsinstituten?
   c) Von Grund- und Hauptschulen?
   d) Von verschiedenen Schultypen?

4. Wie reagierten die Lehrer auf das Projekt?
   a) Sie zeigten geringes Interesse.
   b) Alle standen dem Projekt feindselig gegenüber.
   c) Sie hatten überhaupt kein Interesse daran.
   d) Sie waren davon sehr begeistert.

5. Was hielten die Unternehmer vom Experiment?
   a) Sie waren größtenteils dafür.
   b) Sie glaubten, die Lehrer kämen nicht mit der Arbeit zurecht.
   c) Sie glaubten, die Lehrer würden die Arbeiter unternehmerfeindlich beeinflussen.
   d) Sie glaubten, die Arbeiter wollten keine Lehrer unter sich.

6. Worüber hat sich die Industrie seit Jahren beklagt?
   a) Über den Abstand zwischen dem Bildungssystem und der Wirtschaft?
   b) Über die linksradikale Politik der Lehrer?
   c) Über den Mangel an Studienplätzen für technische Berufe?
   d) Über die „weltfremden Lehrer"?

7. Wer hat wen des Verrats beschuldigt?
   a) Die teilnehmenden Lehrer die nicht teilnehmenden?
   b) Die teilnehmenden Betriebe die nicht teilnehmenden?
   c) Die nicht teilnehmenden Lehrer die teilnehmenden?
   d) Die nicht teilnehmenden Betriebe die teilnehmenden?

8. Wofür sind die Technischen Institute gedacht?
   a) Weiterbildung der Lehrer?
   b) Weiterbildung der Ingenieure?
   c) Ausbildung von Studenten der Sozialwissenschaften?
   d) Ausbildung von Technikern und Ingenieuren?

9. Wieviel Geld hat man in den Aufbau der Institute investiert?
   a) 40% des Nationalbudgets?
   b) 40% des Budgets für höhere Bildung?
   c) 40% des Budgets des gesamten Bildungswesens?
   d) 40% mehr Geld als vorgesehen?

10. Welche Zahl ist um das Fünfeinhalbfache angewachsen? Die Zahl der
   a) Lehrer, die in einem Betrieb arbeiten wollen?
   b) Studenten, die gehobene Techniker und technische Ingenieure werden wollen?
   c) Studenten, die keinen Platz an der Universität bekommen haben?
   d) Studenten, die Sozial- und Geisteswissenschaften studieren?

Index to grammatical points

References are to the page and section, e.g. 18.2
refers to page 18 section 2.

330

viel, vieles + *adjectival noun 58.1, 22.1*
viel *declension of 38.1*
viel *uninflected governs strong declension 22.1*
vielfach & vielfältig *129.4a*
voll & voller *207.1b*
welch + *adjective declined strong 22.1*
welcher + *adjective declined weak 22.1*
wenig *declension 38.1*
wenig, weniges + *adjectival noun 58.1*
wenig *indeclinable in* ein wenig *19.1c*
wenig *uninflected governs strong declension 22.1*
weniger, wenigstens *203.1, 108.1a*
wert *predicatively with accusative or genitive 134.1, 261.1*
zweierlei *with singular noun 148.1*

ADVERBS   *Absolute superlatives* zumeist, zutiefst, zunächst, zuerst *117.2a*
Adverbial superlatives in -ens *108.1a, 19.4*
Adverbial use of morgens, Sonntags *etc. 86.1a*
Adverbs ending in -weise *322.1*
ago 139.2
alle viere von sich strecken *117.2b*
als *172.1*
auf allen vieren *117.2b*
bereits *108.1c*
dabei *186.1a, 3.3*
dafür *186.1a*
damit *186.1a*
daneben *186.1a*
darauf *284.1*
darüber hinaus *186.1a*
dazu *186.1a*
Definite time generally rendered by accusative 34.2
dem *combining with a preposition 255.1*
derzeit, seinerzeit *243.1*
des öfteren *301.1b*
dran *186.1a*
ebenso *93.1*
einerseits, andererseits *58.2b*
einfach & einfältig *129.4a*
einschließlich *203.2, 280.2a*
Equality, how to indicate 93.1
erst *86.1b*
erstens *108.1a*
erstens, zweitens *etc. affect word order 19.4*
etwa *168.1b*
genauso *93.1*
gleich *93.1*
her *in adverbial compounds 228.1, 310.1b*

wissen *with* zu + *infinitive 148.3*
worden, *use of 55.4a*
Words developed into separable prefixes 237.2b, 270.2, 296.5b

ISBN 0 340 18187 7

First published 1975
Reprinted 1976

Printed in Great Britain for
Hodder and Stoughton Educational,
a division of Hodder and Stoughton Ltd, London,
by William Clowes & Sons, Limited
London, Beccles and Colchester